Jetzt lerne ich Java 7

jetzt lerne ich

Java 7

Komplettes Starterkit für den erfolgreichen Einstieg in die Programmierung

Markt+Technik

Bibliografische Information der Deutschen Nationalbibliothek
Die Deutsche Nationalbibliothek verzeichnet diese Publikation in der Deutschen Nationalbibliografie; detaillierte bibliografische Daten sind im Internet über <http://dnb.d-nb.de> abrufbar.

10 9 8 7 6 5 4 3 2 1
14 13 12

ISBN 978-3-8272-4439-0

Covergestaltung: Thomas Arlt, tarlt@adesso21.net
Lektorat: Brigitte Bauer-Schiewek, bbauer@pearson.de
Fachlektorat: Petra Alm
Herstellung: Martha Kürzl-Harrison, mkuerzl@pearson.de
Korrektorat: Petra Alm
Satz: text&form GbR, Fürstenfeldbruck
Druck und Verarbeitung: Drukarnia Dimograf, Bielsko-Biala
Printed in Poland

Inhaltsübersicht

Inhaltsverzeichnis

1 Bevor es losgeht

Ich weiß, ich weiß – Sie sitzen vor Ihrem Bildschirm, haben bereits Ihre Java-Entwicklungsumgebung installiert, brennen darauf, Ihr erstes Java-Programm zu schreiben, und sind einigermaßen ungehalten, sich erst noch durch etliche Seiten theoretischer Ausführungen quälen zu müssen. Müssen Sie nicht! Wenn Sie Ihre Entwicklungsumgebung schon eingerichtet haben und mit der Programmerstellung prinzipiell vertraut sind, überspringen Sie dieses Kapitel einfach. Nur wenn Sie ein absoluter Neuling in der Programmierung sind oder von Java nicht viel mehr wissen, als dass es eine Programmiersprache ist, sollten Sie dieses Kapitel unbedingt vorab durchlesen. Alle anderen können nach Bedarf auch noch später hierher zurückkehren.

1.1 Was ist Java? – I. Teil

Java ist heute eine der führenden Programmiersprachen, vielleicht die wichtigste Programmiersprache überhaupt. Programmierer weltweit schätzen Java für seine Robustheit, seine Vielseitigkeit, die problemlose Portierbarkeit seiner Anwendungen und, und, und.

Hinweis

***Portierung** bedeutet, dass ein Programm von einem Rechner auf einen anderen Rechner verschoben und ausgeführt wird.*

Entstanden ist Java 1993 als Forschungsprojekt der Firma Sun, wobei schon auf diverse Vorarbeiten zurückgegriffen werden konnte. Der konkrete Anlass war der einsetzende Boom des World Wide Web, das nach einer geeigneten Programmiersprache verlangte. Java ist vor diesem Hintergrund zu betrachten und quasi ideal für den Einsatz im Internet – sei es, dass man seine Programme über das Internet vertreiben mochte, sei es, dass man Programme für Webseiten schreiben möchte (die sogenannten Applets), oder sei es, dass man über das Internet verteilte Anwendungen implementieren möchte (letzteres Thema wird in diesem Buch allerdings nicht behandelt).

Wie steht es in diesem Zusammenhang mit der Verwandtschaft von Java zu den anderen Programmiersprachen? Man entwickelt schließlich keine neue Programmiersprache, ohne die eigenen Erfahrungen mit den etablierten Programmiersprachen einfließen zu lassen.

Nun, C++-Programmierer wird es freuen zu hören, dass Java stark an C++ angelehnt ist. Die Gründe hierfür sind zweifellos in der Objektorientierheit, der Schnelligkeit und der Leistungsfähigkeit von C++ zu suchen, aber natürlich auch in der traditionellen Bedeutung dieser Sprache.

Programmierer, die von Pascal, Basic oder anderen objektorientierten Sprachen kommen, werden sich dagegen freuen zu hören, dass Java viel unnötigen Ballast, den C++ mit sich schleppt, abgeworfen hat und dadurch wesentlich einfacher zu erlernen und zu programmieren ist. Diese Entschlackung dient nicht nur der Entlastung des Programmierers, sondern soll vor

Hinweis

Und wie steht es mit C#? Die Sprache C# ist im Grunde nichts anderes als eine Trotzreaktion auf Java. Microsoft wollte nämlich ursprünglich eine eigene Java-Variante etablieren, was dem Konzern aber gerichtlich verboten wurde. Danach konzipierte man eine ganze neue Sprache, eben C#, die aber eine verblüffende Ähnlichkeit mit Java aufweist. Umsteigern von C# wird also vieles bekannt vorkommen.

allem auch die Entwicklung »sicherer« Programme gewährleisten. Natürlich liegt die Verantwortung für die Sicherheit der Anwendungen deswegen letztendlich immer noch beim Programmierer. Je komplizierter und undurchsichtiger die Konzepte einer Sprache aber sind, umso wahrscheinlicher ist es, dass der Programmierer unbeabsichtigt Fehler einbaut. In Java hat man dies erkannt und beispielsweise die gesamte Zeiger-Programmierung und die dynamische Speicherverwaltung aus den Händen des Programmierers genommen und Compiler und Interpreter übertragen.

Falls Sie schon eine andere objektorientierte Programmiersprache, wie z.B. C++, beherrschen – die folgenden Konzepte gibt es in Java *nicht*:

1. Zeiger (die dynamische Speicherverwaltung wird intern vorgenommen)
2. Funktionen (statt allein stehender Funktionen gibt es nur noch Methoden (Elementfunktionen) von Klassen)
3. Strukturen und Unions
4. Arrays und Zeichenfolgen gibt es nur noch als Objekte
5. Typendefinition (`typedef`)
6. Mehrfachvererbung (nur in gemäßigter Form)
7. Überladung von Operatoren

Java deshalb als Schmalspur-C++ zu bezeichnen, wäre völlig falsch. Von der Leistungsfähigkeit her steht Java C++ kaum in etwas nach. Betrachtet man obige Liste etwas genauer, lässt sich feststellen, dass viele Konzepte, die C++ von C übernommen hat, zugunsten einer konsequenteren objektorientierten Programmierung aufgegeben wurden (dies betrifft die Sprachelemente 2 bis 5, die alle im Klassenkonzept aufgegangen sind). Java ist daher mittlerweile die Standardprogrammiersprache an allen US-amerikanischen Universitäten und auch an deutschen Universitäten allgegenwärtig.

Andererseits wurde auf bestimmte objektorientierte Konzepte (Punkte 6 und 7), die im Wesentlichen der Wiederverwertung objektorientierten Quellcodes dienen, aber für Einsteiger (und auch oft noch für Fortgeschrittene) manchmal schwierig zu handhaben sind, verzichtet. Was geblieben ist, ist eine relativ leicht zu erlernende, konsequent objektorientierte Sprache, die Ihnen einiges zu bieten hat:

- Objektorientiertheit
- statische Typbindung, aber späte Methodenbindung
- dynamische Speicherverwaltung und Garbage Collection
- Multithreading
- Exception-Behandlung

! Verwechseln Sie Java nicht mit JavaScript. JavaScript wurde von Netscape entwickelt und als Erweiterung des HTML-Standards implementiert. Die JavaScript-Syntax ist an Java angelehnt, doch damit hört die Verwandtschaft zu Java auch schon auf. Während man mit Java echte Programme schreibt, die entweder als eigenständige Anwendung oder als Teil eines HTML-Dokuments (Applet) ausgeführt werden, wird JavaScript-Code direkt in den HTML-Code eingefügt und vom Browser interpretiert (sofern die JavaScript-Unterstützung nicht ausgeschaltet wurde).

1.2 Was ist ein Programm?

Prinzipiell sind Programme nichts anderes als eine Folge von Befehlen, die an einen Computer gerichtet sind und von diesem befolgt werden. Im Grunde genommen funktionieren Programme also genauso wie Kochrezepte: Sie als Programmierer sind der Koch, der das Buch schreibt. Jedes Kochrezept entspricht einem Programm und der Computer, der Ihre Programme ausführt, ist der Leser.

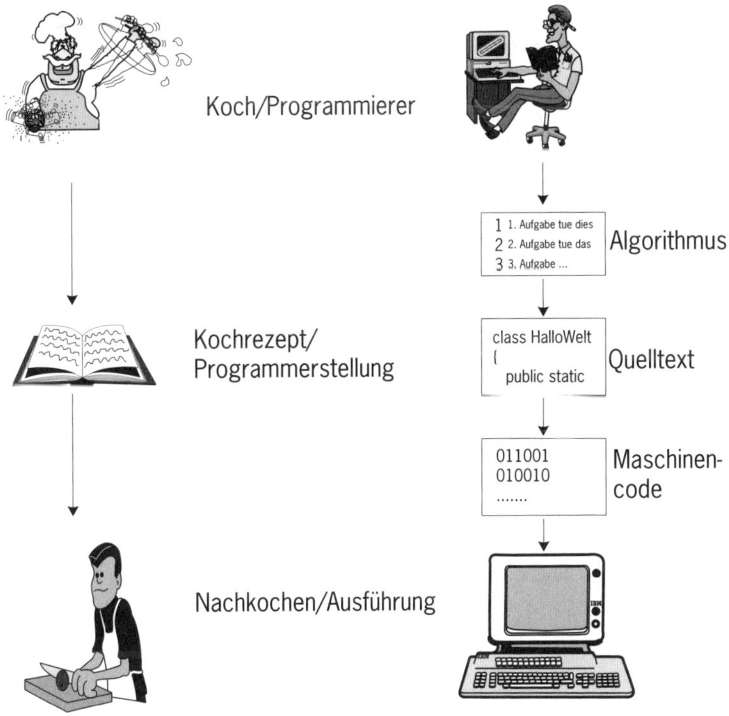

Abbildung 1.1: Analogie zwischen Programmen und Kochrezepten

Leider ist die Realität wie üblich etwas komplizierter als das Modell. Im Falle des Kochrezepts können wir einfach davon ausgehen, dass Schreiber und Leser die gleiche Sprache sprechen. Im Falle des Programmierers und des Computers ist dies natürlich nicht der Fall, denn Sie als Programmierer sprechen an sich Deutsch und der Computer spricht ... ja, welche Sprache versteht eigentlich ein Computer?

Ich wünschte, Sie hätten diese Frage nicht gestellt, denn die Antwort ist äußerst unerfreulich. Der Computer, in diesem Fall sollte man genauer von dem Prozessor des Computers sprechen, versteht nur einen ganz begrenzten Satz elementarer Befehle – den sogenannten Maschinencode, der zu allem Unglück noch binär codiert ist und daher als eine Folge von Nullen und Einsen vorliegt. Können Sie sich vorstellen, Ihre Programme als Folge von Nullen und Einsen zu schreiben? Wahrscheinlich genauso wenig, wie Ihr Computer in der Lage ist, Deutsch zu lernen. Wir haben also ein echtes Verständigungsproblem. Um dieses zu lösen, müssen Sie – als der Intelligentere – dem Computer schon etwas entgegenkommen.

Kehren wir noch einmal zu unserem Kochbuch zurück und stellen Sie sich vor, ein Chinese würde ein Kochbuch schreiben, das auf dem deutschen Buchmarkt erscheinen soll. Zwar findet der Chinese keinen geeigneten Übersetzer, der das Buch ordentlich vom Chinesischen ins Deutsche übersetzen könnte, aber er erinnert sich seiner Englischkenntnisse, die für ein Kochbuch absolut ausreichend sein sollten. Er schreibt also sein Buch in Englisch und lässt es dann von einem Übersetzer ins Deutsche übertragen. Gleiches geschieht auch bei der Programmierung. Anstatt Ihre Programme in Deutsch aufzusetzen, bedienen Sie sich einer Programmiersprache (wie Java, C, Pascal, Basic etc.), für die es einen passenden Übersetzer gibt (in diesem Fall auch Compiler genannt), der Ihre Anweisungen in Maschinencode umwandeln kann.

Ich denke, dass ist jetzt schon etwas klarer. Was aber genau ist jetzt das Programm? Die noch in Deutsch formulierten Befehle? Die in Java formulierten Befehle? Oder die binär codierten Maschinenanweisungen? Im weitesten Sinne können Sie in allen drei Fällen von Ihrem Programm reden. Wenn Sie es dagegen genau nehmen wollen, bezeichnen Sie die noch in Ihrer Sprache aufgesetzte Befehlsfolge als Algorithmus, die in Java formulierte Version des Algorithmus als Quelltext Ihres Programms und erst den vom Compiler erzeugten Maschinencode als Ihr Programm.

Mehr oder weniger unabsichtlich sind wir damit bereits in die Programmerstellung abgeglitten, die im nächsten Abschnitt noch einmal zusammengefasst wird.

1.3 Wie werden Programme erstellt?

Die Entwicklung von Computerprogrammen läuft unabhängig von der verwendeten Sprache üblicherweise nach dem folgenden Muster ab:

1. Man hat ein Problem, eine Idee, eine Aufgabe, zu deren Lösung man einen Computer einsetzen möchte.
2. Als Nächstes wird die Aufgabe als Algorithmus, also als eine Folge von Befehlen formuliert. Größere Probleme werden dabei in Teilaufgaben und Teilaspekte aufgeteilt. (Ob der Algorithmus tatsächlich auf dem Papier oder nur im Kopf des Programmierers entwickelt wird, hängt von der Komplexität der Aufgabe und der Genialität des Programmierers ab.)
3. Der Algorithmus wird in für den Computer verständliche Anweisungen einer Programmiersprache umgesetzt. Dies ergibt den sogenannten Quelltext oder Quellcode.
4. Dieser Quelltext muss dann durch ein spezielles Programm, den Compiler, in Maschinenanweisungen übersetzt werden, die das eigentliche Herz des Computers – der Prozessor – versteht und ausführen kann.
5. Das ausführbare Programm wird gestartet, das heißt in den Hauptspeicher geladen und vom Prozessor ausgeführt.

1.4 Von Compilern und Interpretern

Bei einigen Programmiersprachen fallen die Schritte 4 und 5 zusammen. Es wird also nicht das ganze Programm erst übersetzt (kompiliert) und dann bei Bedarf ausgeführt. Stattdessen wird bei der Ausführung des Programms der Quelltext Zeile für Zeile eingelesen, übersetzt und ausgeführt. In diesem Fall spricht man von Interpreter-Sprachen, weil das Programm nicht als ausführbare Datei, sondern bloß als Quelltext vorliegt, der nur mithilfe eines speziellen Programms (des Interpreters), welches die zeilenweise Übersetzung während des Programmlaufs übernimmt, ausgeführt werden kann. In dem Beispiel aus *Abschnitt 1.2* würde dies bedeuten, dass der chinesische Koch seine Kochkünste nicht in Buchform, sondern als Hörkassette herausgegeben hat und Sie mit einem Dolmetscher (Interpreter) an der Seite diese Kassette abspielen und die Rezepte nachkochen.

Abgesehen davon, dass Sie wahrscheinlich niemals auf die Idee kommen werden, sich eine chinesische Kassette mit Kochrezepten zu kaufen, haften interpretierten Programmen zwei wesentliche Nachteile an:

- Da die Erzeugung des Maschinencodes erst während der Ausführung vorgenommen wird, dürfte klar sein, dass solche Programme wesentlich langsamer ablaufen als kompilierte Programme.

- Da diese Programme als Quelltext vertrieben werden, sind der nicht autorisierten Nutzung des Programmtextes und der für das Programm entwickelten Algorithmen Tür und Tor geöffnet.

Auf der anderen Seite haben diese Programme den Vorteil, dass sie sehr gut zu portieren sind, das heißt, die Übertragung von einem Computer auf einen anderen ist unproblematisch.

Jetzt fragen Sie sich sicherlich, wo Java einzuordnen ist.

Hinweis

Bekannte Vertreter von Compiler-Sprachen sind C, C++ und Pascal. Das klassische Beispiel für eine interpretierte Programmiersprache ist Basic.

1.5 Was ist Java? – II. Teil

Ist Java nun eine Compiler- oder eine Interpreter-Sprache? Nun, die Einteilung ist hier nicht ganz so klar. Man kann zwar vielerorts lesen, es sei eine Interpreter-Sprache, aber das wird der Lage nicht ganz gerecht, denn tatsächlich ist Java beides.

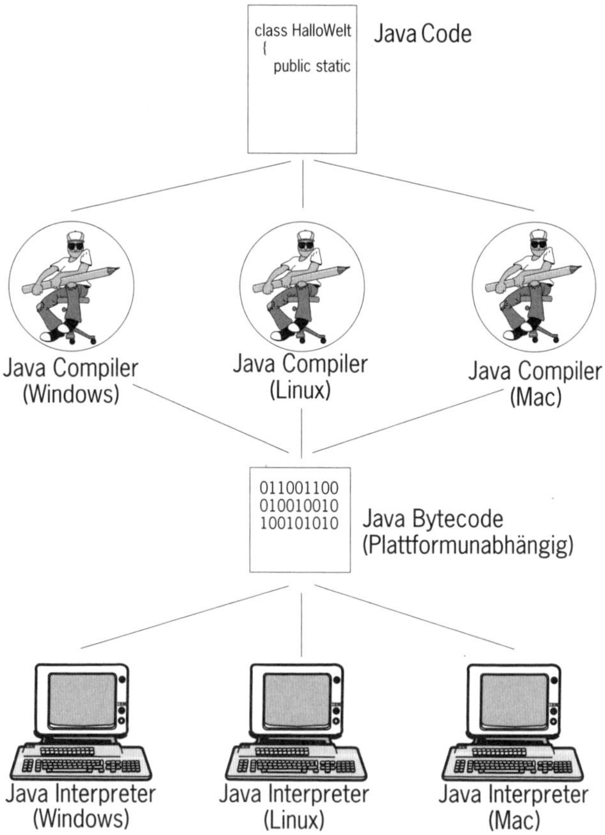

Abbildung 1.2:* *Erstellung von Java-Programmen

Java-Quellcode wird zunächst mit einem Compiler (er heißt *javac*) übersetzt, allerdings nicht in den Maschinencode des jeweiligen Prozessors, sondern in sogenannten Bytecode. Man kann sich diesen Bytecode als einen Maschinencode eines virtuellen Prozessors vorstellen, das heißt eines Prozessors, den es gar nicht gibt!

Damit der Bytecode nun von einem echten Prozessor ausgeführt werden kann, muss er während des Programmlaufs in dessen Maschinencode übersetzt werden, das heißt, ein Interpreter ist zum Ausführen von Java-Programmen notwendig, den man einfach wie die Sprache getauft hat, also *java*.

Warum diese seltsame Mischung aus Compiler- und Interpretersprache? Die Antwort liegt eigentlich auf der Hand. Es geht darum, die Vorteile beider Systeme miteinander zu verbinden:

- Der vorkompilierte Bytecode kann wesentlich schneller interpretiert werden.
- Die Übersetzung in Bytecode schützt Ihre Algorithmen vor unerwünschter Nachahmung.
- Der Bytecode ist plattformunabhängig. Gleichgültig, auf welchem Computer der Bytecode erstellt worden ist, er wird immer identisch aussehen. Es ist dadurch möglich, Bytecode von einem Rechner zum nächsten zu transferieren (zum Beispiel über das Internet) und dort ausführen zu lassen, ohne die *geringste* Änderung vornehmen zu müssen. (Wenn Sie schon in konventionellen Sprachen wie C programmiert haben und das Problem hatten, ein Programm zu entwerfen, das auf verschiedenen Betriebssystemen, Prozessoren und Compilern läuft, werden Sie diesen Vorteil von Java sicherlich zu schätzen wissen.)
- Der Interpreter hat die Möglichkeit, die Programmausführung zu überwachen und beispielsweise (absichtliche oder unabsichtliche) unkorrekte Speicherzugriffe oder Datenmanipulationen zu erkennen und direkt mit einer Fehlermeldung abzufangen. Dies ist insbesondere unter Sicherheitsaspekten interessant. Da Java für das Internet und somit für den beliebigen Datenaustausch konzipiert ist, muss weitgehend sichergestellt sein, dass ein Java-Programm, das man mit seinem Browser durch einen mehr oder weniger achtlosen Klick startet, nicht irgendwelche üblen Sachen anstellt. Ein Interpreter, der ständig darauf achtet, was das Java-Programm gerade tun will, ist dafür ein geeigneter Ansatz.

Zusammenfassend lässt sich sagen, dass Java-Programme aufgrund des Compiler/Interpreter-Ansatzes hardwareunabhängig und somit portabel sind und gleichzeitig ein relativ hohes Maß an Sicherheit vor Manipulationen bieten. Diese Vorteile gehen jedoch zu Lasten der Geschwindigkeit. Interpretierte Java-Programme sind trotz Bytecode langsamer als vergleichbare C/C++-Programme. Dies sollte Sie aber nicht abschrecken. Moderne Prozessoren sind schnell genug und viele Programme verbringen die meiste Zeit sowieso mit Warten auf Benutzereingaben, sodass der Geschwindigkeitsnachteil gar nicht zum Tragen kommt. Zudem verwenden modernen Java-Interpreter spezielle Techniken, wie z.B. die sogenannte Just-In-Time-Compilation (JIT), die den Geschwindigkeitsnachteil minimal halten.[1]

Die Java-Laufzeitumgebung (JRE)

Sie haben gelernt, dass auf einem Rechner, auf dem Java-Programme ausführt werden sollen, ein Java-Interpreter installiert sein muss (siehe auch *Abbildung 1.2*). Dies war insofern etwas vereinfacht dargestellt, als nicht nur ein einzelnes Interpreter-Programm, sondern eine ganze Kombination aus Tools und Bibliotheken benötigt werden – die sogenannte Java-Laufzeitumgebung, abgekürzt **JRE** (»Java Runtime Environment«).

Wenn Sie also Ihre Java-Progamme an Freunde weitergeben, sagen Sie ihnen, dass sie sich gegebenenfalls die JRE von der Site *http://www.oracle.com/technetwork/java/javase/downloads/index.html* herunterladen müssen. Ausgeführt werden die Programme dann durch Übergabe an den *java*-Interpreter, so wie Sie es gleich weiter unten lernen werden. Oder Sie erzeugen für Ihre Freunde eine direkt ausführbare *.jar-*, *.bat-* oder *.exe*-Datei, siehe *Anhang D*.

1.6 Vorbereitung zum Programmieren

Bevor wir im nächsten Kapitel voll in die Programmierung einsteigen, sollten Sie Ihren Computer vorbereitet haben. Folgende Zutaten sind für die Erstellung von Java-Programmen notwendig:

- die Java-Entwicklungswerkzeuge (JDK)

  Das JDK steht unter *http://www.oracle.com/technetwork/java/javase/downloads/index.html* kostenlos zur Verfügung; die zum Zeitpunkt der Drucklegung dieses Buches aktuelle Version Java SE 7 (JDK 7) finden Sie auch auf der *Buch-DVD* (Installationshinweise siehe *Anhang B*).

  Das JDK[2] besteht aus einer Sammlung aller für die Programmierung erforderlichen Tools (Compiler, Interpreter, Debugger, AppletViewer etc.), den zu Java gehörenden Standardbibliotheken und einer Reihe

1 Bei der Just-In-Time-Compilation übersetzt der Java-Interpreter *während der Programmausführung* Programmteile, die oft benötigt werden, in optimierten Maschinencode für den verwendeten Prozessor und hält diese Codeblöcke im Hauptspeicher, sodass bei Wiederverwendung während der aktuellen Programmausführung keine erneute Übersetzung notwendig ist. Zusätzlich werden häufig fortlaufend Hot-Spot-Analysen gemacht, d.h. sehr oft durchlaufene Code-Abschnitte (die »Hot-Spots«) werden parallel zur Programmausführung intensiv optimiert und dadurch noch schneller gemacht.

2 Abkürzung für »Java SE Development Kit«

von Beispielprogrammen. Die JDK-Tools werden von der Konsole aus aufgerufen. Linux-Anwender öffnen hierzu ein Terminalfenster, Windows-Anwender die Eingabeaufforderung.

- ein Texteditor

  Für die Programmierung genügt ein einfacher Texteditor, wie er zur Grundausstattung jedes anständigen Betriebssystems gehört. Wichtig ist, dass der Editor unformatierten Text (also einfach nur die Buchstaben ohne Formatangaben wie fett, kursiv etc.) abspeichern kann.

  Mögliche Optionen wären *Editor* (*notepad.exe*) oder *Wordpad* unter Microsoft Windows (Aufruf über START/PROGRAMME/ZUBEHÖR) bzw. *vi*, *KWrite* oder *emacs* unter Linux/Unix. Natürlich können Sie auch Textverarbeitungssoftware wie Microsoft Word einsetzen, allerdings müssen Sie darauf achten, nur reinen unformatierten Text (ASCII bzw. ANSI, Dateiendung *.txt*) abzuspeichern.

- einen Webbrowser

  Wie zum Beispiel Mozilla Firefox (*http://www.mozilla.org/*), Internet Explorer (*www.microsoft.com*) oder Opera, ein schneller kostenloser Browser aus Norwegen (*www.opera.com*).

  Den Browser benötigen Sie einerseits zum Studium der (englischen) Java-Klassendokumentation, andererseits zum Testen von selbst erstellten Applets (kleinen Java-Programmen, die in Webseiten integriert werden).

Einrichtung einer eigenen Entwicklungsumgebung

Als Erstes sollten Sie sich überlegen, wie Sie die Dateien Ihrer Programme auf der Festplatte verwalten wollen. Eine Möglichkeit wäre, unter einem eigenen übergeordneten Verzeichnis für die einzelnen Programme Unterverzeichnisse anzulegen. Zum Nachvollziehen der Beispiele in diesem Buch bietet es sich allerdings an, unter dem übergeordneten Verzeichnis Unterverzeichnisse für die Buchkapitel anzulegen.

Wenn Sie das übergeordnete Verzeichnis *Java* nennen, könnte Ihre Verzeichnisstruktur wie folgt aussehen:

C:\Java
C:\Java\Kap02
C:\Java\Kap03
C:\Java\Kap04
...

In den Verzeichnissen für die einzelnen Kapitel speichern Sie dann die Quelldateien der zugehörigen Beispiele. Für kleinere Beispiele können Sie die Quelldateien ruhig zusammen im Kapitelverzeichnis speichern. Für größere Beispiele, die aus mehreren Quelldateien bestehen, empfiehlt es sich, noch-

Tipp

Auch wenn konventionelle Texteditoren wie Editor oder Wordpad grundsätzlich vollkommen ausreichen, lassen sie doch verschiedene Extras vermissen, die gerade dem Programmierer die Arbeit sehr erleichtern können – wie z.B. die automatische Syntaxhervorhebung oder die Anzeige der Zeilennummern[1]. Wer auf diese Funktionen nicht verzichten möchte, muss zu einem Editor greifen, der sich auf die Quelltextverarbeitung spezialisiert hat. Empfehlenswerte Vertreter dieser Gattung sind z.B. der emacs für Linux (gehört in der Regel zum Lieferumfang) und der Notepad++-Editor für Windows (kann von http://notepad-plus.sourceforge.net/de/site.htm kostenlos heruntergeladen werden).

1 Der Compiler gibt Meldungen zu Syntaxfehlern immer unter Angabe der betroffenen Zeilennummer aus. Wenn Sie einen Editor mit Zeilennummerierung verwenden, müssen Sie nicht selbst zählen, um die verdächtige Zeile zu finden.

mals eigene Unterverzeichnisse für jedes Programm anzulegen. (Gleiches gilt, wenn zwei Programme gleichnamige Klassen definieren.)

1. Richten Sie jetzt auf Ihrem Rechner ein Verzeichnis *Java* ein.

   Unter Windows können Sie das Verzeichnis direkt unter *C:* anlegen, also als *C:\Java*. (Unterverzeichnisse können im Windows Explorer, Aufruf mit [⊞]+[E], erzeugt werden.)

   Unter Linux legen Sie das Verzeichnis unter Ihrem Home-Verzeichnis an.

2. Legen Sie ein Unterverzeichnis *Kap02* für Kapitel 2 an.

Jetzt sollten Sie Ihren Desktop noch so gestalten, dass Sie alle für die Programmierung typischen Aufgaben effizient erledigen können.

3. Lassen Sie den Windows Explorer (Ordnerfenster) aus Schritt 1 geöffnet. Sie brauchen ihn, um bei Bedarf weitere Kapitel- oder Programmverzeichnisse anzulegen. Außerdem können Sie aus dem Explorer heraus bestehende Quelldateien zur Ansicht oder Bearbeitung öffnen.

4. Rufen Sie den Texteditor Ihrer Wahl auf, mit dem Sie Ihren Quellcode als reinen Text (ASCII oder ANSI, kein Unicode) abspeichern können. Wenn Sie keinen spezialisierten Quelltexteditor besitzen (vgl. Anmerkung zu *Notepad++* weiter oben), verwenden Sie einfach einen der Editoren aus dem Lieferumfang Ihres Betriebssystems.

   Unter Windows eignet sich beispielsweise der *Editor* (*notepad.exe*), den Sie über das Start-Menü mit START/ALLE PROGRAMME/ZUBEHÖR/EDITOR aufrufen können. (Alternativ können Sie in das Suchfeld des Start-Menüs *notepad.exe* eintippen. Unter Windows XP rufen Sie stattdessen START/AUSFÜHREN auf und geben *notepad.exe* in das erscheinende Dialogfenster ein.)

   Unter Linux können Sie z.B. den *vi* oder *KWrite* verwenden.

5. Speichern Sie zur Probe im Verzeichnis *C:\Java\Kap02* eine Datei *HalloWelt.java*. Die Datei kann ruhig leer sein (oder einen beliebigen Text enthalten).

6. Öffnen Sie ein Konsolenfenster.

   Im Gegensatz zu Linux-Anwendern sind viele Windows-Anwender heutzutage gar nicht mehr mit dem Umgang mit der Konsole vertraut. Unter Windows heißt die Konsole meist »Eingabeaufforderung« und wird über das Start-Menü aufgerufen (START/ALLE PROGRAMME/ZUBEHÖR/EINGABEAUFFORDERUNG). Unter älteren Windows-Betriebssystemen heißt die Konsole manchmal auch MS-DOS-EINGABEAUFFORDERUNG oder ist direkt unter START/PROGRAMME zu finden.

> **!** Bei Verwendung von Notepad gibt es manchmal Probleme, weil der Notepad-Editor die Dateiendung .txt an die gespeicherten Dateien anhängt (aus Dateiname.java wird dann Dateiname.java.txt). Um dies zu vermeiden, gibt es zwei Möglichkeiten. Die erste Lösung besteht darin, den kompletten Dateinamen, samt Dateiendung, in Anführungszeichen zu setzen: `"Dateiname.java"`. Die zweite Möglichkeit ist, die Dateiendung .java im Windows Explorer zu registrieren. Speichern Sie dazu nach Methode 1 eine Datei mit der Dateiendung .java. Wechseln Sie danach in den Windows Explorer und doppelklicken Sie auf die Datei. Ist die Dateiendung noch nicht registriert, erscheint jetzt ein Dialogfenster (oder eine Folge von Dialogfenstern), in denen Sie Notepad als gewünschtes Bearbeitungsprogramm auswählen und die Option setzen können, die dafür sorgt, dass dieser Dateityp immer mit dem ausgewählten Programm geöffnet wird. Wenn Sie anschließend den Dialog mit OK abschicken, wird die Dateiendung .java registriert und mit Notepad als Standardverarbeitungsprogramm verknüpft. Danach können Sie .java-Dateien per Doppelklick in Notepad laden und werden nie wieder Ärger mit an Java-Dateien angehängte .txt-Dateiendungen haben.

Unter Linux heißt die Konsole oft auch »Terminal« und kann über entsprechende Desktop-Symbole oder Links im Start-Menü geöffnet werden.

Die Konsole ist ein zeilenorientiertes Befehlseingabefenster, in deren jeweils letzten Zeile Sie einen System-Befehl eingeben und mit der ↵-Taste abschicken können. Beachten Sie auch den »Prompt« zu Beginn der Zeile.

Der Prompt zeigt Ihnen an, dass die Konsole auf die Eingabe eines Befehls wartet. Das Aussehen des Prompts ist veränderbar. Meist ist er so konfiguriert, dass der Pfad zu dem aktuellen Verzeichnis und ein abschließendes > angezeigt werden. Hinter dem > tippen Sie Ihren Befehl ein.

```
C:\Java\Kap02> IhrBefehl
```

7. In der Konsole wechseln Sie mithilfe des *cd*-Befehls (»change directory«) in das Verzeichnis, in dem die zu kompilierende Quelldatei steht. Nehmen wir an, es war dies das Verzeichnis *C:\Java\Kap02*. Dann tippen Sie hinter dem Prompt der Konsole den Befehl *cd C:\Java\Kap02*[1] ein und schicken ihn durch Drücken der ↵-Taste ab.

Hinweis

Eine kurze Einführung in die Bedienung der Konsole finden Sie als Tutorial auf unserer Website www.carpelibrum.de.

1 Achtung: Falls Sie die Datei auf einer anderen Partition der Festplatte abgespeichert haben als die Windows-Standardpartition *C:* (z.B. *D:*), dann müssen Sie vor dem *cd*-Befehl erst die richtige Partition anwählen, z.B. durch *d:* ↵ und dann *erst cd D:\Java\Kap02*!

Tabelle 1.1: cd-Befehle der Konsole (als Trennzeichen für Verzeichnisse verwenden Sie je nach Betriebssystem / oder \)

cd-Befehl	Beschreibung
E:	Wechsel zum Laufwerk *E:*
cd ..	Wechsel in das übergeordnete Verzeichnis
cd Verzeichnis	Wechsel in das angegebene untergeordnete Verzeichnis
cd C:/Projekte/Verzeichnis	Wechsel in das angegebene Verzeichnis

Ihr Desktop sollte nun ungefähr wie in *Abbildung 1.3* aussehen.

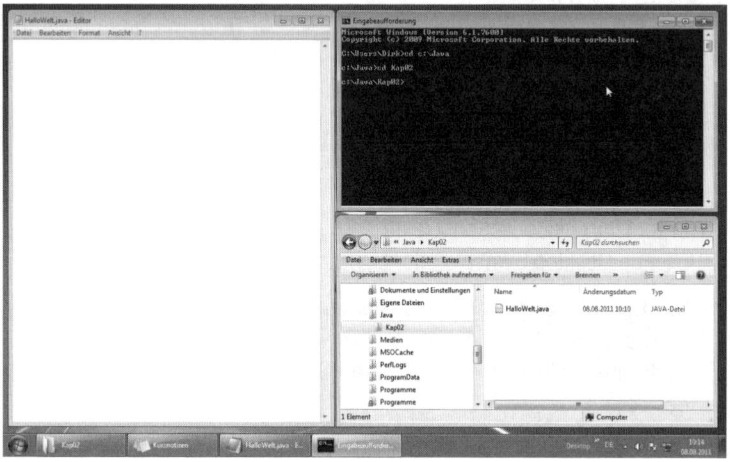

Abbildung 1.3: Desktop mit Editor, Konsole und Explorer (unter Windows 7)

Im Editor setzen Sie Ihren Quelltexte auf. Den fertig bearbeiteten Quelltext speichern Sie im zugehörigen Programmverzeichnis.

Nach dem Speichern wechseln Sie in die Konsole, von wo aus Sie das Programm kompilieren und ausführen (die entsprechenden Befehle werden Sie gleich im nächsten Kapitel kennenlernen).

Nutzen Sie die Konsolen-History!

Treten bei der Kompilierung Fehler auf, korrigieren Sie die entsprechenden Zeilen im Quelltext, speichern, wechseln zur Konsole und kompilieren erneut. Die Konsolenbefehle müssen Sie dazu nicht noch einmal neu eingeben. Die Konsole merkt sich alle bereits abgeschickten Befehle in ihrer History, die Sie mithilfe der Pfeiltasten durchgehen können.

Damit sind Sie gerüstet und das Abenteuer kann beginnen!

Integrierte Entwicklungsumgebungen

Die Arbeit mit dem JDK ist wegen der vielen, nur von der Konsole aus zu bedienenden Programme etwas unhandlich. Viele Programmierer greifen daher zu integrierten Entwicklungsumgebungen, deren grafische Benutzeroberfläche den Komfort eines übergeordneten Bedienpults bietet, von dem aus sämtliche Programmierarbeiten bequem erledigt werden können. Die meisten integrierten Entwicklungsumgebungen warten daher nicht nur mit Menübefehlen zum Kompilieren und Ausführen der Programme auf, sondern auch mit

- integrierten Editoren, die speziell für die Erstellung von Quelltexten ausgelegt sind und den Programmierer mit Optionen wie Zeilennummerierung, Syntaxhervorhebung, automatischer Zeileneinzug, Codevervollständigung und Einblendung von Hilfetexten erfreuen,
- integriertem Debugger zum Aufspüren von Laufzeitfehlern,
- einer ausgeklügelten Projektverwaltung, die dem Programmierer dabei hilft, die Dateien seiner Programme (Quelltextdateien, kompilierte *.class*-Dateien, Ressourcen wie Bild- oder Sounddateien) übersichtlich zu verwalten,
- vorgefertigten Programmgerüsten und
- visueller Programmierung. (Betrifft vor allem die Erzeugung von Anwendungen mit grafischer Benutzeroberfläche (GUI). Die Fenster der Benutzeroberfläche können in einem grafischen Editor aufgebaut und bearbeitet werden, den zugehörigen Java-Code erzeugt die Entwicklungsumgebung automatisch.)

Eine der wichtigsten Entwicklungsumgebungen, Eclipse, finden Sie übrigens auch auf der Buch-DVD. Hinweise zu Installation und Bedienung gibt es in Anhang F.

Grundsätzlich möchten wir Ihnen aber raten, anfangs auf den Einsatz einer integrierten Entwicklungsumgebung zu verzichten und rein mit dem JDK zu arbeiten. Gerade weil dem JDK der Komfort einer integrierten Entwicklungsumgebung und die Leichtigkeit und trügerische Sicherheit der visuellen Programmierung fehlt, halten wir ihn für den Einstieg ideal. Wir möchten, dass Sie erst einmal selbst lernen, wie man gute und sichere Programme schreibt und sich nicht gleich von Anfang an auf eine Entwicklungsumgebung verlassen, die Ihnen zwar vieles abnimmt, aber auch vieles vor Ihnen verbirgt. Wir wollen nicht, dass Sie einfach aufs Geratewohl programmieren, Sie sollten auch verstanden haben, was Sie programmieren. Später können Sie dann jederzeit auf eine integrierte Entwicklungsumgebung umsteigen.

2 Der erste Kontakt

Sie lernen in diesem Kapitel,
- *Ihre erste Java-Anwendung zu schreiben und*
- *den Umgang mit Compiler und Interpreter zu üben.*

Bestimmt sind Sie schon ganz gespannt und wollen nun endlich wissen, wie man mit Java Programme schreiben kann. Wir werden uns daher auch nicht mehr mit langen Vorreden aufhalten, sondern gleich mit einem einfachen Beispiel beginnen – einer Java-Anwendung, die Sie mit einem freundlichen Hallo von der Konsole aus grüßt. Das Programm wird nur aus wenigen Zeilen Quelltext bestehen, aber diese werden es in sich haben. Sie sollten darüber aber nicht erschrecken und Sie brauchen sich auch nicht darum zu sorgen, wie es mit der Java-Programmierung weitergeht, wenn schon die einfachsten Programme so kompliziert und unverständlich sind. Das Problem, speziell für uns als Autoren, liegt darin, dass man in Java auch für die einfachsten Programme auf eine Reihe weit fortgeschrittener Konzepte vorgreifen muss. Versuchen wir einfach, aus der Not eine Tugend zu machen. Anstatt gleich alles bis ins Detail verstehen zu wollen, verschaffen wir uns erst einmal einen Überblick.

2.1 Die erste Java-Anwendung

In vielen Lehrbüchern über Programmiersprachen beginnt man mit dem Erstellen eines kleinen Programms, das die Meldung »Hello World« auf den Bildschirm ausgibt. Wir wollen uns dieser Tradition anschließen und eine Anwendung erzeugen, die sich mit einem freudigen »Hallo Welt« meldet.

Und so schaut das Programm aus:

Listing 2.1: HalloWelt

```
// Dies ist die erste Anwendung

public class HalloWelt {
  public static void main (String[] args) {
    System.out.println("Hallo Welt!");
  }
}
```

Anwendungen erstellen und ausführen

Um diese – und jede andere – Anwendung auf Ihrem Computer zu erstellen und auszuführen, gehen Sie folgendermaßen vor:

1. *Öffnen Sie Ihren Texteditor.*

   Rufen Sie einen beliebigen Texteditor auf, mit dem Sie Ihren Quellcode als reinen Text (ASCII oder ANSI, kein Unicode) abspeichern können.

2. *Geben Sie den Java-Quelltext ein.*

   Legen Sie in Ihrem Editor eine neue Datei an, tippen Sie obigen Quelltext ein und speichern Sie die Datei unter dem Namen *HalloWelt.java*.

   Wichtig ist dabei, dass die Quelltextdatei exakt den gleichen Namen trägt wie die in dem Quelltext definierte `public`-Klasse (hier also `HalloWelt`), wobei auch die Groß- und Kleinschreibung zu beachten ist.

   Weiterhin wichtig ist, dass die Datei die Dateiendung *.java* trägt und der Editor nicht eigenmächtig eine eigene Dateiendung anhängt (vgl. Anmerkung zu Notepad in Schritt 5 von *Abschnitt 1.6, »Einrichtung einer eigenen Entwicklungsumgebung«*).

3. *Kompilieren Sie den Quelltext.*

   Falls Sie es nicht bereits bei der Lektüre von *Abschnitt 1.6, »Einrichtung einer eigenen Entwicklungsumgebung«* getan haben, öffnen Sie jetzt ein Konsolenfenster und wechseln Sie in das Verzeichnis Ihrer Java-Quelltextdatei. Von dort rufen Sie den Java-Compiler *javac* auf und übergeben ihm die zu kompilierende Quelltextdatei:

   Prompt:> *javac HalloWelt.java* ↵

   Dieser Aufruf erzeugt eine ausführbare Bytecode-Datei mit dem Namen der übergebenen Quelltextdatei, allerdings mit der Endung *.class* – in unserem Beispiel also *HalloWelt.class*.

   Sollten Sie beim Abschicken des Befehls eine Meldung in der Form *»Befehl oder Dateiname nicht gefunden«* erhalten, ist Ihr System nicht so eingerichtet, dass Sie die Java-Entwicklungsprogramme aus jedem beliebigen Verzeichnis aufrufen können. Sie müssen dann dem Programmnamen *javac* den vollständigen Pfad voranstellen, der zu dem Programm führt. Wenn Sie beispielsweise Java im Verzeichnis *C:\Program Files\Java\jdk1.7.0* installiert haben, würde der Aufruf beispielsweise *C:\Program Files\Java\jdk1.7.0\bin\javac* lauten. Bequemer ist es, wenn Sie den Pfad zu den Java-Entwicklungsprogrammen in Ihren Systempfad eintragen (siehe *Anhang »Anhang B – Installation des JDK«*).

4. *Lassen Sie die fertige Anwendung ausführen.*

   Dazu rufen Sie den Java-Interpreter (*java*) auf und übergeben diesem als Parameter den Namen Ihrer kompilierten Bytecode-Datei, aber ohne die Endung *.class*, d.h., in der Konsole wird eingegeben:

   Prompt:> *java HalloWelt* ↵

   Sollten Sie daraufhin eine Fehlermeldung der Form *»Exception in thread "main" java.lang.NoClassDefFoundError: HalloWelt«* erhalten, bedeutet dies, dass der Interpreter die gewünschte Java-Klasse nicht findet. Dies

HalloWelt ist nicht gleich Hallowelt

! Zu Anfang bitte nicht die Quelltexte von der Buch-DVD kopieren, sondern die Texte wirklich selbst eintippen. Es werden sich dabei zwar manche Tippfehler einschleichen, doch aus der Beseitigung dieser Fehler lernen Sie! Greifen Sie auf die Quelltexte der Buch-DVD nur als letzte Referenz zurück, wenn Sie Ihre Programme gar nicht zum Laufen bringen.

kann daran liegen, dass die *.class*-Datei nicht erzeugt wurde (kontrollieren Sie nach dem Kompilieren mithilfe des DOS-Befehls *dir*, ob die Datei *HalloWelt.class* im Verzeichnis angelegt wurde).

Möglich ist auch, dass Sie aus Versehen die Dateiendung *.class* angehängt oder den Klassennamen nicht exakt so eingegeben haben, wie er im Quelltext definiert ist (auf gleiche Groß- und Kleinschreibung achten).

Manchmal liegt es aber auch daran, dass irgendeines der auf Ihrem System installierten Programme die Java-Umgebungsvariable CLASSPATH so gesetzt hat, dass die *.class*-Dateien im aktuellen Verzeichnis nicht mehr gefunden werden. Dann müssen Sie die CLASSPATH-Variable bearbeiten und um den Platzhalter für das aktuelle Verzeichnis (;.) erweitern. Wie dies genau geht, ist im *Anhang B* beschrieben.

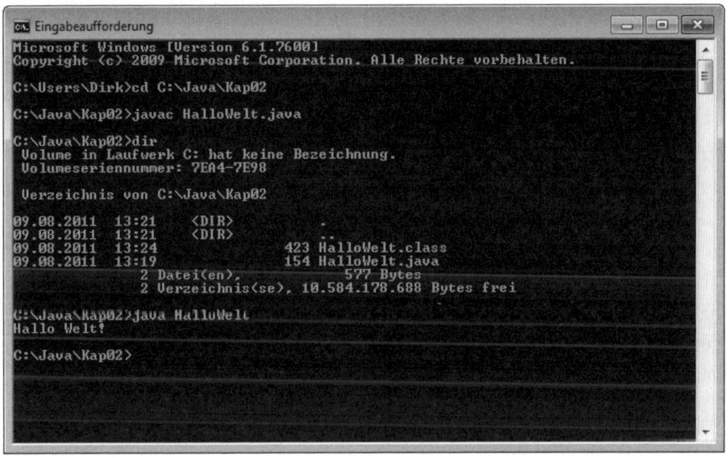

***Abbildung 2.1:* Kompilation und Ausführung der Anwendung HalloWelt im Verzeichnis C:\Java\Kap02**

Der Quelltext der Anwendung

```
// Dies ist die erste Anwendung

public class HalloWelt {
  public static void main (String[] args) {
    System.out.println("Hallo Welt!");
  }
}
```

Hinweis

Wie Sie Java-Anwendungen so aufbereiten, dass sie ohne explizite Übergabe an java ausgeführt werden können, lesen Sie in Anhang D.

! Die Zeilennummern sind nicht Teil des Listings!!! Sie sollen Ihnen lediglich helfen, die besprochenen Codestellen leichter zu finden.

Analyse

Gehen wir nun den Quelltext des Programms durch. Dabei sollte es uns nicht darum gehen, alle syntaktischen Elemente von Java auf einmal verstehen zu wollen. Wichtiger ist es zu verstehen, wie das Grundgerüst einer Java-Anwendung aussieht und woran der Compiler eine Java-Anwendung erkennt.

```
// Dies ist die erste Anwendung
```

Die erste Zeile des Quelltextes ist ein Kommentar. Eingeleitet wird der Kommentar durch die doppelten Schrägstriche //, die dem Compiler mitteilen, dass der Rest der Zeile nur als Gedächtnisstütze für den Programmierer gedacht ist und bei der Übersetzung ignoriert werden kann.

Hinweis

Mehrzeilige Kommentare können Sie mithilfe der »Klammern« / und */ einfügen:*

```
/* Dies ist
alles ein
Kommentar */
```

Unter dem Kommentar wird es dann schon recht kryptisch. Springen wir gleich in die fünfte Zeile, in der wir den Text wiedererkennen, den die Anwendung ausgeben soll:

```
System.out.println("Hallo Welt!");
```

Damit der Compiler erkennt, dass es sich bei »Hallo Welt!« um einen einfachen Text und nicht etwa um einen Programmierbefehl handelt, wird der Text in Anführungszeichen gesetzt. Woher aber weiß das Programm, was es mit diesem Text zu tun hat? Dazu bedarf es spezieller Anweisungen, die den Text auf Ihrem Bildschirm ausgeben, die Sie glücklicherweise aber nicht selbst zu implementieren haben. Es gibt schon eine vordefinierte Folge von Anweisungen, die als sogenannte Methode unter dem Namen `println()` zum Standardumfang von Java gehört. Um einen Text auszugeben, brauchen Sie diesen also lediglich der Methode `println()` zu übergeben, wozu Sie den Text in Anführungszeichen zwischen die Klammern nach dem Methodennamen schreiben.

Wir sind damit auf ein ganz zentrales Konzept zur Modularisierung von Programmcode gestoßen.

Modularisierung durch Methoden

Grundsätzlich bestehen Programme aus Anweisungen – einzelnen Befehlen, die der Computer nacheinander ausführen soll (in den nächsten Kapiteln werden wir viele Beispiele für solche Anweisungen sehen). Man könnte nun ein Programm so aufsetzen, dass man die Befehle einfach in der Reihenfolge, in der sie abgearbeitet werden, untereinander aufschreibt (wie es früher in Basic der Fall war). Nun kehren aber bestimmte Aufgaben bei der Programmierung immer wieder, so zum Beispiel die Ausgabe von Text auf einen Bildschirm, die Berechnung von Sinus-Werten, das Öffnen einer Datei und so weiter und so fort. Damit man nun nicht fortwährend das Rad neu erfinden muss, fasst man die Anweisungen zur Lösung eines solches Problems in einer Methode zusammen. Fortan muss man zur Ausgabe eines Textes nicht mehr die ganzen Anweisungen zur Textausgabe niederschreiben, sondern braucht nur noch die entsprechende Methode aufzurufen. Und da man den auszugebenden Text der Methode erst beim Aufruf übergibt, kann die Methode sogar beliebigen Text ausgeben (wie dies im Einzelnen funktioniert, werden wir in *Kapitel 4.2* klären).

Glücklicherweise sind für die wichtigsten Probleme bereits entsprechende Methoden vorhanden – sie gehören zur Standardausstattung von Java (wie zum Beispiel `println()` für die Textausgabe). Die Frage ist nur: Wo findet man diese Methoden? Oder um die Frage zu verallgemeinern: Wie wird der Quellcode in Java-Programmen organisiert?

Merke

Methoden kapseln Quellcode und dienen der Lösung genau definierter Teilprobleme.

Methoden, Klassen, Pakete

In Java-Programmen dürfen Anweisungen (also der eigentliche Code, der vom Computer ausgeführt werden soll) nicht einfach irgendwo im Quelltext herumstehen. Vielmehr ist es so, dass Anweisungen nur innerhalb von Methodendefinitionen erlaubt sind.

Aber auch Methodendefinitionen dürfen nicht an beliebiger Stelle stehen. Methoden sind in Java nur als Elemente von Klassen erlaubt (in einigen anderen Programmiersprachen können Methoden auch allein außerhalb von Klassen definiert werden und man nennt sie dann zur Unterscheidung *Funktionen*).

Merke

Um es also noch einmal in aller Deutlichkeit zu sagen: Java-Programme bestehen praktisch nur aus Klassendefinitionen. Diese Klassen definieren Variablen und Methoden, und nur in diesen Methoden stehen die eigentlichen Anweisungen, die das Programm auszuführen hat.

Klassen dürfen dagegen an beliebiger Stelle im Quelltext definiert werden.

Betrachten wir jetzt noch einmal den Aufbau unseres ersten Programms:

```
01 // Dies ist die erste Anwendung
02
03 public class HalloWelt {
04   public static void main (String[] args) {
05     System.out.println("Hallo Welt!");
06   }
07 }
```

Analyse

In Zeile 3 definieren wir eine eigene Klasse namens `HalloWelt`. Beginn und Ende der Klassendefinition werden durch das geschweifte Klammernpaar gekennzeichnet. Die Angabe `public` ist ein sogenannter Modifizierer und legt fest, welche anderen Klassen auf `HalloWelt` zugreifen dürfen[1]. Innerhalb der Klasse `HalloWelt` definieren wir die Methode `main()` (Zeile 4 bis 6). Die Anweisungen, die zu der Methode gehören, werden wiederum in geschweifte Klammern gefasst. In unserem Fall ist die einzige Anweisung der Aufruf der Methode `println()`.

Ähnlich wie man Methoden in Klassen organisiert (wobei alle Methoden einer Klasse üblicherweise einem gemeinsamen Aufgabengebiet angehören), kann man Klassen in sogenannten Paketen zusammenfassen. Mehr dazu erfahren Sie in *Kapitel 3.6* und am Ende von *Kapitel 4.2*.

---

1 Die Hauptklasse eines Programms, die die `main()`-Methode enthält, wird grundsätzlich als `public` deklariert.

Die Java-Standardbibliothek

Es gibt schon viele fertige Klassen, die von Java über die Java-Standardbibliothek bereitgestellt werden (beispielsweise die Klasse `System`.) Eine tabellarische Übersicht der wichtigsten Pakete und Klassen aus der Standardbibliothek finden Sie in Anhang D. Die vollständige (englische) Referenz der Pakete und Klassen enthält die API-Dokumentation, die Sie sowohl auf der *Buch-DVD* als auch im Internet finden (*http://download.oracle.com/javase/7/docs/api/*).

Der eigentliche Code, die Anweisungen des Programms, ist also verteilt auf die Methoden des Programms. Und da eine Methode eine andere Methode aufrufen kann, ist es kein Problem den Programmablauf zu steuern und von Methode zu Methode weiterzuführen. Mit welcher Methode wird nun aber begonnen? Welche Methode wird aufgerufen, wenn wir das Programm starten?

Der Programmstart

Jede Java-Anwendung beginnt mit einer `main()`-Funktion, die folglich in jeder Java-Anwendung definiert werden muss. Genau dies geschieht in unserem kleinen Beispielprogramm.

```
public class HalloWelt {
  public static void main (String[] args) {
    System.out.println("Hallo Welt!");
  }
}
```

Da Methoden nur innerhalb von Klassen definiert werden dürfen, müssen wir zuerst die Alibi-Klasse `HalloWelt` definieren. Diese enthält dann die Definition unserer `main()`-Methode. Und das war schon das ganze Programm.

Merke

Das Grundgerüst einer Java-Anwendung besteht aus einer Hauptklasse, in der die Methode `main()` *definiert wird. Die Ausführung der Anwendung beginnt mit der ersten Anweisung im Funktionskörper von* `main()`*. Die Signatur der* `main()`*-Methode ist fest vorgegeben:*

`public static void main (String[] args)`

System.out.println() und das Problem der Umlaute

Bevor Sie es selbst herausfinden und dann enttäuscht sind, möchten wir es Ihnen lieber gleich beichten: Mit `System.out.println()` können Sie keine Umlaute wie ä, ö oder ß auf die Konsole ausgeben. Dafür müssten Sie eine Instanz der Klasse `Console` verwenden bzw. `System.console().printf()` aufrufen.

Dies jedoch nur als Hinweis und Vorgeschmack auf *Kapitel 6*, wo wir uns eingehender mit der Klasse `Console` und ihren Möglichkeiten beschäftigen werden. Im Moment jedoch, da eine Menge wichtiger Programmierkonzepte auf uns einströmen, wollen wir uns nicht weiter mit möglichen Ausgabetechniken belasten und begnügen uns daher mit der sehr einfach zu verwendenden `System.out.println()`-Methode.

Damit wäre der Einstieg in die Java-Programmierung geschafft. In den nächsten Kapiteln wird die Behandlung der syntaktischen Elemente von Java im Vordergrund stehen. Sie werden lernen, aus welchen Elementen Java-Programme aufgebaut sind und wie diese Elemente korrekt und sinnvoll eingesetzt werden. Danach sollten Sie in der Lage sein, beliebige Java-Programme lesen und verstehen zu können und eigene Java-Programme zur Lösung von Problemen aufsetzen zu können.

2.2 Zusammenfassung

Das Grundgerüst einer Java-Anwendung besteht aus einer Hauptklasse, die als `public class Klassenname` deklariert wird, mit einer Methode `public static void main (String[] args)`. Die Ausführung einer Java-Anwendung beginnt mit der ersten Anweisung in der `main()`-Methode.

2.3 Fragen und Antworten

1. Wie hängen Quelltext, Bytecode und Maschinencode voneinander ab?

   Quelltext wird in Java-Syntax aufgesetzt und ist für den Computer unverständlich. Der Quelltext muss daher vom Compiler übersetzt werden. Der Java-Compiler erzeugt aus dem Quelltext binären Bytecode, der noch prozessorunspezifisch und daher gut portabel ist. Erst der Java-Interpreter erzeugt aus dem Bytecode prozessorspezifischen Maschinencode, der auf dem Computer ausgeführt werden kann.

2. Wozu braucht man einen Java-Compiler, wozu einen Java-Interpreter?

   Der Java-Compiler übersetzt Ihren Quelltext in prozessorunspezifischen Bytecode. Dieser kann mithilfe eines passenden Java-Interpreters auf einem Computer ausgeführt werden. Den Compiler benötigt man also für die Erstellung, den Interpreter für die Ausführung von Java-Programmen.

3. Eine Frage für C++-Programmierer: Wo ist der Linker versteckt?

   Im Interpreter.

2.4 Übungen

1. Schreiben Sie eine eigene Anwendung, die folgenden Text ausgibt: »Hallo Welt. Hier ist <Ihr Name>«.

2. Speichern Sie den Quelltext Ihrer Anwendung unter einem Namen, der nicht wie der Name Ihrer Hauptklasse lautet. Versuchen Sie die Anwendung zu kompilieren (speichern Sie danach den Quelltext wieder unter dem Namen der Hauptklasse).

3 Von Daten, Operatoren und Objekten

Sie lernen in diesem Kapitel,
- *was Variablen sind und warum jede Variable einem Datentyp angehört,*
- *wie man Operatoren auf Variablen anwendet,*
- *was Variablen von Konstanten unterscheidet,*
- *wie Datentypen umgewandelt werden,*
- *was objektorientierte Programmierung ausmacht,*
- *was Klassen sind,*
- *was Arrays sind,*
- *wie man die von Java vordefinierten Klassen verwendet.*

Anscheinend haben Sie dieses Buch nach dem vorangehenden Kapitel doch nicht in den Altpapiercontainer geworfen, und das ist auch gut so. Denn der schwierigste, weil verwirrendste Teil liegt bereits hinter uns! Der erste Kontakt mit einer Programmiersprache ist nicht gerade leicht – und wenn dies schon für Sprachen wie Pascal und C gilt, so ist es erst recht wahr für Java mit seinem konsequent objektorientierten Aufbau. Viele unbekannte Konzepte, seltsame Schreibweisen und Begriffe prasseln da auf den Anfänger ein und die nagende Frage taucht auf: Soll ich mir das antun?

»Der Zweifel ist´s, der Gutes böse macht!« (Goethe, Iphigenie auf Tauris)

Halten Sie also noch ein bisschen durch, ab diesem Kapitel wird alles leichter. Fortan werden wir systematisch an die Sache herangehen, wir werden die aufregende Welt der Java-Programmierung Stück um Stück für uns erobern und wir werden unserer eigenen Kreativität als Programmierer Tür und Tor öffnen.

3.1 Variablen und Anweisungen

Die Aufgabe eines jeden Computerprogramms ist die Verarbeitung von irgendwelchen Informationen, die im Computerjargon meist Daten genannt werden. Das können Zahlen sein, aber auch Buchstaben, ganze Texte oder Bilder und Zeichnungen. Dem Rechner ist diese Unterscheidung gleich, da er letztlich alle Daten in Form von endlosen Zahlenkolonnen in Binärdarstellung (nur Nullen und Einsen) verarbeitet.

Zahlensysteme

Erinnern Sie sich noch, als in der Schule die verschiedenen Zahlensysteme durchgenommen wurden: das uns so vertraute aus Indien stammende Zehnersystem, das babylonische Sexagesimalsystem und das künstlich anmutende Dual- oder *Binärsystem*? Ich für meinen Teil fand es ebenso interessant zu erfahren, dass die Einteilung unserer Stunden in 60 statt 100 Minuten auf die Babylonier zurückgeht, wie es mich langweilte, Zahlen ins Dualsystem umzurechnen und als Folge von Nullen und Einsen darzustellen. Wer ist denn so dumm, freiwillig mit Binärzahlen zu rechnen? Nun, ich wünschte meine Lehrer hätten mich gewarnt, aber vermutlich wussten die Lehrer damals selbst noch nicht, was man alles mit Binärzahlen anfangen kann (vielleicht haben die Lehrer uns ja auch gewarnt, und wir haben es nur verschlafen). Jedenfalls rechnen Computer nur im Binärsystem:

- zum einem weil die beiden einzigen möglichen Werte 0 und 1 sich gut mit elektronischen Signalen darstellen lassen (Strom an, Strom aus),
- zum anderen weil es sich im Binärsystem sehr leicht rechnen lässt, vorausgesetzt man stößt sich nicht an der kryptischen Darstellung der Zahlen.

Damit wären wir wieder beim eigentlichen Thema. Für den Computer sind also sämtliche Daten (nicht nur die Zahlen) Folgen von Nullen und Einsen, weil er diese am schnellsten und einfachsten verarbeiten kann. Wie diese Daten und die Ergebnisse seiner Berechnungen zu interpretieren sind, ist dabei nicht sein Problem – es ist unser Problem.

Datentypen machen das Leben leichter

Stellen Sie sich vor, wir schreiben das Jahr 1960 und Sie sind stolzer Besitzer einer Rechenmaschine, die Zahlen und Text verarbeiten kann. Beides allerdings in Binärformat. Um Ihre Freunde zu beeindrucken, lassen Sie den »Computer« eine kleine Subtraktion berechnen, sagen wir:

```
8754 - 398 = ?
```

Zuerst rechnen Sie die beiden Zahlen durch fortgesetzte Division durch 2 ins Binärsystem um (wobei die nicht teilbaren Reste der aufeinanderfolgenden Divisionen, von rechts nach links geschrieben, die gewünschte Binärzahl ergeben).

```
10001000110010 - 110001110 = ?
```

Die Binärzahlen stanzen Sie sodann als Lochkarte und lassen diese von Ihrem Computer einlesen. Dann drücken Sie noch die Taste für Subtraktion und ohne Verzögerung erscheint das korrekte Ergebnis:

```
10000010100100
```

Zweifelsohne werden Ihre Freunde von dieser Maschine äußerst beeindruckt sein, und ich selbst wünschte, ich hätte im Mathematik-Unterricht eine derartige praktische Hilfe gehabt. Trotzdem lässt sich nicht leugnen, dass die Interpretation der Binärzahlen etwas unhandlich ist, und zwar erst recht, wenn man neben einfachen ganzen Zahlen auch Fließkommazahlen, Texte und Bitmaps in Binärformat speichert.

Für die Anwender von Computern ist dies natürlich nicht zumutbar und die Computer-Revolution – die vierte der großen Revolutionen (nach der Glorious Revolution, England 1688, der französischen Revolution von 1789 und der Oktoberrevolution, 1917 in Russland) – hätte nicht stattgefunden, hätte man nicht einen Ausweg gefunden. Dieser bestand nun einfach darin, es der Software – dem laufenden Programm – zu überlassen, die vom Anwender eingegebenen Daten (seien es Zahlen, Text, Bitmaps etc.) in Binärformat umzuwandeln und umgekehrt die auszugebenden Daten wieder vom Binärformat in eine leicht lesbare Form zu verwandeln.

»Gemeinheit«, höre ich Sie aufbegehren, »da wurde das Problem ja nur vom Anwender auf den Programmierer abgewälzt«. Ganz so schlimm ist es nicht. Der Java-Compiler nimmt uns hier das Gröbste ab. Alles, was wir zu tun haben, ist, dem Compiler anzugeben, mit welchen Daten wir arbeiten möchten und welchem Datentyp diese Daten angehören (sprich, ob es sich um Zahlen, Text oder Sonstiges handelt).

Schauen wir uns gleich mal ein Beispiel an:

```
public class ErstesBeispiel {
  public static void main(String[] args) {
    int ersteZahl;
    int zweiteZahl;
    int ergebnis;

    ersteZahl = 8754;
    zweiteZahl = 398;
    System.out.println(" 1. Zahl  = " + ersteZahl);
    System.out.println(" 2. Zahl  = " + zweiteZahl);
  }
}
```

Das Grundgerüst, das bereits in *Kapitel 2.1* vorgestellt wurde, übernehmen wir einfach wie gehabt. Wenden wir unsere Aufmerksamkeit gleich den Vorgängen in der `main()`-Funktion zu.

Dort werden zuerst die für die Berechnung benötigten Variablen deklariert.

Variablen

Die Variablen eines Programms sind nicht mit den Variablen mathematischer Berechnungen gleichzusetzen. *Variablen* bezeichnen Speicherbereiche im RAM (Arbeitsspeicher), in denen ein Programm Werte ablegen kann. Um also mit Daten arbeiten zu können, müssen Sie zuerst eine Variable für diese Daten deklarieren. Der Compiler sorgt dann dafür, dass bei Ausführung des Programms Arbeitsspeicher für die Variable reserviert wird. Für den Compiler ist der Variablenname einfach ein Verweis auf den Anfang eines Speicherbereichs. Als Programmierer identifiziert man eine Variable mehr mit dem Wert, der gerade in dem zugehörigen Speicherbereich abgelegt ist.

Merke

Zu jeder Variablendeklaration gehört auch die Angabe eines Datentyps. Dieser gibt dem Compiler an, wie der Speicherinhalt der Variablen zu interpretieren ist.

`int ersteZahl;`

Bei der *Deklaration* geben Sie nicht nur den Namen der Variablen an, sondern auch deren Datentyp. Dieser Datentyp gibt dem Compiler an, wie der Inhalt des Speicherbereichs der Variablen zu interpretieren ist. Im obigen Beispiel benutzen wir nur den Datentyp `int`, der für einfache Ganzzahlen steht.

Dank des Datentyps können wir der Variablen `ersteZahl` direkt eine Ganzzahl zuweisen und brauchen nicht wie im obigen Beispiel des Lochkartenrechners die Dezimalzahl in Binärcode umzurechnen:

```
ersteZahl = 8754;
```

Abbildung 3.1: Deklaration und Zuweisung

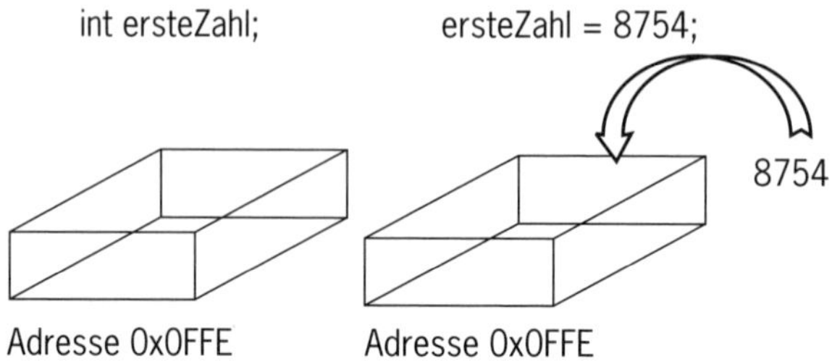

Der »Wert« der Variablen

= bedeutet Zuweisung
== bedeutet Vergleich

Wenn eine Variable einen Speicherbereich bezeichnet, dann ist der Wert einer Variablen der interpretierte Inhalt des Speicherbereichs. Im obigen Beispiel wäre der Wert der Variablen `ersteZahl` nach der Anweisung

```
ersteZahl = 8754;
```

also 8754. Wenn Sie der Variablen danach einen anderen Wert zuweisen würden, beispielsweise

```
ersteZahl = 5;
```

wäre der Wert in der Folge gleich 5.

Was die Variablen für den Programmierer aber so wertvoll macht, ist, dass er sich nicht mehr um die Speicherverwaltung zu kümmern braucht. Es ist zwar von Vorteil, wenn man weiß, dass hinter einer Variablen ein Speicherbereich steht, für die tägliche Programmierarbeit ist es aber meist nicht erforderlich. Wir sprechen nicht davon, dass wir mithilfe des Variablennamens einen eindeutig bezeichneten Platz im Arbeitsspeicher referenzieren und in diesen einen Wert schreiben, wir sagen einfach, dass wir der Variablen einen Wert zuweisen. Wir sprechen nicht davon, dass das interpretierte Bitmuster in dem Speicherbereich der `int`-Variablen `ersteZahl` gleich 5 ist, wir sagen einfach, `ersteZahl` ist gleich 5. Wir sprechen nicht davon, dass wir mithilfe des Variablennamens einen eindeutig bezeichneten Platz im Arbeitsspeicher referenzieren und dessen Wert auslesen, wir sagen einfach, dass wir den Wert der Variablen auslesen.

Mit Variablen arbeiten

Fassen wir noch einmal die drei wichtigsten Schritte bei der Arbeit mit Variablen zusammen:

1. *Variablen müssen deklariert werden.* Die Deklaration teilt dem Compiler nicht nur mit, wie der Speicherbereich für die Variable eingerichtet werden soll, sie zeigt dem Compiler überhaupt erst an, dass es sich bei dem von Ihnen gewählten Namen um einen Variablennamen handelt.
2. *Variablen werden initialisiert.* Als Initialisierung bezeichnet man die anfängliche Zuweisung eines Werts an eine Variable. Die Initialisierung erfolgt meist im Zuge der Deklaration oder kurz danach, um zu verhindern, dass man den Wert einer Variablen ausliest, der zuvor kein vernünftiger Wert zugewiesen wurde.
3. *Variablen werden benutzt,* d.h., ihre Werte werden in Anweisungen ausgelesen oder neu gesetzt.

Listing 3.1: ErstesBeispiel.java

```
public class ErstesBeispiel {
  public static void main(String[] args) {
    int ersteZahl;                          // Deklaration
    int zweiteZahl;
    int ergebnis;

    ersteZahl = 8754;                       // Initialisierung
    zweiteZahl = 398;

    ergebnis = ersteZahl - zweiteZahl;      // Verwendung
    System.out.println(" 8754 - 398  = " + ergebnis);
  }
}
```

Das Wunder der Deklaration

Zum Teufel mit diesen Wortspielen! Soll das jetzt bedeuten, dass die Deklaration einer Variablen ihrer Geburt gleichkommt?

Genau das!

C++-Programmierer werden jetzt ins Grübeln kommen. Sollte man nicht zwischen *Deklaration und Definition* unterscheiden, und wenn ja, wäre dann nicht eher die Definition der Variablen mit ihrer Geburt zu vergleichen? Schon richtig, aber in Java wird nicht mehr zwischen Deklaration und Definition unterschieden.

In C++ bezeichnete man als Deklaration die Einführung des Variablennamens zusammen mit der Bekanntgabe des zugehörigen Datentyps. Die Reservierung des Speichers und die Verbindung des Speichers mit der Variablen erfolgten aber erst in einem zweiten Schritt, der sogenannten Definition. Allerdings ist die Unterscheidung etwas verwischt, denn die Deklaration einfacher Variablen schließt auch in C++ meist deren Definition ein.

In Java schließlich ist die Variablendeklaration immer mit einer Speicherreservierung verbunden.

Jetzt wissen wir also, wozu Variablen deklariert werden, wir wissen, welche Vorgänge mit der Deklaration verbunden sind, und wir wissen, dass die Deklaration immer der Benutzung der Variablen vorangehen muss, da der Compiler ja sonst nichts mit dem Variablennamen anfangen kann. Was wir nicht wissen, ist, was es genau heißt, wenn wir so salopp sagen, »die Deklaration muss der Benutzung *vorangehen.*« Um nicht schon wieder vorgreifen zu müssen, verweisen wir diesmal auf die weiter unten folgenden *Abschnitte 3.4, »Methoden von Klassen«*, und *5.3, »Dreierlei Variablen«*, wo wir diese Frage klären werden. Im Moment, da wir uns nur mit sogenannten lokalen Variablen beschäftigen, die innerhalb einer Methode deklariert werden (die anderen Variablentypen hängen mit der Definition von Klassen zusammen und werden später beschrieben), begnügen wir uns mit dem Hinweis, dass die Deklaration der Variablen vor, d.h. im Quelltext über, der Benutzung der Variablen stehen muss.

Die einfachen Datentypen

Nun aber wieder zurück zu Variablen und Datentypen. Außer dem Datentyp `int` für Ganzzahlen kennt Java noch eine Reihe weiterer einfacher Datentypen:

Tabelle 3.1: Einfache Datentypen

Datentyp	Beschreibung	Wertebereich
`boolean`	boolescher Wert (wahr, falsch)	`true, false`
`char`	Zeichen, Buchstabe	Unicode-Werte
`byte`	ganze Zahl	-128 bis +127
`short`	ganze Zahl	-32768 bis 32767
`int`	ganze Zahl	-2.147.483.648 bis +2.147.483.647
`long`	ganze Zahl	-9.223.372.036.854.775.808 bis 9.223.372.036.854.775.807
`float`	Fließkommazahl	$-3{,}40282347 * 10^{38}$ bis $+3{,}40282347 * 10^{38}$
`double`	Fließkommazahl	$-1{,}7976931348623157 * 10^{308}$ bis $+1{,}7976931348623157 * 10^{308}$

Unicode

In der Tabelle ist für `char`-Variablen der Unicode angegeben. Was sich recht unscheinbar anhört, ist eine bahnbrechende Neuerung! *Unicode* ist ein standardisierter Zeichensatz mit über 90.000 Zeichen, mit dem alle diversen Umlaute und Sonderzeichen aller gängigen Sprachen, ja sogar japanische und chinesische Schriftzeichen dargestellt werden können!

> **!** Der Datentyp legt also nicht nur fest, wie der Wert der Variablen zu interpretieren ist, er gibt auch an, wie groß der für die Variable bereitzustellende Speicherbereich sein muss.

Wie Sie sehen, gibt es verschiedene Datentypen mit unterschiedlichen Wertebereichen. Um z.B. eine ganze Zahl abzuspeichern, haben Sie die Wahl zwischen `byte`, `short`, `int` und `long`! Die größeren Wertebereiche erkauft man sich mit einem höheren Speicherverbrauch. Eine `long`-Variable benötigt beispielsweise doppelt so viel Speicher wie eine `int`-Variable. Glücklicherweise ist Arbeitsspeicher kein allzu großes Problem mehr und viele Programmierer verwenden standardmäßig `long` für ganzzahlige Werte und `double` für Fließkommazahlen.

Schauen wir uns einige Beispiele an:

```
int ganzeZahl;
double krummeZahl;
boolean ja, nein, oder_doch;
boolean Antwort;
short klein = -4;
char buchstabe;
char Ziffer;

ganzeZahl = 3444;
krummeZahl = 47.11;
buchstabe = 'Ü';
Ziffer = '4';
Antwort = true;
```

Wie Sie an den Beispielen sehen, kann man auch mehrere Variablen des gleichen Typs durch Komma getrennt auf einmal deklarieren und es ist sogar erlaubt, eine Variable direkt im Zuge ihrer Deklaration zu initialisieren, d.h. ihr einen ersten Wert zuzuweisen (siehe `klein`).

Das hört sich ganz so an, als sei der Java-Compiler, der Ihren Quelltext in binären Bytecode übersetzt, recht großzügig, was die verwendete Syntax angeht. Nun, dem ist keineswegs so.

Java für Pedanten

Auch wenn Ihnen die Syntax von Java einerseits viele Möglichkeiten offen lässt, ist sie andererseits doch recht starr vorgegeben und der Compiler wacht penibel darüber, dass Sie sich an die korrekte Syntax halten.

Wenn Sie es sich also nicht mit dem pedantischen Compiler verderben wollen, sollten Sie insbesondere auf folgende Punkte achten:

- Alle *Anweisungen* (also Zuweisungen, Funktionsaufrufe und Deklarationen) müssen mit einem Semikolon abgeschlossen werden.

```
krummeZahl = 47.11;
```

- Java unterscheidet streng zwischen *Groß- und Kleinschreibung*. Wenn Sie also eine Variable namens `krummeZahl` deklariert haben, dann müssen Sie auch `krummeZahl` schreiben, wenn Sie auf die Variable zugreifen wollen, und nicht `krummezahl`, `KrummeZahl` oder `KRUMMEZAHL`.

Klein ist nicht gleich klein

Hinweis

Nicht obligatorisch, aber allgemein üblich ist es, in Java Variablennamen grundsätzlich klein zu schreiben. In Namen, die aus mehreren Teilen zusammengesetzt sind, beginnt jeder Teil mit einem Großbuchstaben (die sogenannte CamelCase-Schreibweise). Der erste Buchstabe ist aber immer klein:

```
eineVariable, zahl,
nochEineZahl, alter
```

Und natürlich gibt es auch spezielle Regeln für die Auswahl von Bezeichnern (Namen von Variablen, Methoden, Klassen).

- *Bezeichner* können beliebig lang sein, müssen mit einem Buchstaben[1], '_' oder '$' beginnen und dürfen nicht identisch zu einem Schlüsselwort der Sprache sein.

Sie dürfen Ihre Variable also nicht `class` nennen, da dies ein reserviertes Schlüsselwort der Sprache ist. Im Anhang finden Sie eine Liste der reservierten Wörter.

Variablen versus Konstanten

Muss man wirklich erst erwähnen, dass man den Wert einer Variablen ändern kann, indem man ihr einen neuen Wert zuweist (d.h. einen neuen Wert in ihren Speicherbereich schreibt), während der Wert einer Konstanten unverändert bleibt? Wohl nicht. Interessanter ist es schon zu erfahren, wie man mit Konstanten arbeitet. Dazu gibt es zwei Möglichkeiten:

Erstens:

Sie tippen die Konstante direkt als Wert ein, man spricht dann von sogenannten *Literalen*.

```
krummeZahl = 47.11;                    // Zuweisung eines Literals
krummeZahl = ganzeZahl + 47.11;
```

1 Als »Buchstaben« gelten unter anderem auch die deutschen Umlaute. Wenn Sie also eine Variable `begrüßung` nennen wollen, brauchen Sie sie nicht wie in anderen Programmiersprachen als `begruessung` zu deklarieren, sondern können ruhig `begrüßung` schreiben. In Klassen- und Dateinamen sollten Sie allerdings keine Umlaute verwenden, da dies auf manchen Plattformen zu Schwierigkeiten bei der Kompilation führen kann.

Da mit einem Literal kein Datentyp verbunden ist, muss der Compiler den Datentyp aus der Syntax des Literals ablesen:

Tabelle 3.2: Literale

Datentyp	Literal
`boolean`	`true, false`

`char`	`'c', 'Ü'          // einfaches Zeichen`
	`'\n', '\\',        // Sonderzeichen`
	`'\u1234'           // Unicode-Codierung`

`String`	`"Dies ist ein String"`

`int`	`12, -128`
	`077                // oktal für 63`
	`0xFF1F             // hexadezimal für 65311`
	`0b00010001         // binär für 17`
	`0b0001_0001        // binär mit eingefügtem`
	`                   // Unterstrich zur besseren`
	`                   // Lesbarkeit`

`long`	`12L, 1400000`
`float`	`12.4f, 10e-2f`
`double`	`47.11, 1e5`

> **!** Ab Java 7 kann man die Lesbarkeit von Zahlenliteralen durch das Einfügen von Unterstrichen verbessern, also z.B 1_000_000 statt 1000000. Die Unterstriche dürfen aber nur zwischen die Ziffern gesetzt werden.

Zweitens:

Sie deklarieren eine Variable mit dem Schlüsselwort `final`:

```
final double KRUMMEZAHL = 47.11;
final double PI = 3.141592654;
```

Der Wert einer solchen »konstanten Variablen« kann nach der Initialisierung (ersten Wertzuweisung) nicht mehr verändert werden.

> **Hinweis**
>
> *Konstante Variablen werden gemäß allgemeiner Konvention ganz in Großbuchstaben geschrieben.*

3.2 Operatoren

Nachdem wir nun gesehen haben, was Variablen sind und wie man sie definiert und ihnen einen Wert zuweist, sollten wir nun endlich auch damit beginnen, etwas Sinnvolles mit ihnen zu machen. Dazu dienen bei den bisher vorgestellten einfachen Datentypen vor allem die sogenannten Operatoren.

Listing 3.2: Operatoren.java

```
public class Operatoren {
  public static void main(String[] args) {
    int x,y,z;
    int ergebnis_1,ergebnis_2;

    x = 1;
    y = 2;
    z = 3;
```

```
        ergebnis_1 = x + y * z;          // = 7
        ergebnis_2 = (5 - 3) * z;        // = 6
        System.out.println(ergebnis_1);
        System.out.println(ergebnis_2);

        x = x + z;                       // = 4
        System.out.println(x);
        x += z;                          // = 7
        System.out.println(x);
        x += 1;                          // = 8
        System.out.println(x);
        x++;                             // = 9
        System.out.println(x);
    }
}
```

Das schaut doch ziemlich vertraut aus, oder? Eigentlich genau so, wie man es von algebraischen Gleichungen her kennt. Aber achten Sie bitte auf die letzten Zeilen des Beispiels. Hier sehen wir seltsame Konstruktionen, die wir nun erklären wollen:

```
x = x + z;
```

Diese Anweisung bewirkt, dass der Computer die aktuellen Werte von x und z zusammenaddiert und dann in x speichert, d.h., die Variable x enthält nach Ausführung dieser Zeile als neuen Wert die Summe aus ihrem alten Wert und z.

Da das Hinzuaddieren eines Werts zum Wert einer Variablen sehr häufig vorkommt, gibt es dafür eine Kurzschreibweise, nämlich:

```
x += z;
```

Dies teilt dem Rechner mit, dass er zum Wert von x den Inhalt von z hinzuaddieren und das Ergebnis wieder in x speichern soll.

Sehr oft möchte man eine Variable hochzählen (*inkrementieren*). Java kennt auch hierfür einen speziellen Operator: ++.

```
x++;
```

Diese Anweisung erhöht den Wert von x um 1. Äquivalente Anweisungen wären:

```
x = x + 1;
```

oder

```
x += 1;
```

Aber Programmierer sind schreibfaul und x++ sieht ja auch viel geheimnisvoller aus!

Hinweis

*Das oben Gesagte gilt gleichermaßen für die anderen Grundrechenarten (–, *, /) und das Dekrementieren von Variablen (--).*

Die verschiedenen Operatoren

In Java gibt es natürlich noch andere Operatoren. Die wichtigsten sind:

Tabelle 3.3: Operatoren

<table>
<tr><th>Operator</th><th>Beschreibung</th><th>Beispiel</th></tr>
<tr><td>++, --</td><td>Inkrement, Dekrement</td><td>Erhöht oder erniedrigt den Wert einer Variablen um 1.</td></tr>
<tr><td>!</td><td>logisches NICHT</td><td>Negiert den Wahrheitswert einer Aussage (beispielsweise eines Vergleichs). Wird meist in Kontrollstrukturen (siehe Kapitel 4) verwendet.</td></tr>
<tr><td>*, /</td><td>Multiplikation, Division</td><td>Multiplikation und Division</td></tr>
<tr><td>%</td><td>Modulo-Division</td><td>Liefert den Rest einer ganzzahligen Division.
4 % 3 liefert z.B. 1.</td></tr>
<tr><td>–, +</td><td>Subtraktion, Addition</td><td>Subtraktion und Addition</td></tr>
<tr><td><=, <, >, >=</td><td>Vergleich</td><td>Zum Vergleich zweier Werte. Die Operatoren liefern <code>true</code> oder <code>false</code> zurück.</td></tr>
<tr><td>==, !=</td><td>Vergleich (gleich, ungleich)</td><td>Zum Vergleich auf Gleichheit oder Ungleichheit. Die Operatoren liefern <code>true</code> oder <code>false</code> zurück.</td></tr>
<tr><td>&&</td><td>logisches UND</td><td>Verknüpft zwei Aussagen. Liefert <code>true</code>, wenn beide Aussagen <code>true</code> sind.
<code>if ((x < 1) && (y > 1))</code></td></tr>
<tr><td>||</td><td>logisches ODER</td><td>Verknüpft zwei Aussagen. Liefert <code>true</code>, wenn eine der beiden Aussagen <code>true</code> ist.
<code>if ((x < 1) || (y > 1))</code></td></tr>
<tr><td>&</td><td>bitweises UND</td><td>UND-Verknüpfung der Binärpräsentation zweier Zahlen.
<code>var1 = 1;   // ...0001</code>
<code>var2 = 5;   // ...0101</code>
<code>var3 = var1 & var2; // ...0001</code></td></tr>
<tr><td>|</td><td>bitweises ODER</td><td>ODER-Verknüpfung der Binärpräsentation zweier Zahlen.
<code>var1 = 1;   // ...0001</code>
<code>var2 = 5;   // ...0101</code>
<code>var3 = var1 | var2; // ...0101</code></td></tr>
</table>

Hinweis

Ein Ausdruck ist eine Berechnung aus Variablen, Konstanten und Operatoren, die auf der rechten Seite einer Zuweisung steht.

Die Reihenfolge in der Tabelle deutet die *Priorität* der Operatoren bei der Auswertung von Ausdrücken an. Beispielsweise sind * und / höher eingestuft als + und –, was genau der altbekannten Schulregel entspricht »Punktrechnung vor Strichrechnung«.

Wenn man sich bei der Reihenfolge nicht ganz sicher ist oder eine bestimmte Reihenfolge der Auswertung erzwingen möchte, kann dies durch die Verwendung von Klammern erreicht werden. Aber auch wenn keine direkte Notwendigkeit zum Setzen von Klammern besteht, können Sie diese verwenden, um eine Berechnung besser lesbar zu machen.

```
z *= ((2*loop)/(2*loop-1)) * ((2*loop)/(2*loop+1));
```

3.3 Typumwandlung

Damit wissen Sie schon fast alles, was ein guter Java-Programmierer über Variablen, Operatoren und einfache Datentypen (nennt man manchmal auch elementare, primitive oder built-in Datentypen) wissen muss.

Aber ein wichtiger Aspekt fehlt noch: Was passiert, wenn Ausdrücke mit verschiedenen Datentypen auftreten? Darf man Datentypen mischen? Die Antwort kommt von Radio Eriwan: Ja, aber ...

Automatische Typumwandlung

Schauen wir zunächst ein Code-Beispiel an.

```
public class Demo1 {
   public static void main(String[] args) {
      int x = 4711;
      double y;

      y = x;
      System.out.println(y);
   }
}
```

Die Variable `y` kann nur Fließkommazahlen (`double`) speichern, soll aber einen `int`-Wert zugewiesen bekommen. Ist diese Zuweisung erlaubt? Ja! Die Umformatierung des Integer-Werts `4711` in den Fließkommawert `4711.0` bereitet dem Compiler keine Mühen.

Doch nicht immer geht alles so glatt!

```
public class Demo2 {
  public static void main(String[] args)  {
    int x;
    double y = 3.14;
```

```
    x = y;
    System.out.println(x);
  }
}
```

In diesem Falle soll die Integer-Variable x einen Fließkommawert (double) aufnehmen. Ist diese Zuweisung erlaubt? Ja und nein! Wenn Sie obigen Code kompilieren, beschwert sich der Compiler, weil er eine Fließkommazahl in eine Integer-Variable quetschen soll, und dies ist meist mit Datenverlusten verbunden.

Mithilfe einer expliziten Typumwandlung können wir den Compiler aber zwingen, die gewünschte Umformatierung vorzunehmen.

Explizite Typumwandlung (Casting)

Um eine Typumwandlung zu erzwingen, die der Compiler nicht automatisch unterstützt, stellt man einfach dem zu konvertierenden Wert den gewünschten Datentyp in Klammern voran. Im Beispiel Demo2 würden wir also schreiben:

```
x = (int) y;
```

Aber man muss auf der Hut sein. Hier soll eine Bruchzahl in einen ganzzahligen Wert umgewandelt werden. Der Compiler behilft sich in diesem Fall einfach damit, dass er den Nachkommateil wegwirft und x den Wert 3 zuweist. Es gehen also Daten verloren bei der Umwandlung (Neudeutsch *cast*) von double zu int.

Bereichsüberschreitung

Manchmal merkt man auch gar nicht, dass man den falschen Typ verwendet hat. Dann kann auch der Compiler nicht mehr helfen.

```
public class Demo3 {
  public static void main(String[] args)  {
    int x,y;
    short z;

    x = 30000;
    y = 30000;

    z = (short) (x + y);
    System.out.println(z);
  }
}
```

Eine böse Falle! x + y ergibt 60000 und das ist außerhalb des Wertebereichs von short! Das Ergebnis lautet in diesem Fall -5536.

Codierung von short

Wie kommt dieses merkwürdige Ergebnis zustande?

Als Integer-Wert wird 60000 als 32-Bit-Wert codiert:

```
0000 0000 0000 0000 1110 1010 0110 0000
```

Eine `short`-Variable verfügt aber nur über 16 Bit Arbeitsspeicher. Der Compiler schneidet bei der Typumwandlung also erst einmal die obersten 16 Bit weg. Übrig bleibt:

```
1110 1010 0110 0000
```

Dieses Bitmuster wird nun als `short`-Wert interpretiert. Das bedeutet, dass das oberste Bit zur Codierung des Vorzeichens und nur die fünfzehn unteren Bits zur Codierung des Werts benutzt werden.

```
 110 1010 0110 0000 = 27232
```

Nun muss man noch wissen, dass der Compiler die negativen Zahlen von unten nach oben quasi rückwärts zählt, wobei die größte, nicht mehr darstellbare negative Zahl 32768 ist.

-32768 + 27232 = -5536. Voilà, da haben wir unseren Wert.

Division

Im nächsten Versuch soll ein einfacher Bruch berechnet werden. So einfach und doch ein Stolperstein für viele Programmierer.

```
public class Demo4 {
  public static void main(String[] args) {
    int x,y;
    double z1,z2;

    x = 3;
    y = 4;
    z1 = x / y;
    z2 = 3/4;
    System.out.println(z1);
    System.out.println(z2);
  }
}
```

Was glauben Sie, welche Werte `z1` und `z2` haben? Bestimmt nicht 0,75, wie man leichtfertig annehmen könnte. Beide sind 0! Wie kommt denn das?

Nun, denken Sie an die pedantische Vorgehensweise des Compilers. Er wertet die Ausdrücke Schritt für Schritt und streng nach Vorschrift aus.

Bei `z1 = 3/4;` wird zunächst die Division `3/4` ausgeführt. Da beide beteiligten Operanden ganzzahlig sind, wird nach einer »internen Dienstanweisung« auch das Ergebnis 0.75 in einen ganzzahligen Wert konvertiert, d.h., der Nachkommateil fällt weg und es bleibt eine Null übrig. Nun erst erfolgt die

Zuweisung an die `double`-Variable `z1`. Pflichtbewusst wird daher die `int`-0 in eine `double`-0.0 konvertiert und an `z1` zugewiesen. Analoges passiert bei `z2 = x/y`.

Was kann man nun tun, um das gewünschte Ergebnis zu erhalten?

Eine weitere »interne Dienstvorschrift« sagt dem Compiler, dass alle Operanden eines Ausdrucks den gleichen Datentyp haben müssen, und zwar den »größten«, der auftaucht. Es reicht also, wenn wir einen Operanden explizit umwandeln lassen:

```
z1 = (double) x / y;
z2 = (double) 3/4;
```

Das Voranstellen des gewünschten Datentyps in Klammern veranlasst den Compiler, aus der ganzzahligen 3 eine `double`-3.0 zu machen. Dadurch greift beim nachfolgenden Auswerten der Division die besagte Regel, dass alle Operanden den größten auftretenden Typ haben müssen. Der Compiler castet daher auch die 4 zu 4.0 und wir haben eine reine `double`-Division `3.0 / 4.0` vorliegen. Das Ergebnis ist daher auch ein `double`-Wert und `z1` und `z2` erhalten beide den korrekten Wert 0.75.

Hinweis

Bei Zahlenkonstanten wie 3/4 kann man auch gleich eine `double`*-Zahl schreiben, also* `z1 = 3.0/4.0;`

Sie haben aber wohl schon gemerkt, dass man sehr leicht Fehler einbauen kann, besonders bei etwas größeren Programmen oder langen Formeln, die berechnet werden sollen. Daher unser Tipp:

Verwenden Sie nach Möglichkeit bei Berechnungen immer nur einen einzigen Datentyp, vorzugsweise `double`. Alle beteiligten Variablen sollten diesen Typ haben und auftretende Zahlenkonstanten immer in Dezimalschreibweise (also 47.0, 1.0 usw.) schreiben. Sie werden sich dadurch manche Fehlersuche ersparen! Wenn Sie viele Berechnungen durchführen, kann allerdings u.U. der Datentyp `float` zur schnelleren Abarbeitung führen (da dieser Datentyp am besten zu den üblichen 32-Bit Prozessoren passt).

3.4 Objekte und Klassen

Wie schon mehrfach angeklungen ist, existieren neben den beschriebenen elementaren Datentypen noch komplexere und das sind diese seltsamen Teile, die wir nun schon mehrere Male angetroffen, aber meist mehr oder weniger ignoriert haben: die Klassen.

Java für Philosophen

Bevor wir uns konkret anschauen, wie man eigene Klassen erstellt und bereits vordefinierte Klassen in seinen Programmen verwendet, wollen wir einen kurzen Blick auf die Philosophie werfen, die hinter dem Schlagwort *Objektorientierung* steckt, denn OOP (objektorientierte Programmierung) steht mehr für eine spezielle Sichtweise als eine ganz neue Programmiertechnik.

Zäumen wir das Pferd von hinten auf und stellen wir uns zunächst die Frage: Wie sieht denn die nicht objektorientierte Programmierung aus?

Nun, man definiert die notwendigen Variablen ähnlich wie in den kleinen Beispielen von vorhin, und dann setzt man die Anweisungen auf, die mit diesen Variablen arbeiten. Fast alle Programmiersprachen bieten dabei die Möglichkeit, Anweisungen in sogenannten Funktionen zu bündeln und auszulagern. Der Programmierer hat dann die Möglichkeit, seinen Code in mehrere Funktionen aufzuteilen, die jede eine bestimmte Aufgabe erfüllen (beispielsweise das Einlesen von Daten aus einer Datei, die Berechnung einer mathematischen Funktion, die Ausgabe des Ergebnisses auf dem Bildschirm). Damit diese Funktionen zusammenarbeiten können, tauschen sie auf verschiedenen Wegen Variablen und Variablenwerte aus.

Bei diesem Modell haben wir auf der einen Seite die Daten (abgespeichert in Variablen) und auf der anderen Seite die Funktionen, die mit Daten arbeiten. Dabei sind beide Seiten prinzipiell vollkommen unabhängig voneinander. Welche Beziehung zwischen den einzelnen Funktionen einerseits und den Funktionen und den Daten andererseits besteht, wird erst klar, wenn man versucht nachzuvollziehen, wie die Funktionen bei Ausführung des Programms Daten austauschen.

Die Erfahrungen mit diesem Modell haben gezeigt, dass bei Programmprojekten, die etwas größer werden, sich sehr leicht Fehler einschleichen: Da verändert eine Funktion A nebenbei eine Variable, die später eine Funktion B an ganz anderer Stelle im Programm zum Absturz bringt. Die Fehlersuche dauert dann entsprechend lange, weil die Zusammenarbeit von Daten und Funktionen kaum nachzuvollziehen ist! Ferner tendieren solche Programme dazu, sehr chaotisch zu sein. Eine Wartung (Modifizierung, Erweiterung) zu einem späteren Zeitpunkt ist oft ein kühnes Unterfangen, vor allem, wenn es nicht mehr derselbe Programmierer ist, der nun verzweifelt zwischen Hunderten von Funktionen herumirrt und versucht, die Zusammenhänge und Wirkungsweise zu verstehen.

Schlaue Köpfe kamen daher auf die Idee, eine ganz andere Sichtweise anzunehmen und diese in der Programmiersprache umzusetzen. Ausgangspunkt war dabei die Vorstellung, dass bestimmte Daten und die Funktionen, die mit diesen Daten arbeiten, untrennbar zusammengehören. Eine solche Einheit von logisch zusammengehörigen Daten und Funktionen bildet ein **Objekt**. Abstrakt formuliert beschreiben die Daten (Variablen) dabei die Eigenschaften des Objekts, und die Funktionen (die dann meist Methoden heißen) legen sein Verhalten fest. Der Datentyp, der die gleichzeitige Deklaration von Datenelementen und Methoden erlaubt, ist die Klasse, angezeigt durch das Schlüsselwort `class`.

Objekte und alte Datentypen

Im Grunde ist dies gar nicht so neu. Denken Sie nur an die einfachen Datentypen und die Operatoren. Stellen Sie sich eine `int`-Variable einfach als ein Objekt mit einem einzigen Datenelement, eben der `int`-Variablen, vor. Die

Funktionen, die mit diesem Objekt verbunden sind, sind dann die Operatoren, die auf `int`-Variablen angewendet werden können (Addition, Subtraktion, Vergleiche etc.). Der Vorteil der Klassen liegt allerdings darin, dass in einem Datentyp mehrere Datenelemente vereinigt werden können und dass Sie in Form der Methoden der Klasse selbst festlegen können, welche Operationen auf den Variablen der Klasse erlaubt sind.

Klassen deklarieren

Der erste Schritt bei der objektorientierten Programmerstellung ist die Zerlegung des Problems in geeignete Objekte und die Festlegung der Eigenschaften und Verhaltensweisen, sprich der Datenelemente und der Methoden, die diese Objekte haben sollten. Dies ist z.T. sehr schwierig und braucht oft viel Erfahrung, damit durch sinnvolles Bestimmen der Programmobjekte auch die Vorteile der Objektorientiertheit zum Tragen kommen können!

Überlegen wir uns gleich mal eine kleine Aufgabe. Angenommen, Sie sollen für Ihre Firma ein Programm zur Verwaltung der Mitarbeiter schreiben. Wie könnte eine Aufteilung in Objekte aussehen? Welche Eigenschaften und Methoden sind erforderlich?

Das Schlüsselwort class

Eine naheliegende Lösung ist, die Mitarbeiter als die Objekte anzusehen. Schaffen wir uns also den Prototyp eines Mitarbeiters und implementieren wir diesen in Form der Klasse `Mitarbeiter`.

```
class Mitarbeiter {
}
```

Wir haben gerade eine Klasse kreiert! War doch gar nicht schwer, oder? Nun müssen wir unserer Klasse noch Eigenschaften und Methoden zuweisen.

Hinweis

Unter Java-Programmierern ist es üblich, Klassennamen mit einem Großbuchstaben beginnen zu lassen, danach wird klein weiter geschrieben. In zusammengesetzten Namen beginnt jeder Teil mit einem Großbuchstaben.

Eigenschaften von Klassen

Was brauchen wir, um einen Mitarbeiter zu beschreiben? Na klar, einen Namen und Vornamen wird er wohl haben. Und ein Gehalt kriegt er fürs fleißige Werkeln. Erweitern wir also die Klasse um diese Eigenschaften in Form von geeigneten Variablen:

```
class Mitarbeiter {
  String m_name;
  String m_vorname;
  int    m_gehalt;
}
```

Langsam nimmt unsere Klasse – und damit die Mitarbeiter-Objekte, die wir aus ihr erzeugen werden – konkrete Formen an! Den Datentyp `int` kennen Sie ja schon. `String` ist kein einfacher Datentyp (daher haben wir ihn im vorherigen Abschnitt auch nicht kennengelernt), sondern ebenfalls ein Klassentyp, genau wie unsere Klasse `Mitarbeiter`. Im Gegensatz zu unserer Klasse ist `String` schon von anderen Leuten erstellt worden (genau gesagt von den Programmierern der Firma Sun) und wird jedem Java-Entwicklungspaket zusammen mit Hunderten anderer nützlicher Klassen mitgegeben.

Strings = Zeichenketten

Aber auf diesen Punkt kommen wir in Kürze ausführlicher zu sprechen. Merken Sie sich im Moment, dass `String` eine Klasse ist und dazu dient, Zeichenfolgen (englisch »Strings«) aufzunehmen und zu verarbeiten.

Felder

Diese Variablen, die innerhalb einer Klasse, aber außerhalb aller Methoden der Klasse deklariert werden, nennt man *Felder* oder *Membervariablen*. Alle Methoden der Klasse können auf diese Variablen zugreifen.

Hinweis

Damit Sie schnell und sicher erkennen können, ob es sich bei einem Bezeichner um ein Feld oder eine lokal in einer Methode definierte Variable handelt, werden wir für alle Felder Namen verwenden, die mit `m` *(für Membervariable) beginnen. Später, wenn Sie etwas erfahrener in der objektorientierten Programmierung sind und eigene Programme schreiben, werden Sie auf dieses Präfix vermutlich verzichten.*

Machen wir nun weiter mit dem Ausbau unserer eigenen Klasse. Nehmen wir an, dass Ihr Chef von Ihrem Programm erwartet, dass es folgende Dinge kann:

- die persönlichen Daten eines Mitarbeiters ausgeben
- sein Gehalt erhöhen

Sie scheinen einen netten Chef zu haben! Auf den Gedanken, das Gehalt zu senken, kommt er gar nicht. Lassen wir ihm keine Chance, es sich anders zu überlegen, und versuchen wir, seinen Anforderungen zu entsprechen.

Methoden von Klassen

Beachten Sie bitte, dass *persönliche Daten ausgeben* und *Gehalt erhöhen* Aktionen sind, die auf den Daten des Mitarbeiters operieren. Folglich werden diese als Methoden der Klasse `Mitarbeiter` implementiert:

```
class Mitarbeiter {
  String m_name;
  String m_vorname;
  int m_gehalt;

  Mitarbeiter(String name, String vorname,
              int gehalt) {
    m_name = name;
    m_vorname = vorname;
    m_gehalt = gehalt;
  }

  void datenAusgeben() {
    System.out.println("\n");
    System.out.println(" Name    : " + m_name);
    System.out.println(" Vorname : " + m_vorname);
    System.out.println(" Gehalt  : " + m_gehalt + " Euro");
  }
```

```
  void gehaltErhoehen(int erhoehung) {
    m_gehalt += erhoehung;
  }
} //Ende der Klassendeklaration
```

Die Klasse `Mitarbeiter` besitzt nun drei Methoden mit den Namen `Mitarbeiter`, `datenAusgeben` und `gehaltErhoehen`.

Bevor wir uns diese drei Methoden im Einzelnen anschauen, sollten wir uns überlegen, wie eine Methodendeklaration im Allgemeinen auszusehen hat. Stellen Sie sich vor, dass Sie selbst gerade dabei sind, eine Programmiersprache wie Java zu entwickeln, und stellen Sie zusammen, was für die Deklaration einer Methode erforderlich ist:

Übung

Lösung

1. Zuerst braucht die Methode einen Namen, damit sie später aufgerufen werden kann. Wie bei den Variablennamen verbirgt sich hinter dem Methodennamen eine Adresse. Diese weist bei den Methoden allerdings nicht auf einen Speicherbereich, in dem ein Wert abgelegt ist, sondern auf den Code der Methode. (Tatsächlich werden beim Aufruf eines Programms ja nicht nur die Daten in den Arbeitsspeicher kopiert, auch der Programmcode, die auszuführenden Maschinenbefehle, wird in den Speicher geladen.)

   Wird eine Methode aufgerufen, sorgt der Compiler dafür, dass der Code der Methode ausgeführt wird. Nach der Abarbeitung der Anweisungen der Methode wird das Programm hinter dem Aufruf der Methode weitergeführt. Damit hätten wir auch schon den zweiten wichtigen Bestandteil unserer Methodendeklaration:

2. Die Anweisungen, die bei Aufruf der Methode ausgeführt werden sollen. Denken Sie dabei daran, dass zusammengehörende Anweisungsblöcke in geschweifte Klammern gefasst werden.

3. Letztlich sollte der Compiler schnell erkennen können, dass ein Name eine Methode bezeichnet. Vereinbaren wir daher einfach, dass auf den Methodennamen zwei Klammern folgen sollen.

Unsere Methodendeklaration sieht damit folgendermaßen aus:

```
methodenName(){
   Anweisungen;
}
```

Woher nimmt die Methode die Daten, mit denen sie arbeitet?

- Nun, zum einem ist eine Methode ja Bestandteil einer Klassendeklaration. Für die Methode bedeutet dies, dass sie auf alle *Felder* ihrer Klasse zugreifen kann. (Zur Erinnerung: Dies sind die Variablen, die innerhalb der Klasse, aber außerhalb jeder Methode deklariert sind.)

Hinweis

Mittlerweile haben wir die dritte Art von Bezeichnern (Namen, die der Programmierer einführt und per Deklaration dem Compiler bekannt gibt) kennengelernt. Die erste Art von Bezeichnern waren die Variablennamen, die zweite Art von Bezeichnern stellen die Namen dar, die wir den selbst definierten Klassen geben, und die dritte Art von Bezeichnern sind die Methodennamen.

- Zum anderen kann eine Methode natürlich auch eigene, sogenannte *lokale Variablen* definieren. Von diesen haben wir in den vorangegangenen Abschnitten bereits eifrig Gebrauch gemacht. Alle dort deklarierten Variablen waren lokale Variablen der Methode `main()`. Diese lokalen Variablen sind keine Klassenelemente, folglich können sie nicht in jeder beliebigen Methode der Klasse benutzt werden, sondern nur innerhalb der Methode, in der sie deklariert sind.

Wie aber, wenn zwei Methoden unterschiedlicher Klassen Daten austauschen sollen?

4. Für den Austausch über Klassengrenzen hinweg sehen wir sogenannte Parameter vor. Dies sind Variablen, die innerhalb der Klammern der Methodendeklaration deklariert werden. Bei Aufruf der Methode werden diesen Parametern Werte übergeben (die sogenannten Argumente), die dann innerhalb der Methode wie lokale Variablen benutzt werden können.

5. Schließlich soll die Methode auch noch Daten nach außen exportieren. Zu diesem Zweck definiert jede Methode einen Rückgabewert, dessen Datentyp vor den Methodennamen gestellt wird. Später in *Kapitel 5.2* werden wir dann noch sehen, wie mithilfe des Schlüsselwortes `return` dieser Rückgabewert an den Aufrufer der Methode zurückgeliefert wird.

Eine vollständige Methodendeklaration würde jetzt folgendem Schema folgen:

```
Rückgabetyp methodenName(Deklarationen_der_Parameter)  {
  lokaleVariablen;
  Anweisungen;
}
```

Schauen wir uns jetzt die beiden Methoden `datenAusgeben` und `gehaltErhoehen` aus unserem Beispiel an.

```
void datenAusgeben() {
   System.out.println("\n");
   System.out.println(" Name    : " + m_name);
   System.out.println(" Vorname : " + m_vorname);
   System.out.println(" Gehalt  : " + m_gehalt + " Euro");
}
```

void

Die leeren Klammern () besagen, dass keine Parameter übergeben werden. Das `void` zeigt an, dass auch kein Wert zurückgegeben wird. Die Methode `datenAusgeben()` erwartet also weder irgendwelche Parameter noch gibt sie beim Ausführen einen Wert zurück. Schauen wir nun in das Innere der Methode (also was zwischen dem Klammernpaar { } steht).

println()

Dort finden wir wieder die Methode `System.out.println()`, die wir schon die ganze Zeit zur Ausgabe benutzen. Ihr können Sie als Parameter einen auszugebenden Text (eingeschlossen in Hochkommata) oder Variablen der einfachen Datentypen und der Klasse `String` übergeben, deren Inhalt ausgegeben werden soll.

Mehrere in einer Zeile auszugebende Texte und Variablen können Sie mithilfe des +-Operators verbinden.

Das Zeichen `\n` bewirkt bei der Ausgabe einen zusätzlichen Zeilenumbruch und dient hier nur zur optischen Verschönerung.

Gehen wir weiter zur Methode `gehaltErhoehen`.

```
void gehaltErhoehen(int erhoehung)  {
    m_gehalt += erhoehung;
}
```

Das Schlüsselwort `void` gibt wiederum an, dass die Methode keinen Wert an die aufrufende Stelle zurückgibt. In den Klammern finden wir als Parameter eine `int`-Variable namens `Erhoehung`, die im Anweisungsteil zum aktuellen Gehalt addiert wird.

Konstruktoren von Klassen

Nun zu der Methode, die den gleichen Namen trägt wie die ganze Klasse:

```
Mitarbeiter(String name, String vorname, int gehalt) {
    m_name = name;
    m_vorname = vorname;
    m_gehalt = gehalt;
}
```

Dies ist eine ganz besondere Klassenfunktion, nämlich ein *Konstruktor*. Jede Klasse braucht einen oder sogar mehrere Konstruktoren, die beim Initialisieren der Variablen der Klasse behilflich sind. In unserem Fall übergeben wir die persönlichen Daten des Mitarbeiters an den Konstruktor, der sie den richtigen Variablen zuweist. Bitte beachten Sie, dass die Parameter anders heißen als die Felder (schließlich stellen die Parameter eigenständige Variablen dar und müssen daher auch eigene Namen haben).

Damit ist die Mitarbeiter-Klasse fürs Erste vollendet! Das war doch nicht allzu schwer?! Nun wollen wir diese Klasse auch benutzen. Wir nehmen das Grundgerüst für ein Java-Programm, fügen die Klassendefinition von Mitarbeiter hinzu und erzeugen dann in der `main()`-Methode einige Instanzen unserer neuen Klassen.

Merke

Jede Klasse braucht zumindest einen Konstruktor zur Initialisierung ihrer Felder. Wenn Sie selbst keinen solchen Konstruktor vorsehen, weist der Compiler der Klasse einen Ersatzkonstruktor zu.

Hinweis

Bei der Namensgebung von Methoden[1] hat es sich eingebürgert, aktive Namen (mit Verben) zu wählen und sie mit Kleinbuchstaben beginnen zu lassen. Zusätzlich lässt man sinnvolle Teilworte mit Großbuchstaben beginnen, z.B. `leseKonfigurationsDaten()`.

1 Für Konstruktoren hat man natürlich keine Wahl bei der Namensgebung, da hier der Klassenname genommen werden muss.

Instanzen

Moment mal, Instanzen? Was soll denn das sein? Denken Sie am besten an den Mitarbeiter aus der realen Welt, nachdem wir die Klasse `Mitarbeiter` modelliert haben. Die Klasse `Mitarbeiter` ist völlig abstrakt; eine Idee, eine Beschreibung, einfach nicht existent! Hugo Piepenbrink oder Erna Mustermann oder so ähnlich heißen die Menschen, die mit Ihnen zusammen in der Firma arbeiten! Sie sind die *Instanzen* des abstrakten Begriffs `Mitarbeiter`!

Hinweis

Instanzen, Felder, Variablen ... die objektorientierte Terminologie kann schon recht verwirrend sein. In Kapitel 5.3, »Dreierlei Variablen« werden wir daher die wichtigsten Begriffe noch einmal zusammenfassen und gegenüberstellen.

Anders ausgedrückt: Unsere Klasse `Mitarbeiter` stellt einen neuen Datentyp dar. Die »Werte« dieses Datentyps sind die Instanzen oder Objekte, die wir aus der Klasse erzeugen. Wie das geht, zeigt das folgende Beispiel.

Mit Klassen programmieren

Kommen wir zurück zu unserer Klasse `Mitarbeiter` und schauen wir uns an, wie wir Instanzen dieser Klasse bilden und verwenden können.

Listing 3.3: MitarbeiterBeispiel.java

```
class Mitarbeiter {
  String m_name;
  String m_vorname;
  int m_gehalt;

  Mitarbeiter(String name, String vorname,
              int gehalt) {
    m_name = name;
    m_vorname = vorname;
    m_gehalt = gehalt;
  }

  void datenAusgeben() {
    System.out.println("\n");
    System.out.println(" Name    : " + m_name);
    System.out.println(" Vorname : " + m_vorname);
    System.out.println(" Gehalt  : " + m_gehalt + " Euro");
  }

  void gehaltErhoehen(int erhoehung) {
    m_gehalt += erhoehung;
  }
}

public class MitarbeiterBeispiel {
  public static void main(String[] args) {
    // 2 neue Mitarbeiter instanzieren
    Mitarbeiter billy  = new Mitarbeiter("Gates","Bill",3000);
    Mitarbeiter stevie = new Mitarbeiter("Jobs","Steve",3500);
```

```
    // Daten ausgeben
    billy.datenAusgeben();
    stevie.datenAusgeben();

    // Gehalt von a erhöhen
    billy.gehaltErhoehen(500);

    // Kontrolle
    billy.datenAusgeben();
    stevie.datenAusgeben();
  }
}
```

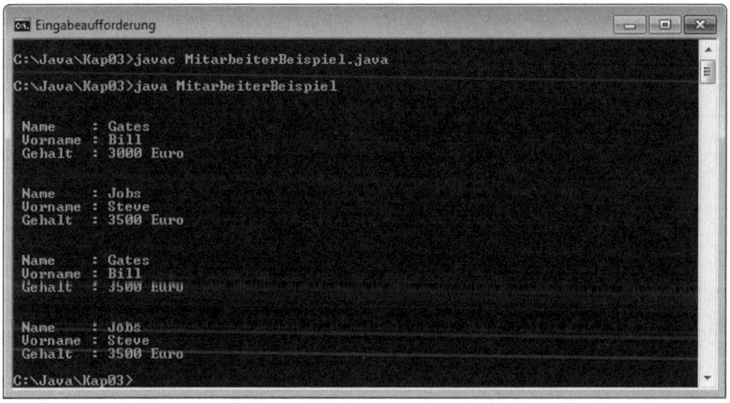

***Abbildung 3.2:** Ausgabe des Programms MitarbeiterBeispiel*

Sie sollten das Beispiel in den Editor eingeben, kompilieren und ausführen. Denken Sie daran, dass die Datei den gleichen Namen wie die `public`-Klasse tragen muss, also in diesem Fall *MitarbeiterBeispiel.java*. Wenn die erste Begeisterung über das funktionierende Programm vorbei ist, können Sie sich wieder setzen und die nachfolgenden Erläuterungen lesen.

Instanzen werden mit new gebildet

Das Meiste sollte Ihnen mittlerweile schon vertraut vorkommen. Spannend wird es in der `main()`-Funktion der Hauptklasse. Dort werden Instanzen der Klasse `Mitarbeiter` angelegt:

```
Mitarbeiter billy = new Mitarbeiter("Gates","Bill",3000);
```

Was macht der Compiler, wenn er diese Zeile antrifft? Nun, er legt eine neue Variable mit Namen `billy` an! Das sagt ihm die Seite links von dem Gleichheitszeichen. Die rechte Seite teilt ihm mit, dass er eine neue Instanz der Klasse `Mitarbeiter` erzeugen soll. Dazu wird mithilfe des Schlüsselwortes `new` der Konstruktor der Klasse aufgerufen, der drei Parameter erwartet, die wir ihm ordnungsgemäß übergeben.

Merke

Instanzen von Klassen müssen mit dem Operator `new` *gebildet werden.*

Instanzen sind Referenzen

Damit Sie später nicht den Durchblick verlieren, wollen wir an dieser Stelle etwas technischer werden, denn es besteht ein fundamentaler Unterschied zwischen den Variablenvereinbarungen

```
int billy = 4;
```

und

```
Mitarbeiter billy = new Mitarbeiter("Gates","Bill",3000);
```

int billy

Im ersten Fall wird eine `int`-Variable angelegt, d.h., der Compiler ordnet dem Namen `billy` einen bestimmten Speicherbereich zu. Gleichzeitig initialisieren wir die Variable mit dem Wert 4, wobei der Wert 4 direkt in dem Speicherbereich der Variablen abgelegt wird (siehe *Abbildung 3.3*).

Abbildung 3.3: Instanzbildung

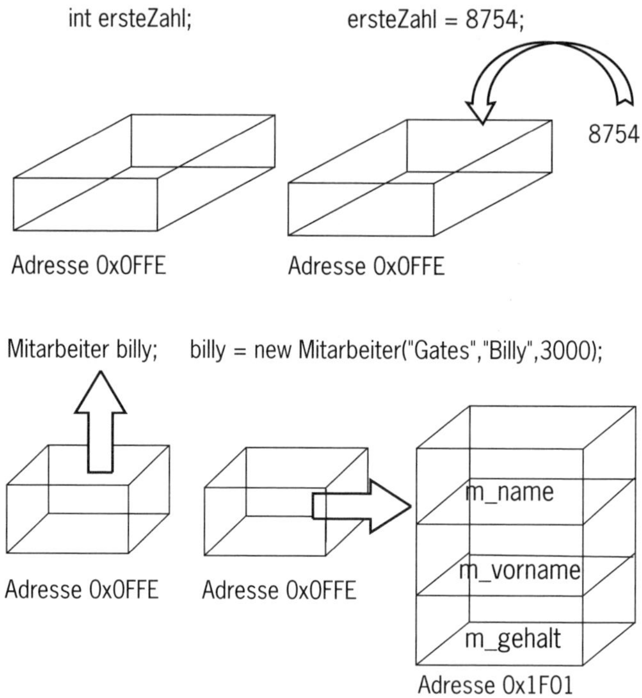

Mitarbeiter billy

Im zweiten Fall wird zwar ebenfalls eine Variable `billy` angelegt, aber in ihr wird nicht einfach ein Wert abgelegt. Stattdessen wird mithilfe des `new`-Operators der Konstruktor der Klasse `Mitarbeiter` aufgerufen. Dieser bildet eine Instanz der Klasse, die im Speicher angelegt wird – aber nicht in dem Speicherbereich, der für die Variable `billy` eingerichtet wurde. Tatsächlich existiert die Instanz ganz unabhängig irgendwo im Speicher. Bei der Zuweisung der Instanz an die Variable `billy` wird dann nicht etwa der Inhalt aus der Instanz in den Speicherbereich der Variablen `billy` kopiert. Nein, stattdessen wird in der Variablen `billy` die *Adresse* des Speicherbereichs der Instanz abgespeichert. Ist dies erst einmal geschehen, sprechen wir wieder einfach von der Instanz `billy` und sehen großzügig darüber hinweg, dass `billy` eigentlich nur eine Variable ist, die eine Speicherzelle bezeichnet, in der ein Verweis (eine *Referenz*) auf die eigentliche Instanz abgespeichert ist.

Noch deutlicher werden die Vorgänge, wenn wir die Instanzbildung in zwei Schritte zerlegen:

```
Mitarbeiter billy;

billy = new Mitarbeiter("Gates","Bill",3000);
```

Zuerst wird eine Variable vom Typ `Mitarbeiter` deklariert, die zu diesem Zeitpunkt noch keinen gültigen Wert besitzt. In der zweiten Zeile wird mit dem `new`-Operator eine neue Instanz kreiert und `billy` erhält dann den Verweis auf die Speicherzellen, wo die Instanz der Klasse zu finden ist.

Dies ist eine äquivalente Möglichkeit. Meistens werden Sie in Programmen die kompakte Variante sehen. Sie wissen ja, Programmierer sind schreibfaul und lieben das Kryptische ...

Gewöhnen Sie es sich an, Referenzen direkt mit einer Instanz zu verbinden (beispielsweise durch Aufruf des `new`-Operators oder durch Zuweisung eines Werts). Ansonsten kann es zu Fehlern kommen, wenn Sie Referenzen verwenden, die wahllos auf irgendeinen Speicherbereich und nicht auf eine konkrete Instanz verweisen.

> **!** Alle Variablen von Klassen sind Referenzen.

Zugriff auf Instanzen

Wie erfolgt nun der Zugriff auf die Instanzen `billy` und `stevie`? Nehmen wir beispielsweise die Anweisung `billy.datenAusgeben()`. Man gibt einfach den Namen der Instanz an und den Namen der gewünschten Methode, verbunden durch einen besonderen Operator, den Punkt-Operator ».«.

Verfügt die Methode über Parameter, werden diesen in der Klammer Argumente übergeben. Wichtig bei der Parameterübergabe ist vor allem die Reihenfolge. Sie muss identisch sein mit der Reihenfolge in der Definition der Methode. Der Konstruktor der Klasse `Mitarbeiter` muss also immer zuerst zwei Zeichenfolgen für die Namen erhalten und dann eine Zahl für das Gehalt.

3.5 Arrays

Nun wäre es recht unpraktisch, wenn wir uns in dem Beispiel für jeden neuen Mitarbeiter, für den wir eine Instanz der Klasse `Mitarbeiter` anlegen, auch einen neuen Variablennamen ausdenken müssten. Wenn die Firma etwas größer ist, dann kommen wir schon in arge Bedrängnis. Aber glücklicherweise gibt es dafür eine Konstruktion, die man Array nennt. Am besten schauen wir uns gleich ein Beispiel für die Definition eines Arrays an:

```
int[] werte = new int[100];
```

Obige Deklaration erzeugt ein Array mit dem Namen `werte` und 100 Elementen, wobei als Elemente nur Integer-Werte erlaubt sind. Möchte man andere Werte in dem Array ablegen, tauscht man einfach den Datentyp `int` in der Deklaration gegen einen beliebigen anderen Datentyp oder eine Klasse aus:

```
int[] vektor = new int[3];
boolean[] optionen = new boolean[3400];
Mitarbeiter[] personalListe = new Mitarbeiter[4000];
double[][] matrix = new double[3][3];
```

Sicherlich ist Ihnen aufgefallen, dass der Operator [] bei der Array-Definition die entscheidende Rolle spielt; er gibt an, wie viele Elemente in das Array aufgenommen werden können. Mit seiner Hilfe können auch mehrdimensionale Arrays angelegt werden, die man sich als eindimensionale Arrays vorstellen kann, deren Elemente wiederum aus Arrays bestehen.

> **!** Wenn Sie ein Array von zehn Elementen eines elementaren Datentyps deklarieren, beispielsweise `int`-Werte, dann sind in dem Array direkt zehn `int`-Werte enthalten (allerdings alle 0). Wenn Sie ein Array von zehn Objekten einer Klasse definieren, dann enthält das Array nur Null-Verweise (`null`-Referenzen). Sie müssen den einzelnen Array-Elementen erst Objekte der Klasse zuweisen.

Der []-Operator wird aber nicht nur bei der Definition der Arrays, sondern auch zum Zugriff auf einzelne Elemente der Arrays verwendet: man braucht lediglich in den eckigen Klammern anzugeben, auf das wievielte Element zugegriffen werden soll. Die Zahl in den Klammern nennt man daher auch Index und die Art des Zugriffs »indizierten Zugriff«.

```
vektor[0] = 4;
optionen[4] = false;
matrix[0][10] = 1.72;

// Objekte in Array ablegen
personalListe[0] = new Mitarbeiter("Schramm", "Herbert", 3500);
personalListe[1] = billy; // billy sei eine Mitarbeiter-Instanz

// Objekte in Array verwenden
personalListe[0].datenAusgeben();
personalListe[1].datenAusgeben();
```

Sie sehen, Arrays sind ganz einfach zu verwenden. Aber eine Regel müssen Sie sich besonders nachhaltig einprägen:

Das erste Element eines Arrays hat den Index 0 (in Worten NULL!). Diese seltsame Eigenschaft hat Java von der Programmiersprache C geerbt, wo sie schon Tausenden von Programmierern zahllose Stunden an Fehlersuche verursacht hat.

Wieso? Der Grund liegt wohl in der menschlichen Psyche. Wenn Sie wie oben das Array `personalListe` mit 4000 Einträgen definiert haben, erfordert es geradezu übermenschliche Kräfte, um Ihrem Gehirn die fixe Idee auszutreiben, dass der Eintrag `personalListe[4000]` existiert. Da bei der Definition des Arrays aber die Anzahl an Elementen angegeben wird und der erste Eintrag bei 0 beginnt, ist das **falsch**. Das letzte gültige Element ist `personalListe[3999]`.

Im Gegensatz zu anderen Programmiersprachen werden Sie bei Java immerhin während der Programmausführung darauf hingewiesen, dass ein Zugriff auf nicht legale Elemente eines Arrays stattfindet, und der Java-Interpreter bricht ab mit der Fehlermeldung `ArrayIndexOutOfBoundsException`.

> **!** Das erste Element eines Arrays hat immer den Index 0.

Nun sind Sie auch gerüstet, um die `main()`-Funktion, die in jedem Programmbeispiel auftaucht, etwas besser zu verstehen:

```
public static void main(String[] args)
```

Wie Sie mittlerweile wissen, stehen in den runden Klammern die Parameter, die diese Funktion erwartet. `String[] args` bedeutet, dass `main()` ein Array von String-Objekten als Parameter erwartet. In *Kapitel 6.7* werden wir noch ein kleines Beispiel dazu sehen, wie man mithilfe von `args` Kommandozeilenargumente einliest und innerhalb des Programms verarbeitet.

Arrays sind Klasseninstanzen

Noch eine letzte Bemerkung zu Arrays: Jedes Array, das Sie anlegen, ist selbst automatisch eine Instanz der Klasse `Array` (auch so eine von den vielen schon mitgelieferten Klassen in Java, allerdings eine ganz besondere). Es gibt daher auch Methoden und Felder, auf die Sie zugreifen können (wenn man sie kennt!). Ein sehr nützliches Feld ist beispielsweise `length`, es liefert die Größe des Arrays zurück:

```
Mitarbeiter[] personalListe = new Mitarbeiter[100];
int anzahlElemente;
// ....

anzahlElemente = personalListe.length;

// Gibt die Größe aus, also 100
System.out.println("Array Größe ist " + anzahlElemente);
```

Nach diesem ersten intensiven Kontakt mit Klassen wenden wir uns in dem nächsten Kapitel wieder anderen Grundbestandteilen von Java zu (obwohl Klassen uns auch da begegnen werden), bevor Sie in *Kapitel 5* in die Tiefen der objektorientierten Programmierung eintauchen!

3.6 Vordefinierte Klassen und Pakete

Zum Schluss aber noch einige wichtige Informationen über die Klassen, die schon fix und fertig in Java integriert sind wie die `String`-Klasse. Diese Klassen sind in logische Gruppen sortiert, die sich *Pakete* nennen. Im neuen Java 7 Standard (den dieses Buch behandelt) gibt es über Dutzende von

Paketen mit weit über 1000 Klassen! Eine immense Zahl, nicht wahr? Alle werden wir im Laufe des Buches nicht kennenlernen, aber die wichtigsten und nützlichsten. Danach werden Sie als alter Java-Hase kein Problem mehr haben, in der Java-API-Dokumentation unter *http://download.oracle.com/javase/7/docs/api/* herumzustöbern und hilfreiche Klassen zu entdecken und in Ihre Programme einzubauen, evtl. sogar zu modifizieren. Ja, auch das geht (meistens jedenfalls)!

Was muss man tun, um solche fertigen Klassen in eigenen Programmen zu verwenden? Ganz einfach: Entweder man stellt überall im Quellcode dem Klassennamen den Paketpfad voran oder man *importiert* den Klassennamen und verwendet die Klasse danach einfach so, als hätte man Sie selbst definiert

Die `String`-Klasse befindet sich beispielsweise im Paket `java.lang`. In unser Programm importieren wir sie mithilfe der Anweisung:

```
import java.lang.String;
```

Meistens braucht man mehrere Klassen aus einem Paket. Anstatt nun jede einzelne Klasse explizit zu importieren, kann man auch alle Klassennamen aus dem Paket mithilfe des *-Symbols importieren:

```
import java.lang.*;
```

Bestimmt nagen im Moment an Ihnen die Zweifel, ob Sie das richtige Buch lesen. Wieso hat denn das Beispiel von vorhin geklappt? Da war weit und breit kein Import-Schnickschnack. Es geht wohl doch ohne! Was also soll das alles? Nun ja, es gibt ein Paket, das automatisch vom Compiler importiert wird, weil in ihm so viele wichtige und immer wieder benötigte Klassen sind, dass praktisch kein Programm ohne es auskäme. Und jetzt raten Sie mal, wie dieses Paket heißt! Genau. Aber für die anderen Pakete gilt das oben Gesagte. Sie müssen die Klassennamen explizit importieren oder sich die Mühe machen, die Klassennamen mit Paketpfad zu schreiben.

Eine Frage der Eindeutigkeit

Welcher Sinn liegt darin, die Klasse in Pakete aufzuteilen? Stellen Sie sich vor, Sie arbeiten mit anderen Programmierern zusammen an einem größeren Objekt. Jeder bearbeitet einen kleinen Teilaspekt der Anwendung und definiert dafür seine eigene Klassen, die später zur Gesamtanwendung zusammengefasst werden. Gut möglich, dass dabei zwei Programmierer Klassen gleichen Namens, beispielsweise `Vektor`, definiert haben. Wie aber soll der Compiler beim Übersetzen des Gesamtprogramms dann wissen, welche `Vektor`-Klasse wann gemeint ist.

Sind die beiden `Vektor`-Klassen in unterschiedlichen Paketen definiert, können sie dagegen problemlos beide verwendet und durch die Paketpfade voneinander unterschieden werden:

```
projekt.jim.Vektor v = new projekt.jim.Vektor();   // Vektor-Klasse
                                                   // des einen
                                                   // Programmierers

projekt.kurt.Vektor v = new projekt.kurt.Vektor(); // Vektor-Klasse
                                                   // des anderen
                                                   // Programmierers
```

Oder es wird eine `Vektor`-Klasse importiert und die andere bei Bedarf über den Paketpfad referenziert:

```
import projekt.jim.Vektor;
...
Vektor v = Vektor();
projekt.kurt.Vektor v = new projekt.kurt.Vektor();
```

Das Einzige, was man nicht tun darf, ist, beide Klassennamen in ein gemeinsames Paket zu importieren (und dadurch die eindeutige Zuordnung wieder aufzuheben).

3.7 Zusammenfassung

Daten werden in Programmen durch Variablen repräsentiert. Jeder Variablen entspricht ein Speicherbereich, in dem der aktuelle Wert der Variablen abgelegt wird. Variablen müssen deklariert werden, um dem Compiler den Namen der Variablen bekannt zu machen. Bei der Deklaration der Variablen wird auch der Datentyp der Variablen angegeben, der festlegt, welche Werte die Variable aufnehmen kann und welche Operationen auf der Variablen durchgeführt werden können.

Klassen definieren Eigenschaften (Felder) und Verhaltensweisen (Methoden). Instanzen von Klassen werden mit dem Operator `new` und durch Aufruf des Konstruktors der Klasse gebildet.

Java-Programme sind Ansammlungen von Klassendefinitionen.

3.8 Fragen und Antworten

1. Datentypen sind das A und O der Variablendeklaration. Zählen Sie die Schlüsselwörter auf, mit denen die verschiedenen Datentypen bei der Variablendeklaration spezifiziert werden.

   `int, short, byte, long, char, boolean, float, double`

2. Welche der folgenden Variablennamen sind nicht zulässig?

   ```
   123
   zähler
   JW_Goethe
   JR.Ewing
   _intern
   double
   Liebe ist
   ```

   Die folgenden Bezeichner sind nicht zulässig:

   ```
   123         // Ziffer als erstes Zeichen
   JR.Ewing    // Punkt in Namen
   double      // reserviertes Schlüsselwort
   Liebe ist   // Leerzeichen in Namen
   ```

3. Welche der folgenden Variablendeklarationen sind nicht zulässig?

   ```
   int 123;
   char c;
   boolean option1, option2;
   boolean option1 option2;
   short y = 5;
   short x = 5+1;
   short x = y; // y wie oben
   ```

   Die folgenden Deklarationen sind nicht zulässig:

   ```
   int 123;                 // ungültiger Name
   boolean option1 option2; // fehlendes Komma
   short x = y;             // x zuvor deklariert
   ```

4. Warum führt der folgende Code zu einem Compiler-Fehler?

   ```
   long x;
   x = 5;
   long x;
   x = 4;
   ```

   Die Variable x wird zweimal definiert. Würde der Compiler diesen Anweisungen folgen, würde er für jede Definition einen Speicherbereich reservieren und mit dem Namen x verbinden. Die Variable x wäre dann mit zwei Speicherbereichen verbunden. Dies darf aber nicht sein – zwischen einer Variablen und ihrem Speicherbereich muss immer eine eindeutige Beziehung bestehen.

5. Die Division haben Sie in *Abschnitt 3.3* kennengelernt. Erinnern Sie sich noch an den Unterschied zwischen `250/4` und `250.0/4`?

   250/4 ist eine Division von Ganzzahlen. Der Compiler liefert daher auch ein ganzzahliges Ergebnis zurück: 62. Im Falle von 250.0/4 wandelt der Compiler alle Werte in `double`-Fließkommazahlen um. Das Ergebnis lautet daher 62.5.

6. Warum rechnet der Computer mit Binärzahlen?

   Computer sind elektronische Rechner, in denen Daten in Form von Spannungswerten verarbeitet werden. Einfacher als die Unterscheidung verschiedener Spannungswerte ist die Entscheidung, ob überhaupt Spannung vorhanden ist oder nicht. Ja oder Nein, Null oder Eins. Darum werden alle Daten binär codiert.

7. Was sind Klassen?

   Klassen sind spezielle Datentypen, in denen verschiedene Variablen und Methoden zusammen deklariert werden können. In Java bestehen Programme praktisch nur aus der Definition von Klassen.

8. Welche Beziehung besteht zwischen einer Klasse und ihren Instanzen?

   Klassen sind Datentypen, Instanzen sind »Werte« von Klassen.

9. Welches Paket muss nicht explizit importiert werden?

   Das Paket `java.lang` braucht nicht explizit importiert zu werden.

3.9 Übungen

1. Angenommen, Sie wollten einen Flugsimulator schreiben. Ihre Szenerie ist ganz einfach aufgebaut und besteht praktisch nur aus einem Untergrund und drei Wassertürmen, die umflogen werden sollen. Überlegen Sie sich, welche Klassen Sie für diesen Flugsimulator definieren müssen, welche Felder und Methoden benötigt werden und welche Instanzen Sie erzeugen müssen.

2. Angenommen, Sie haben von einem anderen Programmierer eine Klasse `Auto` mit den Feldern `m_geschwindigkeit` und `m_benzinverbrauch` sowie den Methoden `anlassen()`, `beschleunigen()` und `bremsen()`. Sie wissen sonst nichts über die Implementierung der Klasse. Wie rufen Sie die Methode `anlassen()` auf?

3. Was passiert in obiger Aufgabe, wenn Sie die Methode `bremsen()` aufrufen, bevor Sie die Methoden `anlassen()` und `beschleunigen()` aufgerufen haben?

4 Programmfluss und Fehlererkennung mit Exceptions

In diesem Kapitel werden wir ein Thema aufgreifen, das im letzten Kapitel schon unterschwellig mit angeklungen ist, ohne dass wir jedoch etwas wirklich Konkretes dazu angemerkt hätten. Es geht um die Steuerung des Programmflusses. Hier kommen eine Reihe unterschiedlicher Konzepte zum Tragen, deren korrekter und sinnvoller Einsatz oftmals den Unterschied zwischen einem guten und einem schlechten Programm ausmacht.

Sie lernen in diesem Kapitel,

- *warum Programme durch Klassen und Methoden modularisiert werden,*
- *wie man eigene Pakete definiert,*
- *wie man auf Klassen aus anderen Dateien zugreift,*
- *wie Verzweigungen implementiert und eingesetzt werden,*
- *wie Schleifen implementiert und eingesetzt werden,*
- *wie man eine Exception-Behandlung implementiert.*

4.1 Die Axiomatik des Programmablaufs

Tragen wir zuerst einmal zusammen, was Sie schon über den Programmfluss wissen (oder zu wissen glauben).

1. Die Ausführung einer Anwendung beginnt mit der Methode `main()`.
2. Die Anweisungen in der `main()`-Methode werden der Reihe nach von oben nach unten ausgeführt.
3. Trifft der Compiler dabei auf einen Methodenaufruf, springt die Ausführung in die erste Zeile dieser Methode. Sind alle Anweisungen der Methode abgearbeitet, kehrt die Programmausführung in die aufrufende Methode zurück und wird mit der auf den Methodenaufruf folgenden Zeile fortgesetzt.
4. Mit der letzten Anweisung der `main()`-Methode endet das Programm.

Hinweis

Sie denken jetzt, ein Programm besteht aus Anweisungen. Falsch gedacht! Ein Java-Programm besteht nicht aus Anweisungen, sondern aus Deklarationen – um genau zu sein, aus Klassendeklarationen. Jede Klasse kann Felder und Methoden definieren und nur in diesen Methoden findet man die Anweisungen eines Programms (siehe Kapitel 2.1 und 3.4).

4.2 Modularisierung durch Klassen und Methoden

Gäbe es nicht die Möglichkeit, dass eine Methode eine andere Methode aufruft, müssten Sie alle Anweisungen des Programms untereinander in die `main()`-Methode schreiben. Das klingt nicht so problematisch, solange die Programme klein sind, aber es wird zum Horror, wenn Sie beginnen, größere Programme zu schreiben.

Beginnen wir mit einem ganz einfachen Beispiel. Sie haben ein Sparkonto mit 15.000,- EURO angelegt, die Ihnen die Bank mit 3,5% verzinst. Jetzt brennen Sie natürlich darauf zu wissen, wie sich Ihr Geld in Windeseile von Jahr zu Jahr vermehrt. Gehen wir davon aus, dass Sie die jedes Jahr hinzukommenden Zinsen nicht abheben, sondern weiter verzinsen lassen, dann berechnet sich Ihr Guthaben nach n Jahren zu:

$$\text{Endkapital} = \text{Startkapital} * \left(1 + \frac{\text{Zinssatz}}{100}\right)^n$$

Lassen Sie uns also einmal ausrechnen, welcher Geldsegen sich in den folgenden sieben Jahren über Sie ergießt. Das zugehörige Programm sieht folgendermaßen aus:

Listing 4.1: Zinsen.java

```
public class Zinsen {
 public static void main(String[] args) {
  double startkapital = 15000;
  double zinssatz = 3.5;
  double laufzeit;
  double endkapital;

  // Berechnung des Endkapitals
  System.out.println();
  endkapital = startkapital * Math.pow((1 + zinssatz/100),1);
  System.out.println(" Nach 1. Jahr: " + (int)endkapital + " Euro");

  endkapital = startkapital * Math.pow((1 + zinssatz/100),2);
  System.out.println(" Nach 2. Jahr: " + (int)endkapital + " Euro");

  endkapital = startkapital * Math.pow((1 + zinssatz/100),3);
  System.out.println(" Nach 3. Jahr: " + (int)endkapital + " Euro");

  endkapital = startkapital * Math.pow((1 + zinssatz/100),4);
  System.out.println(" Nach 4. Jahr: " + (int)endkapital + " Euro");

  endkapital = startkapital * Math.pow((1 + zinssatz/100),5);
  System.out.println(" Nach 5. Jahr: " + (int)endkapital + " Euro");

  endkapital = startkapital * Math.pow((1 + zinssatz/100),6);
  System.out.println(" Nach 6. Jahr: " + (int)endkapital + " Euro");

  endkapital = startkapital * Math.pow((1 + zinssatz/100),7);
  System.out.println(" Nach 7. Jahr: " + (int)endkapital + " Euro");
 }
}
```

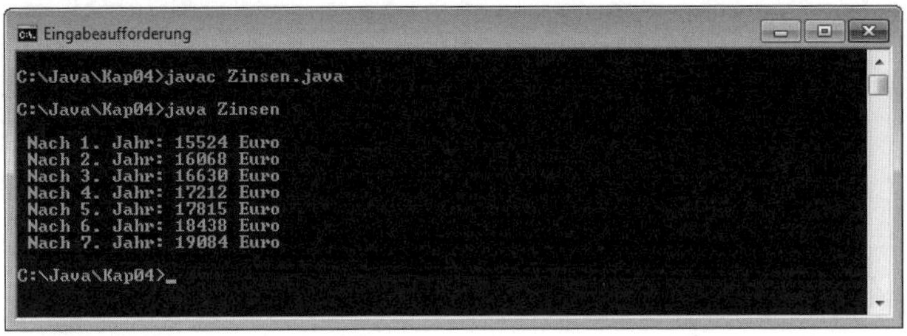

Abbildung 4.1: Ausgabe des Zinsen-Programms

Führen Sie das Programm zum Test einmal aus.

Das Programm arbeitet ordnungsgemäß und doch stimmt etwas nicht damit. (Nein, es liegt nicht an der Formel, dass die Zinserträge so niedrig sind; dafür müssen Sie schon Ihre Bank verantwortlich machen.)

Das Problem ist der Quelltext. Jedem Programmierer, der etwas auf sich hält, wird beim Anblick dieses Programms das Herz stocken. Hier wird eine wiederkehrende Aufgabe (die Zinsberechnung) jedes Mal neu implementiert. Das macht das Programm äußerst unübersichtlich und erschwert das Debuggen, sprich das Ausmerzen von Fehlern. Wenn sich jetzt ein Fehler in die Formel eingeschlichen hätte, müssten Sie diesen sieben Mal korrigieren. In größeren Programmen hätten Sie vielleicht sogar noch das Problem, dass Sie gar nicht mehr wissen, wo überall in Ihrem Quelltext diese Formel auftaucht.

Teilprobleme in Methoden implementieren I

Die Lösung dieses Problems liegt aber auf der Hand. Öfter wiederkehrende Aufgaben werden in Form von Methoden implementiert. Und dies soll nun Ihre Übung sein.

Übung

Schreiben Sie das obige Programm neu, wobei Sie die Zinsberechnung als eigene Methode implementieren und diese in der `main()`-Methode für die ersten sieben Jahre aufrufen. Große Schwierigkeiten sollte Ihnen dies nicht bereiten, da Sie die Berechnung fast unverändert übernehmen können. Lediglich die `Laufzeit` ändert sich bei jedem Aufruf der Methode und muss dieser daher als Parameter übergeben werden.

Lösung

Wenn alles geklappt hat, könnte Ihr Programm jetzt ungefähr folgendermaßen aussehen.

Listing 4.2: Zinsberechnung.java

```
public class Zinsberechnung {

  public static void zinsBerechnen(double laufzeit) {
    double startkapital = 15000;
    double zinssatz = 3.5;
    double endkapital;
```

```
    // Berechnung des Endkapitals
    endkapital = startkapital *
                 Math.pow((1 + zinssatz/100),laufzeit);
    System.out.println(" Nach " + (int) laufzeit + ". Jahr: "
                       + (int) endkapital + " Euro");
  }

  public static void main(String[] args) {
    System.out.println();

    zinsBerechnen(1);
    zinsBerechnen(2);
    zinsBerechnen(3);
    zinsBerechnen(4);
    zinsBerechnen(5);
    zinsBerechnen(6);
    zinsBerechnen(7);
  }
}
```

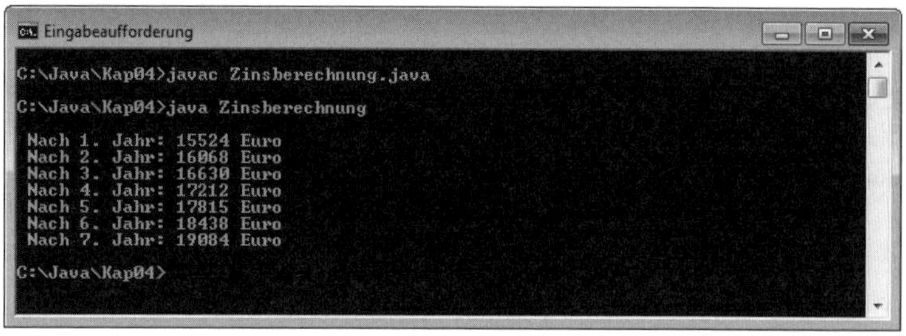

***Abbildung 4.2:** Ausgabe des Programms Zinsberechnung*

Hinweis

Die Aufnahme der `println()`*-Anweisung in die Methode ist eher ungewöhnlich, führt den Effekt der Auslagerung in eine Methode aber noch stärker vor Augen.*

Was hier vorgeführt wurde, ist die Modularisierung des Codes. Programme, die Teilprobleme in Form von Methoden lösen, sind besser lesbar, besser wartbar, leichter zu debuggen, und der modulare Code ist leichter wiederzuverwerten und besser zwischen Programmen auszutauschen (bestes Beispiel hierfür sind die Klassenbibliotheken von Java, in deren Klassen und Methoden bereits viele Standardprobleme für Sie gelöst sind und die Sie in Ihren Programmen verwenden können (siehe *Kapitel 3.6* und den letzten Abschnitt dieses Unterkapitels).

Teilprobleme in Methoden implementieren II

Wenn Sie Teilprobleme in Methoden isolieren, sollten Sie versuchen, die Methode so allgemein wie nur möglich und sinnvoll zu halten. Was bedeutet das? Bleiben wir einfach bei obigem Beispiel. Wir haben jetzt zwar eine Methode zur Zinsberechnung, doch ihr Einsatzbereich ist recht beschränkt. Wenn Sie im weiteren Verlauf des Programms *Zinsberechnungen* durchführen wollen, ohne das Ergebnis gleich auszugeben, oder Berechnungen ausführen, bei denen Sie den Zinssatz und die Laufzeit variieren wollen, können

Sie obige Methode nicht verwenden. Welche Grundsätze lassen sich daraus für eine brauchbarere Implementierung der Methode ableiten?

Modularisierung durch Methoden:

- Die Methode sollte sich streng darauf beschränken, nur die von ihr geforderte Aufgabe zu erledigen (also nur die Zinsberechnung und nicht schon die Weiterverarbeitung des Ergebnisses).
- Soll die Methode Ergebnisse zurückliefern, sollte sie dazu einen Rückgabewert definieren.
- Schließlich sollten alle wichtigen Optionen, über die man die Arbeitsweise der Methode vielleicht anpassen möchte, als Parameter an die Methode übergeben werden (im Falle unserer Zinsberechnung wären dies die Variablen `startkapital`, `zinssatz` und `laufzeit`).

Unsere neue, allgemein verwendbare Methode sähe dann folgendermaßen aus:

Listing 4.3: Zinsberechnung2.java

```
public class Zinsberechnung2 {

  public static double zinsBerechnen(double startkapital,
                                     double zinssatz,
                                     double laufzeit) {
    double endkapital;

    // Berechnung des Endkapitals
    endkapital = startkapital *
                 Math.pow((1 + zinssatz/100),laufzeit);

    return endkapital;
  }
...
```

Startkapital, Zinssatz und Laufzeit werden jetzt als Parameter an die Methode übergeben. Das Ergebnis der Berechnung wird am Ende der Methode mithilfe des Schlüsselwortes `return` zurückgeliefert. Ein Aufruf dieser Methode könnte nun folgendermaßen aussehen:

```
...
public static void main(String[] args) {
  double endkapital;

  endkapital = zinsBerechnen(15000, 3.5, 7);

  System.out.println();
  System.out.println(" Der Endbetrag nach 7 Jahren: "
                     + (int) endkapital);
}
```

Teilprobleme in Klassen implementieren

Methoden sind Teile von Klassen. Wenn Sie also eine Methode in mehreren Programmen verwenden wollen, müssen Sie die Methode mit der Klasse, in der sie definiert ist, importieren. Bevor wir uns dies im folgenden Abschnitt noch einmal genauer ansehen, wollen wir uns überlegen, wie wir diesen Umstand (und damit die Möglichkeiten der objektorientierten Programmierung) nutzen können.

In *Kapitel 3.4* ist angeklungen, dass Klassen in der objektorientierten Programmierung Objekte der realen Welt repräsentieren (beispielsweise die Mitarbeiter einer Firma, das Flugzeug eines Flugzeugsimulators, die verschiedenen geometrischen Formen eines Grafikprogramms oder auch Zeichenfolgen, die sogenannten Strings). In diesem Kapitel sind wir auf eine weitere Verwendung gestoßen, nämlich Klassen als Sammlungen von Methoden. Dabei steht es Ihnen durchaus frei, ein Sammelsurium an verschiedensten, aber häufig benötigten Methoden in einer Klasse zu vereinen (geschehen beispielsweise in der Klasse `java.lang.System`). Sinnvoller ist es jedoch, solche Sammelklassen einem bestimmten Thema zu widmen und nur solche Methoden in die Klasse aufzunehmen, die mit diesem Thema zu tun haben. Die Klasse repräsentiert dann zwar immer noch kein echtes Objekt, aber immerhin ein definiertes Thema (wie z.B. bei der Java-Klasse `java.lang.Math`).

Übung

Das Thema für unsere Sammelklasse liegt auf der Hand, es lautet »Zinsberechnung«. Als weise objektorientierte Programmierer tippen wir nicht gleich sinnlos drauf los, sondern überlegen uns zuerst, wie man die Klasse sinnvoll aufbauen könnte.

Lösung

Zuerst einmal brauchen wir einen passenden, aussagekräftigen, aber nicht zu langen Namen, wie zum Beispiel `Zins`.

Dann wollen wir den Leistungsumfang der Klasse erhöhen, indem wir eine zweite Methode in die Klasse aufnehmen, die das Endkapital ohne Zinseszins berechnet (also für den Fall, dass die Zinserträge nicht auf dem Sparbuch, sondern einem anderen Konto gutgeschrieben werden). Unsere Klasse sähe jetzt folgendermaßen aus:

```
class Zins {

  public static double ertragZ(double startkapital,
                               double zinssatz,
                               double laufzeit) {
    // Berechnung mit Zinseszins
    return startkapital * Math.pow((1 + zinssatz/100),laufzeit);
  }
```

```
  public static double ertrag(double startkapital,
                              double zinssatz,
                              double laufzeit) {
    // Berechnung ohne Zinseszins
    return startkapital * (1 + zinssatz/100 * laufzeit);
  }
}
```

Wir haben diesmal das Ergebnis der Berechnungen nicht mehr in einer eigenen lokalen Variablen (`endkapital`) abgespeichert, sondern direkt über die `return`-Anweisung an den Aufrufer der Methode zurückgeliefert.

Wie könnte man aus dieser Sammelklasse eine »echt« objektorientierte Klasse machen?

Die Instanzen unserer »echt« objektorientierten Klasse sollen reelle Objekte repräsentieren. Was böte sich da an? Sparbücher! Ein Sparbuch ist charakterisiert durch seine Einlage und seine Verzinsung. Für beide muss die Klasse `Sparbuch` also Felder vorsehen. Des Weiteren braucht die Klasse einen Konstruktor, der für jede Instanz der Klasse (also für jedes einzelne Sparbuch) Einlage und Verzinsung festlegt. Schließlich wollen wir fünf Methoden vorsehen:

- `einzahlen()`. Die Einlage wird um einen bestimmten Betrag erhöht.
- `abheben()`. Die Einlage wird um einen bestimmten Betrag vermindert.
- `ertrag7()`. Berechnet den voraussichtlichen Ertrag nach n Jahren mit Zinseszins.
- `ertrag()`. Berechnet den voraussichtlichen Ertrag nach n Jahren ohne Zinseszins.

Die Klasse `Sparbuch` und eine passende Hauptklasse, die in ihrer `main()`-Methode `Sparbuch` verwendet, sähen dann folgendermaßen aus:

Hinweis

Beachten Sie, dass die von uns getroffene Unterscheidung in Sammelklasse und »echt« objektorientierte Klasse sich rein auf die Art der Verwendung der Klasse bezieht. Rein programmiertechnisch sind beides echte objektorientierte Klassen. Nur dass wir die Instanz einer Sammelklasse nicht benutzen, um ein Objekt zu repräsentieren, sondern bloß, um auf die Methoden der Klasse zugreifen zu können.

Listing 4.4: SparbuchNutzen1.java

```
class Sparbuch {
  double kapital;
  double zinssatz;

  Sparbuch(double kap, double zins)  {
    kapital = kap;
    zinssatz = zins;
  }

  void einzahlen(double betrag)  {
    kapital += betrag;
  }

  void abheben(double betrag)  {
    kapital -= betrag;
  }
```

```
  double ertragZ(double laufzeit)  {
    return kapital *
           Math.pow((1 + zinssatz/100),laufzeit);
  }

  double ertrag(double laufzeit)  {
    return kapital * (1 + zinssatz/100 * laufzeit);
  }
}

//Hauptklasse des Programms
class SparbuchNutzen1 {

  public static void main(String[] args) {
    Sparbuch meinSparbuch = new Sparbuch(0,3);
    meinSparbuch.einzahlen(10000);

    System.out.println();
    System.out.println(" Ertrag nach 5 Jahren : \n");
    System.out.println("\t ohne Zinseszins: " +
                     (int) meinSparbuch.ertrag(5));
    System.out.println("\t mit  Zinseszins: " +
                     (int) meinSparbuch.ertragZ(5));
  }
}
```

Hinweis

Die Klasse ist für einen professionellen Einsatz noch nicht ausgereift genug. Dies liegt daran, dass bei der Verzinsung davon ausgegangen wird, dass sich der in dem Feld `kapital` *festgehaltene Betrag schon das ganze Jahr auf dem Sparbuch befindet. Tatsächlich müsste man Buch darüber führen, wie sich die Einlage des Sparbuchs übers Jahr verändert hat, und jeden Betrag für sich verzinsen.*

Bestehende Klassen wiederverwenden

Bisher hatten wir es vorwiegend mit ganz einfach gestrickten Programmen zu tun, die lediglich aus einer einzigen Klassendefinition bestanden. Die Quelltextdatei dieser Programme haben wir mit der Dateiendung *.java* abgespeichert und kompiliert. Der Compiler hat dann eine zugehörige, binäre *.class*-Datei erzeugt, die wir mithilfe des Interpreters ausführen konnten.

Mehrere Klassen in einer Datei

Nun haben wir aber zwei Klassen, die wir verwenden möchten: die Klasse `Sparbuch` und die `public`-Hauptklasse des Programms, das die Klasse `Sparbuch` verwendet.

Hinweis

Zur Erinnerung: Als Hauptklasse eines Programms bezeichnen wir diejenige Klasse, die die `main()`*-Methode enthält.*

Im einfachsten Fall schreiben wir alle Klassen, die wir nutzen, in eine Quelltextdatei (siehe obiges Beispiel *SparbuchNutzen1*). Der Compiler erzeugt dann für jede in der *.java*-Quelldatei definierte Klasse eine eigene binäre *.class*-Datei. Zur Ausführung des Programms wird die *.class*-Datei der Hauptklasse mit dem Interpreter aufgerufen.

In diesem Fall gibt es kaum Probleme:

- Der Compiler kennt alle Klassen, die im Programm benutzt werden.
- Der Interpreter weiß, wo er die *.class*-Dateien der verwendeten Klassen finden kann (stehen alle im Verzeichnis des Programms).
- Der wechselseitige Zugriff auf die Klassen und deren Elemente ist wie in den bisherigen Beispielen uneingeschränkt möglich. (Was im Übrigen daran liegt, dass die Klassen alle im gleichen Paket definiert sind – dem namenlosen Standardpaket.)

Klassen aus CLASS-Dateien wiederverwenden

Nun wäre es aber unschön, wenn man die Definition jeder benutzten Klasse in den Quelltext des Programms kopieren müsste, obwohl eine binäre *.class*-Datei für die Klasse schon längstens vorliegt.

Nun, solange die binäre *.class*-Datei der zu verwendenden Klasse in dem gleichen Verzeichnis wie das aktuelle Programm (sprich die zu kompilierende *.java*-Datei) steht, ist dies kein Problem.

Das Programm *SparbuchNutzen2* verwendet die Klasse `Sparbuch`. Das Besondere daran ist, dass `Sparbuch` nicht in dem Quelltext der Datei *SparbuchNutzen2.java* definiert ist. Damit Sie *SparbuchNutzen2* kompilieren können, muss in dem aktuellen Verzeichnis neben *SparbuchNutzen2.java* auch *Sparbuch.class* zu finden sein (die *.class*-Datei können Sie beispielsweise durch Kompilierung der Datei *SparbuchNutzen1.java* erstellen und dann gegebenenfalls kopieren).

Listing 4.5: SparbuchNutzen2.java

```
// wird nur kompiliert, wenn im aktuellen
// Verzeichnis Sparbuch.class zu finden ist

// Hauptklasse des Programms
public class SparbuchNutzen2 {

  public static void main(String[] args)  {
    Sparbuch meinSparbuch = new Sparbuch(0,3);
    meinSparbuch.einzahlen(10000);

    System.out.println();
    System.out.println(" Ertrag nach 5 Jahren : \n");
    System.out.println("\t ohne Zinseszins: " +
                (int) meinSparbuch.ertrag(5));
    System.out.println("\t mit  Zinseszins: " +
                (int) meinSparbuch.ertragZ(5));
  }
}
```

Hinweis

Nicht obligatorisch, aber allgemein üblich ist es, in Java Paketnamen grundsätzlich klein zu schreiben und keine allzu langen Namen zu verwenden.

Eigene Klassen in Paketen verwalten

Im Laufe Ihrer Tätigkeit als Java-Entwickler werden Sie immer mehr eigene Klassen implementieren und erstellen und irgendwann entsteht die Notwendigkeit, diese Klassen zu ordnen. Dazu dient das Konzept der Pakete, auf das wir schon in *Kapitel 3.6* kurz eingegangen sind.

Im Grunde ist es ganz einfach:

- Pakete verwalten zwar Klassen, werden aber aus Quelltextdateien aufgebaut. Indem Sie an den Anfang einer Quelltextdatei (Dateiendung *.java*) folgende Anweisung stellen:

  ```
  package paketname;
  ```

  legen Sie fest, dass alle Klassen, die in dieser Datei definiert werden, dem Paket `paketname` zugeordnet werden.

- Wenn Sie umgekehrt Klassen aus einem Paket verwenden wollen, stellen Sie dem Klassennamen den Paketnamen voran:

  ```
  paketname.KlasseSowieso
  ```

  Wenn Sie möchten, können Sie die zu verwendende(n) Klasse(n) auch »importieren«. In diesem Fall fügen Sie zu Beginn Ihres Quelltextes eine `import`-Anweisung ein, in der Sie den vollständigen Klassennamen (samt Paketnamen) angeben. Danach können Sie die Klasse allein über ihren Klassennamen ansprechen:

  ```
  import paketname.KlasseSowieso;
  KlasseSowieso obj = new KlasseSowieso();
  ```

  Gibt es in einem Paket mehrere Klassen, die Sie verwenden möchten, können Sie den Platzhalter * zur Auswahl aller Klassen des Pakets einsetzen:

  ```
  import paketname.*;
  ```

Um also die Klasse `Sparbuch` in einem eigenen Paket namens `zinsrechnung` abzulegen, brauchen Sie nur die Klassendefinition in eine eigene Quelltextdatei zu kopieren und dieser die Anweisung

```
package zinsrechnung;
```

voranzustellen (die `package`-Anweisung muss die erste Quelltextzeile in der Datei sein). Um dann in dem Programm *SparbuchNutzen2* wie gehabt auf die Klasse `Sparbuch` zugreifen zu können, müssen wir nur die folgende `import`-Anweisung einfügen:

```
import zinsrechnung.Sparbuch;
```

Richtig?

Leider nein! Ganz so einfach ist es dann doch nicht. Es gibt da noch zwei Besonderheiten der Pakete zu beachten.

- Pakete müssen sich auf Ihrem Computer in einer gleich aufgebauten Verzeichnisstruktur widerspiegeln. Für jedes Paket müssen Sie ein eigenes Verzeichnis anlegen und in dieses die *.class*-Dateien der Java-Klassen des Pakets kopieren. Wenn Sie Pakete mithilfe des `.`-Operators hierarchisch gliedern, müssen auch die entsprechenden Verzeichnisse in gleicher Weise hierarchisch gegliedert werden.
- Pakete dienen nicht nur der Gruppierung von Klassen, sie regeln auch den Zugriff auf Klassen. So kann eine Klasse, die einem Paket angehört, ohne Probleme auf alle anderen Klassen des Pakets zugreifen. Dagegen ist der Zugriff auf eine Klasse eines anderen Pakets nur dann möglich, wenn die Klasse, auf die zugegriffen werden soll, als `public` deklariert wurde (Gleiches gilt für Methoden und Felder von Klassen).

Hinweis

Im Übrigen arbeiten Sie auch dann mit Paketen, wenn Sie Ihre Quelltextdateien nicht explizit einem bestimmten Paket zuordnen. Ihre Klassen gehören dann dem »unnamed«-Paket an.

Übung

Setzen wir jetzt ein Programm *SparbuchNutzen3* auf, das eine Instanz der Klasse `Sparbuch` aus dem Paket `zinsrechnung` benutzt.

Wir beginnen mit der Einrichtung der Verzeichnisstruktur:

Lösung

1. Legen Sie ein Verzeichnis *SparbuchNutzen3* für das Programm an und dazu ein Unterverzeichnis, das den gleichen Namen wie das Paket trägt: *zinsrechnung*.

Als Nächstes wird die Klasse `Sparbuch` erzeugt:

2. Öffnen Sie eine neue Datei für die Klasse `Sparbuch`.
3. Übernehmen Sie den Quelltext der Klasse `Sparbuch` aus der Datei *SparbuchNutzen1.java*, aber deklarieren Sie die Klasse `Sparbuch` und alle ihre Methoden als `public`.
4. Setzen Sie an den Anfang der Datei die Anweisung `package zinsrechnung;`.
5. Speichern Sie die Datei als *Sparbuch.java* in dem Unterverzeichnis *zinsrechnung*.
6. Kompilieren Sie die Datei.

Jetzt noch das eigentliche Programm:

7. Öffnen Sie eine neue Datei.
8. Übernehmen Sie den Quelltext der Klasse `SparbuchNutzen2`, aber benennen Sie Klasse und Datei in *SparbuchNutzen3* um und fügen Sie unter den einleitenden Kommentarzeilen die folgende `import`-Anweisung ein:

   ```
   import zinsrechnung.Sparbuch;
   ```

9. Speichern Sie die Datei im Programmverzeichnis *SparbuchNutzen3*.
10. Kompilieren Sie die Datei.
11. Führen Sie das Programm aus.

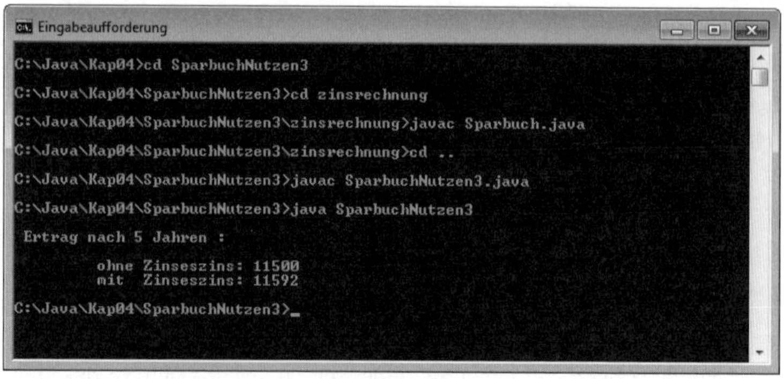

Abbildung 4.3: Ausgabe des Programms SparbuchNutzen3

4.3 Kontrollstrukturen

Nachdem wir im obigen Abschnitt gesehen haben, wie man den Programmablauf in Methoden aufteilt, wollen wir uns jetzt ansehen, wie der Programmablauf innerhalb einer Methode gesteuert werden kann.

Dabei hat es der Programmierer mit zwei typischen Problemstellungen zu tun, die ständig wiederkehren:

- das Testen von Bedingungen (wenn Bedingung erfüllt, dann tue dies und das, sonst etwas anderes) und
- das unzählige Wiederholen von bestimmten Anweisungen.

Für beide Aufgaben gibt es in Java spezielle Konstrukte, die wir nun kennenlernen werden.

Bedingungen if-else

Für Bedingungen verwendet man die folgende Konstruktion:

```
if (Bedingung) {
   // Bedingung ist wahr
   Anweisungen;
} else {
   // Bedingung ist falsch
   Anweisungen;
}
```

Machen wir uns das am besten mit Beispielen klar:

```
boolean esRegnet;

// irgendwo wird esRegnet auf true oder false gesetzt
```

```
// hier testen wir nun diese Variable
if(esRegnet == true) {
    System.out.println("Heute regnet es!");
} else {
    System.out.println("Heute regnet es nicht!");
}
```

Wenn es alternativ nichts Besonderes zu tun gibt, kann der `else`-Teil auch wegfallen. Außerdem dürfen die Klammernpaare `{}` weggelassen werden, wenn nach `if` bzw. `else` jeweils nur eine einzige Anweisung (wie im Beispiel oben) steht.

Bedingungen und boolesche Ausdrücke

Die auszuwertende Bedingung muss einen Wahrheitswert liefern, also wahr (`true`) oder falsch (`false`) sein. Daher war auch die zu testende Variable bisher vom Typ `boolean`. In der Klammer dürfen aber auch logische Ausdrücke stehen, deren Auswertung durch den Compiler einen Wahrheitswert zurückgibt:

```
int a, b, c;

// ... a, b, c erhalten irgendwo Werte zugewiesen

// Auf Gleichheit testen
if( a == b && a == c)
  System.out.println("a, b und c sind identisch.");
```

Bitte beachten Sie, dass ein Vergleich auf Gleichheit mit dem Operator == erfolgen muss. Wenn Sie nur ein Gleichheitszeichen tippen (ein sehr beliebter Fehler!), wird sich der Compiler beschweren.

Weitere Vergleichsoperatoren sind:

<, <=	Vergleich kleiner/kleiner gleich
>, >=	Vergleich größer/größer gleich
==, !=	Vergleich gleich/ungleich

Schauen wir uns noch ein weiteres Beispiel an, das uns gleichzeitig noch etwas über objektorientierte Programmierung lehrt.

Kapselung

Wenn Sie eine Klasse benutzen, die von einem anderen Programmierer implementiert wurde, informieren Sie sich meist nur über die zur Verfügung stehenden Felder und Methoden. Wie diese Methoden implementiert sind, interessiert Sie nicht und soll Sie auch nicht interessieren. Man bezeichnet dieses Konzept als *Kapselung* oder *Information Hiding*. Die konkrete Implementierung einer Klasse ist für den Benutzer der Klasse unwichtig, er braucht für den korrekten Umgang mit der Klasse nur zu wissen, auf welche Felder und Methoden er zugreifen kann. Damit geht aber eine besondere Verantwortung bei der Implementierung der Klasse einher. Dazu gehört auch, dass jede Methode darauf achtet, dass sie korrekt eingesetzt wird.

Schauen wir uns dazu die beiden folgenden Methoden an, die Sie bereits aus *Abschnitt 4.2* kennen und die Kapitalflüsse von Sparbüchern regeln.

```
public void einzahlen(double betrag) {
  kapital += betrag;
}
public void abheben(double betrag) {
  kapital -= betrag;
}
```

In diesem einfachen Beispiel hätte prinzipiell eine Methode gereicht, der man dann einen positiven oder negativen Betrag übergibt – je nachdem, ob man einzahlen oder abheben möchte. Übersichtlicher und für den Benutzer der Klasse intuitiv leichter umzusetzen, ist aber die Vorgabe zweier Methoden mit entsprechenden Namen. Vielleicht möchte man mit dem Abheben von Geldern auch noch weitere Bearbeitungsschritte verbinden (beispielsweise wenn nur ein bestimmter Betrag abgehoben werden darf), die beim Einzahlen nicht anfallen. Auch in solchen Fällen ist die Implementierung zweier Methoden vorteilhaft.

Allerdings müssen Sie dann darauf achten, dass die Methode `einzahlen()` nicht durch Übergabe eines negativen Betrags zum Vermindern des Einlagekapitals führt bzw. umgekehrt das Kapital beim Abheben erhöht wird. Wir fügen daher `if`-Bedingungen in die Methoden ein, die sicherstellen, dass nur positive Beträge bearbeitet werden.

```
public void einzahlen(double betrag) {
  if(betrag < 0)
     System.out.println(" Nur positive Beträge erlaubt");
  else
     kapital += betrag;
}
public void abheben(double betrag) {
  if(betrag < 0)
     System.out.println(" Nur positive Beträge erlaubt");
  else
     kapital -= betrag;
}
```

Übung

Wenn Sie möchten, können Sie jetzt als Übung auch vorsehen, dass ab einer Einlage von 50.000,– Euro der Zinssatz um 0,5% erhöht wird und dass nicht mehr als 3000,– Euro abgehoben werden können.

Lösung

```
public void einzahlen(double betrag) {
  if(betrag < 0)
     System.out.println(" Nur positive Beträge erlaubt");
  else {
     kapital += betrag;
     if(kapital >= 50000 && kapital-betrag < 50000)
       zinssatz += 0.5;
  }
}
```

```
public void abheben(double betrag) {
  if(betrag < 0)
     System.out.println(" Nur positive Beträge erlaubt");
  else if(betrag > 3000)
          System.out.println(" Limit sind 3000 EUR");
       else
          kapital -= betrag;

  if(kapital < 50000 && kapital+betrag >= 50000)
     zinssatz -= 0.5;
}
```

Mehrfachbedingungen switch

Oft ergibt sich die Situation, dass eine Variable auf mehrere Werte getestet werden soll, damit dann entsprechende Anweisungen abgearbeitet werden.

```
char option;
option = 'S';

if(option == 'A') {
  System.out.println(" Gewaehlte Option: Abbrechen");
}
if(option == 'S') {
  System.out.println(" Gewaehlte Option: Speichern");
}
if(option == 'L') {
  System.out.println(" Gewaehlte Option: Laden");
}
```

Eine elegantere Formulierung erlaubt in solchen Fällen die `switch`-Anweisung:

```
switch(option) {
  case 'A': System.out.println(" Gewaehlte Option: Abbrechen");
            break;
  case 'S': System.out.println(" Gewaehlte Option: Speichern");
            break;
  case 'L': System.out.println(" Gewaehlte Option: Laden");
            break;
  default : System.out.println(" Ungueltige Option");
            break;
}
```

Der `switch`-Befehl erhält als Argument die zu testende Variable, die dann mit den `case`-Werten verglichen wird. Wird eine Übereinstimmung gefunden, werden die entsprechenden Anweisungen abgearbeitet.

Natürlich kann es auch einmal passieren, dass der Ausdruck in der `switch`-Bedingung mit keinem der `case`-Werte übereinstimmt. Wenn Sie möchten, können Sie solche Fälle mit dem `default`-Label abfangen.

Merke

`case`-*Werte müssen Konstanten von Ganzzahlen, einzelne Zeichen oder Strings sein. Darüber hinaus sind auch Aufzählungsobjekte (Typ* `enum`*) erlaubt, siehe Kapitel 18.1.*

Wie sieht nun die Abarbeitung der switch-Anweisung aus?

Das Programm geht der Reihe nach alle case-Konstanten durch. Trifft es auf eine case-Konstante, die mit dem Wert der switch-Bedingung übereinstimmt, führt es die zugehörigen Anweisungen und die Anweisungen aller folgenden case-Blöcke aus – solange bis es auf eine break-Anweisung trifft. Wenn Sie dies unterbinden wollen (und meist werden Sie es unterbinden wollen), beenden Sie die case-Blöcke mit break-Anweisungen, die die Ausführung der switch-Anweisung beenden. Das Programm wird dann direkt hinter der switch-Anweisung fortgesetzt.

Übung

Nehmen wir an, in obiger switch-Anweisung wäre die Variable option gleich 'S'. Denken Sie sich weiterhin die break-Anweisungen aus der switch-Anweisung weg. Welche Ausgaben würde die switch-Anweisung dann erzeugen? Wenn Sie sich nicht ganz sicher sind, probieren Sie es doch einfach in einem kleinen Programm aus.

Lösung

Beim Vergleich der Variablen option mit case 'A' erkennt das Programm, dass keine Übereinstimmung vorliegt. Das Programm springt direkt zur nächsten case-Marke: 'S'. Hier liegt eine Übereinstimmung vor, der Anweisungsblock der case-Marke wird ausgeführt. Da der Anweisungsblock nicht mit einer break-Anweisung endet, werden auch noch die Anweisungen der Label 'L' und default ausgeführt. Die gesamte Ausgabe sieht unerfreulicherweise daher folgendermaßen aus:

```
Gewählte Option Speichern
Gewählte Option Laden
Ungültige Option
```

Viel mehr gibt es über Vergleiche nicht zu berichten und wir machen gleich weiter mit den Schleifen. Hier stehen uns zwei Konstrukte zur Verfügung: die sogenannte for-Schleife und die while-Schleife.

Die Schleifen for und while

Wenn Sie bestimmte Anweisungen mehrmals hintereinander ausführen müssen, wobei sich lediglich einzelne Parameter nach einem bestimmten Muster verändern, bietet sich eine for-Schleife oder eine while-Schleife an.

Obige Beschreibung klingt furchtbar, dabei ist es im Grunde ganz einfach. Schauen wir uns am besten wieder ein Beispiel an.

```
int i;

// for-Schleife
for(i = 1; i <= 100; i++) {
  System.out.println("i hat den Wert " + i + "\n");
}
```

```
// das Gleiche als while-Schleife
i = 1;
while(i <= 100) {
  System.out.println("i hat den Wert " + i + "\n");
  i++;
}
```

Bei der `for`-Schleife weisen Sie im *Schleifenkopf* einer oder mehreren Zählvariablen (auch *Schleifenvariablen* genannt) einen Anfangswert zu und geben durch Semikolon getrennt die *Abbruchbedingung*[1] und die Hochzählanweisung an. In geschweiften Klammern folgt dann der *Schleifenrumpf* mit den Anweisungen (wie bei der `if`-Anweisung braucht man keine Klammern, wenn der Rumpf nur aus einer Anweisung besteht).

Die `while`-Schleife hat die gleiche Funktionalität, aber Sie sehen schon, dass das Initialisieren der Variablen, die Abbruchbedingung und die Inkrementanweisung etwas in der Landschaft verstreut sind. Suchen Sie sich aus, was Ihnen mehr zusagt und wählen Sie Ihre Lieblingsschleife. Handlicher ist meist die `for`-Schleife, während die `while`-Schleife universeller einsetzbar ist (so lässt sich zum Beispiel jede `for`-Schleife auch als `while`-Schleife schreiben).

> **!** Wir möchten Sie noch auf eine geradezu klassische Fehlerquelle hinweisen, die bei `if`-Anweisungen und Schleifen auf den Programmierer (also Sie!) lauert: Nach der runden Klammer mit der Bedingung bzw. dem Schleifenkopf darf kein Semikolon stehen! Das interpretiert der Compiler ansonsten als eine »leere« Anweisung, für die nichts zu tun ist. Diese führt das Programm dann so oft aus, wie es die Schleife verlangt, und Sie fragen sich verzweifelt, was schief läuft. Und Sie haben nach dutzendfachem Lesen des Quellcodes längst nicht mehr den Durchblick, um das unscheinbare, kleine Semikolon zu sehen ...

Schleifenvariablen und Abbruchbedingungen

Die Inkrementanweisung kann auch eine Dekrementanweisung sein! Und es muss auch nicht im Einerschritt gezählt werden, z.B.:

```
public class GeradeZahlen {
  public static void main(String[] args) {
    int i;

    for ( i= 100; i != 0; i -= 2) {
      // von 100 bis 2 alle geraden Zahlen ausgeben
      System.out.println(" i hat den Wert "+ i + "\n");
    }
  }
}
```

Wichtig ist aber, dass die Abbruchbedingung der Schleife irgendwann erfüllt oder die Schleife auf sonstigem Wege (siehe unten, *Abschnitt »Unterbrechung des Programmflusses«*) verlassen wird.

Betrachten Sie beispielsweise folgende Schleife:

```
for ( i= 99; i != 0; i -= 2) {
  // von 99 bis 1 alle ungeraden Zahlen ausgeben
  System.out.println(" i hat den Wert " + i + "\n");
}
```

1 Ist die angegebene Bedingung nicht mehr erfüllt, wird die Schleifenausführung beendet.

Diese Schleife wird endlos fortgesetzt, da die Schleifenvariable i nie den Wert 0 annimmt. Stattdessen zählt sie bis zum Sankt-Nimmerleins-Tag (oder zumindest bis zum Programmabbruch durch Bereichsüberschreitung) die negativen Zahlen runter.

Auch der Urheber der folgenden Schleife wurde ein Opfer seiner Schusseligkeit:

```
for ( i= 99; i > 0; i += 2) {
  // von 99 bis 1 alle ungeraden Zahlen ausgeben
  System.out.println(" i hat den Wert " + i + "\n");
}
```

> **!** Wenn Sie Schleifen implementieren, achten Sie darauf, dass die Schleifen auch korrekt wieder verlassen werden.

Hier würde die Abbruchbedingung zwar im geeigneten Moment abgebrochen, doch leider wird i inkrementiert, statt dekrementiert zu werden.

Noch teuflischer wird es freilich, wenn Sie den Wert der Schleifenvariablen auch noch innerhalb der Schleife verändern. Dies ist zwar durchaus erlaubt und kann auch sinnvoll eingesetzt werden, doch achten Sie dann ganz besonders darauf, dass die Abbruchbedingung irgendwann erfüllt wird.

Schleifen und Arrays

Sie erinnern sich hoffentlich noch an die Mitarbeiter-Klasse aus dem *Kapitel 3.5*?! Dort hatten wir unter anderem ein Array von 100 Mitarbeitern angelegt. Mit den Schleifen haben wir nun die ideale Waffe, um dieses Array zu durchlaufen und alle Mitarbeiter zu bearbeiten:

Listing 4.6: MitarbeiterVerwaltung.java

```
// die Datei Mitarbeiter.class aus Kapitel 3 muss im gleichen
// Verzeichnis stehen

public class MitarbeiterVerwaltung {
  public static void main(String[] args) {
    Mitarbeiter[] personalliste = new Mitarbeiter[4];
    int mitarbeiterzahl;

    personalliste[0] = new Mitarbeiter("Marx","Groucho",8000);
    personalliste[1] = new Mitarbeiter("Marx","Chico",7000);
    personalliste[2] = new Mitarbeiter("Marx","Harpo",7000);
    personalliste[3] = new Mitarbeiter("Marx","Zeppo",7000);
    mitarbeiterzahl = 4;

    // alle Mitarbeiter ausgeben
    for(int i = 0; i < personalliste.length; i++)
      personalliste[i].datenAusgeben();
  }
}
```

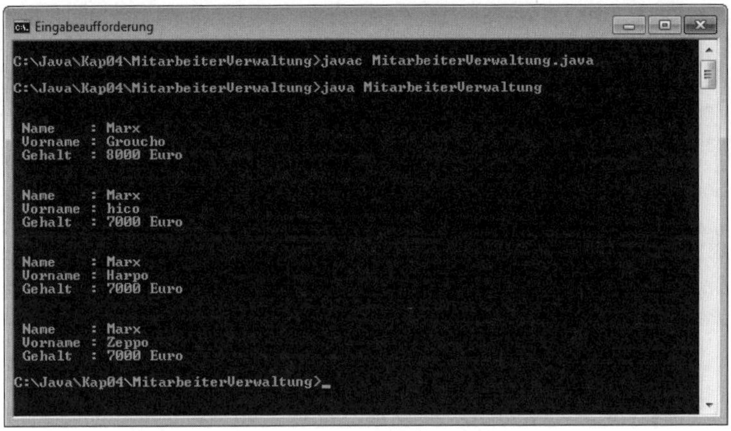

Abbildung 4.4: Ausgabe des Programms MitarbeiterVerwaltung

Da die `for`-Schleife häufig zum Durchlaufen von Arrays verwendet wird und man sich dabei für die Schleifenvariable selbst meist nicht interessiert, hat man sich bei Sun dazu entschlossen, für solche Fälle eine besondere Variante der `for`-Schleife einzuführen. Die obige Schleife zum Durchlaufen des Arrays `personalliste` sieht dann folgendermaßen aus:

```
// lies: "für m in personalliste"
for(Mitarbeiter m : personalliste)
    m.datenAusgeben();
```

Als Laufvariable dient nunmehr nicht mehr eine Indexvariable, sondern eine Variable vom Typ der Array-Elemente, im Beispiel also von der Klasse `Mitarbeiter`. Die Schleifenvariable wird dabei vom zu durchlaufenden Array durch einen Doppelpunkt, den man gedanklich als »in« lesen könnte, getrennt. Diese Art der `for`-Schleife funktioniert übrigens auch mit Arrays von elementaren Datentypen, z.B.

```
int[] zahlen = new zahlen[100];
...
for(m : zahlen)
  System.out.println(m);
```

Zauber mit Schleifen, Zahlen und Kaninchen

Kürzlich haben mich meine Kinder darauf angesprochen, ob sie nicht zwei Kaninchen haben könnten. Nun wäre es natürlich nett, ein Kaninchenpärchen zu halten, doch ist die Vermehrung dieser Tierchen ja geradezu sprichwörtlich. Vielleicht sollte man daher vor dem Kauf abschätzen, mit wie viel Kaninchen man nach zehn Jahren zu rechnen hat.

Ein Kaninchenweibchen kann direkt nach einer Geburt wieder trächtig werden. Bei einer Tragzeit von ziemlich genau einem Monat bestehen daher gute Chancen, dass ein Kaninchenweibchen im Jahr sieben Würfe zu durchschnittlich (hier schwanken die Voraussagen etwas) vier Jungen austrägt. Die in einem Jahr geborenen Jungen erzeugen meist erst im darauffolgenden Jahr eigenen Nachwuchs. Ein Kaninchenpärchen erzeugt nach dieser Rechnung also jedes Jahr 28 Nachkommen. Wie sieht die Population dann nach 20 Jahren aus?

Solch ungehinderte Wachstumsvorgänge folgen meist der Formel:

$N(t) = N(0) * e^{k*t}$

Da wir wissen, dass im ersten Jahr aus 2 Kaninchen insgesamt 30 Kaninchen werden, lässt sich die Wachstumsrate k (pro Jahr) leicht bestimmen:

$k = \ln(30/2) = \ln 15$

Das folgende Programm errechnet uns daraus die Populationsgröße für die ersten zehn Jahre:

Listing 4.7: Kaninchen.java

```
import java.lang.Math;

public class Kaninchen {
  public static void main(String[] args) {
    double pop = 2;

    System.out.println();

    for(int jahr = 1; jahr <= 10; jahr++) {
       pop = 2*Math.exp(Math.log(15)*jahr);
       System.out.println(" Nach " + jahr + ". Jahr: "
                          + (long) pop + " Tiere");
    }
  }
}
```

Wir überlassen es Ihnen, dieses kleine Programm nachzuprogrammieren und diese wundersame Kaninchenvermehrung zu bestaunen.

Übung

Zur Übung sollten Sie noch einmal das Programm *Zinsberechnung* aus *Abschnitt 4.2* hervorkramen und die Berechnung der Zinsen in der `main()`-Methode in Form einer `for`-Schleife implementieren.

Lösung

```
public class Zinsberechnung3 {
  public static double zinsBerechnen(double startkapital,
                                     double zinssatz,
                                     double laufzeit) {
    double endkapital;

    // Berechnung des Endkapitals
    endkapital = startkapital *
                 Math.pow((1 + zinssatz/100),laufzeit);
```

```
    return endkapital;
  }

  public static void main(String[] args) {
    System.out.println();

    for(int laufzeit = 1; laufzeit < 8; laufzeit++)
      System.out.println(" Nach " + laufzeit + ". Jahr: "
               + (long) zinsBerechnen(15000,3.5,laufzeit)
               + " EUR");
  }
}
```

Unterbrechung des Programmflusses

Darunter versteht man bei Programmiersprachen die plötzliche Änderung der Reihenfolge, in der der Computer die Anweisungen abarbeitet: normalerweise eine nach der anderen, also sequenziell. Durch bestimmte Anweisungen kann man jedoch veranlassen, dass bestimmte Code-Sequenzen übersprungen werden.

Ein Beispiel hierfür ist die `break`-Anweisung, die wir bereits im Zusammenhang mit dem `switch`-Konstrukt kennengelernt haben. Stößt das Programm bei der Abarbeitung eines `switch`-Blocks auf eine `break`-Anweisung, wird die gesamte `switch`-Anweisung verlassen und mit der Ausführung der Befehle nach dem `switch`-Block fortgefahren.

Die `break`-Anweisung kann aber auch zum Verlassen von Schleifen verwendet werden:

```
int i;

for(i = 0; i < 1000; i++) {
  // wenn i den Wert 500 hat, die Schleife verlassen
  if(i == 500)
    break;
}
```

Diese Schleife wird nicht 1000 Mal, sondern nur 500 Mal durchlaufen.

Eine andere nützliche Anweisung ist `continue`. Sie bewirkt, dass die aktuelle Iteration beendet wird und mit dem nächsten Durchlauf begonnen wird:

Listing 4.8: Continue.java

```
public class Continue {
  public static void main(String[] args) {
    int i;

    System.out.println();
    for(i = 0 ; i< 1000; i++) {
      if ( i != 500)
        continue;
```

```
            System.out.println(" i hat den Wert 500!");
        }
    }
}
```

Abbildung 4.5: Ausgabe des Programms Continue

> **!** Gefährlich ist der Einsatz der `continue`-Anweisung in `while`-Schleifen. Da in einer `while`-Schleife die Schleifenvariable innerhalb der Schleife inkrementiert oder dekrementiert wird, kann es Ihnen passieren, dass Sie die `continue`-Anweisung vor die Bearbeitung der Schleifenvariablen setzen. Unter Umständen führt dies dann dazu, dass sich die Schleifenvariable nicht mehr ändert und die Abbruchbedingung der Schleife nie erfüllt wird.

Im Schleifenrumpf wird getestet, ob `i` den Wert 500 hat. Ist dem nicht so, beendet `continue` den aktuellen Schleifendurchgang, `i` wird im Schleifenkopf um 1 erhöht und die nächste Iteration beginnt. Nur bei 500 wird diese Sperre passiert und die Druckanweisung kommt zum Zuge.

4.4 Fehlerbehandlung durch Exceptions

Eine weitere Möglichkeit, den Programmfluss zu beeinflussen, sind Exceptions. Lassen Sie sich wegen des Ausdrucks nichts anmerken und lesen Sie einfach lässig weiter!

Leider sind Computerprogramme nie ganz fehlerfrei, man sagt dafür meistens neudeutsch »sie haben Bugs«. Die Entwicklung von Programmiersprachen war und ist geprägt von der Sehnsucht nach dem Bug-freien Programm. Ein Weg in diese Richtung war die Verbesserung der Compiler, die viele Fehler schon beim Übersetzen entdecken.

Auch bei der Programmausführung bieten moderne Sprachen wie Java viel mehr Unterstützung, als das früher möglich war.

Denken Sie z.B. an die Arrays. Wenn während der Programmausführung auf einen nicht legalen Eintrag des Arrays zugegriffen wird, stoppt der Java-Interpreter mit `ArrayOutOfBoundsException` Ihr Programm mit der Angabe der Zeilennummer, wo der Fehler auftrat. Wenn Sie in einer anderen Sprache programmiert hätten (z.B. C++), wäre das Programm einfach sang- und klanglos abgestürzt oder zumindest mit fehlerhaften Daten weitergelaufen. Sie können sich vorstellen, wie aufwendig in solchen Fällen die Fehlersuche sein kann!

So schön es auch ist, einen kontrollierten Abbruch zu haben: In vielen Fällen möchte man, dass das Programm solche Fehlermeldungen des Java-Interpreters abfängt und sich kontrolliert selbst beendet oder unter anderen Bedingungen weiterläuft. Dies leisten die schon erwähnten Exceptions.

Was sind Exceptions?

Im Prinzip sind Exceptions Objekte, d.h. Instanzen von Klassen. Dabei gibt es für die verschiedenen Typen von Fehlern jeweils eigene Exception-Klassen, beispielsweise die Klasse `ArrayIndexOutOfBoundsException` für Fehler beim indizierten Zugriff auf Arrays. Wenn Sie versuchen, auf das elfte Element eines Arrays von nur fünf Elementen zuzugreifen, erzeugt die interne Implementierung der Array-Klasse ein Objekt der Klasse `ArrayIndexOutOfBoundsException` und wirft dieses Objekt als Exception aus.

Wenn man nun bestimmte Code-Sequenzen vor dem Auftreten von gewissen Fehlern sichern möchte, gibt man an, welche Exceptions abgefangen werden sollen und wie im Falle einer aufgetretenen Exception weiter vorgegangen werden soll. Tritt dann während der Ausführung der so gesicherten Code-Abschnitte eine Exception auf, wird der Kontrollfluss geändert, indem der Computer zu dem Anweisungsblock springt, der zur Fehlerbehandlung vom Programmierer vorgesehen wurde.

Vordefinierte Exceptions abfangen

Soviel zur Theorie der Exceptions. Schauen wir uns nun ein konkretes Beispiel an.

Angenommen, wir durchlaufen ein Array und trauen uns selbst nicht so ganz bei der Programmierung. Daher sichern wir den Anweisungsteil vor einem `ArrayOutOfBounds`-Fehler, also dem Zugriff auf nicht legale Array-Einträge.

Listing 4.9: ExceptionTest.java

```
public class ExceptionTest {
  public static void main(String[] args) {
    int i;
    int[] zahlen = new int[100];
    System.out.println();

    // hier kann der Fehler auftreten, also absichern
    try {
      for( i = 0; i<= 100; i++) {
        System.out.println(" i hat den Wert " + i +"\n");
        zahlen[i] = i;
      }
    }
    // hier ist die Fehlerbehandlung
    catch(ArrayIndexOutOfBoundsException e) {
      System.err.println(" Ein illegaler Zugriff!\n");
    }
  }
}
```

Abbildung 4.6: Ausgabe des Programms ExceptionTest

Welche Zutaten brauchen wir zum Abfangen von Exceptions?

1. Methoden, die Exceptions auslösen. Um eine Exception auszulösen, erzeugt man eine Instanz der entsprechenden Exception-Klasse und schickt diese mit dem Schlüsselwort `throw` ab:

   ```
   throw ExceptionInstanz;
   ```

   Wird die Exception nicht direkt in der Methode abgefangen, in der sie ausgelöst wird, soll sie an die Aufrufer der Methode weitergereicht werden. Dazu muss die Methode den Klassentyp der Exception in ihrer Deklaration bekannt machen. Nach der Klammer mit den Parametern der Methode folgt dann das Schlüsselwort `throws` und die Liste der Exception-Klassen, die nach außen weitergereicht werden sollen.

   ```
   methodenName(Parameter) throws e1, e2;
   ```

   In den Java-Bibliotheken gibt es eine ganze Menge von Methoden, die Exceptions auslösen und nach außen weiterreichen. Hierzu gehören auch die Exceptions der Klasse `ArrayIndexOutOfBoundsException`, die wir im obigen Beispiel abfangen. Das Auslösen der Exceptions geschieht also innerhalb der Array-Klasse, sodass wir davon in dem Quelltext unseres Programms nichts sehen.

2. Der zu sichernde Code-Abschnitt. Alle Anweisungen, für die Sie bestimmte Exceptions abfangen wollen, werden in einen `try`-Block geklammert.

3. Die Fehlerbehandlung. Direkt an den `try`-Block schließen sich die `catch`-Blöcke an. Für jede Exception-Klasse, deren Exception Sie abfangen wollen, definieren Sie einen `catch`-Block. In den Klammern wird die Klasse der abzufangenden Exceptions spezifiziert und einkommende Exceptions werden an den zugehörigen Parameter übergeben.

Das war schon alles! OK, fast. Vier Punkte wollen wir noch etwas genauer betrachten.

Punkt 1: Fehlermeldungen ausgeben

Fehlermeldungen werden in der Regel auf `System.err` ausgegeben:

```
catch(ArrayIndexOutOfBoundsException e) {
   System.err.println(" Zugriff ueber Array-Grenzen hinaus!\n");
}
```

`System.err` ist ebenso wie `System.out` ein Objekt, das mit dem Konsolenfenster der Anwendung verbunden ist. Grundsätzlich besteht also erst einmal kein Unterschied zwischen einer Ausgabe auf `System.out` und `System.err`. Warum dann also nicht gleich `System.out` verwenden?

Natürlich können Sie Fehlermeldungen auch auf `System.out` ausgeben. Wenn Sie allerdings für die Fehlermeldungen eines Programms konsequent `System.err` verwenden, hat dies den Vorzug, dass Sie die Fehlermeldungen bei Bedarf durch Umlenkung von `System.err` in eine Protokolldatei schreiben können – während die sonstigen Ausgaben des Programms weiter über `System.out` an das Konsolenfenster geschickt werden. In diesem Buch werden wir zwar nicht näher auf diese Technik eingehen, aber es ist gut zu wissen, dass dies möglich ist.

Wichtiger als das Ziel der Fehlermeldungen ist meist ihr Inhalt. Sie können wie oben eigene Fehlermeldungen texten oder Sie geben die Daten aus dem Exception-Parameter aus:

```
System.err.println(e.getMessage());    // Meldungstext der Exception

e.printStackTrace());                  // listet die Methoden, die
                                       // aufgerufen waren, als die
                                       // Exception auftrat

System.err.println(e);                 // Name und Meldungstext
                                       // der Exception
```

Hinweis

Sie können diese Informationen natürlich auch mit eigenen Meldungstexten kombinieren oder Sie reagieren statt mit einer Fehlermeldung mit sonstigem Code auf die Exception oder Sie verzichten ganz auf eine Behandlung und fangen die Exception nur ab, um den Compiler zufrieden zu stellen.

Punkt 2: Behandeln oder nicht behandeln

In Java gibt es zwei Klassen von Exceptions: solche, die behandelt werden müssen, und solche, die nicht behandelt werden müssen. Glücklicherweise müssen Sie sich aber nicht merken, welche Exceptions behandelt werden müssen und welche Methoden diese Exceptions auslösen.

Wenn Sie in Ihrem Code, ohne es zu wissen, eine Methode aufrufen, die eine Exception mit Behandlungszwang auslösen kann, wird Sie der Compiler beim Übersetzen darauf aufmerksam machen. Sie müssen dann nur der Compiler-Meldung den Namen der Exception entnehmen und den betroffenen Code-Abschnitt (in dem die Exception ausgelöst werden kann) in einen `try`-Block mit passendem `catch`-Block packen. Oder Sie wandern hoch zum Methodenkopf und erweitern diesen um eine `throws`-Deklaration (siehe oben).

Punkt 3: Abschlussarbeiten

Wenn in einer Methode eine Exception auftritt, bedeutet dies, dass die normale Programmausführung unterbrochen und erst bei dem nächsten zugehörigen `catch`-Block wieder aufgenommen wird. Gibt es in der Methode keinen passenden `catch`-Block, wird die Methode sogar verlassen und in den aufrufenden Methoden nach einem `catch`-Block gesucht.

Dies kann natürlich dazu führen, dass wichtige Abschlussarbeiten am Ende der Methode (etwa das Schließen einer zuvor geöffneten Datei) nicht ausgeführt werden. Um dies zu verhindern, können Sie am Ende der Methode einen `finally`-Block definieren und in diesen den Code für die Abschlussarbeiten platzieren. Der `finally`-Block wird stets bei Verlassen der Methode ausgeführt – selbst wenn diese durch eine Exception vorzeitig verlassen wird (siehe auch *Kapitel 6.6)*.

Punkt 4: Nicht übertreiben!

Bevor Sie nun aber losstürzen und alle bisherigen und zukünftigen Programme absichern nach dem Motto »Exceptions schützen«, bedenken Sie bitte folgende Hinweise:

- Das Beispiel oben ist nicht zur Nachahmung empfohlen! Den hier behandelten Fehler hätten Sie schon durch aufmerksame Programmierung beheben können. Exceptions sollten nicht dazu verleiten, sorglos drauflos zu programmieren mit dem Hintergedanken, dass nichts passieren kann, da ja die praktische Exception-Behandlung alles abfängt!

- Exceptions dienen meist zur Behandlung schwerwiegender Fehler im Programmablauf. Ihr Vorteil liegt darin, dass das Auftreten des Fehlers und die Auslösung der Exception von der Behandlung der Exception getrennt werden. Ist das ein Vorteil? Wenn man richtig damit arbeitet schon. So werden in den von Ihnen verwendeten Java-Klassen in allen kritischen Code-Abschnitten notfalls Exceptions ausgelöst. Die Behandlung dieser Exceptions bleibt aber Ihnen überlassen. Sie brauchen lediglich die Anweisungen Ihrer `main()`-Methode in einen `try`-Block einzuschließen und einen `catch`-Block für die abzufangenden Exceptions einzurichten. Fazit: Klassen-Bibliotheken werden durch die Auslösung von Exceptions gesichert – die Behandlung der Exceptions übernimmt das aufrufende Programm, das mit den Klassen arbeitet.

Hinweis

Die Exception-Behandlung ist ein sehr komplexes Thema, das wir im Rahmen eines Einsteigerbuches nicht weiter vertiefen können. Allerdings werden im Laufe der folgenden Kapitel gelegentlich Beispiele für Situationen angegeben, wo Exceptions sinnvoll sind. Ein typischer Fall ist die Datei-Ein- und -Ausgabe, bei der wir noch einige Beispiele zur Exception-Behandlung sehen werden.

4.5 Zusammenfassung

Übersichtliche Programme zeichnen sich durch Strukturierung und Modularisierung aus.

- Modularität erreicht man durch die Identifizierung von Teilproblemen und deren Implementierung in Methoden beziehungsweise durch die Identifizierung von Objekten und deren Implementierung in Klassen (Divide-and-conquer).
- Strukturierung erreicht man durch Bedingungen (`if`, `if-else`, `switch`) und Schleifen (`for`, `while`).

Mithilfe der `if`-Bedingung können Sie den Wahrheitswert eines booleschen Ausdrucks überprüfen und je nach Ergebnis einen Anweisungsblock ausführen oder überspringen.

Mithilfe der `if/else`-Bedingung können Sie den Wahrheitswert eines booleschen Ausdrucks überprüfen und je nach Ergebnis unterschiedliche Anweisungsblöcke ausführen lassen.

Mithilfe der `switch`-Bedingung können Sie den Wert eines Ausdrucks überprüfen und je nach Ergebnis unterschiedliche Anweisungsblöcke ausführen lassen.

Schleifen dienen dazu, sich wiederholende Anweisungen mehrmals hintereinander ausführen zu lassen. Mit dem Schlüsselwort `continue` kann die aktuelle Schleifeniteration abgebrochen werden. Mit dem Schlüsselwort `break` wird die ganze Schleife verlassen.

Exceptions sind eine spezielle, objektorientierte Form der Fehlerbehandlung. Der Vorteil der Exceptions ist vor allem die Trennung von Fehlerauslösung und Fehlerbehandlung. Ausgelöst werden Exceptions mit dem Schlüsselwort `throw`. Abgefangen werden Exceptions nur für Code-Anweisungen, die in einen `try`-Block gefasst sind, und nur dann, wenn sich an den `try`-Block ein `catch`-Block für die betreffende Exception-Klasse anschließt.

4.6 Fragen und Antworten

1. In welchen drei Stufen werden Programme modularisiert?

   Methoden – Klassen – Pakete.

2. Ist die folgende if-Bedingung korrekt?

```
int i;

i = 3;
if(i) {
  // tue irgendetwas
}
```

   Integer-Werte oder -Variablen sind als boolesche Ausdrücke in if-Bedingungen nicht erlaubt. (Was unter anderem daran liegt, dass Integer-Werte nicht vom Compiler in boolesche Werte umgewandelt werden können.) Erlaubt wäre aber folgende Formulierung:

```
boolean i;

i = true;
if(i) {
  // tue irgendetwas
}
```

3. Wann wird die folgende Bedingung zu true ausgewertet? (Hilfe: Betrachten Sie x und y als Koordinaten in der Ebene.)

```
if (  (x < 35 && x > 20) && (y < 100 && y > 80)
    || (x < 150 && x > 120) && (y < 95 && y > 75))
```

   Die if-Bedingung überwacht zwei Rechtecke in der Ebene und wird zu true ausgewertet, wenn die Koordinaten von x und y in einem der beiden Rechtecke liegen. Auf diese Weise kann man beispielsweise überwachen, ob der Anwender in einen bestimmten Bereich eines Fensters einer GUI-Anwendung oder eines Bildes geklickt hat.

4. Worin besteht der Fehler in der folgenden Schleife?

```
int i,j,k;

i = 1;
System.out.println("i \t j \t k");
while (i < 10)  {
    j = i*i - 1;
    k = j*j - 1;
    System.out.println(i + " \t" + j + " \t" +k);
}
```

   Der Fehler liegt darin, dass die Schleifenvariable i nicht verändert und die Schleife folglich nicht beendet wird.

5. Die folgende Schleife definiert zwei Schleifenvariablen. Wie sieht die Ausgabe der Schleife aus?

   ```
   int n,m;

   for(n = 0, m = 0; n < 10 && m <3; n++, m += 2) {
     System.out.println(" n * m = " + n*m);
   }
   ```

   Die Ausgabe der Schleife lautet:

   ```
   n * m = 0
   n * m = 2
   ```

6. Wissen Sie, was eine Modulo-Operation ist? Wenn ja, benutzen Sie den Modulo-Operator, um zu überprüfen, ob eine Zahl gerade ist.

   Wenn Sie zwei Zahlen mit dem Modulo-Operator % dividieren, errechnet der Compiler, wie oft der Divisor in den Dividenden passt. Die Differenz zwischen diesem Wert und dem Dividend wird zurückgeliefert. Für 250%4 würde also 2 zurückgeliefert. Um zu prüfen, ob eine Zahl gerade ist, dividiert man sie modulo 2 und prüft, ob das Ergebnis gleich 0 ist:

   ```
   for(int i = 0; i < 10; i++)
     if( (i % 2) == 0)
       System.out.println(i + " ist gerade");
   ```

4.7 Übungen

1. In der 1. Übung aus *Kapitel 3* haben Sie zwei Klassen für einen Flugsimulator aufgesetzt. Überlegen Sie sich jetzt, wie Sie feststellen können, wann das Flugzeug auf den Boden gestürzt oder in einen Wasserturm hineingeflogen ist.
2. Setzen Sie eine `for`-Schleife zur Berechnung der ersten hundert Quadratzahlen auf.
3. Wandeln Sie die `for`-Schleife aus der vorherigen Übung in eine `while`-Schleife um.
4. Nutzen Sie die Binärcodierung des Computers, um zu entscheiden, ob eine Zahl gerade ist.

5 Objektorientierte Programmierung mit Java

Sie lernen in diesem Kapitel,

- *alles Wichtige zur Vererbung von Klassen,*
- *mehr zur Parameterübergabe an Methoden,*
- *wie Methoden überladen werden,*
- *wie Pakete und Zugriffsmodifizierer die Sichtbarkeit von Klassen bestimmen,*
- *was Instanz- und was Klassenvariablen sind,*
- *wie man Klassen verschachtelt,*
- *was Schnittstellen sind.*

Wenn Sie alle Kapitel bis hierher aufmerksam gelesen haben, sind Sie nun bestens vorbereitet, in die Tiefen der objektorientierten Programmierung einzutauchen. Die wichtigste Neuerung, die Sie nun kennenlernen werden, ist das Konzept der *Vererbung*. Daneben werden wir uns aber auch die Implementierung und Programmierung mit Methoden noch einmal etwas näher anschauen und ein paar Worte zu Gültigkeitsbereichen und Sichtbarkeit verlieren.

5.1 Vererbung

Vererbung? Kommen jetzt nach den genmanipulierten Tomaten die genmanipulierenden Programmierer? Keine Sorge, im Vergleich zu manchen Genetikern sind wir noch ganz harmlos. Aber Klassen können ihre Eigenschaften (also ihre Felder) und Methoden an andere Klassen weitervererben. Man spricht dann auch von *Vererbung* oder *Ableitung* und bezeichnet die Klasse, die ihre Elemente vererbt, als Basisklasse. Die Klasse, die die Elemente der Basisklasse erbt, bezeichnet man als abgeleitete Klasse.

Erinnern wir uns an die Klasse `Mitarbeiter` aus *Kapitel 3.4*. In jeder Firma gibt es verschiedene Arten von Mitarbeitern, z.B. den Chef, die Angestellten und die Lehrlinge. Nehmen wir an, dass Ihr Chef mit der zusätzlichen Anforderung an das Programm kommt, dass Beförderungen durchführbar sein sollen. Wenn wir weiter annehmen, dass Lehrlinge und der Chef selbst nicht befördert werden können, bleiben dafür nur die normalen Angestellten. Allerdings sollen die Lehrlinge eine Prüfung ablegen. Nun wäre es umständlich, für Lehrlinge, Angestellte und den Chef jeweils eine komplett neue Klasse anzulegen, denn bis auf die Beförderungen und Prüfungen sind die Klassen ja identisch! Hier kommt der Vorteil der Vererbung ins Spiel: Wir nehmen die `Mitarbeiter`-Klasse als Basisklasse, leiten von ihr Klassen für Lehrlinge, Angestellte und den Chef ab und erweitern die abgeleiteten Klassen um zusätzliche Fähigkeiten (in unserem Fall z.B. die Beförderungsmöglichkeit).

Wie sieht das als Java-Programm aus?

Listing 5.1: aus MitarbeiterBeispiel.java

```
class Mitarbeiter {
  String m_name;
  String m_vorname;
  int m_gehalt;

  Mitarbeiter(String name, String vorname, int gehalt) {
    m_name = name;
    m_vorname = vorname;
    m_gehalt = gehalt;
  }

  void datenAusgeben() {
    System.out.println("\n");
    System.out.println(" Name    : " + m_name);
    System.out.println(" Vorname : " + m_vorname);
    System.out.println(" Gehalt  : " + m_gehalt + " Euro");
  }

  void gehaltErhoehen(int erhoehung) {
    m_gehalt += erhoehung;
  }
}

// Die abgeleiteten Klassen
class Lehrling extends Mitarbeiter {
  int abgelegtePruefungen;

  // Konstruktor setzt die Anzahl der Prüfungen auf 0
  Lehrling(String name, String vorname, int gehalt)  {
    // den Konstruktor der Basisklasse aufrufen
    super(name, vorname, gehalt);

    // Initialisierung der eigenen Felder
    abgelegtePruefungen = 0;
  }
}

class Angestellter extends Mitarbeiter {
  int hierarchiestufe;
  final int MAX_HIERARCHIE = 5;

  // Konstruktor
  Angestellter(String name, String vorname, int gehalt) {
    // den Konstruktor der Basisklasse aufrufen
    super(name,vorname,gehalt);

    // Initialisierung der eigenen Felder
    hierarchiestufe = 0;
  }
```

```
  void befoerdern() {
    // falls noch möglich, befördern
    if(hierarchiestufe < MAX_HIERARCHIE)
      hierarchiestufe++;
  }
}

class Chef extends Mitarbeiter {
  // keine Erweiterungen

  // Konstruktor von Chef ruft nur den Konstruktor
  // der Basisklasse auf
  Chef(String name, String vorname,int gehalt)  {
    super(name,vorname,gehalt);
  }

  // beim Gehalt erhält der Chef mehr
  void gehaltErhoehen(int erhoehung) {
    m_gehalt += 2*erhoehung;
  }
}
```

Analyse

Gehen wir das Beispiel durch, das uns die vier wichtigsten Punkte bei der Vererbung illustriert:

- Die Ableitung an sich – das heißt die Deklaration der abgeleiteten Klasse und die Angabe der Basisklasse (siehe nachfolgender Abschnitt).
- Die Definition eigener Felder und Methoden in der abgeleiteten Klasse. Hierfür gelten haargenau die gleichen Regeln wie bei einfachen Klassen, sodass es eigentlich nichts mehr dazu zu sagen gibt.
- Die Überschreibung geerbter Methoden – das wichtigste Werkzeug, um das geerbte Verhalten anzupassen (siehe *Abschnitt »Geerbte Methoden überschreiben«*).
- Der Aufruf überschriebener Methoden – denn auch wenn wir eine geerbte Methode überschreiben, ist der Zugriff auf die überschriebene Methode immer noch möglich und oft auch notwendig, beispielsweise bei Konstruktoraufrufen (siehe *Abschnitt »Überschriebene Basisklassenmethoden aufrufen – super«*).

Basisklasse festlegen – extends

Wir haben drei neue Klassen `Lehrling`, `Angestellter`, `Chef` deklariert. Alle drei Klassen wurden von unserer Basisklasse `Mitarbeiter` abgeleitet. Dem Compiler teilen wir die gewünschte Ableitung durch das Schlüsselwort `extends` mit:

```
class Angestellter extends Mitarbeiter {
  ...
```

Danach stehen in `Angestellter` automatisch alle Felder und Methoden der Klasse `Mitarbeiter` zur Verfügung.

Wenn Sie jetzt also eine Instanz der Klasse `Angestellter` bilden, können Sie für diese ohne Probleme die Methode `datenAusgeben()` aufrufen:

```
Angestellter billy = new Angestellter("Gates","Billy",4000);
billy.datenAusgeben();
```

Aber natürlich wäre nichts gewonnen, wenn `Angestellter` eine billige »Kopie« der Klasse `Mitarbeiter` bliebe. Sie haben daher die Möglichkeit:

- die abgeleitete Klasse um neue Felder und Methoden zu erweitern und/oder
- geerbte Methoden zu überschreiben.

Allerdings können Sie nicht geerbte Elemente aus der abgeleiteten Klasse löschen.

Hinweis

Versuchen Sie sich beim Entwurf von Basisklassen auf die wichtigsten Elemente zu beschränken, damit die abgeleiteten Klassen nicht zu sehr mit nutzlosem Schrott aus der Basisklasse belastet werden.

Die Art, in der Sie auf die geerbten Elemente zugreifen können, hängt allerdings von den in der Basisklasse verwendeten Zugriffsmodifizierern ab (siehe Kapitel 5.3, Abschnitt »Die Zugriffsmodifizierer«).

Geerbte Methoden überschreiben

Um eine geerbte Methode in der abgeleiteten Klasse zu überschreiben, brauchen Sie die Methode lediglich in der abgeleiteten Klasse neu zu definieren. Im Grunde genau so, als ob es sich um eine neue Methode handelte, nur dass Sie darauf achten müssen, dass die Signatur der Methode (Rückgabewert, Name, Parameter) absolut identisch zu der Signatur der Methode aus der Basisklasse ist. So geschehen bei der Methode `gehaltErhoehen()` der Klasse `Chef`.

Vererbung wirkt nur in eine Richtung!

Ganz wichtig! Was bedeutet es für die Basisklasse, wenn eine ihrer Methoden in einer abgeleiteten Klasse überschrieben wird? Nichts. Vererbung wirkt halt nur in eine Richtung. Was im Grunde passiert ist, dass der Compiler für die abgeleitete Klasse Kopien der geerbten Felder anlegt und die Aufrufe der geerbten Methoden in Aufrufe der Methoden aus der Basisklasse umwandelt.

Und was geschieht, wenn eine Methode überschrieben wird? Dann lädt der Compiler bei einem Aufruf der Methode natürlich nicht mehr die Version aus der Basisklasse, sondern die neue Version der abgeleiteten Klasse. Die geerbte Methode der Basisklasse ist danach allerdings immer noch vorhanden – sie ist nur nicht mehr mit dem Methodennamen verbunden. Wie Sie die überschriebene Basisklassenversion aufrufen können, erfahren Sie im nächsten Abschnitt.

Worin liegt der Vorteil, eine Methode der Basisklasse zu überschreiben, anstatt einfach eine neue Methode zu definieren?

Denken Sie objektorientiert! Die Klasse `Chef` ist von der Klasse `Mitarbeiter` abgeleitet, folglich ist ein `Chef`-Objekt auch ein `Mitarbeiter`-Objekt. Dann macht es auch Sinn, dass ein `Chef`-Objekt über die gleichen Eigenschaften

(Felder) und Verhaltensweisen (Methoden) wie ein `Mitarbeiter`-Objekt verfügt. Es wäre eher verwirrend, wenn die Verhaltensweise des `gehaltErhoehen()` plötzlich einen anderen Namen hätte.

Denken Sie an Autos. Diese verfügen über vier Räder und die Methoden `anlassen()`, `beschleunigen()`, `bremsen()`. Eine Ableitung der allgemeinen Autos sind die `PKWs`. Von diesen sind wieder die `Sportwagen` abgeleitet. Wenn Sie jetzt die Instanz von `Sportwagen` bilden, beispielsweise einen Ferrari Dino – in Rot natürlich –, sagen Sie dann nicht, dass der Ferrari wie jedes Auto vier Räder hat, und sprechen Sie nicht auch vom Anlassen, vom Beschleunigen und vom Bremsen (auch wenn ein Ferrari natürlich viel schneller beschleunigen kann als ein Volvo).

Sie sehen, die objektorientierte Programmierung hat viel damit zu tun, wie wir selbst die Objekte der realen Welt klassifizieren und hierarchisch ordnen. Innerhalb dieser Hierarchien akzeptieren wir, dass sich von oben nach unten weitergereichte Verhaltensweisen und Charakteristika in ihrer Ausprägung wandeln, aber wir benutzen weiterhin die gleichen Begriffe, um auf sie zu verweisen. Aus diesem Grunde:

> **!** Wenn Sie die von einer Basisklasse übernommenen Verhaltensweisen abwandeln wollen, überschreiben Sie die entsprechenden Methoden, definieren Sie keine neuen Methoden.

Polymorphie

Die Anpassung abgeleiteter Klassen durch Überschreibung geerbter Methoden bezeichnet man auch als *Polymorphie* – ein äußerst interessantes Konzept der objektorientierten Programmierung, hinter dem sich natürlich noch etwas mehr verbirgt als die bloßen Vorteile einer verbesserten, in sich konsistenten Namensgebung.

Angenommen, Sie wollten alle Mitarbeiter – Lehrlinge ebenso wie Angestellte und Top-Manager – in einem einzigen Array verwalten. Dann haben Sie das Problem, dass ein Array nur Elemente eines einzigen Datentyps akzeptiert. Nun kann aber jedes Objekt einer abgeleiteten Klasse auch als Objekt seiner Basisklasse angesehen werden (logisch, ein Lehrling ist schließlich auch ein Mitarbeiter – ebenso wie Angestellte und Chefs). Sie können also alle Mitarbeiter in einem Array mit Elementen des Datentyps `Mitarbeiter` speichern. Wenn Sie jetzt dieses Array durchlaufen, beispielsweise um die Gehälter zu erhöhen oder die persönlichen Daten der Mitarbeiter auszugeben, auf welche Methoden und Daten können Sie dann zugreifen? Nun, da die Array-Elemente alle vom Datentyp `Mitarbeiter` sind, können Sie auch nur auf die Variablen und Methoden zugreifen, die in der Klasse `Mitarbeiter` definiert sind – auch wenn die Instanzen, die Sie den Array-Elementen zugewiesen haben, von abgeleiteten Klassen stammen (um auf Erweiterungen der abgeleiteten Klassen zuzugreifen, bedarf es einer expliziten Typumwandlung). Wenn Sie dabei jedoch eine Methode aufrufen, die in der abgeleiteten Klasse, von der das Array-Element ursprünglich stammt, überschrieben wurde, dann merkt der Compiler doch, dass er es mit einem Objekt einer abgeleiteten Klasse zu tun hat, und ruft die überschriebene Version auf!

Fazit

In einem Array von Elementen der Klasse `B` kann man nicht nur Objekte der Klasse `B`, sondern auch Objekte von abgeleiteten Klassen ablegen. Für alle Elemente im Array kann man die Methoden aufrufen, die in der Klasse `B` sind (wobei für Elemente abgeleiteter Klassen automatisch die überschriebenen Versionen aufgerufen werden). Um für ein Array-Element, das von einer abgeleiteten Klasse stammt, eine Methode aufzurufen, die nur in der abgeleiteten Klasse existiert (und nicht eine Basisklassenmethode überschreibt), ist eine explizite Typumwandlung erforderlich. (Im nächsten Abschnitt finden Sie hierzu ein Beispiel mit Kreisen, Rechtecken und Linien.)

Sie sehen also: Polymorphie erlaubt die gleichartige Behandlung verschiedener Objekte unter gleichzeitiger Berücksichtigung der speziellen Eigenheiten der einzelnen abgeleiteten Objekte.

Überschriebene Basisklassenmethoden aufrufen – super

Manchmal wird es Ihnen passieren, dass Sie eine Basisklasse überschrieben haben und dann feststellen, dass Sie die Methode der Basisklasse aber auch gerne aus der abgeleiteten Klasse heraus aufrufen würden.

Kein Problem!

Natürlich reicht es nicht, wie üblich die Methode mit ihrem Namen aufzurufen (denn in diesem Fall würde ja die Version aus der abgeleiteten Klasse aufgerufen, mit der die Methode der Basisklasse überschrieben wurde). Stellen Sie dem Methodennamen daher das Schlüsselwort `super` voran (vom Methodennamen durch den Punkt-Operator getrennt).

Merke

Das Schlüsselwort `super` *steht für die Basisklasse.*

Ein wichtiger Einsatz für das Schlüsselwort `super` ist der Aufruf des Konstruktors der Basisklasse. Jede abgeleitete Klasse definiert natürlich einen Konstruktor, der notwendige Initialisierungen durchführt. Wichtig ist dabei der Aufruf des Konstruktors der Basisklasse, damit auch die geerbten Elemente korrekt initialisiert werden.

Als Beispiel schauen Sie sich den Konstruktor der Klasse `Lehrling` an:

```
Lehrling(String name,String vorname,int gehalt) {
   // den Konstruktor der Basisklasse aufrufen
   super(name,vorname,gehalt);

   // Initialisierung der eigenen Felder
   abgelegtePrüfungen = 0;
}
```

Konstante Klassen – final

Das Schlüsselwort `final` (vgl. *Kapitel 3.1, »Variablen versus Konstanten«*) darf übrigens auch vor einer Klasse stehen. In diesem Fall bedeutet es, dass man von dieser Klasse nicht ableiten darf. Wenn wir also die Mitarbeiter-Klasse mit

```
final class Mitarbeiter { ....}
```

definieren würden, dann kämen vom Compiler bittere Beschwerden wegen der versuchten Ableitung von `Lehrling`, `Angestellter` und `Chef`.

Worin liegt dann der Vorteil einer `final`-Klasse?

Klare Antwort: Geschwindigkeit. Wenn der Compiler voraussetzen darf, dass von einer Klasse keine anderen Klassen abgeleitet werden, kann er besseren und schneller ausführbaren Bytecode generieren. Ein weiterer Grund ist Sicherheit. Mit gewissen Tricks könnten Hacker versuchen, durch Vererbung das Java-Sicherheitssystem zu unterlaufen. Daher sind viele wichtige vordefinierte Klassen (z.B. die `String`-Klasse) nicht ableitbar.

final Methoden

Nun wissen wir, was das Schlüsselwort `final` bewirkt, wenn man es einer Variablendeklaration oder einer Klassendeklaration voranstellt. Was könnte es dann vor einer Methodendefinition bewirken? Natürlich, dass sich die Methode nicht ändern darf, und das bedeutet, dass `final`-Methoden nicht in abgeleiteten Klassen überschrieben werden können.

Wenn Sie also verhindern wollen, dass eine Methode Ihrer Klasse in abgeleiteten Klassen überschrieben wird, deklarieren Sie die Methode als `final`. Umgekehrt könnte es aber auch interessant sein, die Überschreibung einer Methode zu erzwingen. In diesem Fall deklarieren Sie abstrakte Methoden in einer abstrakten Basisklasse.

Abstrakte Klassen – abstract

Rufen Sie sich noch einmal das Beispiel aus dem *Abschnitt »Polymorphie«* ins Gedächtnis, wo wir davon sprachen, dass es sinnvoll sein kann, eine Instanz einer abgeleiteten Klasse als Objekt ihrer Basisklasse zu behandeln – mit der Einschränkung, dass man dann nur auf die Felder und Methoden der Basisklasse zugreifen kann (unter Berücksichtigung überschriebener Methoden). Es lohnt sich also tatsächlich, alle Methoden, die den abgeleiteten Klassen gemeinsam sind, bereits in der gemeinsamen Basisklasse zu deklarieren. Was sich nicht immer lohnt, ist, für alle diese Methoden Implementierungen vorzugeben. Unter Umständen kann es sogar zu schweren Programmfehlern führen, wenn die Methode in einer abgeleiteten Klasse nicht überschrieben wird, obwohl die Implementierung der Basisklasse für die abgeleitete Klasse vollkommen ungeeignet ist (beispielsweise, wenn der Chef die gleiche Gehaltserhöhung bekommt wie der Lehrling).

Als Beispiel betrachten wir diesmal eine einfache Klassenhierarchie zur Verwaltung verschiedener Zeichenobjekte. Wir haben eine Basisklasse `Figur` und drei abgeleitete Klassen `Kreis`, `Rechteck`, `Linie`.

Listing 5.2: Aus Zeichnen.java

```
// Die Basisklasse
abstract class Figur {
  int m_xKoord, m_yKoord;  //xy.Koordinate der Figur

  Figur(int x, int y) {
    m_xKoord = x;
    m_yKoord = y;
  }

  abstract void zeichnen();
}
```

Später bei der Implementierung der abgeleiteten Klassen werden wir jeweils spezielle Definitionen der Methode `zeichnen()` vorsehen (was auch notwendig ist, da Kreise, Rechtecke und Linien ganz unterschiedlich gezeichnet werden). Um die Methode `zeichnen()` aber auch dann aufrufen zu können, wenn wir über eine `Figur`-Variable auf die einzelnen Objekte zugreifen, muss die Methode `zeichnen()` bereits in der Basisklasse `Figur` deklariert werden. Dort sehen wir aber keine Implementierung vor und deklarieren die Methode `zeichnen()` wie auch die ganze Klasse `Figur` als `abstract`. Damit erreichen wir,

- dass von der abstrakten Klasse `Figur` keine Instanzen gebildet werden können und
- dass die Methode `zeichnen()` in abgeleiteten Klassen überschrieben werden muss. Sonst wird die abgeleitete Klasse automatisch selbst zu einer abstrakten Klasse.

Listing 5.3: Aus Zeichnen.java

```
// Abgeleitete Klasse
class Kreis extends Figur {
  int m_radius;

  Kreis(int x, int y, int r) {
    super(x,y);
    m_radius = r;
  }

  void zeichnen() {
    System.out.println(" Zeichnen-Methode fuer Kreise");
  }
}

// Abgeleitete Klasse
class Rechteck extends Figur {
  int m_breite, m_laenge;
```

```
  Rechteck(int x, int y, int l, int b) {
    super(x,y);
    m_laenge = l;
    m_breite = b;
  }

  void zeichnen() {
    System.out.println(" Zeichnen-Methode fuer Rechtecke");
  }
}

// Abgeleitete Klasse
class Linie extends Figur {
  int m_endpX, m_endpY;

  Linie(int ax, int ay, int ex, int ey) {
    super(ax,ay);
    m_endpX = ex;
    m_endpY = ey;
    }

  void zeichnen() {
    System.out.println(" Zeichnen-Methode fuer Linien");
  }
}
```

Im Hauptprogramm bilden wir mithilfe des new-Operators Instanzen der Klassen `Kreis`, `Rechteck` und `Linie` und speichern diese in einem Array als Elemente der Basisklasse `Figur`. Um die vollständige Grafik auszugeben, durchlaufen wir dann einfach das Array und rufen für jedes Array-Element die Methode `zeichnen()` auf, die die jeweilige geometrische Figur ausgibt.

Listing 5.4: Aus Zeichnen.java

```
//... oben definierte Klassen

public class Zeichnen {
  static Figur[] zeichenobjekte = new Figur[5];

  public static void main(String[] args) {
    System.out.println();

    zeichenobjekte[0] = new Kreis(20,30,10);
    zeichenobjekte[1] = new Rechteck(2,78,50,50);
    zeichenobjekte[2] = new Kreis(99,30,10);
    zeichenobjekte[3] = new Linie(201,44,201,66);
    zeichenobjekte[4] = new Linie(10,50,50,50);

    for(int loop=0;loop<zeichenobjekte.length;loop++)
      zeichenobjekte[loop].zeichnen();
  }
}
```

5.2 Methoden (Klassenfunktionen)

Es ist an der Zeit, etwas genauer auf die Elemente der Klassen einzugehen, in denen die eigentliche »Action« stattfindet: die Methoden.

Damit Ihnen nichts entgeht, beginnen wir diesen Abschnitt mit einer kleinen Wiederholung und versuchen, unser bisheriges Wissen zu konsolidieren und zu vertiefen.

Definition von Methoden

Die Definition einer Methode setzt sich aus zwei Teilen zusammen:

- der Signatur, welche Angaben über Rückgabetyp, Name der Methode und Parameter macht, und
- dem Methodenrumpf (oder -körper), in dem die Deklarationen der lokalen Variablen und die eigentlichen Anweisungen stehen.

```
Rückgabewert Methodenname (Datentyp1 Name1, Datentyp2 Name2 ...) {
    lokale Variablen und Anweisungen
}
```

```
class Dummy {
   int wert;
}

class Beispiel  {
  int wert;

  int machWas(double para1, Dummy para2) {
    // ...Anweisungen ...
    para1 = 0;
    para2.wert = 50;

    // ein Rückgabewert
    return 0;
  }
}
```

Die Methode `machWas` erwartet einen `double`-Wert und ein Objekt der Klasse `Dummy` als Parameter und liefert einen ganzzahligen Wert zurück.

Hinweis

Liefert eine Methode keinen Wert zurück, wird auch keine `return`-Anweisung benötigt. Sie können sie aber trotzdem einsetzen, um eine Methode vorzeitig (vor der Abarbeitung der letzten Zeile) zu beenden.

Rückgabewerte von Methoden – return

Die Rückgabe eines Werts an die aufrufende Methode erfolgt durch die sogenannte `return`-Anweisung, deren Syntax

```
return Wert; // bei Rückgabe eines Werts
```

oder einfach nur

```
return; // wenn kein Ergebnis zurückgegeben wird
```

lautet.

Der Datentyp des zurückgelieferten Werts muss dem Rückgabetyp der Signatur entsprechen. Wird kein Wert zurückgeliefert, wird dies in der Signatur durch den Datentyp `void` angezeigt.

Parameterübergabe

Schauen wir uns jetzt einmal die Parameterübergabe näher an. Was passiert da eigentlich?

Die Klassen `Beispiel` und `Dummy` seien wie oben definiert.

```
Beispiel hugo = new Beispiel();
Dummy uebergabe = new Dummy();
int ergebnis;
double wert = 10.5;

uebergabe.wert = 100;
System.out.println(" Parameter vor Aufruf:\t"
                   + wert + "\t" + uebergabe.wert);
ergebnis = hugo.machWas(wert,uebergabe);
System.out.println(" Parameter nach Aufruf: \t"
                   + wert + "\t" + uebergabe.wert);
```

> **!** Variablen einfacher Datentypen werden als kopierte Werte an Methoden übergeben. Die aufgerufene Methode kann daher die eigene Kopie, nicht aber das Original aus der aufrufenden Methode ändern.

Beim Aufruf der Methode passiert nun Folgendes: Die Ausdrücke oder Variablen, die übergeben wurden, werden ausgewertet und die Werte in die entsprechenden Parametervariablen *kopiert*. Dies nennt man im Fach-Chinesisch *call by value*. Da die Parametervariablen Kopien der übergebenen Werte enthalten, kann die Methode mit diesen Werten machen, was sie will: Es hat absolut keine Auswirkungen auf die Variablen, die beim Aufruf übergeben worden sind. Die Anweisung `para1 = 0` in unserer Beispielfunktion ändert daher nicht den Wert der Variablen `Wert` im Hauptprogramm!

> **!** Variablen von Klassen werden als Referenzen an Methoden übergeben. Die aufgerufene Methode arbeitet daher mit dem gleichen Objekt wie die aufrufende Methode. Wenn Sie nicht möchten, dass die aufgerufene Methode den Inhalt einer übergebenen Referenz verändert, deklarieren Sie den zugehörigen Parameter als `final`.

Die beschriebene Art der Parameterübergabe gilt allerdings nur für die elementaren Datentypen wie z.B. `double`. Sie werden es schon ahnen: Nicht zufällig ist im Beispiel der zweite Parameter kein einfacher Datentyp, sondern ein Objekt. Bei diesen Datentypen wird zwar auch eine Kopie des Variablenwerts übergeben, dennoch ist die Wirkung eine ganz andere. Sie erinnern sich doch noch daran, dass Variablen von Klassen nicht die Instanz selbst enthalten?! Falls nicht, sollten Sie einen Blick in das *Kapitel 3.4* über Variablen und Referenzen werfen.

Objektvariablen enthalten lediglich einen Verweis auf die Stelle im Hauptspeicher, wo das jeweilige Objekt (die Instanz der Klasse) gespeichert ist. Bei der Parameterübergabe wird also lediglich eine Kopie dieser Referenz angelegt, d.h. **keine Kopie** des eigentlichen Objekts (*call by reference*)!

Und dies bedeutet: Wenn Referenzen an Methoden übergeben werden, kann die Instanz, auf die die Referenz verweist, aus der Methode heraus verändert werden! Die Anweisung `para2.wert = 50` verändert daher direkt das übergebene Objekt!

Übung

Erweitern Sie das Beispiel zu einem lauffähigen Programm und überprüfen Sie die Ausgabe!

Lösung

```
class Dummy {
   int wert;
}

class Beispiel  {
  int wert;

  int machWas(double para1, Dummy para2) {
    para1 = 0;
    para2.wert = 50;

    return 0;
  }
}


public class Parameter {
  public static void main(String[] args) {
    System.out.println();

    Beispiel hugo = new Beispiel();
    Dummy uebergabe = new Dummy();
    int ergebnis;
    double wert = 10.5;

    uebergabe.wert = 100;
    System.out.println(" Parameter vor  Aufruf: \t"
                   + wert + "\t" + uebergabe.wert);
    ergebnis = hugo.machWas(wert,uebergabe);
    System.out.println(" Parameter nach Aufruf: \t"
                   + wert + "\t" + uebergabe.wert);
  }
}
```

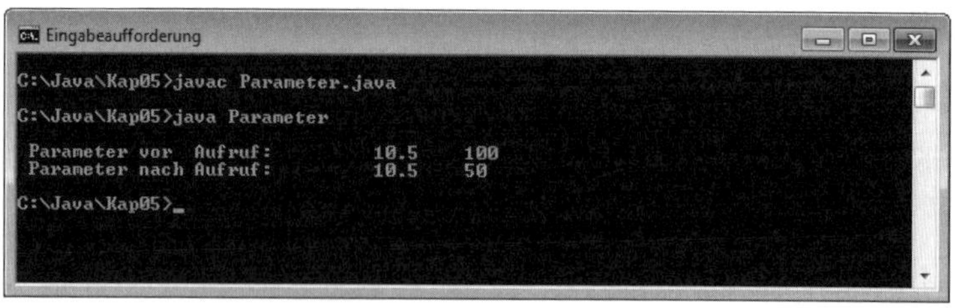

Abbildung 5.1: Ausgabe des Programms Parameter

Arrays als Parameter

Es wurde schon darauf hingewiesen, dass Arrays ebenfalls Objekte sind, auch wenn die einzelnen Elemente `int` oder einem anderen Datentyp angehören. Daher wird bei der Übergabe eines Arrays keine Kopie angelegt und übergeben, sondern nur eine Referenz auf das Array. Änderungen durch die aufgerufene Methode sind daher auch im aufrufenden Programmcode wirksam! Überprüfen Sie dies doch einmal mit dem folgenden Beispiel.

Listing 5.5: Tauschprogramm.java

```
class Punkt {
  double x,y,z;
}

class Tauscher {
  void koordinatenTausch(Punkt[] pliste) {
    int i = 0;
    double tmp;

    for(i = 0; i < pliste.length; i++)  {
      // x und y vertauschen
      tmp = pliste[i].x;
      pliste[i].x = pliste[i].y;
      pliste[i].y = tmp;
    }
  }
}

public class Tauschprogramm {
  public static void main(String[] args) {
    int i;
    Tauscher tausche = new Tauscher();

    // Array von 3 Punkten anlegen
    Punkt[] liste = new Punkt[3];  // zuerst das
                                    // Array mit den
                                    // Referenzen

    // Nun Liste mit Punkt-Objekten initialisieren
    for(i = 0; i< liste.length; i++)
      liste[i] = new Punkt();

    // Koordinaten initialisieren
    liste[0].x = 0.0;
    liste[0].y = 1.0;
    liste[1].x = 2.0;
    liste[1].y = 3.0;
    liste[2].x = 4.0;
    liste[2].y = 5.0;
```

```
    System.out.println("\n Nach Initialisierung");
    for( i = 0; i < liste.length; i++) {
      System.out.println(" Liste[" + i + "] : x = " +
                  liste[i].x + "  y = " + liste[i].y);
    }

    tausche.koordinatenTausch(liste);

    System.out.println("\n Nach Tauschen");
    for( i = 0; i < liste.length; i++) {
      System.out.println(" Liste[" + i + "] : x = " +
                  liste[i].x + "  y = " + liste[i].y);
    }
  }
}
```

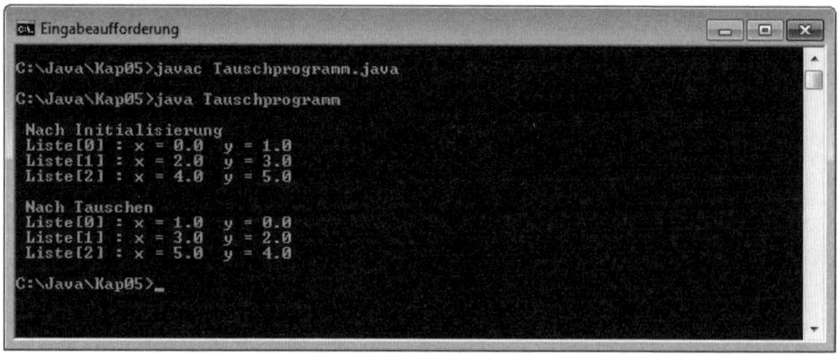

Abbildung 5.2: Ausgabe des Programms Tauschprogramm

5.3 Variablen- und Methodensichtbarkeit

Bis jetzt hatten wir eigentlich nie große Probleme, wenn es darum ging, auf eine deklarierte Variable oder Methode zuzugreifen. Doch nun heißt es:

Aufwachen Dornröschen! Let´s face reality! Das Leben ist nicht immer leicht, und erst recht dann nicht, wenn es um die Sichtbarkeit von Variablen und Methoden geht.

Aber wir wollen nicht ungerecht sein. Sie haben bis hierher prima mitgehalten und eigentlich eine Belohnung verdient. Wenn Sie im Moment die Nase voll haben von drögen Textbildschirmanwendungen und objektorientierten Konzepten, wenden Sie diesem Kapitel einfach den Rücken zu und springen Sie zu *Kapitel 8*, wo wir in die Erstellung von GUI-Anwendungen einsteigen. Das Rüstzeug dazu haben Sie mittlerweile allemal.

Wenn Sie aber mit der Zeit tiefer in die Java-Programmierung vordringen, wird Ihnen auffallen, dass Ihnen zu einem gründlichen Verständnis der objektorientierten Programmierung doch noch einiges zu fehlen scheint. Kommen Sie dann auf dieses Kapitel zurück und schließen Sie Ihre Wissenslücken.

Dreierlei Variablen

Bisher haben wir innerhalb einer Klasse nur zwischen lokalen Variablen und Feldern unterschieden. Felder gibt es aber in zwei Varianten: als Instanzvariablen (die Version, mit der wir bisher ausschließlich zu tun hatten) und als Klassenvariablen.

Schauen wir uns dazu ein kleines Beispiel an:

Listing 5.6: Instanzenzaehler.java

```
class IchZaehlMich {
  int        m_instanzvariable = 0;
  static int m_klassenvariable = 0;

  IchZaehlMich() {
    m_instanzvariable++;
    m_klassenvariable++;
    System.out.print(" Inst.variable = " + m_instanzvariable);
    System.out.println("\t Klas.variable = " + m_klassenvariable);
  }

  protected void finalize() {
    m_klassenvariable--;
    System.out.println(" Klas.variable = " +  m_klassenvariable);
  }
}

public class Instanzenzaehler  {
  static void erzeugeInstanzen() {
    IchZaehlMich instanz_1 = new IchZaehlMich();
    IchZaehlMich instanz_2 = new IchZaehlMich();
    IchZaehlMich instanz_3 = new IchZaehlMich();
  }

  public static void main(String[] args)
                      throws InterruptedException  {
    System.out.println("\n Instanzen erzeugen: \n");
    erzeugeInstanzen();

    System.out.println("\n Instanzen aufloesen: \n");
    System.gc();
    System.runFinalization();
  }
}
```

Abbildung 5.3: Ausgabe des Programms Instanzenzaehler

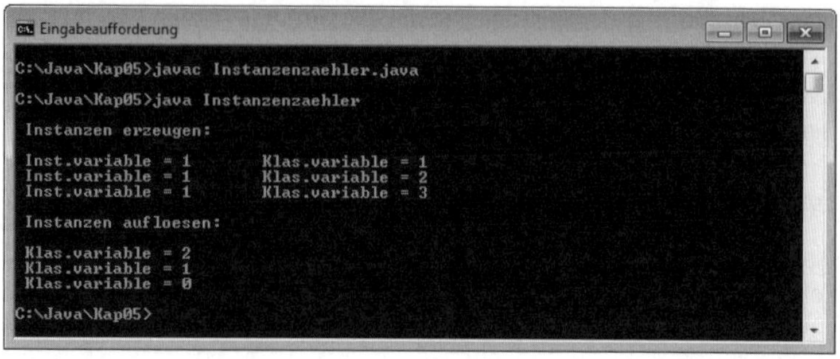

Analyse

Die Klasse `IchZaehlMich` definiert zu Beginn zwei Variablen. Die erste ist eine sogenannte *Instanzvariable*. Dies besagt, dass jede kreierte Instanz der Klasse eine eigene separate Kopie dieser Variablen besitzt. Nach der Bildung der drei Instanzen:

```
IchZaehlMich Instanz_1 = new IchZaehlMich();
IchZaehlMich Instanz_2 = new IchZaehlMich();
IchZaehlMich Instanz_3 = new IchZaehlMich();
```

in der Methode `Instanzenzaehler.erzeugeInstanzen()` gibt es also drei Variablen:

```
instanz_1.m_instanzvariable
instanz_2.m_instanzvariable
instanz_3.m_instanzvariable
```

Die Werte dieser Instanzvariablen haben nichts miteinander zu tun! Jede dieser Instanzvariablen wurde von ihrem Konstruktor von 0 auf 1 gesetzt.

Anders hingegen die Variable `m_klassenvariable`, die wir mit dem Schlüsselwort `static` definiert haben und schon entsprechend getauft haben: Bei ihr handelt es sich um eine *Klassenvariable*. Sie existiert nur *einmal*! Und das unabhängig davon, wie viele Instanzen von der Klasse `IchZaehlMich` gebildet wurden. In unserem Beispiel wird bei jeder Instanzbildung der Wert dieser Klassenvariablen durch den Konstruktor der Klasse `IchZaehlMich` um Eins erhöht. Bei Auflösung einer Instanz der Klasse lassen wir die Variable dekrementieren. Die Klassenvariable fungiert hier also als eine Art Instanzenzähler.

Damit haben wir nun drei verschiedene Kategorien von Variablen kennengelernt.

Hinweis

Da Klassenvariablen nicht an irgendwelche Instanzen gebunden sind, benötigt man auch keinen Instanznamen, um auf sie zuzugreifen. Der Zugriff erfolgt über den Namen der Klasse oder direkt.

Variable		Beschreibung
lokale Variablen		Variablen, die innerhalb einer Methode deklariert werden.
Felder	Instanzvariablen	Variablen, die außerhalb jeder Methode deklariert werden und von denen jede Instanz der zugehörigen Klasse eine eigene Kopie erhält.
	Klassenvariablen	Variablen, die außerhalb jeder Methode deklariert werden und von denen es stets nur eine Kopie gibt.

Tabelle 5.1: Variablenkategorien

Statische Methoden – static

Etwas Vergleichbares zu den Klassenvariablen gibt es auch bei den Methoden. Wenn eine Methode als `static` vereinbart wurde, kann auf sie zugegriffen werden, ohne dass eine Instanz der Klasse überhaupt existieren muss. Aus diesem Grund muss beispielsweise die `main()`-Funktion immer als `static` definiert werden: Wenn das Programm gestartet wird, können logischerweise noch gar keine Instanzen von irgendwelchen Klassen existieren. Um die `main()`-Funktion überhaupt ausführen zu können und somit das Programm zu beginnen, muss sie also schon existieren und daher `static` sein!

> **!** Wenn Sie mit statischen Methoden arbeiten, beachten Sie, dass diese im Grunde genommen wie eigenständige Funktionen außerhalb aller Klassen zu benutzen sind. Eine statische Methode kann daher auch nicht so ohne weiteres auf Instanzvariablen und andere Methoden der Klasse, in der sie definiert ist, zugreifen (es sei denn, diese sind ebenfalls als `static` deklariert). Ist ein Zugriff erforderlich, muss dieser über eine Instanz der Klasse erfolgen.

Instanzen auflösen – finalize

Wir sind mit der Besprechung des Beispielprogramms *Instanzenzaehler* noch nicht ganz fertig. Jedes Mal, wenn mit `new` eine neue Instanz der Klasse `IchZaehlMich` gebildet wird, wird der Wert der Klassenvariablen `m_klassenvariable` inkrementiert. Instanzen können aber auch wieder aufgelöst, das heißt aus dem Speicher entfernt werden. Dies geschieht automatisch durch den Speicherbereiniger (im Englischen: Garbage Collector) von Java. Wann dies geschieht, hängt vom Speicherbereiniger und von der Lebensdauer der Variablen ab. Lokale Variablen, die nur innerhalb einer bestimmten Methode gültig sind, existieren auch nur während der Abarbeitung dieser Methode. Ist die Abarbeitung der Methode beendet, werden die lokalen Variablen nicht mehr weiter benötigt (sofern sie nicht als `static` deklariert sind). Bei der nächsten Gelegenheit werden sie dann vom Speicherbereiniger aus dem Speicher gelöscht. Handelt es sich bei den aufzulösenden lokalen Variablen um Instanzen, wird zuvor noch deren Methode `finalize()` aufgerufen, die automatisch allen Klassen zu eigen ist. Standardmäßig tut diese Methode gar nichts, Sie können sie aber überschreiben, um auf die Auflösung der Instanzen Einfluss zu nehmen. In unserem Beispiel nutzen wir diese Methode zum Dekrementieren der Klassenvariablen `m_klassenvariable`.

```
public class Instanzenzaehler  {
  static void erzeugeInstanzen() {
    IchZaehlMich instanz_1 = new IchZaehlMich();
    IchZaehlMich instanz_2 = new IchZaehlMich();
    IchZaehlMich instanz_3 = new IchZaehlMich();
  }

  public static void main(String[] args)
                         throws InterruptedException  {
    System.out.println("\n Instanzen erzeugen: \n");
    erzeugeInstanzen();

    System.out.println("\n Instanzen aufloesen: \n");
    System.gc();
    System.runFinalization();
  }
}
```

Analyse

Als Erstes rufen wir in der Hauptfunktion `main()` die Methode `erzeugeInstanzen()` auf, in der drei Instanzen der Klasse `IchZaehlMich` (siehe oben) gebildet werden. Als Folge der Instanzbildungen wird die statische Klassenvariable `m_klassenvariable` bis 3 hochgezählt. Nach Ausführung der Methode werden die Instanzen nicht mehr benötigt und demnächst vom Speicherbereiniger entsorgt. Wir können dies aber noch beschleunigen, indem wir den Speicherbereiniger direkt zur Arbeit rufen – und zwar durch Aufruf der Methode `System.gc()`.

Der Speicherbereiniger löst dann die Instanzen zu den drei ehemaligen lokalen Variablen auf, wobei jeweils die `finalize()`-Methoden der Instanzen aufgerufen werden (deren Implementierung ist im vollständigen Abdruck des Programms *Instanzenzaehler* zu sehen).

Hinweis

Sofern bei der Auflösung der Klasseninstanzen keine besonderen Arbeiten zu erledigen sind, brauchen Sie die Methode `finalize()` *nicht zu definieren.*

Nun gibt es nur noch ein kleines Problem. Wenn nach Aufruf des Speicherbereinigers das Programm direkt beendet wird, kann es passieren, dass die Verbindung unseres Programms zum Monitor unterbrochen wird, bevor die Ausgaben der `finalize()`-Aufrufe sichtbar werden. Wir rufen daher die statische Methode `runFinalization()` der Klasse `System` (aus dem Paket *java.lang*) auf, die die Java Virtual Machine auffordert, ihr Bestes zu geben und für alle aufzulösenden Objekte die `finalize()`-Methode auszuführen.

Lokale Variablen und Verdeckung

Kommen wir noch einmal zurück auf Instanzvariablen und lokale Variablen. Wie Sie wissen, können alle Methoden einer Klasse auf die Instanzvariablen der Klasse zugreifen, während die lokalen Variablen einer Methode nur in ihrer Methode sichtbar sind. Was aber passiert, wenn eine lokale Variable den gleichen Namen hat wie eine Instanzvariable der Klasse?

```
class Beispiel  {
  int wasBinIch = 4;

  void eineMethode() {
    int wasBinIch = 10;

    System.out.println(" wasBinIch = " + wasBinIch);       // 10
  }

  void nochEineMethode() {
    System.out.println(" wasBinIch = " + wasBinIch);        // 4
  }
}
```

Im obigen Beispiel wird die Instanzvariable `wasBinIch` in der Methode `eineMethode()` durch die gleichnamige lokale Variable `wasBinIch` verdeckt, während sie in der Methode `nochEineMethode()` wie üblich sichtbar ist.

Was macht man nun, wenn man den Wert der verdeckten Instanzvariablen und der lokalen Variablen benötigt?

Die einfachste Antwort darauf wäre: selbst schuld! Wer so dumm ist, dass er Variablen den gleichen Namen gibt, muss bestraft werden! In der Tat sollten Sie es nach Möglichkeit vermeiden, Instanzvariablen zu verdecken, da dies meist zu verwirrenden, schlecht lesbaren Programmen führt. Wenn es aber unbedingt sein muss, können Sie Folgendes machen:

Bei Klassenvariablen:	den vollen Klassennamen angeben, also z.B.: `Beispiel.m_klassenvariable.`
Bei Instanzvariablen:	den vollen Instanznamen angeben, wie: `instanz_1.wasBinIch` oder `this.wasBinIch`

this

`this` ist eine spezielle Instanzvariable, die der Compiler automatisch anlegt und die immer auf die aktuelle Instanz der Klasse, in der Sie sich gerade befinden, verweist. Wenn die Klasse von einer anderen Klasse abgeleitet ist, gibt es noch eine analoge Variable, nämlich `super`, die auf die übergeordnete Klasse zeigt.

Hinweis

Sie werden sich eventuell fragen, was das alles soll. Warum gibt es diese verwirrenden Unterschiede? Seien Sie froh und dankbar! Stellen Sie sich einmal vor, wie es wäre, wenn jede Variable, die Sie definieren, überall sichtbar wäre? Irgendwann kommt bestimmt der Zeitpunkt, wo Sie frisch und munter eine Variable definieren und die quälende Frage keimt in Ihnen auf »Hm, die hatte ich doch schon mal irgendwo?!« Sie fangen an zu suchen und entdecken gleich noch drei andere Variablen mit dem gleichen Namen und schon haben Sie etliche Probleme am Hals. Lokale Variablen erlauben Ihnen modulares Programmieren: Sie müssen sich nur um den aktuellen Block kümmern, der Rest ist im Moment relativ egal. Das erleichtert die Programmerstellung und Wartbarkeit enorm!

Die Zugriffsmodifizierer

Wie schon erwähnt, stellt das Prinzip der Datenkapselung einen Grundpfeiler der objektorientierten Programmierung dar. Dazu gehört das Streben, Klassen möglichst autark zu machen, damit möglichst wenig von der Implementierung der Klasse nach außen sichtbar wird. Denn Sie wissen ja: Was man nicht weiß, macht einen nicht heiß. Wenn Sie als Programmierer nicht wissen müssen, wie eine bestimmte Klasse intern aufgebaut ist, erleichtert Ihnen dies den Umgang mit der Klasse und Sie werden nicht in Versuchung gebracht, eventuell irgendwelche Besonderheiten der Klasse auszunutzen, die sich vielleicht bei einer späteren (neueren) Version geändert haben und die dann plötzlich zu einem ganz anderen Programmverhalten oder gar Absturz führen.

Veranschaulichen wir uns dies wieder an einem kleinen Beispiel:

```
class Nuetzlich {
  int m_wichtigeVariable;

  int leseStatus()  {
    return m_wichtigeVariable;
  }

   // viele weitere Methoden
   // ...
}
```

Nehmen wir an, dass Sie die Klasse `Nuetzlich` in Ihrem Programm verwenden und Sie von einer Instanz dieser Klasse einen bestimmten Statuswert benötigen. Der Programmierer (Sie oder jemand anderes, wenn es eine »fremde« Klasse ist) hat zum Abgreifen des Werts extra eine Methode `leseStatus()` zur Verfügung gestellt. Sie kennen jedoch den Quellcode und sehen, dass diese Funktion den Wert der Instanzvariablen `m_wichtigeVariable` zurückliefert. Der Zugriff über die Methode ist Ihnen zu umständlich und zu langsam (Methodenaufrufe sind immer langsamer als direkte Zugriffe), und Sie greifen daher direkt auf diese Variable zu:

```
class Nuetzlich = new Nuetzlich();
int status;
....
status = Nuetzlich.m_wichtigeVariable;
```

So weit so gut. Nehmen wir an, dass Sie die Klasse von einem Freund erhalten haben, der Ihnen zwei Monate später den Quellcode einer immens verbesserten Version gibt, die um den Faktor 50 schnellere Programme garantiert! Freudig erregt greifen Sie natürlich zu und wechseln die Klassendefinition gegen die neue Version aus, Sie kompilieren und lassen das Programm laufen, um den Geschwindigkeitsrausch zu genießen... und was passiert? Das Programm ist nicht nur 50 Mal schneller, es ist sogar noch schneller, weil es laufend abstürzt oder gar nicht erst fehlerfrei kompiliert wird! Was ist schiefgelaufen? Wahrscheinlich hat Ihr Freund bei der Optimierung auch die interne Implementierung der Klasse geändert. Vielleicht hat er `m_wichtigeVariable` nun so genannt, wie er sie schon immer nennen wollte, nämlich `m_aktuellerStatus`. Da er auch die `leseStatus()`-Methode entsprechend korrigiert hat, würde Ihr Programm prächtig laufen, wenn Sie nicht diesen Direktzugriff auf eine Variable benutzt hätten, die es nun gar nicht mehr gibt! Dies wäre noch ein relativ harmloser Fehler, da er schon beim Kompilieren auffällt. Aber stellen Sie sich mal vor, die Variable `m_wichtigeVariable` gäbe es immer noch, nur ist sie jetzt mit einer ganz anderen Aufgabe betraut und hat völlig andere Werte! Und Sie greifen munter weiter darauf zu ... Sie können sich vorstellen, dass mit etwas Pech extrem schwer zu findende Fehler auftreten.

Aus diesem Grund gibt es in Java die Möglichkeit, den Zugriff auf Variablen und Methoden von Klassen einzuschränken, indem gewisse Schlüsselwörter (Zugriffsmodifizierer) vor die Variablendeklaration bzw. Methodendefinition gesetzt werden.

Tabelle 5.2: Zugriffsmodifizierer

Zugriffsmodifizierer	**Verfügbarkeit**
`public`	in allen Paketen verfügbar
kein Modifizierer	verfügbar innerhalb des eigenen Pakets
`protected`	verfügbar innerhalb des eigenen Pakets und in allen von dieser Klasse abgeleiteten Klassen
`private`	verfügbar nur innerhalb der eigenen Klasse

Wenn Ihr Freund Sie also gut kennt und weiß, dass Sie der Verlockung eines Direktzugriffs auf die Variable wohl nicht widerstehen können, kann er Sie zur Verwendung der entsprechenden Methode zwingen, indem er `m_wichtigeVariable` privat macht, sodass nur klasseninterne Methoden darauf zugreifen dürfen:

```
class Nuetzlich {
  private int m_wichtigeVariable;

  int leseStatus() {
    return m_wichtigeVariable;
  }

  // viele weitere Methoden
  // ...
}
```

Wenn Sie nun weiterhin einen Direktzugriff auf diese Variable von außen versuchen, wird der Compiler mit einer Fehlermeldung abbrechen. Sie sind gezwungen, die dafür vorgesehene Methode zu verwenden!

Zugriffsmodifizierer public für Klassen

Der Modifizierer `public` kann nicht nur für Klassenelemente eingesetzt werden, sondern auch für die Klasse selbst. In den bisherigen Programmbeispielen sahen Sie vor dem `class`-Schlüsselwort der Hauptklasse immer auch den Zugriffsmodifizierer `public`:

```
public class Super {
   ...
}
```

Eine derart definierte Klasse ist nicht nur in ihrem eigenen Paket, sondern auch in allen anderen Paketen sichtbar. Folglich können nicht die Klassen Instanzen von `Super` erzeugen, die zusammen mit `Super` im gleichen Paket definiert sind, sondern auch alle Klassen in anderen Paketen (zu Paketen siehe auch *Kapitel 3.6* und den letzten Teil von *4.2*).

Falls Sie in Ihren Programmen keine `package`-Anweisung verwenden und Ihre Klassen nicht explizit in Pakete einteilen, gehören alle Klassen zum sogenannten »namenlosen« Paket. Dann ist es egal, ob Sie Ihre Klassen mit oder ohne `public`-Modifizierer definieren. Es gilt lediglich die allgemeine Java-Regel, dass pro Datei genau eine Klasse mit dem Zugriffsmodifizierer `public` beginnen muss und die Datei dann auch wie diese Klasse heißen muss.

5.4 Innere Klassen

Bisher hatten wir Klassen immer eine nach der anderen definiert. Beeindrucken Sie Ihre nächste Party-Bekanntschaft mit dem Fachausdruck *Toplevel*-Klassen. Seit dem Java-Standard 1.1 gibt es nämlich auch die Möglichkeit, innere Klassen zu definieren, d.h., eine Klasse innerhalb einer anderen zu definieren:

```
class AeussereKlasse {
  // Variablen und Methoden
  ...

  // eine innere Klasse
  class InnereKlasse {
    // Variablen und Methoden
    ...
  }
}
```

Was bringt das nun? Für einen Einsteiger eigentlich nicht berauschend viel. Innere Klassen sind nur innerhalb der Klasse sichtbar, in der sie definiert sind. Man kann sie sogar ganz ohne Namen vereinbaren (anonyme Klassen). Das kann recht bequem sein bei der Code-Erstellung. Ferner unterstützen sie modulares Programmieren und Datenkapselung, aber notwendig sind sie nicht. Praktisch eingesetzt werden sie öfter bei der GUI-Programmierung und dort werden wir ihnen wieder begegnen. Lassen Sie sich dann nicht erschrecken: Es sind im Prinzip ganz normale Klassen mit beschränkter Sichtbarkeit.

5.5 Mehrfachvererbung und Schnittstellen

In Java kann man eine Klasse von einer anderen Klasse ableiten. Diese kann wiederum von einer dritten Klasse abgeleitet sein und so fort, sodass ganze Erblinien[1] entstehen.

In der Realität findet man aber meist komplexere Erbhierarchien. Sie selbst haben Ihre Anlagen beispielsweise von Vater und Mutter geerbt, ein Klavier kann sowohl als Musikinstrument wie auch als Möbel betrachtet werden, wenn Sie eine Klassenhierarchie zur Repräsentation von Verkehrsmitteln erstellen müssen, könnte es praktisch sein, die Klasse `Bus` aus den beiden Basisklassen `MotorisiertesFahrzeug` und `OeffentlichesVerkehrsmittel` zusammenzusetzen. Man spricht in so einem Fall von Mehrfachvererbung, d.h., eine Klasse wird von zwei oder mehreren Klassen abgeleitet. Doch wie sieht es damit in Java aus? Leider nicht so gut, denn in Java sind keine Mehrfachvererbungen erlaubt.

> **!** In Java gibt es keine Mehrfachvererbung von Klassen.

Warum diese Abneigung gegen Mehrfachvererbungen?

Zum einem sind die Möglichkeiten der Mehrfachvererbung meist nicht so mächtig, wie man sich das vorstellt. In der Praxis sieht man Mehrfachvererbungen daher auch in Programmiersprachen, die diese erlauben, eher selten.

Auf der anderen Seite stellen Mehrfachvererbungen einen Compiler vor etliche Probleme – beispielsweise dann, wenn der Programmierer eine Karo-Vererbung implementiert.

Das Vererbungsschema aus *Abbildung 5.4* würde dazu führen, dass die Klasse `Abgeleitet_2` jeweils zwei Vorkommen der Felder `wert1` und `func1()` der Basisklasse `Basis` erbt: einmal auf dem Weg über die Klasse `Abgeleitet_1a` und einmal über `Abgeleitet_1b`. Das darf aber nicht sein: Ein Methodenname muss auf einen eindeutigen Code-Block weisen, ein Feld muss auf einen eindeutigen Speicherblock weisen. Der Compiler muss nun sehen, wie er damit fertig wird und dabei auch noch die Intention des Programmierers erfüllt.

---

1 Die übrigens ausnahmslos auf die Klasse `Object` zurückgehen, von der alle Klassen in Java direkt oder indirekt abgeleitet sind. (Das heißt, Klassen, die nicht explizit von einer anderen Klasse abgeleitet werden, werden implizit von `Object` abgeleitet.)

Abbildung 5.4: Karo-Vererbung

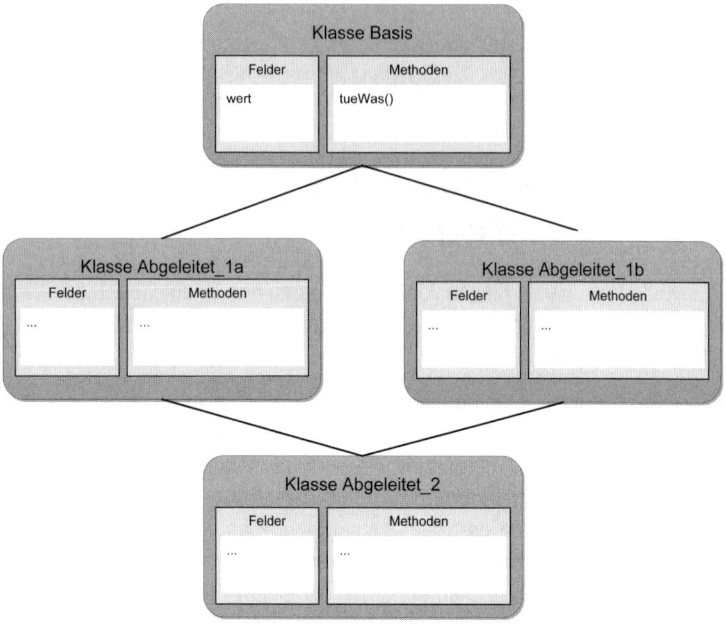

Java umgeht diese Probleme, indem es ganz auf Mehrfachvererbung verzichtet und dafür ein anderes Konzept als Ersatz anbietet: die Schnittstellen.

Schnittstellen

Neben der Möglichkeit, Klassen voneinander abzuleiten und dadurch neue Klassen zu schaffen, gibt es in Java noch eine weiteres Konzept: die Schnittstelle.

Eine Schnittstelle ist vergleichbar einer abstrakten Klasse, die lediglich aus Methoden (aber mit leerem Rumpf) und Konstanten besteht. Ein typisches Beispiel einer Schnittstelle könnte folgendermaßen aussehen:

```
interface ListenElement {
   int konstante = 10;

   void ausgabe();
   void skalieren(double faktor);
}
```

Man kann die enge Verwandtschaft zu einer normalen Klasse erkennen. Tatsächlich gibt es nur einige wenige Unterschiede zwischen Klassen und Schnittstellen, die zu beachten sind.

Tabelle 5.3: Unterschiede zwischen Klassen und Schnittstellen

Kategorie	Klassen	Schnittstellen
Schlüsselwort	`class`	`interface`
Vererbung durch Schlüsselwort	`extends`	`implements`
Mehrfachvererbung	nein	ja (unter Verwendung des Komma-Operators)
Klassenelemente	Felder und Methoden	nur Konstanten und Methodendeklarationen (ohne Implementierung)

Nun kommen wir zur Preisfrage. Welchen Vorteil bringt die Verwendung einer Schnittstelle?!

Stellen Sie sich vor, dass Sie eine Liste verwalten wollen, bei der verschiedene Objekte als Listenelemente vorkommen können, z.B. `A`, `B` und `C`. Als vorbildlicher Programmierer möchten Sie ein elegantes und leicht lesbares Programm schreiben und geraten nun in ein kleines Problem: Für jedes Listenelement werden die Methoden `ausgeben()` und `skalieren()` benötigt und Sie möchten auch jedes Listenelement gleich behandeln und nicht nach dem tatsächlichen Klassentyp `A`, `B` oder `C` unterscheiden und die jeweilige Klassenmethode aufrufen.

Moment, wo ist das Problem? Hatten wir nicht in den vorherigen Kapiteln gelernt, dass man genau solche Fälle durch Vererbung abhakt? Wir definieren eine gemeinsame Basisklasse `K` mit den Methoden `ausgeben()` und `skalieren()` und leiten davon `A`, `B` und `C` jeweils ab, die dann wiederum je nach Bedarf diese Methoden ihren speziellen Bedürfnisse anpassen.

Prima Idee und im Prinzip haben Sie Recht. Wenn `A`, `B`, `C` beispielsweise Panter, Tiger und Co. entsprechen sollen, ist es relativ einfach, eine gemeinsame Basisklasse zu definieren. Aber in der bösen Realität tritt manchmal der Fall auf, dass `A`, `B`, `C` sehr, sehr verschieden sind. Vielleicht sollen in der Liste Computermonitore, Eier und Katzen verwaltet werden und finden Sie nun mal eine gemeinsame Basisklasse! Natürlich kann man nun immer noch eine Basisklasse `K` verwenden und davon ableiten, aber aufgrund der immensen Unterschiede zwischen den Klassen wird es darauf hinauslaufen, dass die abgeleiteten Klassen praktisch nichts Brauchbares erben können und alles selbst implementieren müssen. Der Vorteil der Arbeitsersparnis und des klaren Programmdesigns, der durch Vererbung nutzbar gemacht werden sollte, ist dahin.

Einen Mittelweg geht nun die Schnittstelle. Da es nur Methodennamen bereitstellt, aber keine Implementierungen, können auch völlig verschiedene Klassen davon abgeleitet werden, da jede Unterklasse sowieso die Methoden selbst bereitstellen muss. Der Programmierer spart also kaum an Tipparbeit. Dafür wird aber die Klarheit und Lesbarkeit des Programms verbessert. Wenn man die Schnittstelle kennt und nun eine Klassendefinition sieht, die von dieser Schnittstelle abgeleitet ist, weiß man schon auf einen Blick, welche Methoden diese Klasse anbietet.

Von Schnittstellen ableiten

Das Ableiten einer Klasse von einer Schnittstelle wird durch `implements` angezeigt. Im Gegensatz zum Ableiten von einer anderen Klasse kann hierbei von mehreren Schnittstellen abgeleitet werden oder auch von einer Klasse und einem oder mehreren Schnittstellen. Jede Klasse, die eine Schnittstelle implementiert, **muss** alle Methoden der genannten Schnittstellen bereitstellen. Ansonsten wird der Compiler mit Fehlermeldungen um sich werfen.

```
// Klasse DemoA implementiert die Schnittstelle ListenElement
class DemoA implements ListenElement {
   void ausgeben() {
      // Hier die Anweisungen...
   }

   void skalieren(double faktor) {
      // Anweisungen ...
   }

// Klasse DemoB wird abgeleitet von der Klasse
// Mitarbeiter und implementiert die Schnittstellen
// ListenElement und NochEinInterface

class DemoB extends Mitarbeiter
                implements ListenElement,
                NochEinInterface {
   // usw.
}
```

Hinweis

Wir wollen es mit diesem kurzen Ausflug in die Schnittstellen-Welt bewenden lassen. Als Einsteiger werden Sie selten in die Lage kommen, eigene Schnittstellen zu erstellen. Sie werden jedoch in den AWT-Paketen, die wir im Laufe des Buches noch kennenlernen, öfter mal auftauchen und Sie können ihnen nun gelassen entgegenblicken.

5.6 Zusammenfassung

Einmal definierte Klassen können als Ausgangspunkt zur Definition neuer Klassen genutzt werden. Ermöglicht wird dies durch das Konzept der Vererbung. Die neue Klasse bezeichnet man dabei als abgeleitete Klasse und die Klasse, die ihren Code vererbt, als Basisklasse.

Abgeleitete Klassen lassen sich durch Definition neuer Klassenelemente problemlos erweitern. Durch Überschreiben kann man für abgeleitete Klassen eigene Implementierungen geerbter Methoden definieren (geerbte Elemente zu löschen, ist nicht möglich). Für die Vererbung sind neben den Zugriffsmodifizierern `public`, `protected` und `private` vor allem die folgenden Schlüsselwörter interessant:

- `super` – Zugriff auf eine überschriebene Methode.

- `final` – schützt eine Klasse vor Ableitung oder eine Methode vor Überschreibung.
- `abstract` – verhindert die die Instanzierung einer Klasse.

Die Werte von Variablen einfacher Datentypen werden als Kopien an Methodenparameter übergeben (call by value), Instanzen werden als Referenzen übergeben (call by reference).

Üblicherweise beziehen sich die Methoden und Felder einer Klasse immer nur auf eine Instanz. Mithilfe des Schlüsselworts `static` können Sie ein Element einer Klasse als klassenspezifisch statt als instanzspezifisch deklarieren.

Innerhalb von Methoden bezeichnen die Schlüsselwörter `this` und `super` die aktuelle Instanz und die Basisklasse (ausgenommen sind Methoden, die als `static` deklariert sind).

Java erlaubt keine Mehrfachvererbung von Klassen, wohl aber eine Mehrfachvererbung von sogenannten Schnittstellen, die im Prinzip abstrakte Klassen mit ausnahmslos abstrakten Methoden und ohne Felder darstellen.

5.7 Fragen und Antworten

1. Ist nach der folgenden Ableitung `Abgeleitet` identisch zu `Basis`?

   ```
   class Abgeleitet extends Basis {
   }
   ```

   Natürlich handelt es sich bei `Abgeleitet` und `Basis` um unterschiedliche Klassen. Dies merkt man insbesondere bei der Programmierung mit beiden Klassen.

   Beispielsweise rufen Sie zur Instanzierung der Klasse `Basis` einfach deren Konstruktor auf. Bei der Instanzierung der Klasse `Abgeleitet` rufen Sie dagegen den Konstruktor der Klasse `Abgeleitet` auf und dieser muss für den Aufruf des Konstruktors der Basisklasse sorgen. (Dies kann automatisch geschehen, wenn Standardkonstruktoren (Konstruktoren ohne Parameter) vorliegen.)

   Ein anderes Problem gibt es, wenn in der Klasse `Basis` `private`-Elemente definiert sind. Auf diese können Sie nur über eine andere Methode der Basisklasse zugreifen (und nicht wie sonst direkt über den Namen einer Instanz). In der Definition der Klasse `Basis` können Sie einfach eine `public`-Methode einrichten, die auf die `private`-Elemente zugreifen kann. In der Klasse `Abgeleitet` geht dies nicht, da eine in einer abgeleiteten Klasse definierte Methode nicht auf geerbte `private`-Elemente zugreifen kann. Stattdessen muss die Klasse `Abgeleitet` brav die in der Basisklasse definierte `public`-Methode zum Zugriff auf die `private`-Elemente aufrufen.

Merke

Ein Standardkonstruktor ist ein Konstruktor ohne Parameter.

2. Besitzt die folgende Klasse einen Standardkonstruktor?

```
class Abgeleitet {
}
```

Ja, die Klasse besitzt einen Standardkonstruktor. Dieser wird der Klasse automatisch zugewiesen, wenn sonst kein Konstruktor definiert wird.

3. Besitzt die folgende Klasse einen Standardkonstruktor?

```
class Abgeleitet {
  int m_wert;

  Abgeleitet(int i) {
    m_wert = i;
  }
}
```

Nein, die Klasse besitzt keinen Standardkonstruktor.

4. Besitzt die folgende Klasse einen Standardkonstruktor?

```
class Abgeleitet {
  int m_wert;

  Abgeleitet(int i) {
    m_wert = i;
  }
  Abgeleitet() {
    m_wert = 1;
  }
}
```

Ja, die Klasse besitzt einen Standardkonstruktor. Es ist dies der Konstruktor ohne Parameter, der in der Klasse explizit definiert ist.

5. Wie sieht das Pendant zum Konstruktor aus?

Das Pendant zum Konstruktor ist die Methode `finalize()`, die automatisch für jede Klasse definiert ist (stammt aus der obersten Basisklasse `Object`) und vom Speicherbereiniger (garbage collector) aufgerufen wird, wenn eine Instanz aus dem Speicher gelöscht wird.

6. Kann man Konstruktoren überladen?

Natürlich kann man Konstruktoren überladen, wie z.B. in der vorausgehenden Frage. Konstruktoren werden sogar recht häufig überladen, um Instanzen auf unterschiedliche Weise initialisieren zu können.

7. Wie kann man aus einer überschriebenen Methode heraus die gleichnamige Methode der Basisklasse aufrufen?

Mithilfe des Schlüsselwortes `super`, das für die aktuelle Basisklasse steht.

8. Wie kann eine Methode mit ihrer Umwelt Daten austauschen?

   Über Parameter, Instanzvariablen und Klassenvariablen kann eine Methode Daten von außen aufnehmen. Über Referenzparameter, Rückgabewert, Instanzvariablen und Klassenvariablen kann eine Methode Daten nach außen weiterreichen.

9. Wie kann man die Sichtbarkeit von Variablen steuern?

   Die Sichtbarkeit von Variablen kann man auf drei verschiedenen Wegen steuern:

   - durch den Ort der Deklaration (lokale Variablen oder Instanz- bzw. Klassenvariablen)
   - durch die Modifizierer `public`, `protected` und `private`
   - durch die Aufteilung der zugehörigen Klassen in Pakete

5.8 Übungen

1. Definieren Sie eine Klasse mit einer Methode, in der Sie den Inhalt der `this`-Variablen ausgeben. Bilden Sie dann in der `main()`-Funktion des Programms eine Instanz dieser Klasse und geben Sie den Wert der Instanz aus. Rufen Sie schließlich die Methode zur Ausgabe des Werts der `this`-Variablen auf. Vergleichen Sie die Ausgaben.

2. Im *Abschnitt »Polymorphie«* wurde ausgeführt, dass man ein Objekt einer abgeleiteten Klasse auch als Objekt seiner Basisklasse betrachten kann. Schreiben Sie ein Programm, das fünf Instanzen der Klassen `Lehrling`, `Angestellter` und `Chef` bildet und diese in einem Array von `Mitarbeiter`-Elemente verwaltet. Lassen Sie dann die persönlichen Daten aller Mitarbeiter in einer Schleife ausgeben.

6 Ein- und Ausgabe

__Sie lernen in diesem Kapitel,__

- *was Streams sind,*
- *wie Sie über einen Ausgabestream Daten auf den Bildschirm ausgeben,*
- *wie Sie über einen Eingabestream Eingaben von der Tastatur einlesen,*
- *wie man mit Dateien arbeitet,*
- *alles Wichtige über die Klasse `String`.*

Was nutzt das beste Programm, wenn der Benutzer nicht die Ergebnisse der Berechnungen zu Gesicht bekommt? Nichts, und deshalb haben wir in Java gleich drei Möglichkeiten, mit der »Außenwelt« zu kommunizieren:

- über Tastatur und Bildschirm
- über Dateien auf der Festplatte
- übers Internet

In diesem Kapitel werden wir uns lediglich mit den beiden ersten Punkten beschäftigen. Die Kommunikation über das Internet wird in diesem Buch nur in Zusammenhang mit der Applet-Programmierung beschrieben.

6.1 Streams

Das Grundkonzept der Ein- und Ausgabe bildet in Java der *Stream* (Strom). Was ist darunter zu verstehen? Es handelt sich um einen Kommunikationskanal, einen Datenfluss zwischen einem Sender und einem Empfänger. Je nachdem, welche Arten von Sender/Empfänger man ansprechen will, gibt es verschiedene Arten von Streams, die zur Auswahl stehen. In Java sind Streams Klassen (ja, schon wieder welche von der praktischen, vordefinierten Sorte!) und das Hauptproblem besteht vor allem darin, dass man von ihrer Existenz wissen muss. Dazu wollen wir nun schleunigst beitragen.

Betrachten wir zunächst die Kommunikation über Tastatur und Bildschirm. Als Erstes sollten wir uns klarmachen, wie die Richtung der Datenströme ist. Da man naturgemäß mit einer Tastatur nur Zeichen eingeben und mit dem Bildschirm nur Zeichen darstellen kann, ist die Frage leicht zu beantworten: im Stream-Modell ist die Tastatur ein Sender und das Programm der Empfänger von Daten; beim Bildschirm ist es umgekehrt. Da man beim Programmieren immer aus der Sicht des Programms denkt, ist somit der Datenfluss von der Tastatur ein *Eingabestream* und der Datenfluss an den Bildschirm ein *Ausgabestream*.

In vielen Programmiersprachen gibt es für diese Datenflüsse vordefinierte Streams – so auch in Java: `System.out` ist für die Ausgabe auf den Bildschirm zuständig und wird oft einfach *Standardausgabe* genannt. `System.in` ist das Pendant für den Eingabestream von der Tastatur und heißt *Standardeingabe*.

6.2 Ausgaben auf den Bildschirm

Betrachten wir zunächst die Ausgabe auf den Bildschirm. Eine einfache und dennoch den täglichen Anforderungen meist genügende Möglichkeit ist die Verwendung der Methode `System.out.println()`, von der wir ja schon fleißig Gebrauch gemacht haben.

System.out: println(), print()

Mit den beiden Methoden `println()` und `print()` lassen sich sowohl Strings als auch alle einfachen Datentypen ausgeben[1].

Man übergibt den Text oder die Variable, deren Wert ausgegeben werden soll, einfach als Argument an die Methode:

```
System.out.println(" Auszugebender Text");
```

oder

```
int i = 3;
System.out.println(i);
```

Hinweis

Muss man es erwähnen? Der einzige Unterschied zwischen den Methoden `print()` und `println()` ist, dass letztere Methode die Ausgabe automatisch mit einem Zeilenvorschub abschließt.

Und wenn man nicht jedes Stück Text und jede Variable einzeln ausgeben möchte, reiht man sie einfach mit einem Pluszeichen aneinander:

```
System.out.println(" Der Wert der Variablen i ist " + i);
```

Schließlich kann man auch noch spezielle Sonderzeichen verwenden, die alle mit einem Backslash beginnen und wie normaler Text in Hochkommata gesetzt werden.

Tabelle 6.1: Sonderzeichen

Zeichen	Bedeutung	Zeichen	Bedeutung
`\'`	Hochkomma	`\b`	Zeichen löschen
`\"`	Anführungszeichen	`\r`	Wagenrücklauf
`\\`	Backslash	`\f`	Seitenvorschub
`\t`	Tabulator	`\n`	Neue Zeile (Zeilenumbruch)

Aufsteiger

Neben den `print()`-Methoden definiert die Klasse `PrintStream` auch noch eine `write()`-Methode (genau genommen sind es zwei überladene Methoden), die man ebenfalls zur Ausgabe benutzen kann. Sie ist für die Bildschirmausgabe allerdings äußerst unhandlich, da sie keine formatierten Daten, sondern reine Bytes in den Ausgabestream schreibt.

Da Sie mittlerweile das nötige Hintergrundwissen besitzen, sei an dieser Stelle angemerkt, dass die Standardausgabe `System.out` eine `static`-Variable vom (Klassen-)Typ `PrintStream` ist. Da haben wir unseren Ausgabestream! `PrintStream` wiederum besitzt mehrere Versionen der Methoden `println()` und `print()`, die für die Ausgabe von Werten der verschiedenen Datentypen überladen sind.

1 Tatsächlich können sogar Objekte mit `println()` und `print()` ausgegeben werden. Wie die Ausgabe für ein bestimmtes Objekt aussieht, hängt davon ab, ob und wie die Klasse des Objekts die Methode `toString()` implementiert.

Console

Ausgaben mit `System.out.println()` haben einen für uns Deutsche hässlichen Schönheitsfehler: Die Umlaute werden nicht korrekt dargestellt. Der Grund dafür ist die – etwas veraltete – OEM-Zeichencodierung der Windows-Konsole, die von dem `System.out`-Objekt nur halbherzig unterstützt wird.[1]

Glücklicherweise gibt es seit Java 6 eine Lösung für die einfache Ausgabe auf Konsole, inklusive Formatierung und Unterstützung für die Umlaute: die Klasse `Console` aus dem Paket `java.io` und ihre `printf()`-Methode.

Allerdings gibt es kein vordefiniertes Objekt `System.console` welches analog zu `System.out` das Konsolenfenster repräsentiert. Dies ist aber nicht weiter tragisch, denn es gibt eine Methode `System.console()`, die Ihnen eine Referenz auf ein solches Objekt zurückliefert. Die `printf()`-Methode von `Console` können Sie dann ähnlich verwenden wie die `print()`-Methode von `System.out`.

```
import java.io.*;
...

Console cons = System.console();         // Console-Objekt beschaffen
cons.printf("Grüße");                    // Text ausgeben
cons.printf("\n");                       // Text ausgeben
```

Wenn Sie nur wenige, über den Quelltext verstreute Ausgaben vornehmen, können Sie den `printf()`-Aufruf auch direkt an den `console()`-Aufruf anhängen:

```
System.console().printf("Grüße");
```

Formatierte Ausgabe mit printf()

Vielleicht ist es Ihnen im vorangehenden Abschnitt bereits aufgefallen: Die Methode `printf()` von `Console` schließt die Ausgabe nicht automatisch mit einem Zeilenumbruch ab. Wenn nach der Ausgabe eine neue Zeile begonnen werden soll, müssen Sie den Zeilenumbruch in Form des Sonderzeichens `\n` in den auszugebenden Text einfügen:

> **!** Das €-Symbol wird selbst von `Console` nicht unterstützt, da es überhaupt nicht im OEM-Zeichensatz des Konsolenfensters zu finden ist.

```
System.console().printf("Grüße \n");
```

Dies ist allerdings nicht der einzige Unterschied. Das »f« im Namen der `printf()`-Methode, die es im Übrigen auch für `System.out` gibt (nur dass `System.out.printf()` eben keine deutschen Umlaute unterstützt), steht nämlich für »formatiert« und dies lässt schon ahnen, worum es geht.[2] Mit

1 Alle Zeichen aus dem 7-Bit-ASCII-Zeichensatz (dies wären die Buchstaben von A bis Z, die Ziffern und die wichtigsten Satzzeichen) werden korrekt ausgegeben. Zusätzliche Zeichen des erweiterten 8-Bit-OEM-Zeichensatzes können nur mit Tricks und Wissen über die beteiligten Zeichencodes korrekt ausgegeben werden.

2 Wenn Sie C-Erfahrung haben, dann wird Ihnen hier vieles sehr bekannt vorkommen.

`printf()` können Sie die Ausgabe formatieren. Beispielsweise können Sie festlegen, wie viele Stellen nach dem Komma von Fließkommazahlen angezeigt werden sollen oder wie viele Zeichen die Ausgabe eines Strings oder eines Variablenwerts insgesamt einnehmen soll.

Die `printf()`-Methode erwartet als erstes Argument einen Formatstring, gefolgt von einer beliebigen Zahl weiterer Argumente. Der Formatstring ist der String, der ausgegeben wird. Seine Besonderheit: Er kann Platzhalter für die nachfolgend übergebenen Argumente enthalten. Wenn die Methode ausgeführt wird, ersetzt sie die Platzhalter im Formatstring durch die Inhalte der zugehörigen Argumente und gibt den resultierenden String aus.

Im einfachsten Fall besteht ein Platzhalter aus dem einleitenden `%` gefolgt von einem Kennbuchstaben, der angibt, in welchem Format der Inhalt des zugehörigen Arguments ausgegeben werden soll – beispielsweise `s` für Strings oder `f` für Fließkommazahlen (siehe *Tabelle 6.2*).

Tabelle 6.2: Wichtige Umwandlungen für printf()

Umwandlung	Bedeutung
`c`	Ausgabe als Unicode-Zeichen
`d`	Ausgabe als Ganzzahl zur Basis 10
`x`	Ausgabe als Ganzzahl zur Basis 16 (Hexadezimal)
`f`	Ausgabe als Fließkommazahl
`s`	Ausgabe als String
`t`	Ausgabe als Zeit/Datum; wird gefolgt von einem weiteren Zeichen: `H` (Stunde), `M` (Minute), `S` (Sekunde), `d` (Tag), `m` (Monat), `Y` (Jahr) Zur Erleichterung gibt es auch komplette Formate wie `T` (Zeit in 24-Stunden Darstellung) und `D` (Datum als Tag/Monat(Jahr).
`%`	Ausgabe des Prozentzeichens
`n`	Ausgabe des Zeilenumbruch-Zeichens (weitgehend äquivalent zu `\n`)

So erzeugt zum Beispiel der folgende Code

```
String ware  = "Heft";
double preis = 1.75;
System.console().printf(" 1 %s kostet %f Euro \n", ware, preis);

ware = "Füller";
preis = 0.55;
System.console().printf(" 1 %s kostet %f Euro \n", ware, preis);
```

Ausgabe

```
1 Heft kostet 1,750000 Euro
1 Füller kostet 0,550000 Euro
```

Wie Sie der Ausgabe entnehmen können, berücksichtigt `printf()` automatisch nationale Eigenheiten. Nachkommastellen werden beispielsweise durch Komma und nicht durch Punkt wie bei `System.out.println()` abgetrennt. Doch `printf()` kann noch mehr.

Wir können hier nicht auf die vielen möglichen Formatierungen detailliert eingehen, dazu müssen wir Sie auf die API-Dokumentation (*http://download.oracle.com/javase/7/docs/api/*) oder weiterführende Literatur (beispielsweise das Java-Kompendium) verweisen. Zwei häufig benötigte Formatierungsmöglichkeiten wollen wir Ihnen aber doch vorstellen.

- Fließkommastellen werden standardmäßig mit sechs Nachkommastellen angegeben. Für Ausgaben, in denen es auf exakte Zahlenwerte ankommt, mag dies sinnvoll sein. Meist aber wird eine derart genaue Zahlendarstellung gar nicht benötigt, schon gar nicht für Preisangaben, und man würde sich weniger Nachkommastellen wünschen, damit die Zahlen besser lesbar sind. Nun, mithilfe des `f`-Platzhalters ist dies kein Problem. Sie geben einfach an, wie viele Nachkommastellen die Ausgabe haben soll:

  ```
  %.2f      // Ausgabe mit zwei Nachkommastellen
  ```

- Werden mehrere gleichartig aufgebaute Zeilen ausgegeben, ist es meist wünschenswert, diese aneinander auszurichten. Beispielsweise wäre die obige Ausgabe besser lesbar, wenn »kostet« in beiden Zeilen direkt untereinander stehen würde. Dies ist aber nur möglich, wenn die Ausgabe für den ersten Platzhalter `%s` stets gleich groß ist (statt sich nach der Länge des auszugebenden Strings zu richten). Zu diesem Zweck ist es möglich eine Mindestbreite in Zeichen für die Ausgabe anzugeben:

  ```
  %10s      // Ausgabe mit mindestens 10 Zeichen

  %10.2f    // Ausgabe einer Fließkommazahl mit 2 Nachkommastellen;
            // insgesamt umfasst die Ausgabe mindestens 10 Zeichen
  ```

Der verbesserte Code sieht damit folgendermaßen aus:

Listing 6.1: Bildschirmausgabe.java

```
import java.io.Console;

public class Bildschirmausgabe {
  public static void main(String[] args) {
    Console cons = System.console();
    cons.printf("\n");

    String ware  = "Heft";
    double preis = 1.75;
    cons.printf(" 1 %10s kostet %.2f Euro \n", ware, preis);
```

```
    ware = "Füller";
    preis = 0.55;
    cons.printf(" 1 %10s kostet %.2f Euro \n", ware, preis);
  }
}
```

Ausgabe

```
1       Heft kostet 1,75 Euro
1     Füller kostet 0,55 Euro
```

PrintWriter

Eine andere Möglichkeit zur Ausgabe bieten die sogenannten *Writer*-Klassen. Der Writer für die Ausgabe auf den Bildschirm heißt `PrintWriter` und wird folgendermaßen eingesetzt:

Listing 6.2: PrintWriterDemo.java

```
import java.io.PrintWriter;

public class PrintWriterDemo {
  public static void main(String[] args) {
    PrintWriter ausgabe = new PrintWriter(System.out);

    ausgabe.println();

    String ware  = "Heft";
    double preis = 1.75;
    ausgabe.printf(" 1 %10s kostet %.2f Euro \n", ware, preis);

    ware  = "Füller";
    preis = 0.55;
    ausgabe.printf(" 1 %10s kostet %.2f Euro \n", ware, preis);

    ausgabe.close();
  }
}
```

Analyse

Zuerst wird der Klassenname `PrintWriter` aus dem Paket `java.io` importiert. Dann kann's losgehen. Sie erzeugen ein `PrintWriter`-Objekt und übergeben dabei dem Konstruktor den Ausgabestream, in den Sie schreiben möchten: hier die Standardausgabe `System.out`.

Die wesentlichen Methoden eines Writers sind `print()`, `println()` und `printf()`, die ebenso arbeiten wie die gleichnamigen Methoden von `System.out` und `Console`. Wenn das Ausgabeobjekt nicht mehr benötigt wird, sollten Sie es mit der `close()`-Methode schließen.

Das ist ja ganz nett, aber wo ist nun der Quantensprung gegenüber `System.out.println()`? Der Vorteil ist, dass Sie mit `PrintWriter` in jeden beliebigen Stream schreiben können. Wenn Sie beispielsweise Umlaute auf die

Konsole ausgeben möchten, sollten Sie statt `System.out` den Ausgabestream des `Console`-Objekts verwenden:

```
PrintWriter ausgabe = new PrintWriter(System.console().writer(),
                                      true);
```

Hier liefert `System.console().writer()` den Ausgabestream des `Console`-Objekts zurück. Das zusätzliche Argument `true` teilt dem `PrintWriter`-Objekt mit, dass Ausgaben sofort geschrieben werden sollen. (Wenn Sie das Argument weglassen, werden die Ausgaben gepuffert.)

Wie Sie sehen, müssen Sie nur den Konstruktoraufruf von `PrintWriter` anpassen. Die nachfolgenden `PrintWriter`-Ausgaben bleiben unberührt.

Und ebenso einfach können Sie Ihre Ausgaben auch in eine Datei umleiten.

6.3 Ausgabe in Dateien

Hat man sich erst einmal an die Arbeit mit `PrintWriter`-Objekten (siehe oben) angefreundet, ist die Ausgabe in Dateien kein Problem mehr. Man muss nur ein `PrintWriter`-Objekt für die gewünschte Datei einrichten und kann dann mit `print()`, `println()` und `printf()` die Daten ausgeben.

Listing 6.3: DateiSchreiben.java

```
import java.io.PrintWriter;

public class DateiSchreiben {
  public static void main(String[] args) {
    // Datei Ein- und Ausgabe muß durch try-catch gesichert werden
    try {
      PrintWriter ausgabe = new PrintWriter("Test.txt");

      String ware  = "Heft";
      double preis = 1.75;
      ausgabe.printf(" 1 " + ware + " kostet " + preis + " Euro%n");
      ware  = "Füller";
      preis = 0.55;
      ausgabe.printf(" 1 " + ware + " kostet " + preis + " Euro%n");

      ausgabe.close();
    }
    catch(Exception e) {
      System.err.println(e);
    }
  }
}
```

Wie Sie sehen, hat sich am Code der eigentlichen Ausgabe beim Übergang von der Konsolenausgabe zur Dateiausgabe praktisch nichts geändert. Lediglich das Zeilenumbruch-Zeichen `\n` in den `printf()`-Aufrufen haben wir durch den Platzhalter `%n` ersetzt, damit der ausgegebene Zeilenumbruch von allen Texteditoren korrekt interpretiert wird.[1]

Die entscheidende Änderung betrifft den Konstruktoraufruf, wo statt `System.out` (bzw. `System.console().writer()`) der Name der Ausgabedatei übergeben und der Code mit einem `try-catch`-Block gesichert wird. (Kann die angegebene Datei weder gefunden noch angelegt werden, wird eine `FileNotFoundException` ausgelöst.) Geht alles gut, wird eine neue Datei *Test.txt* angelegt; gibt es die Datei bereits im aktuellen Verzeichnis, wird sie überschrieben.

Hinweis

Dadurch, dass der eigentliche Ausgabecode vom Ziel der Ausgabe unberührt bleibt, ist es beispielsweise möglich, auf elegante Weise das gewünschte Ausgabeziel per `if`-Abfrage festzulegen.

FileWriter

Neben `PrintWriter` existieren noch unzählige weitere Klassen zur Ausgabe. Werfen wir beispielsweise noch einen Blick auf die `FileWriter`-Klasse. Allerdings sind ihre zur Verfügung stehenden Methoden etwas rudimentär und nicht so komfortabel wie bei einem `PrintWriter`:

```
try {
   FileWriter ausgabe = new FileWriter("Test.txt");

   ausgabe.write('D');              // einzelnes Zeichen schreiben
   ausgabe.write("ies ist ein Test",0,16);
   ausgabe.write('\n');             // Zeilenumbruch

   ausgabe.close();
}
catch(Exception e) {
   System.err.println(e);
}
```

Aufsteiger

Anstatt den Namen der zu öffnenden Datei direkt als String an die Writer-Klassen zu übergeben, können Sie auch zuerst ein `File`-Objekt erzeugen:

```
File datei = new File("Test.txt");
File verzeichnis = new File("c:\java");
```

Der Vorteil ist, dass Sie über die Methoden der `File`-Klasse Informationen über eine Datei oder ein Verzeichnis sammeln und auch Dateien/Verzeichnisse manipulieren können (siehe auch Programm DateiListe.java auf der Buch-DVD).

Die Ausgabemethode heißt `write()` und erwartet entweder ein einzelnes Zeichen oder einen String (oder auch Array von Zeichen) und die Angabe, welcher Teil des Strings ausgegeben werden soll.

Tabelle 6.3:* *Wichtige Methoden der Klasse File

Methode	Beschreibung
`boolean` **`exists`**`()`	Liefert `true`, wenn es die Datei/das Verzeichnis bereits gibt.
`String` **`getCanonicalPath`**`()` `String` **`getName`**`()`	Liefert den vollen Namen inklusive des Pfades bzw. nur den relativen Namen ohne Pfad.

1 Die verschiedenen Plattformen (Windows, Linux, Mac) verwenden unterschiedliche Darstellungen für den Zeilenumbruch. Wenn Sie möchten, dass Ihr Programm jeweils den plattformspezifischen Umbruch erzeugt, verwenden Sie in `printf()` den Platzhalter `%n`. Wenn Sie `\n` verwenden, kann es sein, dass der eine oder andere Texteditor, in den Sie den ausgegebenen Text laden, diesen nicht korrekt anzeigt.

Methode	Beschreibung
`boolean isFile()` `boolean isDirectory()`	Liefert `true`, wenn es sich um eine Datei bzw. ein Verzeichnis handelt.
`File[] listFiles()`	Liefert bei einem Verzeichnis ein `File`-Array aller enthaltenen Dateien und Unterverzeichnisse.
`boolean renameTo(File neu)`	Weist der Datei den Namen von `neu` zu.
`boolean delete()`	Löscht die Datei; Rückgabe `true` bei Erfolg.

Tabelle 6.3: Wichtige Methoden der Klasse File (Forts.)

6.4 Eingaben von Tastatur

Zum Einlesen von Tastatureingaben verwenden Sie am besten die `readLine()`-Methode von `Console`.

Console

Mit der `readLine()`-Methode der Klasse `Console` können Sie eine ganze Eingabezeile von der Konsole einlesen. In der Praxis sieht dies meist so aus, dass Sie zuerst einen Text ausgeben, der den Benutzer auffordert, die gewünschten Daten einzugeben. Anschließend rufen Sie `readLine()` auf. Die Methode wartet, bis der Benutzer seine Daten eingegeben und die [Enter]-Taste gedrückt hat. Dann liest die Methode die komplette Eingabezeile ein und gibt sie als String zurück.

```
import java.io.*;
...

cons.printf("Geben Sie Ihren vollständigen Namen ein: ");
String name = cons.readLine();
```

Wenn Sie den Benutzer auffordern, Zahlen einzugeben, müssen Sie bedenken, dass diese von der `readLine()`-Methode ebenfalls als Strings (beispielsweise als die Ziffernfolge `"123"`) entgegengenommen und zurückgeliefert werden. Diese Strings müssen Sie dann erst noch in echte Zahlen umwandeln. Dafür gibt es die parse-Methoden der Klassen `Integer`, `Long`, `Float` und `Double`.

Umwandlung in	Methode
`int`	`Integer.parseInt(str);`
`long`	`Long.parseLong(str);`
`float`	`Float.parseFloat(str);`
`double`	`Double.parseDouble(str);`

Tabelle 6.4: Ausgesuchte Umwandlungsmethoden

Beachten Sie, dass die parse-Methoden scheitern, wenn der übergebene String keine Ziffernfolge enthält, die sich in den gewünschten Zahlentyp umwandeln lässt. Vorbildliche Programme fangen daher die in solchen Fällen ausgelöste `NumberFormatException` mit einer entsprechenden `try-catch`-Konstruktion (siehe *Kapitel 4.4*) ab und geben eine Fehlermeldung aus.

Listing 6.4: Tastatureingabe.java

```
import java.io.Console;

public class Tastatureingabe {

   public static void main(String[] args) {
      Console cons = System.console();
      cons.printf("\n");

      try {
        cons.printf(" Geben Sie Ihren Nachnamen ein: ");
        String name = cons.readLine();

        cons.printf(" Geben Sie Ihr Alter ein       : ");
        String eingabe = cons.readLine();
        int alter = Integer.parseInt(eingabe);

        cons.printf("\n");
        cons.printf(" %d Jahre?", alter);
        cons.printf(" Haben Sie da auch nicht geflunkert,"
                  + " Herr oder Frau %s?\n", name);
      }
      catch (NumberFormatException e) {
        System.err.println("\n Fehler! \n" +
                    " Zahleneingabe kann nicht eingelesen werden.");
      }
   }
}
```

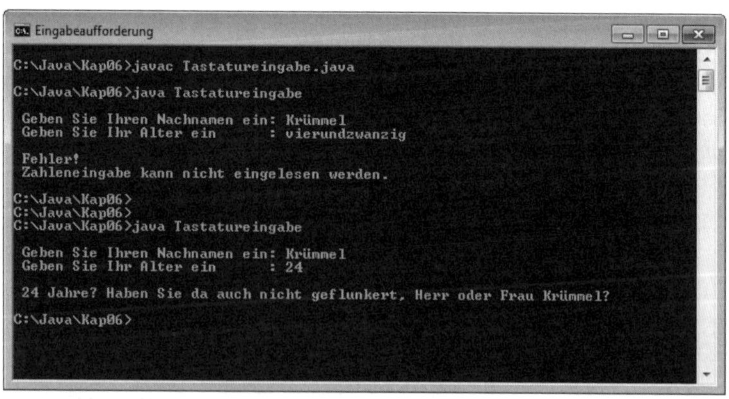

Abbildung 6.1: Ausgabe des Programms Tastatureingabe

Scanner

Sie wünschen sich ein wenig mehr Unterstützung beim Einlesen von der Tastatur? Dann dürfte sie die Klasse `Scanner` interessieren, die für die Eingabe in etwa die gleiche Rolle spielen kann wie die oben beschriebene Klasse `PrintWriter` für die Ausgabe.

Die Klasse `Scanner` definiert ein ganzes Bündel von Einlesemethoden, die alle die Silbe »next« im Namen tragen, letzten Endes aber gar nicht selbst einlesen, sondern diese Arbeit delegieren. Aus diesem Grunde müssen Sie dem `Scanner`-Konstruktor ein Objekt übergeben, mit dessen Hilfe intern die Daten eingelesen werden. Für die Tastatur wäre dies beispielsweise `System.in` oder besser noch `System.console().reader()`. Nach Erzeugung eines entsprechenden `Scanner`-Objekts können Sie dann mithilfe der `next`-Methoden der Klasse `Scanner` die Tastatureingaben einlesen. Wichtig ist dabei zu wissen, wie die `Scanner`-Methoden arbeiten.

Scanner, Eingabezeilen und Tokens

Aufrufe der `next`-Methoden von `Scanner` sind *blockierend*, d.h. das Programm wartet so lange, bis der Benutzer eine Eingabe mit der Taste ↵ abschickt. Die gesamte Eingabezeile landet dann beim `Scanner`-Objekt, welches die Zeile in ihre einzelnen Bestandteile zerlegt – die sogenannten *Tokens*. Ein Token ist hierbei einfach eine Folge von Zeichen. Als Trennzeichen zwischen zwei Tokens dient per Voreinstellung das Leerzeichen. Die meisten `next`-Methoden lesen immer nur ein Token. Lediglich die `nextLine()`-Methode liest alle Tokens, bis zum Ende der Eingabe.

Tabelle 6.5: Einlesemethoden der Klasse Scanner

Methode	Beschreibung
String **next**()	Liefert das nächste Token der Eingabe als String.
int **nextInt**() float **nextFloat**() double **nextDouble**()	Liefert das nächste Token der Eingabe als elementaren Datentyp.
String **nextLine**()	Liefert die nächste Eingabe als String.
boolean **hasNext**()	Liefert `true`, wenn es weitere, noch nicht extrahierte Tokens in der Eingabezeile gibt.

Das im vorangehenden Abschnitt vorgestellte Programm *Tastatureingabe* würde mit `Scanner` implementiert wie folgt aussehen:

Listing 6.5: Tastatureingabe_Scanner.java

```
import java.util.*;
import java.io.Console;

public class Tastatureingabe_Scanner {
```

```
   public static void main(String[] args) {
      Console cons = System.console();
      Scanner sc = new Scanner(System.console().reader());
      cons.printf("\n");

      try {
        cons.printf(" Geben Sie Ihren Nachnamen ein: ");
        String name = sc.nextLine();

        cons.printf(" Geben Sie Ihr Alter ein        : ");
        int alter = sc.nextInt();

        cons.printf("\n");
        cons.printf(" %d Jahre?", alter);
        cons.printf(" Haben Sie da auch nicht geflunkert,"
                  + " Herr oder Frau %s?\n", name);
      }
      catch (InputMismatchException e) {
        System.err.println("\n Fehler! \n" +
                   " Zahleneingabe kann nicht eingelesen werden.");
      }
   }
}
```

Analyse

Beachten Sie, dass wir die erste Eingabe mit `nextLine()` einlesen. Der Benutzer kann dann sowohl nur seinen Vornamen oder Nachnamen als auch seinen vollständigen Namen eingeben. Würden wir die Eingabe mit `next()` einlesen, würde das Programm nur funktionieren, wenn der Benutzer einen einzelnen Namen eingibt, beispielsweise Karla oder Manfred. Gäbe er hingegen »Karla Karun« ein, würde der `next()`-Aufruf nur das Token »Karla« einlesen und der anschließende `nextInt()`-Aufruf erhielte automatisch das zweite Token in der Eingabe: »Karun« – was zum Programmabbruch führen würde, da `nextInt()` versucht, die Eingabe in einen `int`-Wert umzuwandeln.

Geändert hat sich auch die Exception-Behandlung, denn die next-Methoden der Klasse `Scanner` lösen im Falle gescheiterter Typumwandlungen keine `NumberFormatException`, sondern eine `java.io.InputMismatchException` aus.

6.5 Aus Dateien lesen

Wie schaut es nun mit dem Lesen aus einer Datei aus? Zum einen kann man eine Datei wie eine Tastatureingabe lesen. Wir müssen lediglich dafür sorgen, dass wir einen Eingabestream mit der zu lesenden Datei verknüpfen:

```
try  {
  File datei = new File("Test.txt");
```

```
    // Von hier an geht's wie oben weiter
    Scanner eingabe = new Scanner(datei);

    // Schließt Scanner und Datei
    eingabe.close();
  }
  catch(FileNotFoundException e)  {
    System.err.println("Datei nicht vorhanden!");
  }
```

FileReader

Eine andere Möglichkeit ist das Lesen einer Datei mithilfe einer besonderen Klasse namens `FileReader` (Paket `java.io`) (Pendant zu `FileWriter` aus *Abschnitt 6.3*).

Listing 6.6: DateiLesen.java

```
01 import java.io.*;
02
03 public class DateiLesen {
04   public static void main(String[] args) throws IOException {
05    FileReader eingabestream = new FileReader("john_maynard.txt");
06    StringBuilder text = new StringBuilder(10);
07    int gelesen;
08    boolean ende = false;
09
10    // lese Zeichen, bis Dateiende erreicht ist
11    while(!ende) {
12       gelesen = eingabestream.read();
13
14       if(gelesen == -1)
15         ende = true;
16       else
17         text.append( (char) gelesen);
18    }
19    System.console().printf("\n");
20    System.console().printf(text.toString());
21
22    eingabestream.close();
23   }
24 }
```

Analyse

Als Erstes erzeugen wir ein `FileReader`-Objekt zur Repräsentation unserer Datei. Den Namen der einzulesenden Datei übergeben wir direkt dem Konstruktor (Zeile 5).

In der `while`-Schleife aus Zeile 11 wird der Inhalt der Datei Zeichen für Zeichen ausgelesen. Die einzelnen Zeichen liefert uns dabei die Methode `read()` zurück (Zeile 12), allerdings nicht als Zeichen vom Typ `char`, sondern als Zahlencode.

Auf-steiger

Da Dateizugriffe im Vergleich zu Operationen auf dem Hauptspeicher des Computers viel langsamer sind, kann es bei umfangreichen Lese- und Schreiboperationen deutlich schneller sein, Daten erst mal in einem internen Zwischenspeicher – man nennt dies einen Puffer – zu sammeln und dann als größeres Päckchen zu lesen bzw. zu sammeln.

Damit man sich als Programmierer mit solchen Kniffen nicht selbst abmühen muss, wird dies in begrenztem Maße vom zugrunde liegenden Betriebssystem bereits getan. Zusätzlich kann man auch in Java aus dem Paket `java.io` spezielle gepufferte Klassen für die Ein- und Ausgabe verwenden, vornehmlich `BufferedReader` (zum Lesen) und `BufferedWriter` (zum Schreiben). Interessierte Leser finden auf der Buch-DVD hierzu das Beispielprogramm KopierenSchnell.java.

Ist die zurückgelieferte Zahl gleich -1, bedeutet dies, dass das Ende der Datei erreicht wurde, und wir sorgen für das Verlassen der `while`-Schleife (Zeile 15). Ansonsten hängen wir das Zeichen an den String in `text` an (Zeile 17).

Die Variable `text` ist übrigens eine Instanz der besonderen String-Klasse `StringBuilder` und nicht von `String`. Wieso? Der Grund liegt in der unterschiedlichen Speicherverwaltung beider Klassen. Das ständige Aneinanderketten von Zeichen kann intern in der Java Virtual Machine durch `StringBuilder` viel schneller erfolgen als mit `String`.[1] Wir werden uns mit den Strings später noch näher befassen.

6.6 Ein wichtiger Punkt: korrekte Exception-Behandlung

Viele neue Klassen, Streamkonzept, Exception-Behandlung – der Zugriff auf Dateien ist in Java wahrlich nicht einfach. Und dabei haben wir den Code sogar noch extra ein wenig vereinfacht. Unser bisheriges Modell sah dabei wie folgt aus:

```
public static void main(String[] args) {

  try {
    PrintWriter ausgabe = new PrintWriter("Test.txt");

    String ware  = "Heft";
    double preis = 1.75;
    ausgabe.printf(" 1 %s kostet %f Euro \n", ware, preis);
    ausgabe.close();
  }
  catch(Exception e) {
    System.err.println(e);
  }
}
```

Was passiert, in diesem Code, wenn die Datei nicht zum Schreiben geöffnet werden kann (etwa weil sie schreibgeschützt ist)?

Richtig! Der `PrintWriter`-Konstruktor löst eine Exception aus und wir landen in dem `catch`-Block. Also alles wie gewünscht.

Was aber passiert, wenn die Datei geöffnet wird, dann aber eine Exception beim Schreiben in die Datei ausgelöst wird – also beispielsweise eine `IllegalFormatException`, weil ein in `printf()` verwendeter Platzhalter nicht zum Argument passt.

1 Um Missverständnisse zu vermeiden: Für die einfachen Beispiele in diesem Buch macht es keinen spürbaren Unterschied, ob man `StringBuilder` oder `String` verwendet. Aber wenn Sie mal ein Programm schreiben, das extensiv mit Zeichenfolgen hantiert, dann sollten Sie unbedingt `StringBuilder` verwenden!

Ein wichtiger Punkt:
korrekte Exception-Behandlung

Auch in diesem Fall landen wir in dem `catch`-Block – und da die Anweisung `ausgabe.close()` nicht mehr ausgeführt wird, bleibt die Datei geöffnet. In unseren kleinen Programmen ist dies nicht weiter schlimm. Die Datei wird geschlossen, wenn das Programm endet. In größeren Programmen kann dies aber zu echten Problemen führen, beispielsweise wenn von anderer Stelle im Programm ebenfalls auf die Datei zugegriffen werden soll.

Die korrekte Lösung ist daher, einen `finally`-Block anzuhängen, der ja auf jeden Fall ausgeführt wird – gleichgültig, ob eine Exception auftrat oder nicht.

```
public static void main(String[] args) {
  PrintWriter ausgabe = null;

  try {
     ausgabe = new PrintWriter("Test.txt");

     String ware  = "Heft";
     double preis = 1.75;
     ausgabe.printf(" 1 %s kostet %f Euro \n", ware, preis);
     ausgabe.close();
  }
  catch(Exception e) {
     System.err.println(e);
  }
  finally {
     if (ausgabe != null)
        ausgabe.close();
  }
}
```

Der Vergleich gegen `null` stellt sicher, dass die Datei auch wirklich zuvor geöffnet wurde.

Seit Java 7 gibt es hierfür noch eine alternative Technik. Objekte von Klassen, die wie `PrintWriter` eine `close()`-Methode definieren, können in runden Klammern direkt hinter dem `try`-Schlüsselwort erzeugt werden. In diesem Fall wird für das Objekt automatisch bei Bedarf die `close()`-Methode aufgerufen.

Hinweis

Um genau zu sein: Die Klasse des kontrollierten Objekts muss die Schnittstelle `AutoCloseable` *oder* `java.io.Closeable` *implementieren.*

```
public static void main(String[] args) {

  try ( PrintWriter ausgabe = new PrintWriter("Test.txt") ) {

     String ware  = "Heft";
     double preis = 1.75;
     ausgabe.printf(" 1 %s kostet %f Euro \n", ware, preis);
  }
  catch(Exception e) {
     System.err.println(e);
  }
}
```

6.7 Rund um Strings

Eine der wichtigsten Klassen, die von Java bereitgestellt wird, ist die String-Klasse, die uns ja schon des Öfteren begegnet ist. Zum Abschluss des ersten Teils dieses Buches wollen wir uns mit String ein wenig intensiver beschäftigen.

Strings konkatenieren

Sie wissen schon, dass String-Objekte zum Umgang mit Zeichenfolgen dienen und bequem mit dem +-Operator konkateniert (aneinandergehängt) werden können:

```
String text = "Dies ist ein String!";
String nochEinText = text + " Und noch einer!";
```

Da Strings Objekte sind, ist auch text lediglich eine Referenz, die auf die Speicherstelle verweist, wo das sogenannte String-Literal "Dies ist ein String" abgelegt ist. Strings haben allerdings eine Besonderheit: Sie können nicht mehr verändert werden! Die Variable text ist so gesehen gar keine Variable, sondern eine Konstante!

Dies hat eine ganz wichtige Auswirkung: Wenn zu einem vorhandenen String-Objekt noch eine Zeichenfolge wie oben gezeigt per +-Operator hinzuaddiert wird, dann wird in Wirklichkeit das bestehende Objekt text nicht erweitert (denn Strings können ja wie erwähnt nicht mehr verändert werden), sondern weggeworfen und durch ein ganz neues String-Objekt erzeugt. Da das Erzeugen von Objekten schon etwas Zeit kostet, sind solche Konkatenationen also tendenziell teuer.

Die Länge eines Strings bestimmen

Was kann man nun mit Strings alles anstellen? Oft benötigt man die Länge des Strings, also die Anzahl der Zeichen. Dafür gibt es die Methode length():

```
int laenge = text.length();
```

Zahlen in Strings konvertieren

Eine weitere typische Aufgabe, die immer wieder anfällt, ist die Konvertierung einer Zahl in einen String. Hierfür existiert die static-Methode String.valueOf(), die wir ohne eine Instanz direkt über den Klassennamen aufrufen können:

```
int zahl_1 = 4;
double zahl_2 = 34.34;

String intZahl = String.valueOf(zahl_1);
String doubleZahl = String.valueOf(zahl_2);
```

Strings in Zahlen konvertieren

Der umgekehrte Fall ist etwas aufwendiger. In der Java-Bibliothek gibt es zu jedem elementaren Datentyp eine passende Klasse – `int` -> `Integer`, `double` -> `Double` etc. –, die über eine entsprechende `parseTYP()`-Methode verfügt. Mithilfe dieser Methode kann ein String in den Wert eines elementaren Datentyps umgewandelt werden:

```
String str = "3200";
int zahl = Integer.parseInt(str);
```

Leider gibt es bei diesem Vorgehen einen kleinen Schönheitsfehler: Wenn der Inhalt des übergebenen Strings nicht in den gewünschten Typ umgewandelt werden kann, wird eine Exception ausgeworfen:

```
String str = "3200.345";
int zahl = Integer.parseInt(str);  // Fehler!!
```

Um solche Fälle abzufangen, sollte der Code, der die `parseXxx()`-Methode aufruft, die Exception abfangen – sei es durch einen `try-catch`-Block (*siehe oben*) oder indem die zugehörige Methode die Exception per `throws`-Deklaration weiterleitet:

```
public static void main(String[] args)  throws IOException {
    ...
    String str = "3200";
    int zahl = Integer.parseInt(str);
    ...
}
```

Strings vergleichen

Ein anderer häufig vorkommender Fall ist der Vergleich von zwei Strings: Sind sie beide gleich? Hier lauert eine Fehlerquelle auf den arglosen Benutzer, denn man darf zum Vergleichen zweier Strings nicht den Vergleichsoperator `==` verwenden! Für den String-Vergleich gibt es die Methode `equals()`:

```
String land = "Deutschland";

if(land.equals("Frankreich")) {
  System.out.println("Land ist Frankreich");
}
```

> **!** Strings werden nicht mit den Vergleichsoperatoren, sondern mithilfe der Methoden `equals()` und `compareTo()` verglichen.

Recht nützlich ist auch die Methode `compareTo()`, die einen lexikographischen Vergleich durchführt und einen `int`-Wert zurückgibt: 0 bei Gleichheit, einen Wert < 0 bei kleiner und > 0, wenn der zweite String lexikographisch[1] größer ist:

```
String abc = "abc";
String def = "xyz";

if(abc.compareTo(def) < 0 )      // ja, den 'a' < 'x'

if(abc.compareTo(abc) == 0)      // auch wahr
```

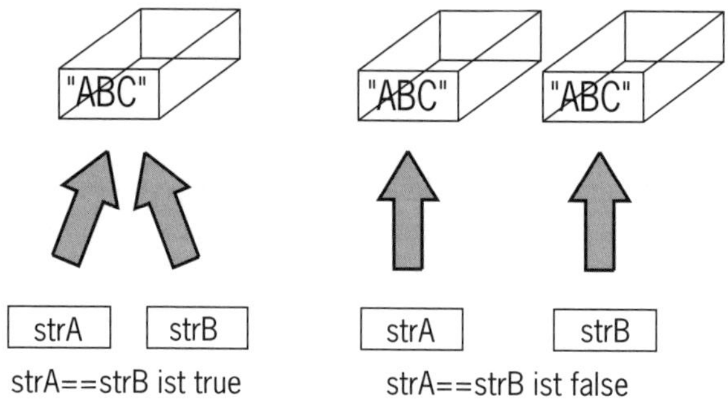

Abbildung 6.2: String-Vergleiche mit dem ==-Operator

Warum darf man für String-Vergleiche nicht den ==-Operator verwenden? Betrachten Sie folgendes Beispiel:

```
String eins = "Eins";
String zwei = "Zwei";

if(eins == zwei)        // es werden die Referenzen verglichen

if(eins == "Eins")      // wird i.d.R. false liefern
```

Wenn wir wie im obigen Beispiel den Vergleichsoperator verwenden, werden lediglich die String-Variablen verglichen. Dies sind aber nicht die eigentlichen Strings, sondern nur die Verweise auf die Strings. Es werden also Adressen verglichen. Dass diese Adressen auf den im Speicher abgelegten Text des Strings weisen, hilft da auch nichts.

Besonders tückisch ist der zweite Vergleich

```
if(eins == "Eins")
```

Manche Compiler sind so clever, dass sie beim Übersetzen merken, dass das String-Literal `"Eins"` schon mal vorkam, nämlich bei der Definition der Variablen `eins`. Sie verschwenden daher keinen Speicher und setzen in dem Vergleich die Referenz ein, wo das String-Literal zu finden ist. In unserem

1 Für eine anschauliche Erklärung, was eine lexikographische Sortierung ist, greifen Sie bitte zu einem Telefonbuch!

Vergleich bedeutet dies, dass die Referenz mit sich selbst verglichen wird und daher natürlich wahr als Ergebnis herauskommt! Aber dies ist compilerabhängig. Sie sollten so **nie** vergleichen!

String-Methoden

Die `String`-Klasse besitzt noch ca. 50 weitere Methoden! Stöbern Sie bei Gelegenheit in der API-Dokumentation des JDK (*http://download.oracle.com/javase/7/docs/api/*) und lassen Sie sich überraschen, was es alles gibt. Hier lediglich eine Übersicht der allerwichtigsten:

Tabelle 6.6: Wichtige Methoden der Klasse String

Methode	Beschreibung
`int` **`length`**`()`	Liefert die Anzahl der Zeichen im String.
`String.`**`valueOf`**`(`*`Datentyp`*`)`	Konvertiert `Datenyp` in `String`.
`byte[]` **`getBytes`**`()`	Konvertiert den String in ein `byte`-Array.
`boolean` **`equals`**`()`	Testet auf Gleichheit.
`int` **`compareTo`**`()`	Führt einen lexikographischen Vergleich durch.
`boolean` **`startsWith`**`(String)`	Beginn identisch mit dem übergebenen String?
`boolean` **`endsWith`**`(String)`	Ende identisch mit dem übergebenen String?
`int` **`indexOf`**`(char)`	Sucht erstes Auftreten des Zeichens
`int` **`indexOf`**`(String)`	Sucht erstes Auftreten des übergebenen Strings.
`String` **`substring`**`(int begin, int ende)`	Liefert einen Teilstring zurück.
`char` **`charAt`**`(int index)`	Liest einzelnes Zeichen an Position `index`.

Kommandozeilenparameter – args

Strings haben uns schon die ganze Zeit begleitet, beispielsweise wenn wir Text über die Methode `System.out.println()` ausgegeben haben. Aber auch die `main()`-Funktion benutzt String-Objekte:

```
public static void main(String[] args)
```

Wie Sie mittlerweile wissen, stehen in den runden Klammern die Parameter, die eine Methode bei ihrem Aufruf erwartet. Für die `main()`-Methode sind dies die Argumente, die der Anwender bei Aufruf des Programms über die Kommandozeile angibt, beispielsweise:

java ARGS erstesArgument 2.0 drittesArgument

`String[] args` bedeutet, dass `main()` die Eingaben aus der Kommandozeile in einem Array von String-Objekten verwaltet.

Das folgende Beispiel liest die Werte aus der Kommandozeile ein und gibt sie gleich wieder auf den Bildschirm aus:

Listing 6.7: Args.java

```
public class Args {
  public static void main(String[] args) {
    System.console().printf("\n");

    for(int i = 0; i < args.length; i++)
       System.console().printf(" %s\n", args[i]);
    }
}
```

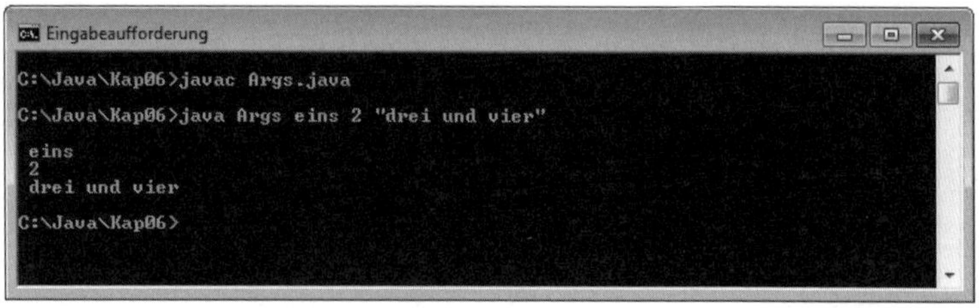

Abbildung 6.3: Ausgabe des Programms Args

Gepufferte Strings

Wie schon erwähnt wurde, sind `String`-Objekte, nachdem sie einmal erzeugt sind, unveränderlich, auch wenn es manchmal nicht so scheinen mag:

```
String text = "Mein Name ist ";
text += "Hase";
```

Bei der Zuweisung wird vom Compiler nicht `"Hase"` angehängt, sondern er kreiert ein völlig neues `String`-Objekt, das mit den Zeichenfolgen `"Mein Name ist"` und `"Hase"` initialisiert wird. Das ist Ihnen egal? Recht haben Sie! Java verdeckt solche leidigen Details vor Ihnen und Sie können sich auf die wesentlichen Dinge konzentrieren. Die beschriebene Vorgehensweise hat aber leider auch Nachteile:

- Was tun, wenn Sie nun aber einzelne Zeichen des Strings ändern möchten?
- Das Erzeugen eines neuen Objekts ist relativ aufwendig. Wenn Ihr Programm massiv Strings verändert, aneinanderhängt usw., dann wird es sehr wahrscheinlich keine Geschwindigkeitsrekorde aufstellen!

Aufsteiger

Es existiert auch noch eine zu `StringBuilder` analoge Klasse `StringBuffer`, die allerdings intern langsamer arbeitet, dafür jedoch synchronisiert ist, sodass somit dieselbe Instanz von mehreren Threads gleichzeitig benutzt werden kann (mehr zu Threads in Kapitel 15).

Für solche Fälle gibt es eine andere String-Klasse namens `StringBuilder` (Paket `java.lang`) die Zeichen in einem internen Puffer ablegt, der beliebig beschreibbar und erweiterbar ist.

Betrachten wir auch dazu noch ein Beispiel.

Sichelzellenanämie

Die Sichelzellenanämie ist eine Krankheit, bei der die roten Blutkörperchen aufgrund eines genetischen Defekts sichelförmig verkrümmt sind. Menschen, die unter dieser Form der Anämie leiden, sind oftmals kurzatmig und wenig belastbar. Der Defekt besteht im Grunde nur aus einer winzigen Mutation in der Aminosäurenkette des Hämoglobins. Statt

Val-His-Leu-Thr-Pro-*Glu*-Glu-Lys

liest sich diese im mutierten Hämoglobin:

Val-His-Leu-Thr-Pro-*Val*-Glu-Lys

Der genetische Code für diese Sequenz könnte ungefähr wie folgt aussehen:

GUG-CAU-CUU-ACG-CCC-*GAG*-GAG-AAG

beziehungsweise

GUG-CAU-CUU-ACG-CCC-*GUG*-GAG-AAG

für das defekte Gen.

Das folgende Programm dient der Heilung der Sichelzellenanämie:

Listing 6.8: Genmanipulation.java

```
import java.io.*;

public class Genmanipulation {
  public static void main(String[] args) throws IOException {
    Console cons = System.console();
    cons.printf("\n");

    StringBuilder gencode = new StringBuilder(
             "GUG-CAU-CUU-ACG-CCC-GUG-GAG-AAG");

    cons.printf(" Vor der Operation \n");
    cons.printf(" Genetischer Code = %s \n", gencode);

    // Eingriff: Zeichen an Position 21 ändern
    gencode.setCharAt(21,'A');

    cons.printf("\n");
    cons.printf(" Nach der Operation \n");
    cons.printf(" Genetischer Code = %s \n", gencode);  }
}
```

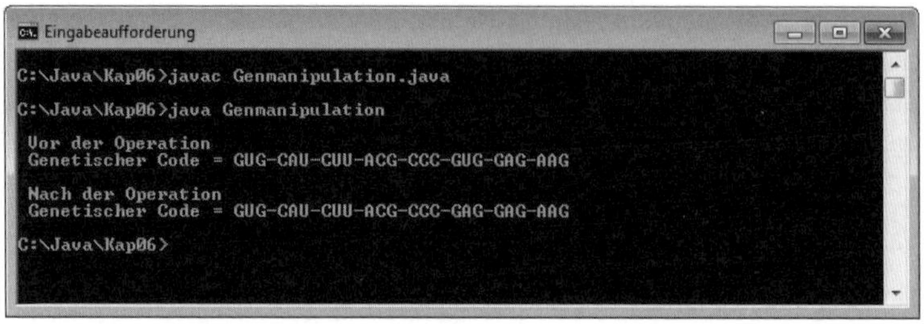

Abbildung 6.4: Ausgabe des Programms Genmanipulation

Hinweis

Die Instanzbildung mit `new` *funktioniert natürlich auch bei* `String`. *Die Schreibweise*

`String text = "Beispiel-Text"`

ist nur eine Kurzschreibweise für

`Stringtext=newString("Beispiel-Text")`

Neue Instanzen der Klasse `StringBuilder` werden im Gegensatz zu Instanzen von `String` immer mithilfe des `new`-Operators angelegt.

StringBuilder-Methoden

`StringBuilder` hat wie `String` sehr viele Methoden. Meist benötigt man aber nur die folgenden:

Tabelle 6.7: Wichtige Methoden der Klasse StringBuilder

Methode	Beschreibung
int **length**()	Anzahl der Zeichen
int **capacity**()	Maximale Anzahl von Zeichen
char **charAt**(int)	Zeichen lesen
void **setCharAt**(int,char)	Zeichen schreiben
StringBuilder **insert**(int,String)	String einfügen
StringBuilder **append**(String)	String anhängen
String **toString**()	Umwandlung in String-Objekt

Beachten Sie, dass bei Zeichenfolgen wie bei Arrays die Positionen der Zeichen bei 0 anfangend gezählt werden.

Das `int`-Argument spezifiziert jeweils die Position in dem `StringBuilder`-Objekt, ab dem gelesen bzw. geschrieben werden soll.

Wenn schon im voraus klar ist, dass der `StringBuilder` vor allem durch `insert`- und `append`-Operationen vergrößert wird, sollte er zu Beginn ausreichend groß definiert werden: durch Verwendung eines speziellen Konstruktors, dem die Größe mitgegeben wird. Dies beschleunigt die Abarbeitung, da andernfalls laufend neuer Speicher für die hinzukommenden Zeichen angelegt werden muss.

```
// Platz für 5000 Zeichen reservieren
StringBuilder text = new StringBuilder(5000);

System.console().printf(" Aktuelle Länge ist %d\n", text.length());

text.append("Mein Name ist Hase");

System.console().printf(" Länge ist nun %d\n", text.length());
System.console().printf(" Max Länge %d\n", text.capacity());
```

Hinweis

Die Grenze von 5000 Zeichen im Beispiel ist keine starre Grenze. Wenn der Fall auftreten sollte, dass im Programm mehr als 5000 Zeichen in den Puffer hineingeschrieben werden, ist dies erlaubt. Da jedoch der Vorrat an bereitgestelltem Speicher aufgebraucht ist, werden teure Speicheranforderungen notwendig, sodass die Ablaufgeschwindigkeit etwas leidet.

6.8 Zusammenfassung

Aus- und Eingabe von Daten erfolgen in Java über sogenannte *Ströme* (Streams). Speziell für die Ausgabe auf den Bildschirm und die Eingabe von der Tastatur stehen bereits vordefinierte Streams zur Verfügung: `System.out` und `System.in`. Die Bildschirmausgabe mithilfe der Methoden `print()` und `println()` der `System.out`-Instanz ist einfach, unterstützt aber weder Formatierungen noch Umlaute. Für formatierte Ausgaben gibt es die Methode `printf()`. Für formatierte oder unformatierte Ausgaben mit korrekt dargestellten Umlauten gibt es die Klasse `Console` mit ihrer `printf()`-Methode.

Zum Einlesen von Daten über die Tastatur können Sie die `readLine()`-Methode der Klasse `Console` verwenden. Zahleneingaben müssen Sie mithilfe der parse-Methoden der Klassen `Integer`, `Long`, `Float` und `Double` oder den nextXxx-Methoden der Klasse `Scanner` in den gewünschten Datentyp umwandeln.

Zum Zugriff auf Dateien dienen die Klassen `File`, `FileReader` und `FileWriter` sowie `BufferedReader` und `BufferedWriter`.

Für die Programmierung mit Strings stehen die Klassen `String` und `StringBuilder` zur Verfügung.

6.9 Fragen und Antworten

1. Sie wollen Daten auf den Bildschirm ausgeben. Welche Klassen und/oder Instanzen verwenden Sie für diese Aufgabe?

   Für die Ausgabe auf den Bildschirm können Sie die Instanz `System.out`, das von `System.console()` zurückgelieferte `Console`-Objekt oder eine Instanz der Klasse `PrintWriter` verwenden.

2. Sie wollen Daten von der Tastatur einlesen. Welche Klassen und/oder Instanzen verwenden Sie für diese Aufgabe?

   Für das Einlesen von der Tastatur können Sie das von `System.console()` zurückgelieferte `Console`-Objekt oder eine Instanz der Klasse `Scanner` verwenden.

3. Wie öffnet man eine Datei?

   Dateien können Sie öffnen, indem Sie Instanzen der Klassen `FileReader` oder `FileWriter` bilden und diesen den Namen der zu öffnenden Datei oder einen passenden Dateideskriptor (`File`-Objekt) übergeben.

4. Sie wollen Daten in eine Datei schreiben. Welche Klassen und/oder Instanzen verwenden Sie für diese Aufgabe?

   Für die Ausgabe in eine Datei können Sie die Klasse `FileWriter` oder `PrintWriter` verwenden.

5. Sie wollen Daten aus einer Datei lesen. Welche Klassen und/oder Instanzen verwenden Sie für diese Aufgabe?

   Für das Lesen aus einer Datei können Sie die Klassen `Scanner` oder `FileReader` verwenden.

6. Welche zwei grundlegenden Klassen dienen der Programmierung mit Strings? Welches ist ihr wichtigster Unterschied?

   Die wichtigsten Klassen zur Behandlung von Strings sind `String` und `StringBuilder`. Abgesehen davon, dass beide Klassen durchaus unterschiedliche Methoden zur Manipulation ihrer Instanzen zur Verfügung stellen, wird der Speicher einer `StringBuilder`-Instanz dynamisch verwaltet (d.h., der Text in der Instanz kann verändert und auch erweitert werden), während der Inhalt einer `String`-Instanz nach seiner Initialisierung nicht mehr verändert werden kann (d.h., Methoden und Operationen, die den Inhalt ändern, erzeugen in Wirklichkeit ein neues `String`-Objekt).

7. Werden Strings als call by value oder als call by reference übergeben?

   Strings sind Objektvariablen – folglich werden sie als Referenzen übergeben.

6.10 Übungen

1. Was macht das folgende Programm?

```
import java.util.Scanner;

public class Frage {
  public static void main(String[] args)  {
    Scanner ein = new Scanner(System.console().reader());
    String zeile = ein.nextLine();
    System.console().printf(zeile.toUpperCase());
  }
}
```

2. Schreiben Sie ein Programm zum Kopieren von Dateien, das mit `FileReader`/`FileWriter` arbeitet.

7 Collections und weitere nützliche Klassen

Haben Sie auch hin und wieder Déjà-vu-Erlebnisse, d.h., erleben Sie Situationen, die Ihnen bekannt vorkommen? Nun, als Java-Programmierer werden Sie solche Erlebnisse früher oder später auch haben. Bestimmte Aufgaben tauchen immer wieder auf, sie sind typisch. Dazu gehören beispielsweise das Sortieren von und Suchen in Daten, aber auch eher profane Dinge wie das Erzeugen von Zufallszahlen oder die Ausgabe des aktuellen Datums. Java bietet zur Arbeitserleichterung einige praktische Klassen und Methoden im Paket `java.util`, von denen wir die interessantesten in diesem Kapitel zusammengefasst haben.

Sie lernen in diesem Kapitel,

- *wie man Zufallszahlen erzeugt,*
- *wie man Zugriff auf die Datums- und Zeitinformation der PC-Uhr erhält,*
- *wie eine Zeichenfolge in Tokens zerlegt wird,*
- *was Iteratoren und generische Datentypen sind,*
- *wie die komplexen Datenstrukturen Hashtabelle, Liste, Keller und Menge realisiert werden können,*
- *wie man von der Java-Bibliothek bereitgestellte Such- und Sortieralgorithmen einsetzt.*

7.1 Zufallszahlen erzeugen

Zufallszahlen werden erstaunlich oft benötigt, z.B. um Testdaten zu generieren. Dabei ist in der Informatik heftig umstritten, was eine Zufallszahl eigentlich genau ist. Wir lassen andere streiten und nehmen für unsere Zwecke an, dass wir eine magische Kugel haben, die wir schütteln und aus der dann eine Zahl aus einem bestimmten Wertebereich fällt. Wenn wir das mehrmals hintereinander machen, erhalten wir eine Folge von Zufallszahlen.

Hinweis

Bei den in diesem Kapitel vorgestellten Konzepten handelt es sich teilweise um fortgeschrittene Themen, die für den Einstieg in die Java-Programmierung nicht relevant sind, für die tägliche Arbeit aber sehr nützlich sein können. Als Anfänger brauchen Sie nicht alles, was in diesem Kapitel erklärt wird, zu verstehen. Überfliegen Sie es, um sich einen Überblick zu verschaffen, und kehren Sie zu diesem Kapitel zurück, wenn Sie später auf Probleme stoßen, die sich mithilfe der hier vorgestellten Klassen lösen lassen.

In Java wird die magische Kugel durch die Klasse `Random` aus dem Paket `java.util` realisiert. Dem Schütteln entspricht der Aufruf einer der folgenden Methoden:

- `nextInt()`, `nextInt(int n)`, `nextLong()` zur Generierung einer ganzzahligen Zufallszahl im jeweiligen Wertebereich (also von `int` oder `long`). Die Variante mit dem Parameter `n` erzeugt eine Zufallszahl zwischen 0 (inklusive) und `n` (exklusive).
- `nextFloat()` und `nextDouble()` zur Erzeugung einer Fließkommazahl aus dem Wertebereich von `float` bzw. `double`.

Jede Zahl aus dem jeweiligen Wertebereich ist gleich wahrscheinlich. Für manche (eher mathematisch-statistische) Anwendungen möchte man eine Folge von gaußverteilten Zufallszahlen erzeugen. Dies erlaubt die Methode `nextGaussian()` (wenn Ihnen »gaußverteilte Zahlen« nichts sagt, seien Sie unbesorgt: dann werden Sie diese Methode auch nicht brauchen!).

Schauen wir uns nun den Einsatz von `Random` in einem wirklich nützlichen Beispiel an, nämlich einem Lottozahlen-Generator. Nie wieder den Kopf zerbrechen, welche Zahlen Sie ankreuzen müssen. In Zukunft macht das ein Java-Programm!

Listing 7.1: Lotto.java

```
// Einsatz des Zufallszahlengenerators
import java.util.*;

class Lotto {
  public static void main(String args[]) {
    int zahl;
    int anzahl = 0;
    Random generator = new Random();

    System.out.println("\n Die Ziehung der Lottozahlen \n");

    while(true) {
      // Zahl zwischen 0 (inkl.) und 50 (exkl.)
      zahl = generator.nextInt(50);
      if(zahl == 0)
      // 0 brauchen wir nicht
        continue;

      // Zahl ausgeben
      System.out.println(" Gezogene Zahl: " + zahl);

      // Sind sechs Zahlen gezogen worden? Dann Ende.
      anzahl++;

      if(anzahl == 6)
        break;
    }
  }
}
```

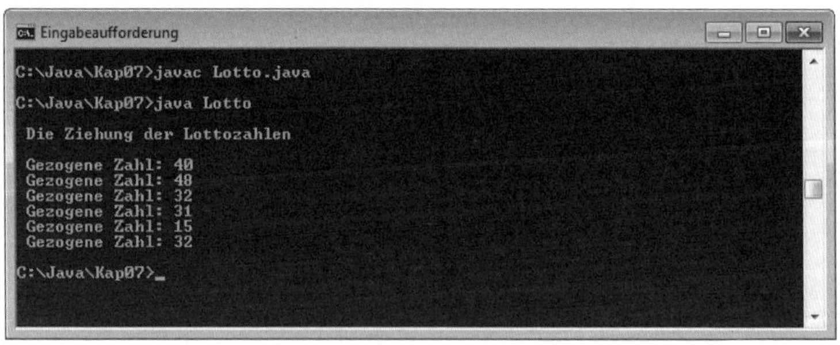

Abbildung 7.1: Ausgabe des Programms Lotto

Analyse

Zunächst legen wir eine Instanz von `Random` an. Da wir für die Lottozahlen nur ganze Zahlen zwischen 1 und 49 benötigen, setzen wir die Methode `nextInt(50)` ein. Da die Methode bei diesem Aufruf auch eine Null zurückliefern kann, müssen wir explizit testen, ob eine Null zurückgeliefert wird, die wir natürlich ignorieren. Damit sind wir schon fertig und können die Tippscheine ausfüllen! Beachten Sie, dass die gezeigte Umsetzung auch Doubletten liefern kann (zur Verbesserung siehe *Abschnitt 7.4, »Mengen«*).

7.2 Zeit- und Datumsangaben

Da Sie auf Ihrem Windows-Desktop meist irgendwo eine Uhr- und Datumsanzeige sehen können, ist Ihnen bestimmt schon der Verdacht gekommen, dass Programme auf die PC-Uhr zugreifen können. Dies ist selbstverständlich auch von Java aus möglich. Es stehen verschiedene Klassen zur Auswahl, wobei wir uns hier auf die wichtigsten beschränken wollen: die Klassen `Date` (Paket `java.util`) und `DateFormat` (Paket `java.text`).

Datumsangaben müssen formatiert werden

Die Handhabung ist etwas gewöhnungsbedürftig, da diese beiden Klassen zusammen eingesetzt werden müssen. Der Aufruf des Konstruktors von `Date` erzeugt eine Klasseninstanz, die mit der aktuellen Zeit initialisiert wird. Allerdings ist diese Zeitangabe direkt der PC-Uhr entnommen und in einem sehr unhandlichen Format: die Anzahl der verstrichenen Millisekunden, die seit dem 1.1.1970 verstrichen sind. Um nun bequem daraus die aktuelle Zeit und das Datum in einer landestypischen Weise anzeigen zu können, kann man eine Instanz der `DateFormat`-Klasse verwenden, die mehrere Methoden zur Darstellung bietet:

```
DateFormat format = DateFormat.getDateInstance();
DateFormat format = DateFormat.getTimeInstance();
DateFormat format = DateFormat.getDateTimeInstance();
```

Für `DateFormat` stehen drei statische Methoden zur Auswahl, je nachdem, ob man nur das Datum (`getDateInstance()`), die Zeit (`getTimeInstance()`) oder beides (`getDateTimeInstance()`) anzeigen will. Diese Methoden formatieren das Datum/die Zeit gemäß der Ländereinstellung Ihres Betriebssystems, also wenn Sie die deutsche Version von Windows 7 haben, gemäß den deutschen Gepflogenheiten. Man kann aber auch ein Länderformat explizit wählen durch Übergabe eines Parameters (z.B. `getDateInstance(Locale.US)` für US-amerikanisch; andere sind `Locale.UK` für britisch, `Locale.GERMANY` für deutsch, `Locale.FRANCE` für französisch usw.). Durch einen zweiten Parameter (`DateFormat.SHORT`, `DateFormat.MEDIUM`, `DateFormat.LONG`, `DateFormat.FULL`) kann die Ausführlichkeit der Anzeige bestimmt werden: Je kürzer das Format, desto mehr Zahlen werden verwendet (z.B. statt 25. August nur noch 25.08).

Die Methode `format(Date obj)` dient nun dazu, aus dem übergebenen `Date`-Objekt das Datum bzw. die Zeitangabe gemäß der eingestellten Darstellungsform in einen String umzuwandeln. Der typische Einsatz zur Ausgabe des aktuellen Datums könnte also folgendermaßen aussehen:

```
Date heute = new Date();

DateFormat formatierer = DateFormat.getDateInstance(DateFormat.FULL,
                                                    Locale.FRANCE);
String datumFranz = formatierer.format(heute);
System.console().printf(" La date d'aujourd'hui: %s\n", datumFranz);
```

Hinweis

Siehe auch Kapitel 15, Übung 4 zum Einsatz von `DateFormat` *beim Erstellen von Datum- und Uhrzeitangaben.*

```
formatierer = DateFormat.getDateInstance(DateFormat.FULL,
                                         Locale.GERMANY);
String datumDeutsch = formatierer.format(heute);
System.console().printf(" Heutiges Datum:  %s\n", datumDeutsch);
```

Die Zeit stoppen

Oft ist es ganz nett, eine Stoppuhr im Programm zur Verfügung zu haben, z.B. zu Debugging-Zwecken, um herauszufinden, welche Programmteile die meiste Zeit verbrauchen. Im Prinzip könnte man diese Aufgabe auch durch das Erzeugen zweier `Date`-Objekte erfüllen, aus denen man mit Methoden (die wir hier nicht besprochen haben) auf die Sekunden zugreift und die Differenz berechnet. Es geht aber glücklicherweise viel einfacher mit der statischen Methode `System.currentTimeMillis()` (Paket `java.lang`). Sie liefert die Anzahl der Millisekunden seit dem 1.1.1970 als `long`-Wert zurück. Durch Differenzbildung erhalten wir die verstrichene Zeit:

```
long  start = System.currentTimeMillis();
// ...hier interne Berechnungen
long ende = System.currentTimeMillis();
System.out.println(" Die Berechnung dauerte "
                    +(ende - start) + " Millisekunden.");
```

7.3 Zeichenfolgen zerlegen

Eine ebenfalls immer wiederkehrende Aufgabe ist die Zerlegung von Zeichenfolgen in logisch sinnvolle Einheiten, die sogenannten *Tokens*. Für ihre Verwendung wird eine Angabe benötigt, was ein Token sein soll und was nicht. Eine derartige Definition kann z.B. sein: alle Teilketten, die durch ein Leerzeichen getrennt sind, was erlauben würde, einen Satz in seine einzelnen Wörter zu zerlegen. Java stellt für diesen Zweck die Klasse `StringTokenizer` (Paket `java.util`) bereit.

Der Einsatz der Klasse `StringTokenizer` ist kinderleicht: Zunächst muss eine Instanz erzeugt werden, wobei der Konstruktor den Eingabestring als Parameter erwartet. Optional kann noch ein String als zweiter Parameter übergeben werden, der anzeigt, welche Teilstrings als Trennzeichen zwischen Tokens aufgefasst werden sollen. Standardmäßig ist das ein Leerzeichen:

```
StringTokenizer st = new StringTokenizer(eingabestring);
StringTokenizer st = new StringTokenizer(eingabestring,trennstring);
```

Ist die `StringTokenizer`-Instanz erzeugt worden, kann mit den folgenden Methoden gearbeitet werden:

Tabelle 7.1: Token-Methoden

Methode	Beschreibung
`int` **`countTokens`**`()`	Liefert die Anzahl an Tokens, die noch im StringTokenizer vorhanden sind.
`boolean` **`hasMoreTokens`**`()`	Liefert `true`, wenn noch Tokens vorhanden sind.
`String` **`nextToken`**`()`	Liefert das nächste Token.

Der Aufruf von `countTokens()` direkt nach dem Initialisieren liefert die Gesamtzahl an gefundenen Tokens. Jeder Aufruf von `nextToken()` liefert dann der Reihe nach ein Token und springt intern in der `StringTokenizer`-Instanz zum nächsten Token. Der typische Einsatz sieht daher folgendermaßen aus:

```
while(st.hasMoreTokens()) {
  System.out.println(" akt. Token: " + st.nextToken());
}
```

7.4 Komplexe Datenstrukturen (Collections)

Jedes Computerprogramm lässt sich in zwei Aspekte untergliedern:

- es gibt Daten (als Objekte oder elementare Datentypen) und
- es gibt Vorstellungen darüber, was mit diesen Daten zu machen ist.

Der letzte Gesichtspunkt entscheidet darüber, wie man die Daten organisieren soll, damit die gewünschten Aktionen effizient ablaufen können.

Die Informatik hat viele Konzepte zum Organisieren und Ablegen von Daten entwickelt, die allgemein als Datenstrukturen bezeichnet werden. Manche Datenstrukturen sind recht einfach zu verstehen und einzusetzen, andere sind hochkompliziert und sehr schwierig zu programmieren. Die Kunst des guten Programmierens ist die Wahl der richtigen Datenstruktur und der richtigen Algorithmen, um auf der Datenstruktur zu operieren. Man muss sich überlegen, was für Daten vorliegen und was damit gemacht werden soll. Die Wahl der Datenstruktur sollte dann entsprechend getroffen werden. Wenn Sie beispielsweise eine Datenbank aufbauen wollen, in der viele Einfügeoperationen, aber selten Löschoperationen gemacht werden müssen, dann sollte die Datenstruktur das Einfügen möglichst effizient umsetzen; auch wenn dies eventuell zu Lasten der Löschoperationen geht. Wenn letztere nur selten benötigt werden, ist dies kein großer Nachteil.

Leider sind effiziente Datenstrukturen und Algorithmen in der Regel schwierig zu implementieren. Die Folge: Sehr viele Programme (auch professionelle in der Industrie) verwenden meist sehr schlechte (langsame oder speicheraufwendige) Lösungen, obwohl die Forschung längst viel bessere Varianten gefunden hat. Um diese Lücke zwischen Theorie und Praxis zu schließen, bieten moderne Programmiersprachen sogenannte Container-Klassen (in Java *Collections* genannt), die solche modernen und effizienten Implementierungen bieten. Der Anwender kann einfach seine zu verwaltenden Objekte »hineinstopfen« und sich ansonsten auf die eigentlichen Ziele seines Programms konzentrieren. Mit dem komplizierten Verwalten der Daten muss er sich nicht mehr abmühen.

In der Java-Bibliothek finden sich Implementierungen folgender Grundtypen:

- Liste (`Vector`, `LinkedList`, `ArrayList`)
- Keller (`Stack`)
- Menge (`HashSet`, `LinkedHashSet`, `TreeSet`, `NavigableSet`)
- Warteschlangen (`PriorityQueue`, `ArrayList`, `ArrayDeque`)
- Hashtabelle (`HashMap`, `Hashtable`, `LinkedhashMap`, `TreeMap`, `NavigableMap`)

Die Programmierung mit Listen (`LinkedList`), Mengen (`HashSet`) und Hashtabellen (`HashMap`) schauen wir uns gleich im Anschluss an die nachfolgenden Vorbemerkungen an. Mit Kellern beschäftigen wir uns in den Übungen. Die Erkundung der Warteschlangen überlassen wir Ihnen.

Generische Implementierung

Bis zur Java-Version 1.4 arbeiteten alle Container-Klassen nur auf dem Basistyp aller Klassen in Java, nämlich `Object`. Dies ermöglichte es, alle Typen von Java-Objekten als Elemente in einem Container abzulegen. Allerdings hatte man sich dadurch auch zwei Nachteile eingehandelt:

- Beim Auslesen von Objekten aus einem Container erhält man nur ein Objekt vom Typ `Object` und muss dann einen entsprechenden Cast durchführen. Dies ist umständlich und verschlechtert die Lesbarkeit des Codes.
- Wenn in einem Container nur Objekte eines bestimmten Datentyps (z.B. `String`-Objekte) abgelegt werden sollen, kann dies vom Compiler nicht überwacht und ggf. beanstandet werden.

Seit der Java-Version 1.5 sind daher alle Container-Klassen generisch implementiert. Dies bedeutet, dass die Klassendefinition des Containers mit einer Art Platzhalter für den konkreten Datentyp der zu verwahrenden Elemente arbeitet. Erst bei der Instanzierung der Container-Klasse wird dann der gewünschte Datentyp für die Elemente angegeben. Das sieht beispielsweise so aus:

```
LinkedList<String> liste = new LinkedList<String>();
```

Hier wird ein `LinkedList`-Container angelegt, in den nur `String`-Objekte abgelegt werden dürfen.

Hinweis

Ab Java 7 brauchen Sie die Typparameter im Konstruktoraufruf nicht mehr anzugeben, wenn der Compiler die Parameter wie oben aus dem Datentyp der Variablen ableiten kann:

```
LinkedList<String> liste = new
LinkedList<>();
```

Iteratoren

Alle im Folgenden präsentierten Klassen (mit Ausnahme von `HashMap`) unterstützen das sogenannte *Iterator*-Konzept. Ein Iterator ist ein besonderes Objekt, das es dem Anwender erlaubt, über die Elemente in einer komplexen Datenstruktur zu laufen (zu iterieren).

Den typischen Einsatz werden wir im Verlauf des Kapitels noch häufig antreffen und wollen ihn daher vorab schon mal präsentieren:

```
Iterator<String> it =  meinContainer.iterator();

while(it.hasNext()) {
   tmp = meinContainer.next();
}
```

Jede Container-Klasse, die Iteratoren unterstützt, stellt die Methode `iterator()` bereit. Durch Aufruf dieser Methode erhält man ein `Iterator`-Objekt, mit dem die Elemente im Container durchlaufen werden können. Der Iterator wird dabei für den Typ der Elemente im Container spezialisiert (`String` im obigen Beispiel). Hat man erst einmal einen passenden Iterator, kann man mit `hasNext()` prüfen, ob ein weiteres Element verfügbar ist und, falls ja, dieses mit `next()` zurückliefern lassen.

for für Container

Seit Java-Version 1.5 gibt es als Alternative zu den Iteratoren noch eine besondere Variante der `for`-Schleife, die Sie schon kurz in *Kapitel 4.3, Abschnitt »Schleifen und Arrays«* kennengelernt haben. Diese `for`-Schleife funktioniert auch für Container-Klassen:

```
for(String tmp : containerMitStrings) {
    // hier tmp verwenden, z.B.
    System.out.println(tmp);
}
```

Listen

Einfache Beispiele für eine Liste sind der tägliche Einkaufszettel oder eine Liste mit Aufgaben, die zu erledigen sind. In der Informatik ist eine Liste analog hierzu eine geordnete Sammlung von Objekten. Listen dürfen Doubletten enthalten und der Benutzer der Liste hat volle Kontrolle, d.h., er hat

Zugriff auf jedes Element der Liste, in jeder beliebigen Reihenfolge und er kann überall neue Elemente einfügen oder aus der Liste löschen. Fertige Listenimplementierungen sind z.B. `ArrayList` und `LinkedList`.

Das Erzeugen einer zunächst leeren Liste erfolgt durch Aufruf des Konstruktors `LinkedList()`. Da wie oben bereits erwähnt alle Container-Klassen generisch implementiert sind, muss man nach dem Container-Klassennamen noch den gewünschten Elementtyp in spitzen Klammern angeben:

```
LinkedList<String> liste = new LinkedList<String>();
```

Diese Zeile erzeugt eine leere Liste, in die nur Objekte vom Typ `String` eingefügt werden dürfen. Zum Einfügen und Löschen von Elementen stehen verschiedene Methoden zur Verfügung:

Tabelle 7.2: Wichtige List-Methoden

Methode	Beschreibung
`boolean` **`add`**`(E element)`	Fügt `element` am Ende der Liste ein.
`void` **`add`**`(int i, E element)`	Fügt `element` an Position `i` ein.
`E` **`get`**`(int i)`	Liefert das Element an Position `i` zurück.
`boolean` **`remove`**`(int i)`	Löscht das Objekt an Position `i`.
`boolean` **`remove`**`(E element)`	Löscht das erste Vorkommen von `element`.
`E` **`set`**`(int i, E element)`	Ersetzt das Objekt an Position `i` durch `element`.
`int` **`size`**`()`	Liefert die Anzahl der Elemente in der Liste.

`E` ist dabei der generische Datentyp und steht als Platzhalter für den konkreten Datentyp, der dem Konstruktor in spitzen Klammern mitgegeben wird.

Bei Methoden mit `boolean`-Rückgabewert wird `true` zurückgeliefert, wenn die jeweilige Aktion erfolgreich war, sonst `false`. Beachten Sie, dass bei einer Liste wie in einem Array von 0 (!) an gezählt wird. Das letzte Element einer Liste hat somit den Index `size()-1`.

Ferner gibt es noch zwei Methoden zum Suchen von Objekten:

```
int indexOf(E element)
int lastIndexOf(E element)
```

die den Index des ersten Auftretens bzw. des letzten Auftretens eines Objekts in der Liste zurückliefern. Wenn das gesuchte Objekt nicht gefunden wird, ist der Rückgabewert kleiner 0. Der Zugriff auf die einzelnen Elemente der Liste erfolgt sequenziell über einen Iterator oder über die `get/set`-Methoden.

Elementare Datentypen und Autoboxing

Wenn wir im Zusammenhang mit Containern von Elementen sprechen, so meinen wir stets Objekte und keine Werte elementarer Datentypen, denn Container-Klassen können nur Objekte verwalten – und keine Werte elementarer Datentypen wie beispielsweise normale `int`-Werte! Falls dies doch einmal notwendig wird, müssen diese Werte zuerst in Klassenobjekte umgewandelt werden.

Bis zur Java-Version 1.4 musste man hierfür die zugehörigen Wrapper-Klassen verwenden: `Character`, `Double`, `Integer`, `Float`, `Long`. Das Einfügen der Zahl 4 erfolgt dann beispielsweise als `meineListe.add(new Integer(4))`. Die Rückverwandlung in den elementaren Datentyp erfolgt mit der passenden Methode `charValue()`, `intValue()`, `floatValue()`, `doubleValue()`, also z.B.:

```
Integer vier = new Integer(4);
int v = vier.intValue();
```

Seit 1.5 gibt es glücklicherweise das Autoboxing. Hierbei übernimmt der Compiler das lästige Verpacken bzw. Entpacken mit Wrapper-Klassen. Damit kann man auch elementare Datentypen bequem in Container stecken und wieder auslesen, z.B.:

```
LinkedList<Integer> meineListe = new LinkedList<Integer>();
meineListe.add(4);
int zahl = meineListe.get(0);
```

Vielleicht fragen Sie sich, warum es zwei Klassen `LinkedList` und `ArrayList` zur Umsetzung einer Liste gibt, wenn sie doch scheinbar beide gleich zu verwenden sind.

Die Unterschiede liegen im Verborgenen. Die logische Idee einer Liste wird auf verschiedene Weisen realisiert. `ArrayList` basiert im Prinzip auf einem normalen Array, während `LinkedList` die Objekte miteinander verkettet, d.h., jedes Objekt hat Zeiger auf Vorgänger und Nachfolger. Dadurch ist eine `LinkedList` sehr schnell beim Einfügen und Löschen von Objekten, während der direkte Zugriff über Angabe des Index (beispielsweise mit `get()`) sehr langsam sein kann (die Liste muss linear durchlaufen werden). Array-basierte Listen können diese Art des Zugriffs natürlich sehr schnell ausführen, während Einfügen und Löschen langsam sind, da nachfolgende Arraypositionen umkopiert werden müssen.

Merke

Wenn Sie nur selten einfügen und löschen (außer am Ende), dann ist `ArrayList` *zu bevorzugen, weil es deutlich schneller als* `LinkedList` *ist.*

Schauen wir uns nun ein Beispiel zum Einsatz einer Liste an. Wir legen eine kleine Telefonliste mit den Namen unserer Freunde und ihren Telefonnummern an und geben sie dann wieder aus.

Listing 7.2: ListenDemo.java

```
import java.util.*;
import java.io.*;

class Item {
  String m_name;
  int m_nummer;

  // der Konstruktor
  Item(String derName,int dieNummer) {
    m_name = derName;
    m_nummer = dieNummer;
  }
}

public class ListenDemo {
  public static void main(String []args) {
    // eine Liste anlegen und einige Namen ans Ende einfügen
    LinkedList<Item> freunde = new LinkedList<Item>();

    Item aktuell = new Item("Dirk",455689);
    freunde.add(aktuell);  // ans Ende anhängen

    aktuell = new Item("Peter",543679);
    freunde.add(aktuell); // ans Ende anhängen

    // Objekt direkt erzeugen und anhängen
    freunde.add(new Item("Katja",238590));

    // Objekt direkt erzeugen und vorne einfügen
    freunde.add(0, new Item("Julia",749326));


    // den Inhalt der Liste auf drei verschiedene Arten ausgeben
    Console cons = System.console();

    cons.printf("\n Ausgabe mit get() \n");
    for(int i = 0; i < freunde.size(); i++) {
      aktuell = freunde.get(i);
      cons.printf(" %s %d\n", aktuell.m_name, aktuell.m_nummer);
    }

    cons.printf ("\n Ausgabe mit Iterator \n");
    Iterator<Item> it = freunde.iterator();
    while(it.hasNext()) {
      aktuell =  it.next();
      cons.printf(" %s %d\n", aktuell.m_name, aktuell.m_nummer);
    }
```

```
    cons.printf ("\n Ausgabe mit for \n");
    for(Item akt : freunde) {
      cons.printf(" %s %d\n", akt.m_name, akt.m_nummer);
    }
  }
}
```

Analyse

Zunächst wird eine leere Liste angelegt. Da wir Objekte der selbstdefinierten Klasse `Item` darin speichern wollen, geben wir `Item` als Typ in der Instanzierung des `LinkedList`-Containers mit. Nun erfolgt das Einfügen einiger Instanzen mithilfe der `add()`-Methode.

Schließlich geben wir den Inhalt der Liste gleich mehrmals auf verschiedene Art und Weise aus. Zunächst laufen wir in einer `for`-Schleife ähnlich wie bei einem Array von Position 0 bis zum Ende durch die Liste und greifen mittels `get()` auf die einzelnen Elemente zu. Die Anzahl der Elemente in der Liste liefert zuvor die Methode `size()`.

Danach wird das typische Durchlaufen mit einem Iterator demonstriert. Mittels der Methode `iterator()` besorgen wir uns eine entsprechende `Iterator`-Instanz und laufen dann durch Aufruf von `next()` in einer `while`-Schleife durch die Liste. Die `next()`-Methode liefert bei jedem Aufruf ein Element der Liste, beginnend beim ersten, und springt dann automatisch zum nächsten. Aus diesem Grund braucht man im in der Schleife auch keine Anweisung zum Hochzählen der Position. Abbruchbedingung ist einfach das Ende der Liste, was durch die `Iterator`-Methode `hasNext()` angezeigt wird.

Die letzte Variante schließlich verwendet die erweiterte `for`-Schleife.

Mengen

Den Begriff der Menge kennen Sie bestimmt noch aus dem Mathematik-Unterricht. Eine Menge ist eine ungeordnete Ansammlung von Objekten, wobei ein Objekt nur einmal in der Menge vorkommen darf. Ein Prototyp für die Implementierung einer Menge ist z.B. die Java-Klasse `HashSet`.

Das Einfügen bzw. Löschen von Elementen erfolgt mit den Methoden

```
boolean add(E element)
boolean remove(E element)
```

die bei erfolgreicher Durchführung `true` zurückgeben, sonst `false`. Dies ist insbesondere beim Einfügen eines Objekts wichtig, das schon in der Menge enthalten ist. Die `add()`-Methode prüft, ob das Objekt schon existiert. Falls ja, wird der Einfügevorgang abgebrochen und `false` zurückgegeben.

Um den Einsatz einer Menge zu veranschaulichen, kehren wir noch einmal zu dem Lottozahlengenerator vom Anfang dieses Kapitels zurück. In jenem

Beispiel wurde nicht überprüft, ob alle Lottozahlen verschieden sind. Diese Unvollkommenheit können wir nun elegant mithilfe eines `HashSet` beheben:

Listing 7.3: Lotto2.java

```
// Verbesserung von Lotto.java: Keine Doubletten
import java.util.*;

class Lotto2 {
  public static void main(String args[]) {
    boolean eingefuegt;
    int i, zahl, anzahl = 0;
    Random generator = new Random();
    HashSet<Integer> gezogen = new HashSet<Integer>();

    System.out.println("\n Die Ziehung der Lottozahlen \n");

    while(true) {
      zahl = generator.nextInt(50);

      if(zahl == 0)        // 0 brauchen wir nicht
        continue;

      // versuchen, die Zahl in die Menge einzufuegen
      // falls nicht moeglich -> neue Zahl erzeugen
      eingefuegt = gezogen.add(zahl);

      if(!eingefuegt)     // schon vorhanden -> neuer Versuch
        continue;

      // Zahl ausgeben
      System.out.println(" Gezogene Zahl: " + zahl);

      // Sind 6 Zahlen gezogen worden? Dann Ende.
      anzahl++;

      if(anzahl == 6)
        break;
    }
  }
}
```

Analyse

Wir merken uns jede gezogene Zahl, indem wir sie in den `HashSet`-Container einfügen. Die `add()`-Methode wird dabei ein `false` zurückliefern, wenn der Einfügevorgang nicht erfolgreich war, d.h., wenn die Zahl schon vorhanden ist. In diesem Fall wird ein neuer Schleifendurchgang mit `continue` gestartet.

Hashtabellen

Eine höchst wichtige Aufgabe im Leben ist die Verwaltung von Wertepaaren, z.B. müssen Sie die Namen Ihrer Freunde und Bekannten dem richtigen Gesicht zuordnen, den Ausruf »Shit« als Ausdruck der Verzweiflung deuten und bei »Liebe« an ein positives Gefühl denken und nicht etwa an Hass oder ähnliches. Sie sehen schon, dass Wertepaare eine große Rolle spielen und Fehler bei der Zuordnung von einem Begriff zu seiner Bedeutung sehr nachteilig sein könnten. Eine solche Zuordnung nennt man in der Informatik eine *Map* oder ein *Mapping*. Als effiziente Umsetzung wurde eine Datenstruktur entwickelt, die man *Hashtabelle* nennt. Der Name deutet schon an, wie Paare von Daten abgelegt werden, nämlich in Tabellenform. Nehmen wir beispielsweise das Mapping zwischen zwei Sprachen wie Englisch und Deutsch. Es gibt zwei Wertebereiche A und B: die englischen Wörter und die deutschen. Sei A = {go, work, swim, zipper} und B = {arbeiten, gehen, Reißverschluss, schwimmen}. Ein Mapping muss nun jedem englischen Wort das entsprechende deutsche Wort zuordnen. (Mehrfachbedeutungen von Wörtern lassen wir mal der Einfachheit halber weg.) Unsere Tabelle zur Durchführung des Mappings von Englisch nach Deutsch könnte dann so aussehen:

Wort	**wird abgebildet auf**	**Index**	**Wort**
go	-->	0	gehen
work	-->	1	arbeiten
swim	-->	2	schwimmen
zipper	-->	3	Reißverschluss

Nehmen wir einmal an, die deutschen Wörter wären in einem Array gespeichert. Wie könnte dann der Benutzer des Programms die deutsche Übersetzung zu einem englischen Wort nachschlagen? Im Moment gar nicht, denn in unserem Array sind ja nur die deutschen Begriffe gespeichert! Wir könnten das Problem lösen, indem wir im Array nicht einfach nur einen String mit dem deutschen Wort, sondern ein Objekt ablegen, welches das deutsche und das englische Wort enthält. Die Suche nach einem englischen Wort bedeutet dann, dass wir alle Objekte im Array danach absuchen. Haben wir das Objekt mit dem gesuchten englischen Begriff gefunden, haben wir auch das deutsche Wort (das ja mit im Objekt abgelegt ist).

Diese Methode funktioniert in unserem Beispiel, aber denken Sie einmal an Wörterbücher mit mehreren hunderttausend Einträgen! Für solche Datenmengen ist das obige Verfahren viel zu langsam. Selbst der Wechsel zu einer effizienten Suchmethode (z.B. binäres Suchen) kann oft noch zu langsam sein. Am besten wäre eine Methode, die es uns erlaubt, zu einer gegebenen Englischvokabel direkt den Index im Array zu bestimmen. Und das ist möglich!

HashMap und Hashtable

Die Technik, um die es hier geht, nennt man *Hashing*, was so viel wie Zerhacken bedeutet. Zwei Klassen, die mit Hashing arbeiten, sind z.B. `HashMap` und `Hashtable` (`HashMap` ist die schnellere Variante, dafür ist `Hashtable` threadsicher[1]).

In Hashtabellen – gleichgültig, ob es sich nun um eine `HashMap`- oder `Hashtable`-Instanz handelt – fügt man stets Wertepaare ein:

- also das eigentliche abzulegende Objekt (den *Wert*) und
- ein Objekt, über das man das Wert-Objekt wieder auffinden kann (den *Schlüssel*).

Im Gegensatz zu den bisher besprochenen Containern haben wir somit zwei Arten von Objekten. Aus diesem Grund erwartet der Konstruktor auch zwei Klassenangaben, um den erlaubten Typ für Schlüssel und Wert festzulegen:

```
HashMap<String, Integer> tab = new HashMap<String, Integer>;
```

> **!** Beim Einfügen von Wertepaaren muss beachtet werden, dass die Schlüssel eindeutig sein müssen. Wenn ein Paar (A,B) schon in der Hashtabelle enthalten ist, wird ein `put()`-Aufruf mit dem gleichen Schlüssel A, aber anderem Wert C das bestehende Paar überschreiben.

Das Einfügen selbst erledigt die `put`-Methode, der als Parameter zuerst der Schlüssel und dann der Wert übergeben werden.

```
put(K schlüssel, V wert)
```

Für das Auffinden von Werten in der Hashtabelle ist die `get()`-Methode verantwortlich, die einen Schlüssel übernimmt und den zugehörigen Wert zurückliefert.

```
V get(K s)
```

wobei `K` der Typ der Schlüsselobjekte ist und `V` der Typ der Wertobjekte.

Klassen, deren Instanzen als Schlüssel verwendet werden sollen, müssen folgende zwei Methoden bereitstellen:

- `long hashCode()`. Diese Methode muss aus dem Schlüssel-Objekt, bei dem es sich ja um einen String, eine Koordinate oder sonst irgendein Objekt einer selbst definierten Klasse handelt, einen eindeutigen Zahlenwert erzeugen. Dieser Zahlenwert wird dann als Index in die Hashtabelle verwendet. Beim Einfügen eines Schlüssel/Wert-Paares gibt dieser Index an, wo in der Tabelle der Wert abgelegt wird. Beim Suchen nach einem Wert gibt der Index an, wo der Wert zu finden ist.
- `boolean equals()`. Mit dieser Methode werden die Objekte in der Hashtabelle verglichen.

In sehr vielen praxisrelevanten Fällen sind die Schlüssel Strings. Aus diesem Grund stellt die `String`-Klasse diese Methoden bereit, d.h., wenn wir mit Strings arbeiten, müssen wir die `HashMap`/`Hashtable`-Klasse einfach nur noch benutzen!

---

1 Zu Threads kommen wir allerdings erst in *Kapitel 15*.

Tabelle 7.3:
Methoden für Hashtabellen
(K = Klasse für Schlüssel,
V = Klasse für Wert)

Methode	Beschreibung
`boolean` **`isEmpty`**`()`	Liefert `true`, wenn keine Einträge vorhanden.
`void` **`clear`**`()`	Löscht alle Einträge.
`V` **`put`**`(K s, V w)`	Fügt ein Wertepaar ein oder überschreibt, wenn schon vorhanden.
`V` **`get`**`(K s)`	Liefert den Wert zu Schlüssel `s`.
`V` **`remove`**`(K s)`	Entfernt den Schlüssel `s`.
`boolean` **`containsKey`**`(K s)`	Liefert `true`, wenn Schlüssel `s` vorhanden.
`boolean` **`containsValue`**`(V w)`	Liefert `true`, wenn Wert `w` vorhanden.
`int` **`size`**`()`	Liefert die Anzahl an Einträgen.

Kehren wir nun zu dem geschilderten Problem zurück, dass wir effizient und ohne großen Aufwand ein kleines Wörterbuch verwalten wollen. Mit `HashMap` könnte dies folgendermaßen aussehen:

Listing 7.4:
Woerterbuch.java

```
import java.util.*;
import java.io.*;

class Item {
  String m_wort,m_typ;

  Item(String w,String t) {
    m_wort = w;
    m_typ = t;
  }
}

public class Woerterbuch {
  public static void main(String args[]) {
    Console cons = System.console();
    cons.printf("\n");

    HashMap<String, Item> tabelle = new HashMap<String, Item>();
    tabelle.put("gehen",new Item("walk","Verb"));
    tabelle.put("laufen",new Item("run","Verb"));
    tabelle.put("schwimmen", new Item("swim","Verb"));
    tabelle.put("Reißverschluss", new Item("zipper","Nomen"));

    // nach einem Wort suchen
    Scanner tastatur = new Scanner(cons.reader());
    cons.printf(" Deutsches Wort: ");
    String suchString = tastatur.next();
```

```
        // In Hashtabelle nachschlagen
        Item ergebnis = tabelle.get(suchString);

        if(ergebnis == null)
           cons.printf(" %s nicht gefunden! \n", suchString);
        else
           cons.printf(" %s heisst auf Englisch %s \n",
                         suchString, ergebnis.m_wort);
    }
}
```

Analyse

In der main-Methode wird zunächst eine leere Instanz von HashMap erstellt. Da als Schlüssel Strings verwendet werden sollen und die einzufügenden Objekte selbst vom Typ der selbst definierten Klasse Item sein sollen, geben wir dem Konstruktor als Typinformation <String, Item> mit auf den Weg. Anschließend werden einige Einträge für die Hashtabelle generiert und durch Aufruf der put()-Methode eingefügt.

Die Suche erfolgt mithilfe der get()-Methode. Sie liefert bei erfolgreichem Suchen eine Referenz auf das zum Suchschlüssel korrespondierende Item.

Hinweis

Siehe Kapitel 12, Programm Editor.java, zum Einsatz von Hashtable.

7.5 Algorithmen

Immer wiederkehrende Aufgaben bei der Verwaltung von Daten sind auch das Suchen und Sortieren. Ähnlich wie bei den Datenstrukturen, die auf den vorangegangenen Seiten vorgestellt worden sind, hat die Informatik viele schlaue Verfahren hierfür entworfen, die allerdings nicht immer leicht zu implementieren sind. Java nimmt dem Programmierer einen großen Teil der Arbeit ab und stellt in den Klassen Arrays und Collections elementare Such- und Sortieralgorithmen bereit.

Die Klasse Arrays

Für normale Arrays existiert die Klasse Arrays (Paket java.util), die statische Methoden zum Sortieren von Arrays (oder Teilen von Arrays) definiert:

```
sort(E[] werte)
sort(E[] werte, int start, int ende)
```

Ein typischer Aufruf könnte beispielsweise so aussehen:

```
double[] werte = new double[100];
// ... Array mit Werten füllen usw.
// nun Array sortieren:
Arrays.sort(werte);
```

Der Typ E des übergebenen Arrays kann ein elementarer Datentyp sein (int, char, double usw.) oder eine Klasse. Im letzteren Fall muss die Klasse die Comparable-Schnittstelle implementieren, d.h., eine Methode `int compareTo(E o)` zum Vergleich von Objekten dieser Klasse vom Typ `E` bereitstellen. Sie muss 0 bei Gleichheit liefern, einen Wert < 0, falls das übergebene Objekt größer ist als die die Methode aufrufende Instanz, und > 0, falls das übergebene Objekt kleiner ist die aufrufende Instanz. Viele Standardklassen von Java haben schon eine `compareTo`-Methode, z.B. `String` sowie alle Wrapper-Klassen wie `Character`, `Double`, `Integer` usw.

Zum Durchsuchen eines Arrays gibt es die Methode

```
int binarySearch(typ[] array, E element)
```

Wie bei `sort()` kann `E` ein elementarer Typ sein oder eine Klasse (die dann wieder eine `compareTo()`-Methode besitzen muss). Als Parameter erwartet diese Methode das zu durchsuchende Array und einen Wert, nach dem gesucht werden soll. Wenn die Suche erfolgreich war, ist der Rückgabewert der Index des gesuchten Elements im Array. Bei einem Wert < 0 wurde nichts gefunden.

> **!** Um eine `binarySearch()`-Suche auf einem Array zu starten, muss das Array sortiert sein! Andernfalls ist der Ausgang der Suche undefiniert.

Die Klasse Collections

Was die oben vorgestellte Klasse `Arrays` für normale Arrays ist, ist für Listen die Klasse `Collections` mit ihren statischen Methoden:

Tabelle 7.4: Methoden für Listen

Methoden	Beschreibung
`int` **`binarySearch`**`(List<E> l, E k)`	Führt eine binäre Suche nach Element `k` durch.
`void` **`sort`**`(List<E> l)`	Sortiert die Liste `l`.
`void` **`shuffle`**`(List<E> l)`	Bringt die Elemente in der Liste `l` in eine zufällige Reihenfolge.

Während diese Methoden nur auf Listen (`LinkedList`, `ArrayList`) anwendbar sind, gibt es in `Collections` noch weitere interessante Methoden, die auf jede Container-Klasse anwendbar sind, insbesondere auch auf `HashSet`:

Tabelle 7.5: Zwei Vertreter allgemeiner Collections- Methoden

Methoden	Beschreibung
`E` **`min`**`(Collection c)`	Liefert das Minimum.
`E` **`max`**`(Collection c)`	Liefert das Maximum.

> **!** Natürlich müssen die Objekte, die in der jeweiligen Datenstruktur verwaltet werden, eine `compareTo()`-Methode bereitstellen, damit diese Algorithmen auch die Elemente vergleichen können.

7.6 Zusammenfassung

Im Paket `java.util` sind viele nützliche Klassen vorhanden, die bei der Programmerstellung helfen.

Zufallszahlen werden mittels der Klasse `Random` erzeugt. Zeit- und Datumsangaben liefert `Date`. Die Klasse `StringTokenizer` erlaubt das bequeme Zerlegen von Strings in logische Einheiten.

Container-Klassen heißen in Java *Collections* und stellen komplexe Datenstrukturen bereit, die auf beliebigen Klassen arbeiten. Die wichtigsten Datenstrukturen sind Liste, Keller, Menge, Warteschlange und Hashtabelle.

Eine Liste ist eine geordnete Ansammlung von Objekten (Achtung: geordnet heißt hier nicht sortiert!), Doubletten sind möglich. Einen Keller kann man als Sonderfall einer Liste ansehen, bei der nur an einem Ende hinzugefügt/gelöscht werden darf. Eine Menge ist eine ungeordnete Ansammlung von Objekten ohne doppelte Einträge. Eine Warteschlange liefert die in sie eingefügten Elemente in einer ganz bestimmten Reihenfolge zurück. Eine Hashtabelle realisiert die effiziente Abspeicherung von (Schlüssel,Wert)-Paaren mit konstanter Suchzeit nach einem Eintrag.

7.7 Fragen und Antworten

1. Was passiert, wenn man Container oder Iteratoren nicht typisiert?

   In solchen Fällen erzeugt der Compiler `unchecked`-Warnungen. Weiter schlimm ist dies nicht, der Quelltext wird trotzdem korrekt übersetzt. Wenn Sie älteren Java-Code übersetzen, der mit Container-Klassen arbeitet, werden Sie diese Meldungen wahrscheinlich häufiger sehen, denn vor Java 1.5 waren die Container-Klassen noch nicht typisiert.

7.8 Übungen

1. Ein Keller ist eine Datenstruktur bei der Einfüge-, Lösch- und Leseoperationen auf das Ende (*Top* genannt) beschränkt sind. Eine gute Analogie ist ein Stapel Teller – allerdings nur unter der Voraussetzung, dass sich unter den Lesern keine Exzentriker befinden, die sich grundsätzlich weigern, Teller auf das obere Ende des Stapels zu legen beziehungsweise Teller von oben wegzunehmen. Im Englischen nennt man diese Datenstruktur *Stack* und so heißt auch die Java-Klasse, die diese Datenstruktur implementiert.

Methode	Beschreibung
E **push**(E element)	Fügt ein Element ein.
E **pop**()	Liefert das oberste Element und entfernt es vom Stack.
E **peek**()	Liefert das oberste Element, ohne es zu löschen.

Tabelle 7.6: Wichtige Stack-Methoden

Während das Konzept einer Liste intuitiv leicht verständlich ist, stellt sich die Lage bei einem Keller völlig anders da. Für einen Einsteiger ist der Keller meist sehr ungewohnt und wird gerne gemieden, dabei kann er sehr praktisch sein. Versuchen Sie doch einmal mithilfe einer Keller-Datenstruktur ein Programm zu schreiben, das über die Tastatur einen Text einliest, die Reihenfolge der Buchstaben darin umkehrt und das zurück auf die Konsole schreibt.

2. Schreiben Sie ein Programm, das einen String von der Tastatur einliest und mithilfe der Klasse `HashMap` die Häufigkeit der auftretenden Wörter zählt und dann ausgibt. Hinweis: Das Ausgeben erfolgt am einfachsten, indem `println()` der Name der Hashtabelle übergeben wird!

8 Das AWT (Abstract Window Toolkit)

Sie lernen in diesem Kapitel,
- *wie man sich im Dschungel der AWT-Klassen zurechtfindet,*
- *wie das Grundgerüst von GUI-Anwendungen aussieht,*
- *wie grafische Benutzeroberflächen in Java aufgebaut werden,*
- *warum wir in Java einen Layout-Manager benötigen,*
- *wie man auf Maus und Tastatur reagiert.*

Der Teil von Java, mit dem man Programme mit grafischen Benutzeroberflächen (Englisch: graphical user interface = GUI) erstellen kann, trägt den geheimnisvollen Namen AWT, was für *Abstract Window Toolkit* steht.

Das AWT wird sowohl zur Anwendungs- wie auch zur Applet-Erstellung eingesetzt und besteht aus einer Sammlung verschiedener Pakete, die alle mit `java.awt` beginnen und Hunderte von Klassen und Methoden zur Verfügung stellen, aus denen man sich baukastenartig die gewünschte Oberfläche und Funktionalität zusammenstellen kann. Einmal mehr treffen wir also auf diese praktischen, fertig implementierten Klassen, die wir nur an unsere speziellen Wünsche anpassen müssen. Bei der Programmierung mit dem AWT sind daher die Haupttechniken, die man anwendet, das Ableiten von Klassen und das Überschreiben von Methoden. Falls Sie geschummelt haben und im Grundlagenteil die entsprechenden *Kapitel (5.1 und 5.2)* nur mit einem halben Auge gelesen haben, dann sollten Sie dies nun besser nachholen, damit Sie vorbereitet sind!

8.1 Der AWT-Reiseführer

Das AWT hat für Einsteiger den Nachteil, dass es sehr, sehr viele Klassen besitzt. Wir werden im Rahmen dieses Buches daher nur einen kleinen – aber feinen! – Teil kennenlernen. Für die meisten Anwendungen benötigt man ehedem nur einen kleinen Teil des AWT, und wenn Sie einmal etwas Ausgefalleneres programmieren wollen, dann sind Sie nach dem Durchlesen der nachfolgenden Kapitel mit Sicherheit gerüstet, um selbst loszuziehen und die Welt der Fenster und des AWT für sich zu erobern. Bevor es jedoch richtig losgeht, wollen wir uns zunächst einen groben Überblick über den Aufbau des AWT verschaffen.

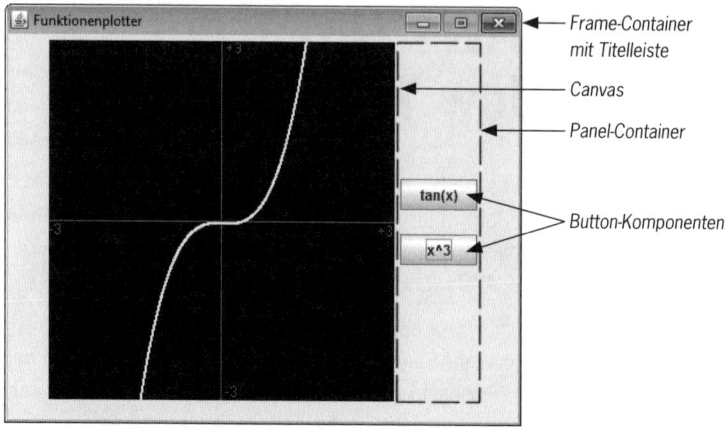

Abbildung 8.1: Aufbau einer GUI-Oberfläche

Das AWT sieht ein fensterbasiertes Programm als eine Hierarchie von ineinander verschachtelten Bausteinen, den sogenannten Komponenten, an. Für jede dieser Komponenten gibt es im AWT eine passende Klasse, die Sie direkt instanzieren oder von der Sie eigene Klassen ableiten können.

Gemäß der Aufgabe, die die einzelnen Bausteine beim Design der grafischen Oberfläche spielen, kann man folgende wichtigen Gruppen unterscheiden:

- *Container*: Container sind Komponenten, die andere Komponenten enthalten. Sie dienen der Gruppierung der Oberflächenelemente und der Strukturierung der Oberfläche. Die wichtigsten Container heißen `Frame` (für die Fenster eines Programms) und `Panel` (für Bereiche innerhalb eines Fensters).
- *Komponenten*: Dies sind die typischen Bausteine eines GUI-Programms, mit deren Einsatz Sie zwangsläufig durch die Arbeit mit Windows bereits vertraut sind: Schaltflächen (`Button`), Menüleisten (`MenuBar`), Pulldown-Listenfelder (`Menu`), Kontrollkästchen (`Checkbox`), Textfelder (`TextField`), Bildlaufleisten (`Scrollbar`), Dialogfenster (`Dialog`) und so weiter.
- *Layout-Manager*: Spezielle Klassen, mit deren Hilfe die Anordnung und Ausrichtung der Steuerelemente geregelt wird.
- *Canvas*: Dies ist ein spezieller Baustein, der zum Malen und zur Anzeige von Bildern und Grafiken verwendet wird. Es wird Sie nicht weiter überraschen, dass die entsprechende Klasse `Canvas` heißt.[1]
- *Ereignislauscher*: Spezielle Klassen, die der Ereignisbehandlung dienen. Mit ihrer Hilfe kann man festlegen, wie ein Fenster und seine Oberflächenelemente auf Maus- und Tastaturereignisse reagieren.

Nun aber genug der Vorrede. Schauen wir uns ein Beispielprogramm an, an dem wir die ersten wichtigen Prinzipien und Merkmale kennenlernen.

1 Wenn Sie später mit Swing-Komponenten arbeiten (siehe *Kapitel 9*) werden Sie in Panels zeichnen (siehe *Kapitel 10*).

8.2 Aufbau einer GUI-Anwendung

Das folgende Programm implementiert eine ganz einfache GUI-Anwendung mit einem Hauptfenster und drei Schaltflächen. Aber Achtung! Die Namen der Schaltflächen (»Hänsel« »und« »Gretel«) sollen Ihnen anzeigen, dass Ihnen das Programm kurz nach dem Abschicken verloren geht. Weder Rufe noch Mausklicks können es dann erreichen, und folglich gibt es auch keine Möglichkeiten, das Programm ordnungsgemäß zu beenden.

Listing 8.1: GUI_Beispiel.java – unser erstes GUI-Programm

```
import java.awt.*;

public class GUI_Beispiel extends Frame{
  // der Konstruktor legt drei Schaltflächen an
  GUI_Beispiel(String titel) {
    super(titel);                    // Fenstertitel

    // Schaltflächen erzeugen
    Button hänsel = new Button("Hänsel");
    Button und    = new Button("und");
    Button gretel = new Button("Gretel");

    // Einen Layout-Manager zum Anordnen der Schalter festlegen
    setLayout(new FlowLayout());

    // zum Frame hinzufügen
    add(hänsel);
    add(und);
    add(gretel);
  }

  public static void main(String[] args) {
    // eine Instanz der Fensterklasse anlegen
    GUI_Beispiel fenster =
                    new GUI_Beispiel("Erstes GUI-Programm");

    fenster.pack();
    fenster.setVisible(true);
  }
}
```

! Wenn Sie das Programm aus einem Konsolenfenster (Eingabeaufforderung) heraus aufgerufen haben, beenden Sie es, indem Sie das Konsolenfenster aktivieren und die Tastenkombination Strg + C drücken.

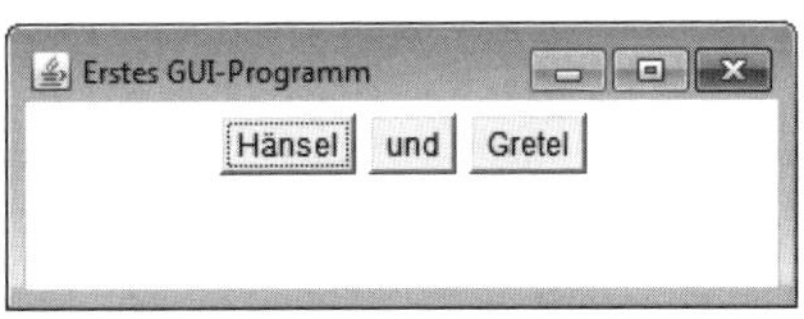

Abbildung 8.2: Ihr erstes GUI-Programm

Analyse

Nutzen wir dieses kleine Programm, um uns mit dem Grundgerüst von GUI-Anwendungen vertraut zu machen.

Das Grundgerüst

Sicherlich erkennen Sie das Grundgerüst der typischen Java-Anwendung wieder:

- die Hauptklasse der Anwendung (`class GUI_Beispiel` aus Zeile 3), diesmal abgeleitet von der vordefinierten Klasse `Frame` und mit einem von uns definierten Konstruktor, plus
- der unvermeidlichen `main()`-Methode (Zeile 22), mit der die Ausführung des Programms beginnt.

Lassen Sie uns die einzelnen Teile noch einmal etwas detaillierter durchgehen, und versuchen wir herauszuarbeiten, welche Anpassungen im Grundgerüst aus einer Konsolenanwendung eine GUI-Anwendung machen.

Importieren der AWT-Klassen

Da wir vordefinierte Klassen des AWT verwenden wollen (ja müssen), finden Sie am Anfang des Quellcodes die `import`-Anweisung

```
import java.awt.*;
```

mit der die Namen aller relevanten AWT-Klassen importiert werden.

Merke

Durch die Ableitung von der AWT-Klasse `Frame` wird aus einer normalen Java-Klasse eine Fensterklasse.

Ableitung der Hauptfensterklasse

Als Nächstes wird die Hauptklasse der Anwendung definiert (`GUI_Beispiel`). Dies ist im obigen Beispiel auch gleichzeitig die Klasse des Hauptfensters und wird daher von der AWT-Klasse `Frame` abgeleitet.

Wie alle Oberflächenelemente werden auch die Fenster einer Anwendung in einem Java-Programm durch Klassen repräsentiert. Die grundlegende Funktionalität eines Fensters ist dabei bereits in der AWT-Klasse `Frame` definiert. Was man nun tun muss, um eine Anwendung um ein Fenster zu bereichern, ist, für das Fenster eine eigene Klasse von der Basisklasse `Frame` abzuleiten. Die abgeleitete Fensterklasse kann dann individuell angepasst werden, beispielsweise durch Aufnahme verschiedener Steuerelemente in das Fenster.

Hinweis

Neben `Frame` kann man auch die Klasse `Window` zur Ableitung von Fenstern verwenden. Fenster, die von `Window` abgeleitet werden, verfügen allerdings weder über einen Rahmen noch über eine Titelleiste.

Oberflächenelemente in ein Fenster aufnehmen

Ein leeres Fenster ist ohne großen Nutzen. Der nächste Schritt besteht daher meist darin, Komponenten in das Fenster aufzunehmen, mit denen der Anwender später interagieren kann – beispielsweise drei Schaltflächen, die bestimmte Aktionen ausführen, wenn sie angeklickt werden.

Der passende Ort zur Aufnahme von Komponenten ist der Konstruktor (beginnt in Zeile 5).

Im Konstruktor der Fensterklasse bilden wir daher drei Instanzen der Klasse `Button`, wobei der Titel für die Schaltfläche als String an den `Button`-Konstruktor übergeben wird (Zeilen 9 bis 11). Damit sind die Schaltflächen schon erzeugt!

Merke

Oberflächenelemente wie Schaltflächen, Textfelder, Menüs etc. werden üblicherweise durch direkte Instanzierung der entsprechenden AWT-Klassen erzeugt (und nicht durch Ableitung einer eigenen Klasse, wie im Falle der Fenster).

Der nächste Schritt besteht nun darin, die Schaltflächen als untergeordnete Komponenten des Fensters anzumelden. Alle Container (zu denen auch die Fenster gehören) besitzen dazu die Methode `add()`, der man einfach die Instanz der aufzunehmenden Komponente übergibt (Zeilen 17 bis 19).

Die Methode `add()` stammt übrigens von der AWT-Klasse `Container`, von der die Klassen `Frame` und `Panel` abgeleitet sind.

Fenster instanzieren und anzeigen

Außer dem Konstruktor definiert unsere Fensterklasse natürlich noch die altbekannte `main()`-Funktion. Innerhalb von `main()` wird eine Instanz der Klasse, also ein Fenster, erzeugt (Zeile 24). Um auch gleich einen Fenstertitel anzuzeigen, übergeben wir den Titel als String an den Konstruktor unserer Fensterklasse und reichen ihn im Konstruktor an den Konstruktor der Basisklasse `Frame` weiter. Schließlich wird das Fenster durch Aufruf der Methode `setVisible(true)` auf den Bildschirm gebracht (Zeile 28)[1].

Hinweis

Die Methode `pack()` ist in diesem einfachen Beispiel eigentlich noch nicht notwendig, aber Sie sollten sich angewöhnen, sie immer zusammen mit `setVisible(true)` aufzurufen. Sie bewirkt eine Ausrichtung der verwendeten Komponenten auf ihre bevorzugte Größe.

Beim Umgang mit Fenstern sind also drei Schritte zu beachten:

- Die Definition einer eigenen Fensterklasse (abgeleitet von der AWT-Klasse `Frame`).
- Die Erzeugung eines (oder mehrerer) Fenster als Instanz(en) der Fensterklasse. (Denken Sie daran, dass eine Klasse im Grunde genommen nur ein Datentyp ist. Erst die Instanzen der Klasse stellen »reelle« Objekte dar. Erst die Instanz einer Fensterklasse stellt ein Fenster dar.)
- Das erzeugte Fenster ist anfänglich nicht auf dem Desktop sichtbar. Um es anzuzeigen, muss explizit die Methode `setVisible()` mit dem Argument `true` aufgerufen werden.

Komponenten anordnen: Layout-Manager

Schauen Sie sich noch einmal *Abbildung 8.2* an. Wie Sie sehen können, sind die Schaltflächen im Hauptfenster ordentlich in einer Reihe ausgerichtet, und das, obwohl wir keinerlei Angaben über die Positionen und Größen der Schaltflächen gemacht haben. Jetzt werden Sie sich vielleicht fragen, ob es vielleicht irgendwelche internen Regeln zur Positionierung der Schaltflächen – oder allgemeiner der Komponenten – gibt, oder ob die Anordnung womöglich gänzlich zufällig erfolgt.

1 Analog kann man mit `setVisible(false)` das Fenster verschwinden lassen (es existiert dann nach wie vor und kann durch erneuten Aufruf von `setVisible(true)` wieder sichtbar gemacht werden).

Zufällig? Nein, das kann ja nicht Sinn der Sache sein. Dann würde der Anwender ja bei jedem Aufruf Ihres Programms ein total verändertes Layout der Oberflächenelemente vorfinden und die Arbeit mit dem Programm irgendwann genervt aufgeben!

Aus diesem Grunde gibt es sogenannte Layout-Manager, die alle Komponenten nach gewissen Regeln anordnen. In unserem ersten GUI-Programm benutzen wir zum Beispiel den `FlowLayout`-Manager, den wir im Konstruktor der Fensterklasse durch die Anweisung

```
14:    setLayout(new FlowLayout());
```

für die Anordnung der Komponenten im Fenster auswählen.

Hinweis

Bevor Sie es selbst herausfinden, gestehen wir es besser gleich: Es gibt noch einige weitere Layout-Manager wie `GridBagLayout` oder `BoxLayout`, `GroupLayout` etc. (letztere sind nur in Swing-Programmen verfügbar). Die Besprechung dieser zum Teil recht komplizierten Layout-Manager würde allerdings den Rahmen des Buches sprengen.

Der `FlowLayout`-Manager verwendet eine besonders einfache Regel zur Anordnung: Alle Komponenten, die in den Container aufgenommen werden, werden der Reihe nach nebeneinander und zentriert platziert. Wenn die gesamte Breite des Containers (hier also unser Fenster) ausgeschöpft ist, wird eine neue Zeile begonnen. Wenn Sie das Beispielprogramm starten, werden die Schaltflächen daher nebeneinander und nicht etwa vertikal untereinander angeordnet.

Es gibt noch einige andere Layout-Manager, die unterschiedliche Strategien zur Anordnung der Komponenten verwenden. Hier ein kleiner Überblick; Beispiele zu ihrer Verwendung werden wir noch in den nachfolgenden Beispielprogrammen sehen.

Tabelle 8.1: Layout-Manager

Konstruktor	Anordnung	Hinzufügen von Komponenten durch
`FlowLayout()`	der Reihe nach	`add(Komponente)`

`BorderLayout()`	in fünf Gebiete: `Central`, `North`, `East`, `South`, `West`	`add("East",Komponente)`
		`add("Center",Komponente)`
		usw.

`GridLayout(n,m)`	gitterartig in N x M-Matrix	zeilenweise:
		`add(Komponente1-1)`
		`add(Komponente1-2)`
		`add(Komponente1-3)`
		usw.

Merke

Ein Layout-Manager bezieht sich immer auf den Container, mit dessen `setLayout()`-Methode er eingerichtet wurde.

Ein Layout-Manager bezieht sich immer auf den Container, mit dessen `setLayout()`-Methode er eingerichtet wurde. Das heißt: Alle Komponenten in einem Container werden nach den Regeln des für den Container eingerichteten Layout-Managers angeordnet. Da unter diesen Komponenten auch Panels sein können, die selbst wieder Container darstellen und eigene Layout-Manager spezifizieren können, ergibt sich ein recht flexibles Konzept zur Anordnung von Komponenten.

Warum Layout-Manager?

Warum überhaupt der Umweg über Layout-Manager? Warum kann der Programmierer nicht selbst Angaben zur Größe und Positionierung der Komponenten machen?

Abgesehen davon, dass die Positionierung und Dimensionierung von Komponenten durch Angabe von Pixelkoordinaten eine recht mühsame Angelegenheit sein kann, gibt es eine Reihe von schwer zu berücksichtigenden Unwägbarkeiten (der Anwender kann die Fenstergröße verändern, das Aussehen und damit auch die Abmaße der typischen Steuerelemente sind betriebsspezifisch, für Applets wird deren Anzeigebereich vom aufrufenden HTML-Dokument vorgegeben). Java umgeht diese Problematik durch das Konzept der Layout-Manager, mit deren Hilfe der Programmierer die gewünschte Anordnung vorgeben kann und die jeweilige Umgebung für die bestmögliche Umsetzung sorgt.

Es ist allerdings auch möglich, ohne Layout-Manager zu arbeiten und die Komponenten selbst zu positionieren. Dazu übergeben Sie `setLayout()` als Layout-Manager `null` und dimensionieren die Komponenten mithilfe der Methode `setBounds(int, int, int, int)`, die die Koordinaten der linken oberen Ecke sowie Breite und Höhe der Komponente übernimmt.

Damit sind wir mit dem ersten Beispiel schon fertig! Und wir machen direkt weiter. Bestimmt ist Ihnen beim Herumspielen mit dem Beispiel aufgefallen, dass das Drücken der Schaltflächen ohne jegliche Wirkung bleibt. Noch bedauernswerter ist, dass auch das Drücken des Schließen-Symbols des Fensters nicht die gewünschte Wirkung zeitigt und Sie das Programm bzw. das Fenster nur durch Abschießen des Java-Interpreters beenden können (beispielsweise durch Drücken von [Strg]+[C] im Konsolenfenster). Etwas brutal, nicht? Daher werden wir nun für geeignete Abhilfe sorgen.

8.3 Das Ereignis-Modell des AWT

GUI-Programme unterscheiden sich in ihrer Mentalität grundlegend von den klassischen Konsolenanwendungen, wie wir sie im Grundlagenteil kennengelernt haben. Während Letztere in der Regel gleich nach dem Start wie von einer Biene gestochen loslaufen und irgendwelche Dinge berechnen, machen GUI-Programme zu einem Großteil ihrer Laufzeit nichts anderes als zu warten! Worauf warten sie? Auf den Benutzer des Programms, darauf, dass dieser mit seiner Maus irgendwo hinklickt oder irgendetwas über die Tastatur eingibt.

Jeder Mausklick und jeder Tastaturanschlag veranlassen das im Hintergrund laufende Window-System[1] dazu, ein entsprechendes Ereignis (engl. *Event*) zu erzeugen und an das Programm weiterzuleiten, in dessen Fensterbereich es ausgelöst worden ist (im Fachchinesisch heißt dies »das Programm, das gerade den Fokus hatte«). Danach ist wieder das Programm am Zuge. Es muss die vom Betriebssystem versendeten Botschaften abfangen und für deren korrekte Bearbeitung sorgen. Bei Java-Programmen kommt hierbei wieder das AWT ins Spiel. Es verwendet zur Behandlung der Ereignisse ein sogenanntes *Delegation Event Modell*.

Abbildung 8.3: Ereignisquelle und Ereignislauscher

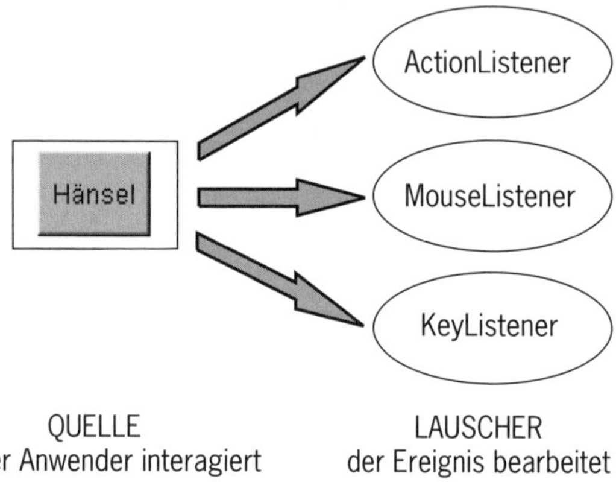

Bei der Verarbeitung der Ereignisse unterscheidet das AWT *Ereignisquellen* (event sources) und *Ereignislauscher* (event listener). Die Ereignisquellen sind die GUI-Komponenten – beispielsweise unsere Schaltfläche oder unser Fenster. Die Ereignislauscher sind spezielle Klassen, die sich mit dem Abfangen und der Bearbeitung der Ereignisse befassen. Will ein Programm ein bestimmtes Ereignis für eine bestimmte Komponente abfangen und bearbeiten, muss es lediglich einen passenden Ereignislauscher definieren und diesen für die betreffende Komponente mithilfe entsprechender Methoden registrieren.

Soweit die Theorie. Kehren wir zu unserem Beispiel zurück. Wir haben dort vier potenzielle Ereignisquellen, nämlich die drei Schaltflächen sowie das umgebende Fenster (das `Frame`-Objekt). Da wir bislang für keine dieser Quellen irgendwelche Ereignislauscher registriert haben, ist Ihnen nun hoffentlich klar, warum unsere Mausklicks nicht beachtet worden sind. Die Ereignisse wurden zwar vom Betriebssystem erzeugt, aber von unserem Programm vollkommen ignoriert! Dies werden wir nun schleunigst ändern.

1 Mit »Window-System« ist der Teil des Betriebssystems gemeint, der für die Darstellung und Verwaltung der GUI-Anwendungen und ihrer Fenster zuständig ist.

Listing 8.2: GUI_Beispiel2.java

```
// Das erste GUI-Programm mit Ereignisbehandlung
import java.awt.*;
import java.awt.event.*;

public class GUI_Beispiel2 extends Frame {
  // Die eigenen Adapter- und Listener-Klassen als
  // innere Klassen innerhalb der Klasse
  // GUI_GBeispiel2 definieren
  class MeinWindowLauscher extends WindowAdapter {
    public void windowClosing(WindowEvent e) {
      // Das Programm beenden
      System.exit(0);
    }
  }

  class MeinActionLauscher implements ActionListener {
    public void actionPerformed(ActionEvent e) {
      // einmal piepen
      java.awt.Toolkit.getDefaultToolkit().beep();
    }
  }

  // der Konstruktor legt drei Schaltflächen an
  GUI_Beispiel2(String titel) {
    super(titel);

    // Schaltflächen erzeugen
    Button hänsel = new Button("Hänsel");
    Button und  = new Button("und");
    Button gretel = new Button("Gretel");

    // Einen Layout-Manager zum Anordnen der Schalter festlegen
    setLayout(new FlowLayout());

    // Schaltflächen zum Frame hinzufügen
    add(hänsel);
    add(und);
    add(gretel);

    // den Frame bei einem WindowListener anmelden
    addWindowListener(new MeinWindowLauscher());

    // ActionListener für die Schaltflächen registrieren
    // Es wird jedes Mal eine neue Instanz angelegt. Man
    // kann aber auch eine Instanz mehrfach verwenden
    hänsel.addActionListener(new MeinActionLauscher());
    und.addActionListener(new MeinActionLauscher());
    gretel.addActionListener(new MeinActionLauscher());
  }
```

```

  public static void main(String[] args) {
    // eine Instanz der Klasse anlegen und anzeigen
    GUI_Beispiel2 fenster =
                new GUI_Beispiel2("GUI mit Ereignisbehandlung");
    fenster.pack();
    fenster.setVisible(true);
  }
}
```

Analyse

Das Programm ist eine Kopie unseres letzten Beispielprogramms, allerdings erweitert um eine einfache Ereignisbehandlung. Wir halten uns daher gar nicht mehr mit dem Grundgerüst des Programms auf, sondern konzentrieren uns gleich auf den Code, der mit der Ereignisbehandlung in Zusammenhang steht.

java.awt.event importieren

Der erste Schritt zur Ereignisbehandlung besteht darin, das Paket `java.awt.event` zu importieren, in dem eine Reihe von Klassen und Schnittstellen zusammengefasst sind, die wir für die Ereignisbehandlung benötigen.

Um uns das Grundprinzip klar zu machen, beginnen wir mit der Ereignisbehandlung für die drei Schaltflächen (im Anschluss besprechen wir dann die Ereignisbehandlung für das Fenster).

Was wir wollen, ist, dass unser Programm entsprechend reagiert, wenn der Anwender auf eine der Schaltflächen drückt. Im Grunde genommen läuft dies darauf hinaus, für jede Schaltfläche eine Methode zu definieren, die immer dann aufgerufen wird, wenn die Schaltfläche gedrückt wird. Eine Methode zu definieren ist kein Problem. Die Schwierigkeit besteht darin, die Methode mit dem Schalterereignis zu verbinden. Dazu bedarf es eines bestimmten Formalismus, den uns das *Delegation Event Modell* vorgibt (siehe oben).

Ereignislauscher definieren

Merke

In Java werden die Methoden zur Ereignisbehandlung in speziellen Listener-Schnittstellen vorgegeben. Aufgabe des Programmierers ist es, eigene Klassen zu definieren, die diese Schnittstellen implementieren.

Zu jeder Ereignisbehandlung gehören wie gesagt eine Quelle und ein Lauscher. Die Quellen haben wir bereits – es sind unsere Schaltflächen. Der nächste Schritt besteht darin, für jede Quelle einen Lauscher zu definieren. Was aber genau ist ein Lauscher?

Lauscher sind einfach Klassen, die bestimmte Schnittstellen implementieren. In den Schnittstellen sind die Deklarationen der Methoden vorgegeben, die bei Eintritt des Ereignisses ausgeführt werden sollen. Und da es verschiedene Kategorien von Ereignissen gibt (Mausereignisse, Tastaturereignisse, Fenster-Ereignisse, etc.), gibt es für jede Ereigniskategorie eine eigene Schnittstelle (siehe *Tabelle 8.2*).

Wir müssen uns nun überlegen, welche Kategorie von Ereignissen abgefangen werden soll. Dann schauen wir im Paket `java.awt.event` nach, welche

Listener-Schnittstelle zu dem Ereignis passt. Schließlich definieren wir eine eigene Klasse, die die gewünschte Schnittstelle implementiert, indem sie die in der Schnittstelle vorgegebenen Methoden definiert (mehr zur Programmierung mit Schnittstellen in *Kapitel 5.5*).

Um das Anklicken einer Schaltfläche zu überwachen, reicht uns die Lauscher-Schnittstelle `ActionListener`. Die Syntax zur Definition einer eigenen Klasse, die die Schnittstelle `ActionListener` implementiert, sieht folgendermaßen aus:

```
class MeinActionLauscher implements ActionListener {
  // Definition der Methoden der Schnittstelle
}
```

Die Schnittstelle `ActionListener` deklariert eine einzige Methode:

```
public abstract void actionPerformed(ActionEvent e)
```

Diese Methode wird später aufgerufen, wenn der Anwender auf unsere Schaltfläche klickt. Um zu bestimmen, wie das Programm auf das Drücken der Schaltfläche reagieren soll, brauchen wir also nur noch eine passende Implementierung dieser Methode in unserer Klasse `MeinActionLauscher` vorzugeben:

```
class MeinActionLauscher implements ActionListener {
  public void actionPerformed(ActionEvent e) {
    // einmal piepen
    java.awt.Toolkit.getDefaultToolkit().beep();
  }
}
```

Obwohl wir es hier nur mit wenigen Zeilen Code zu tun haben, gibt es einige wichtige und interessante Punkte zu beachten, auf die wir Ihre Aufmerksamkeit nochmals lenken möchten.

- Die Methode `actionPerformed()` ist die Methode, die später aufgerufen werden wird, wenn der Anwender die zugehörige Schaltfläche drückt.
- Die Signatur dieser Ereignisbehandlungsmethode wird von der Schnittstelle vorgegeben, die Implementierung geschieht in unserer Klasse.
- Die Methode definiert einen Parameter `e`, dem zur Laufzeit vom Betriebssystem eine Instanz der Klasse `ActionEvent` übergeben wird. In dieser Instanz sind detaillierte Informationen zu dem auslösenden Ereignis enthalten. In *Kapitel 10* werden wir sehen, wie man diese Informationen nutzen kann.
- In der Ereignisbehandlungsmethode wird ein System-Piep ausgelöst, wozu wir die Methode `java.awt.Toolkit.getDefaultToolkit().beep()` aufrufen.

Das war's! Es sei denn, Ihr Wissensdurst quält Sie mit der Frage, was dieses ominöse `Toolkit` in der `beep()`-Anweisung sein soll. Es würde zu weit führen, dies an dieser Stelle genauer zu erklären. Begnügen Sie sich mit der Erkenntnis, dass ein `Toolkit`-Objekt eine Art Verbindung zwischen dem AWT von Java und dem realen Window-System, wie beispielsweise Windows Vista, vornimmt. Anders ausgedrückt: Nicht Ihr Programm piept, sondern es fordert über das `Toolkit`-Objekt das Betriebssystem zum Piepen auf.

Lauscher für Quelle registrieren

Merke

Lauscher und Quelle werden mithilfe spezieller Methoden der Quellen miteinander verbunden.

Jetzt haben wir eine Quelle und einen Lauscher für bestimmte Ereignisse. Alles war wir jetzt noch zu tun haben, ist beide zusammenzuführen. Hierzu definieren die einzelnen Komponenten bereits passende `add...Listener()`-Methoden – für jeden Listener-Typ eine eigene Methode.

Wir brauchen also nur noch die entsprechende Methode aufzurufen und ihr eine Instanz unserer eigenen Lauscher-Klasse zu übergeben:

```
      hänsel.addActionListener(new MeinActionLauscher());
      und.addActionListener(new MeinActionLauscher());
      gretel.addActionListener(new MeinActionLauscher());
```

Hinweis

Der Unterschied ist, dass in unserer Implementierung die Instanzen von `MeinActionLauscher` *nur als Parameter zu einer Methode erzeugt werden und daher später automatisch wieder aufgelöst werden, nachdem die Methode abgearbeitet wurde.*

Wie Sie sehen, erzeugen wir in diesem Fall für jede Schaltfläche eine eigene Instanz unserer Lauscher-Klasse. Da die auszuführende Methode immer die gleiche ist, hätte man auch vorab eine einzige Instanz der Klasse `MeinActionLauscher` erzeugen und diese dann den drei Registrierungsmethoden übergeben können.

Adapter

Wenn Sie eine Klasse definieren, die eine Schnittstelle implementiert, verpflichten Sie sich dazu, alle Methoden, die in der Schnittstelle deklariert sind, in Ihrer Klasse zu definieren und mit Code zu versehen. Im Falle unserer `MeinActionLauscher`-Klasse war das keine große Mühe, denn die Schnittstelle `ActionListener` deklariert nur die eine Methode `actionPerformed()` und die wollten wir ja definieren. Es gibt aber auch Schnittstellen, die mehrere Methoden deklarieren, von denen Sie aber vielleicht nur einige ausgesuchte, oder gar nur eine einzige implementieren wollen.

Ein Beispiel hierfür wäre die Schnittstelle `WindowListener`, die gleich sieben Ereignisbehandlungsmethoden deklariert:

```
windowOpened()
windowClosing()
windowClosed()
windowActivated()
windowDeactivated()
windowIconified()
windowDeiconified()
```

Kommen wir jetzt noch einmal zurück auf unser Programm *GUI_Beispiel2*. Was diesem noch fehlt, ist die korrekte Beendigung. Genauer gesagt wollen wir erreichen, dass sich unser Programm beim Klicken auf das Schließen-Symbol des Fensters ordnungsgemäß beendet. Alle Zutaten für die gewünschte Ereignisbehandlung haben wir schon zusammen:

- die Ereignisquelle ist unser Fenster (das `Frame`-Objekt)
- die passende Listener-Schnittstelle ist `WindowListener` und
- die zugehörige Ereignisbehandlungsmethode lautet `windowClosing()`.

Wenn wir jetzt allerdings so wie bei der Ereignisbehandlung für die Schaltflächen vorgehen und eine eigene Lauscher-Klasse definieren, die die Schnittstelle `WindowListener` implementiert, bürden wir uns eine ganze Menge unnötige Arbeit auf, denn wir müssen alle sieben Methoden der Schnittstelle implementieren. Glücklicherweise hatten die Entwickler von Java jedoch ein Einsehen und konzipierten zu allen Schnittstellen, die mehrere Methoden definieren, eigene Adapter-Klassen.

Hinweis

Adapter-Klassen sind einfache Hilfsklassen, die Listener-Schnittstellen implementieren, ohne jedoch eigenen Code vorzusehen.

Keine Angst, hinter dem Begriff der Adapter-Klassen verbirgt sich überhaupt nichts Geheimnisvolles. Es sind einfache Klassen, die nichts anderes machen, als für alle Methoden einer Schnittstelle eine Implementierung ohne Anweisungen vorzusehen. Die Methoden der Schnittstelle werden also vorschriftsmäßig implementiert, tun aber nichts.

An diesem Punkt setzen wir ein. Wir leiten eine eigene Klasse von der Adapter-Klasse unserer Schnittstelle ab und überschreiben dann einfach die Methoden, die uns interessieren – in *GUI_Beispiel2* also die Methode `windowClosing()`.

```
class MeinWindowLauscher extends WindowAdapter {
  public void windowClosing(WindowEvent e) {
    // Das Programm beenden
    System.exit(0);
  }
}
```

Wie Sie sehen, leiten wir unsere Klasse von `WindowAdapter` ab, die der zuständige Mittelsmann zum eigentlichen Ereignislauscher `WindowListener` ist. In unserer Klasse überschreiben wir dann die Methode `windowClosing()`, die wiederum die Methode `System.exit()` aufruft, die zum kontrollierten Programmende führt.

Zum Schluss müssen wir unsere Lauscher-Klasse noch für unser Hauptfenster registrieren:

```
41: addWindowListener(new MeinWindowLauscher());
```

Wenn man den Zusammenhang von Ereignisquelle – Registrierung – Ereignislauscher verstanden hat, ist das einzige Problem nur noch die Frage, woher man wissen soll, welche Ereignisse von welchem Lauscher in welchen Methoden abgearbeitet werden? Dazu gibt es schlaue Tabellen. Hier ein

Hinweis

Sicherlich ist Ihnen aufgefallen, dass wir unsere eigenen Lauscher-Klassen immer innerhalb der Klasse `GUI_Beispiel` definiert haben, also als innere Klassen! Man könnte sie auch außerhalb definieren, aber da Lauscher-Klassen üblicherweise sehr klein sind und oft nur an einer einzigen Stelle in einem Programm benötigt werden, ist die Definition als innere Klasse »vor Ort« praktischer. Dies gilt umso mehr, wenn die Lauscher-Klasse auf Variablen der sie umfassenden Klasse zugreifen soll. Bei einer inneren Klasse ist das ohne Problem möglich.

kleiner Auszug. In der API-Dokumentation (*http://download.oracle.com/javase/7/docs/api/*) finden Sie ausführlichere Angaben und Beschreibungen.

Tabelle 8.2: Lauscher und Schnittstellen

Listener-Schnittstelle	Adapter-Klasse	Methoden
ActionListener	keine	actionPerformed(ActionEvent)
FocusListener	FocusAdapter	focusGained(FocusEvent) focusLost(FocusEvent)
KeyListener	KeyAdapter	keyPressed(KeyEvent) keyReleased(KeyEvent) keyTyped(KeyEvent)
MouseListener	MouseAdapter	mouseClicked(MouseEvent) mouseEntered(MouseEvent) mouseExited(MouseEvent) mousePressed(MouseEvent)
MouseMotion-Listener	MouseMotion-Adapter	mouseDragged(MouseEvent) mouseMoved(MouseEvent)
ItemListener	keine	itemStateChanged(ItemEvent)
TextListener	keine	textValueChanged(TextEvent)
WindowListener	WindowAdapter	windowClosing(WindowEvent) windowActivated(WindowEvent) windowDeactivated(WindowEvent) windowIconified(WindowEvent) windowDeiconified(WindowEvent)

8.4 Zusammenfassung

Alle wichtigen Klassen zur Erstellung grafischer Oberflächen für Java-Anwendungen (wie auch Java-Applets) finden sich im Paket `java.awt`. Nach ihrer Verwendung und Funktion in einer grafischen Oberfläche kann man vier wichtige Gruppen von Klassen unterscheiden: Komponenten, Container, Layout-Manager, Klassen zur Ereignisbehandlung.

Komponenten sind Bausteine grafischer Oberflächen, wie zum Beispiel Schaltflächen, Textfelder, Menüleisten, etc.

Container sind spezielle Komponenten, die andere Komponenten in sich aufnehmen können (mithilfe der Methode `add()`). Die wichtigsten Container-Klassen sind `Frame` und `Panel`. Zusammen mit den Layout-Managern dienen sie zur übersichtlichen Ausrichtung der Komponenten einer grafischen Oberfläche.

Layout-Manager sind Klassen, die festlegen, nach welchen Regeln die Komponenten eines Containers ausgerichtet werden. Layout-Manager werden Containern mithilfe der Methode `setLayout()` zugewiesen.

Die Ereignisbehandlung sieht unter Java so aus, dass man zu den Ereignissen einer Ereignisquelle (beispielsweise einer Schaltfläche oder eines Fensters) die passenden Listener-Schnittstellen implementiert und für die Ereignisquelle registriert. Die Implementierung der Listener-Schnittstellen dient dem Zweck, Methoden zu definieren, die zur Laufzeit bei Eintritt des jeweiligen Ereignisses aufgerufen werden. Die Registrierung stellt die Verbindung zwischen den Methoden und den Ereignisquellen her.

Zu Schnittstellen, die mehr als eine Methode deklarieren, gibt es sogenannte Adapter-Klassen, die dem Programmierer die Arbeit abnehmen, Implementierungen für alle Methoden der Schnittstelle vorzusehen. Stattdessen kann er sich darauf beschränken, die von ihm benötigten Methoden zu überschreiben.

8.5 Fragen und Antworten

1. Wie werden Komponenten/Oberflächenelemente in ein Fenster aufgenommen?

   Um eine Komponente in ein Fenster (oder einen beliebigen anderen Container, beispielsweise ein Panel-Objekt) aufzunehmen, müssen Sie mithilfe des Operators `new` eine Instanz der Komponente erzeugen und diese dann durch einen Aufruf der `add()`-Methode des Containers in diesen einfügen. (Beide Schritte können Sie im Konstruktor des Containers erledigen.)

2. Wie werden Komponenten angeordnet?

   Zur Anordnung der Komponenten verwendet Java sogenannte Layout-Manager. Diese werden für die einzelnen Container eingerichtet und bestimmen dann, wie die in diesen Container aufgenommenen Komponenten (einschließlich weiterer untergeordneter Komponenten) zueinander ausgerichtet werden.

3. Wie richtet man eine Ereignisbehandlung für eine Komponente ein?

   Im Event-Delegation-Modell stellt jede Komponente eine Ereignisquelle dar. Um die Ereignisse, die diese Komponente betreffen, abzufangen und zu bearbeiten, müssen Sie zu den Ereignissen passende Ereignislauscher mit entsprechenden Ereignisbehandlungsmethoden definieren und für die Komponente registrieren.

4. Was stimmt nicht in dem folgenden Code-Ausschnitt?

```
class MeinWindowLauscher extends WindowListener{
  public void windowClosing(WindowEvent e){
    // Das Programm beenden
    System.exit(0);
  }
}
```

Der Fehler liegt darin, dass `WindowListener` eine Schnittstelle ist. Entweder müsste man statt `WindowListener` den zugehörigen Adapter `WindowAdapter` verwenden oder das Schlüsselwort `extends` durch das Schlüsselwort `implements` ersetzen und dann neben `windowClosing` auch die anderen Methoden der Schnittstelle implementieren.

8.6 Übungen

1. Testen Sie, was passiert, wenn Sie im Programm *GUI_Beispiel2* keinen `FlowLayout`-Manager einrichten (Zeile 33 der zweiten Version).

2. Probieren Sie einen anderen Layout-Manager aus – beispielsweise den `BorderLayout`-Manager.

3. Schreiben Sie das Programm *GUI_Beispiel2* um, sodass beim Drücken einer Schaltfläche Größe und Titel aller drei Schaltflächen verändert werden. Schreiben Sie die Ereignisbehandlungsmethoden beispielsweise so um, dass der Text des »Hänsel und Gretel«-Liedes fortgesetzt wird, indem die nächste Zeile des Liedes als neue Titel für die Schaltflächen angezeigt wird.

   Dies ist zweifelsohne eine etwas ungewöhnliche Beantwortung eines Klicks auf eine Schaltfläche, aber das soll uns nicht stören. Worauf es ankommt, ist zu lernen, wie man zur Laufzeit die Eigenschaften der Komponenten (beispielsweise den Titel einer Schaltfläche) verändern kann. (Um Ihnen die Aufgabe etwas zu erleichtern, sei angemerkt, dass die Änderung der Eigenschaften einer Java-Klasse natürlich nur durch Zugriff auf zugängliche Felder oder Methoden erfolgen kann. Informieren Sie sich also in der Java-Referenz Ihrer Entwicklungsumgebung über die Felder und Methoden der `Button`-Klasse sowie deren direkten und indirekten Basisklassen.)

   Was schließlich die Größe der Schaltfläche angeht, sei angemerkt, dass diese automatisch dem Titel der Schaltfläche angepasst wird.

4. Schreiben Sie das Programm *GUI_Beispiel2* um und verwenden Sie dabei die `MouseListener`-Schnittstelle statt der `ActionListener`-Schnittstelle zur Ereignisbehandlung für die drei Schaltflächen. Verwenden Sie nicht die `MouseAdapter`-Klasse!

5. Welche Vor- und Nachteile bringt Ihnen die `MouseListener`-Schnittstelle?

9 Oberflächen mit Swing

Sie lernen in diesem Kapitel,
- *die Unterschiede und Gemeinsamkeiten von AWT und Swing,*
- *den Einsatz von Swing,*
- *das bereits sprichwörtliche »Look&Feel« von Swing.*

Neben den AWT-Klassen existiert in Java noch eine weitere Bibliothek zur Erstellung grafischer Benutzeroberflächen: Swing.

In diesem Kapitel wollen wir erörtern, warum denn nun noch ein Paket neben dem AWT benötigt wird und in welcher Beziehung Swing und AWT zueinander stehen. Dabei werden wir auch gleich ein paar wichtige Begriffe erklären, die Sie unbedingt beherrschen müssen, um bei den derzeit laufenden Diskussionen rund um Swing mitreden zu können.

Und da wir sicher sind, dass Sie zu den Menschen gehören, die nicht nur gerne große Reden schwingen, sondern auch Taten folgen lassen, werden wir Ihnen natürlich auch zeigen, wie man mit Swing programmiert.

9.1 AWT oder Swing?

Um uns die Erstellung von Programmen mit grafischer Benutzeroberfläche zu erleichtern, stellt Java – wie Sie im vorangehenden Kapitel gesehen haben – spezielle Klassen und Schnittstellen zur Verfügung. Das ist schon ein Service, den man sich gerne gefallen lässt. Die Sache hat nur einen Haken: Statt einer Klassenbibliothek für grafische Benutzeroberflächen gibt es in Java deren gleich zwei. Die erste Klassenbibliothek nennt sich AWT (für Abstract Window Toolkit) und ist die ältere; die zweite Klassenbibliothek ist unter dem Namen Swing bekannt und im Moment so richtig hip.

Warum zwei Klassenbibliotheken für ein und dieselbe Aufgabe?

Vorsicht! Aus der Frage könnte man ableiten, dass es sich bei Swing und AWT um zwei alternative Klassenbibliotheken handelt und sich der Programmierer entscheiden kann, ob er mit der einen oder lieber der anderen Bibliothek arbeitet. Doch dem ist nicht ganz so.

Zum einen decken die beiden Bibliotheken nicht absolut identische Aufgabengebiete ab. Die Überlappung beschränkt sich im Wesentlichen auf die Fenster und Standardsteuerelemente von GUI-Anwendungen (Fenster, Schaltflächen, Listenfelder, Menüs etc.), für die es in Swing wie im AWT eigene Klassen gibt. Darüber hinaus definiert das AWT aber auch Klassen und Schnittstellen für die Anordnung von Oberflächenelementen in einem Fenster (Layout-Manager) oder für die Behandlung von Ereignissen (Mausklicks, Tastatureingaben etc.). Für etliche dieser Klassen gibt es in Swing weder eine Entsprechung noch eine Alternative. Dafür unterstützt Swing weit mehr Steuerelemente als das AWT, beispielsweise Passworteingaben (`JPassword-`

Field), Fortschrittsanzeigen (JProgressBar), Werkzeugleisten (JToolBar) und es definiert zusätzliche Layout-Manager und Ereignislauscher.[1]

Zum anderen steht hinter den Swing-Komponenten ein ganz anderes Konzept als hinter den AWT-Komponenten.

Das AWT und die »heavyweight«-Komponenten

Das AWT ist so konzipiert, dass die grafische Benutzeroberfläche eines AWT-Programms immer so aussieht, wie es die Anwender einer bestimmten Plattform gewohnt sind. Läuft das Programm unter Windows, dann sehen Fenster, Schaltflächen und andere Steuerelemente ganz so aus, wie es Microsoft-Windows-Anwender erwarten. Läuft das gleiche Programm unter OSF Motif auf einer Sun Solaris-Maschine sieht der Anwender stattdessen Motif-Elemente. Das unterschiedliche Aussehen der typischen Oberflächenelemente (Schaltflächen, Eingabefelder, Listenfelder, Optionsfelder, etc.) kommt dadurch zustande, dass diese Standardsteuerelemente bereits als Teil der jeweiligen Betriebssysteme implementiert sind. Was Java nun macht, ist einfach, Ihnen für jedes dieser Standardsteuerelemente eine eigene AWT-Klasse zur Verfügung zu stellen, die zwischen Ihrem Programm und der betriebssystemspezifischen Implementierung des Oberflächenelements vermittelt. Die betriebssystemspezifischen Implementierungen bezeichnet man in diesem Zusammenhang auch als Peers (»Gleiche») und die AWT-Steuerelemente als »heavyweight«-Komponenten – also als »Schwergewichte«, weil sie auf den Peer-Steuerelementen aufsetzen.

Die »heavyweight«-Komponenten haben den Nachteil, dass sie in ihrer Funktionalität recht eingeschränkt sind. Sie bilden gewissermaßen den kleinsten gemeinsamen Nenner der Peer-Steuerelemente der unterschiedlichen Betriebssysteme. Dieser Einschränkung unterliegen die Swing-Klassen nicht.

Swing und die »lightweight«-Komponenten

Die Swing-Klassen erzeugen die verschiedenen Steuerelemente ohne Unterstützung der betriebssystemspezifischen Peer-Steuerelemente, weshalb man sie auch als »lightweight«-Komponenten bezeichnet. De facto bedeutet dies, dass der Code, der das Aussehen und die Funktionsweise der Steuerelemente bestimmt, für Swing-Komponenten nicht der native Code des jeweiligen Betriebssystems ist, auf dem das Java-Programm ausgeführt wird, sondern echter Java-Code.

Was ist nun besser?

Welche Klassen soll man zum Aufbau von grafischen Benutzeroberflächen verwenden: die Swing-Klassen oder die AWT-Klassen? Schauen wir uns zunächst die Vorteile von Swing an:

- Swing ist modern. Swing ist die neueste Erweiterung der GUI-Klassenbibliothek, deren Verwendung auch von offizieller Seite (Sun) her empfoh-

---

1 Der Vollständigkeit halber sei noch erwähnt, dass die Swing-Klassen für Fenster und Oberflächenelemente (JFrame, JButton etc.) auf AWT-Basisklassen zurückgehen (java.awt.Component).

len wird. Auch ist die Swing-Bibliothek wesentlich umfangreicher als die AWT-Bibliothek, was daran liegt, dass die Steuerelemente in Swing ganz in Java implementiert sind und nicht auf dem kleinsten gemeinsamen Nenner der Betriebssystemimplementierungen fundieren. In Swing findet man daher auch Klassen für Oberflächenelemente und Funktionen, für die es im AWT keine Unterstützung gibt. Außerdem werden die AWT-Klassen nicht mehr weiterentwickelt.

- Swing kann mehr. Dies betrifft nicht nur die Swing-Klassen, zu denen es im AWT keine Entsprechung gibt. Auch die Swing-Klassen zu den Oberflächenelementen, für die es bereits AWT-Klassen gibt (`Frame`, `Button` etc.), können meist mehr als ihre AWT-Verwandten. So kann man in Swing-Schaltflächen (`JButton`) beispielsweise neben Text auch grafische Symbole anzeigen lassen; versuchen Sie, das einmal mit den AWT-Schaltflächen hinzubekommen!
- Swing ist logischer. Kleinere Ungenauigkeiten, die die AWT-Bibliothek durchziehen, wurden in der Swing-Bibliothek vermieden. So beginnen in AWT-Klassennamen üblicherweise alle Silben mit einem Großbuchstaben (`TextField`, `MenuBar`, `FlowLayout`). Dann gibt es aber auch unerklärliche Ausnahmen wie `Checkbox` oder `Scrollbar`. Nun, in der Swing-Bibliothek heißen diese Klassen `JCheckBox` und `JScrollBar`. Manche Steuerelemente verfügen über einen Titel (`Label`, `Button`, `Checkbox`). In den AWT-Klassen wird der Titel mal mit einer Methode namens `setText()`, mal mit `setLabel()` gesetzt. Für Swing hat man sich auf `setText()` geeinigt. Letztendlich sind dies nur Kleinigkeiten, aber sie erlauben dem Programmierer, sich besser auf die Arbeit mit einer Bibliothek einzustellen, und ersparen so manche Fehlermeldung und manches Nachschlagen in der Online-Referenz.
- Swing-Komponenten haben ein eigenes Design, den Metal-Look, der in unterschiedlichen Varianten (u.a. Ocean und Steel) verfügbar ist. Der Gedanke dahinter ist, dass ein Java-Programm auf jeder Plattform (Unix, Windows, Mac) gleich aussehen sollte – also genau das Gegenteil des AWT-Konzepts. Wem dies nicht gefällt, der kann seine Swing-Komponenten auch im Motif-, Mac- oder Windows-Look erstellen[1]. Er kann auch festlegen, dass sich seine Swing-Komponenten wie die alten AWT-Komponenten an die jeweilige Plattform anpassen, auf der das Java-Programm ausgeführt wird (allerdings sorgt in diesem Fall interner Java-Code für die Anpassung und nicht der Rückgriff auf die Peer-Steuerelemente). Ja, man kann sogar die Entscheidung über das Look&Feel der Oberflächenelemente dem Anwender überlassen.

Was spricht da noch für die AWT-Komponenten?

1 Welche Looks zur Verfügung stehen, kann allerdings auch von Ihrer Entwicklungsumgebung abhängen.

Betriebssystemkonformität und Laufzeitvorteile

Wenn Ihnen sehr an einem absolut betriebssystemkonformen Aussehen Ihrer Benutzeroberflächen gelegen ist, sollten Sie sich fragen, ob Sie nicht doch mit den AWT-Klassen auskommen. Wie oben ausgeführt, können Sie zwar auch die Swing-Komponenten so einstellen, dass sie sich an die Ausführungsplattform anpassen, doch simulieren diese nur das Aussehen der Zielplattform, und wie für jede Simulation gilt, dass diese mehr oder weniger gut oder schlecht sein kann. Die AWT-Klassen dagegen garantieren nicht nur maximale Konformität, sondern bringen sogar noch Laufzeitvorteile, da sie ja auf optimiertem nativen Code basieren. (Es gibt allerdings auch Aussagen, dass Swing-Komponenten schneller wären, weil es keine unnötigen Schnittstellen zwischen Java und nativem Code gibt. Die Wahrheit ist wohl, dass es von mehreren Faktoren (Programmcode, verwendete Steuerelemente, verwendeter Java-Compiler, Zielplattform etc.) abhängt, ob AWT oder Swing schneller ist.)

Wer sich gar nicht entscheiden kann, dem bleibt immer noch die Alternative, in seinen Programmen sowohl AWT- als auch Swing-Klassen für seine Oberflächenelemente zu verwenden. Man sollte dazu zwar nicht gerade ermutigen, aber statthaft ist es schon. Probleme wird es mit Sicherheit dann geben, wenn sich Lightweight- und Heavyweight-Komponenten überlappen. Dann werden nämlich die Heavyweight-Komponenten des AWT über die Lightweight-Komponenten von Swing gezeichnet.

Hinweis

Beachten Sie bitte, dass wir hier nur über die AWT- und Swing-Klassen zur Erzeugung von Oberflächenelementen (Fenster, Schaltflächen, Listenfelder, Menüs etc.) reden. Zur Verwendung der AWT-Klassen (und Schnittstellen) zur Ereignisbehandlung oder der Layout-Manager gibt es in Swing keine oder wenig Alternativen, nur Erweiterungen.

Wie Sie sehen, bleibt es schwierig. Es gibt aber auch eine gute Nachricht: Die Programmierung mit den AWT- und den Swing-Klassen ist fast identisch, und selbst der Aufwand für die Umstellung eines Programms von AWT auf Swing oder umgekehrt hält sich in Grenzen. Dies liegt nicht zuletzt daran, dass bei der Konzeption von Swing zur Freude aller Java-Entwickler darauf geachtet wurde, dass sich die Programmierung mit Swing-Komponenten nicht allzu sehr von der Programmierung mit den AWT-Komponenten unterscheidet. Viele Swing-Komponenten unterstützen daher Code, der auf AWT-Implementierungen zurückgeht. So soll man beispielsweise zur Änderung des Textes einer `JButton`-Schaltfläche eigentlich die Methode `setText()` verwenden. Wenn man aber `setLabel()` aufruft, wie es für die AWT-Schaltflächen üblich ist, so akzeptiert Ihr Java-Compiler auch dies.

Die in dem vorangehenden Kapitel vorgestellten Grundprinzipien zum Aufbau grafischer Oberflächen gelten also für Swing ebenso wie für das AWT – nur dass die verwendeten Klassen halt für Swing ein wenig anders heißen und man ein bisschen mehr mit ihnen anfangen kann. Schauen wir uns dies doch einmal in der Praxis an.

9.2 Let's Swing: Die Grundlagen

Welches waren die grundlegenden Schritte für die Erstellung einer GUI-Anwendung mit den AWT-Klassen?

- Importieren der AWT-Klassen
- Ableitung eines Hauptfensters von der AWT-Klasse `Frame`
- Instanzierung von Steuerelementen (beispielsweise `Button`)
- Einfügen der Steuerelemente in das Fenster (`add()`-Methode)[1]
- Ereignisbehandlung für die Steuerelemente (z.B. `ActionListener`)
- Ereignisbehandlung für das Fenster festlegen

Schauen wir einmal, was wir davon im Grundaufbau eines Swing-Programms wiederfinden:

Listing 9.1: Swing_Beispiel.java – Das erste Swing-Programm

```
// Swing-Paket aufnehmen
import javax.swing.*;
import java.awt.*;
import java.awt.event.*;

// Fensterklasse definieren
public class Swing_Beispiel extends JFrame {
  JButton m_hänsel, m_und, m_gretel;


  // Ereignisbehandlung für die Steuerelemente
  class MeinActionLauscher implements ActionListener {
    public void actionPerformed(ActionEvent e) {
      int i;

      m_hänsel.setText("verirrrrrrrten");
      m_und.setText("sich");
      m_gretel.setText("im Wald");
    }
  }

  // der Konstruktor
  Swing_Beispiel(String titel) {
    super(titel);

    // Schaltflächen erzeugen
    m_hänsel = new JButton("Hänsel");
    m_und    = new JButton("und");
    m_gretel = new JButton("Gretel");

```

1 Eigentlich werden Komponenten in Swing-Container mit `getContentPane().add()` eingefügt. Seit Java 1.5 kann man aber auch einfach `add()` aufrufen.

```
31      // Layout-Manager zum Anordnen der Schaltflächen
32      setLayout(new FlowLayout());
33
34      // Schaltflächen in Fenster aufnehmen
35      add(m_hänsel);
36      add(m_und);
37      add(m_gretel);
38
39
40      // Anwendung schließen, wenn Fenster geschlossen wird
41      setDefaultCloseOperation(WindowConstants.EXIT_ON_CLOSE);
42
43      // Schaltflächen bei ActionListener registrieren
44      m_hänsel.addActionListener(new MeinActionLauscher());
45      m_und.addActionListener(new MeinActionLauscher());
46      m_gretel.addActionListener(new MeinActionLauscher());
47    }
48
49
50    public static void main(String[] args) {
51      Swing_Beispiel fenster = new Swing_Beispiel("Swing");
52      fenster.pack();
53      fenster.setSize(300,100);
54      fenster.setVisible(true);
55    }
56  }
```

Abbildung 9.1: Fenster des Programms Swing_Beispiel

Analyse

Schauen wir uns kurz den Quellcode an. Er unterscheidet sich nicht wesentlich von dem Grundgerüst eines AWT-Programms.

Mit `import javax.swing.*` werden die Swing-Klassen importiert (Zeile 2). Beachten Sie, dass wir auch unter Swing die `java.awt.event.*`-Klassen für die Ereignisbearbeitung benötigen. Im Quellcode wird deutlich, dass die Event-Technik die gleiche geblieben ist, es muss also nichts hinzugelernt werden! Auch `java.awt.*` wird weiterhin importiert – wegen dem `FlowLayout`-Manager (Zeile 32).

Die Klasse für das Hauptfenster unserer Anwendung leiten wir von `JFrame` statt von `Frame` ab (Zeile 7). Das ist ganz typisch für die Swing-Klassen, die Oberflächenelemente präsentieren, für die es schon im AWT Klassen gibt. Sie heißen genauso wie die korrespondierenden AWT-Klassen, haben aber noch ein »J« vorangestellt.

Analog zum AWT-Gegenstück können wir in den Zeilen 35-37 die einzelnen Komponenten mit `add()` hinzufügen. Vorher legen wir noch mit der Methode `setLayout()` fest, nach welcher Philosophie die Elemente angeordnet werden sollen.

Die Schaltflächen werden nicht mehr als Instanzen der Klasse `Button`, sondern als Instanzen der Klasse `JButton` erzeugt (Zeile 8).

Die Ereignisbehandlung für die Steuerelemente und das Fenster ist gleich geblieben (siehe auch nächsten Abschnitt).

9.3 Unterschiede in der Programmierung mit Swing und AWT

Grundsätzlich kann man nur noch einmal betonen, dass es zwischen der Programmierung mit Swing- oder AWT-Klassen keine wirklich wesentlichen Unterschiede gibt. Die typischen Arbeitsschritte zum Aufbau einer GUI-Anwendung sind identisch, lediglich in der Umsetzung dieser Schritte gibt es geringfügige Abweichungen.

1. Importieren der Klassen

Für die AWT-Klassen importieren Sie:

```
import java.awt.*;        // für AWT-Komponenten, Layout-Manager
import java.awt.event.*;  // Ereignisbehandlung
```

Für die Swing-Klassen importieren Sie

```
import javax.swing.*;     // Swing-Komponenten
import java.awt.*;        // Layout-Manager
import java.awt.event.*;  // Ereignisbehandlung
```

Für manche Swing-Komponenten, beispielsweise `Box` oder `JScrollPane`, gibt es eigene Layout-Manager. Diese sind im `javax.swing.*`-Paket enthalten.

Swing erweitert auch die Möglichkeiten der Ereignisbehandlung durch die Definition zusätzlicher Listener-Schnittstellen und Adapter-Klassen. Wenn Sie diese nutzen wollen, etwa für Listenfelder und Menüs, sollten Sie zusätzlich

```
import javax.swing.event.*;
```

importieren.

2. Ableitung eines Hauptfensters

Wenn Sie AWT-Komponenten verwenden wollen, leiten Sie Ihre Fensterklasse von der AWT-Klasse `Frame` ab.

Wenn Sie Swing-Komponenten verwenden wollen, leiten Sie Ihre Fensterklasse von der Swing-Klasse `JFrame` ab.

Hinweis

Mit der Klasse `JButton` kann man praktisch genauso arbeiten wie mit der Klasse `Button`. Dies gilt im Wesentlichen für alle Swing-Klassen, die AWT-Klassen duplizieren. Die Java-Entwickler haben daran gedacht, die Methoden der AWT-Klassen auch in den korrespondierenden Swing-Klassen bereitzustellen. Es kann allerdings passieren, dass eine der übernommenen AWT-Methoden in der Swing-Klasse als »deprecated« angesehen wird. Ihr Java-Compiler wird Ihnen dann von dem Gebrauch dieser Methode abraten. In der API-Dokumentation können Sie nachschlagen, welche Methode Sie stattdessen verwenden sollten.

Die `setLabel()`-Methode ist eine solche »deprecated« Methode. Statt ihrer sollte man für `JButtons` die Methode `setText()` aufrufen (Zeilen 16 – 18).

Wenn Sie Swing- und AWT-Komponenten verwenden wollen, empfiehlt es sich, die Fensterklasse ebenfalls von der Swing-Klasse `JFrame` abzuleiten.

3. Instanzierung von Steuerelementen

Schlagen Sie in *Kapitel 13* oder Ihrer Java-Dokumentation nach, welche Steuerelemente es gibt und wie die zugehörigen AWT- oder Swing-Klassen heißen.

Deklarieren Sie eine Instanz dieser Klasse, beispielsweise:

```
Button Schalter1;          // für AWT
JButton Schalter2;         // für Swing
```

Erzeugen Sie das Steuerelement:

```
Schalter1  = new Button("OK");
Schalter2  = new JButton("Abbrechen");
```

4. Einfügen der Steuerelemente in das Fenster

Sowohl in Swing- wie auch in AWT-Fenster (Frame) fügen Sie die Steuerelemente oder Unterpanels mithilfe der Methode `add()` ein.

```
frame.add(Schalter1);  // in Methoden der Fensterklasse kann add()
                       // direkt aufgerufen werden
```

Hinweis

Layout-Manager werden wie Steuerelemente eingerichtet, allerdings mithilfe der Methode `setLayout()`.

Das Sichtbarmachen des Fensters erfolgt in Swing wie im AWT mit der Methode `setVisible(true)`. Analog kann man ein Fenster durch Aufruf von `setVisible(false)` verbergen (wobei es dann aber immer noch existiert).

5. Ereignisbehandlung für die Steuerelemente

An der Ereignisbehandlung hat sich nichts Grundlegendes geändert. Allerdings sind einige neue Listener-Schnittstellen und Adapter-Klassen hinzugekommen.

So gibt es jetzt beispielsweise eine `MouseInputListener`-Schnittstelle, die die AWT-Schnittstellen `MouseListener` und `MouseMotionListener` in sich vereinigt. Welche dieser Schnittstellen Sie verwenden, bleibt ganz Ihnen überlassen.

Es gibt neue Schnittstellen für Listenfelder, Menüs und andere Steuerelemente, die deren Programmierung vereinfachen. Und es gibt Schnittstellen für die Ereignisse von Tabellen, Hyperlinks und anderen Objekten, für die es bis dato überhaupt keine spezielle Unterstützung gab.

Die Ereignisbehandlung beschränkt sich aber nicht nur auf das Abfangen der Ereignisse. Die Ereignisse wollen natürlich auch irgendwie beantwortet werden. Dazu greift man üblicherweise auf die Methoden der Steuerelemente zurück, für die die Ereignisse ausgelöst wurden.

Welche Methoden die AWT- und Swing-Klassen zur Programmierung mit den Steuerelementen zur Verfügung stellen, können Sie in der API-Dokumentation oder in *Kapitel 13* nachschlagen.

6. Ereignisbehandlung für das Fenster einrichten

Die Ereignisbehandlung wurde zwar nicht geändert, wohl aber erweitert. So ist zum Beispiel das Schließen eines Fensters eine typische Standardaktion für Fenster, und es ist geradezu eine Schande, dass Java die Behandlung dieser Aktion im AWT dem Programmierer überlässt. Erinnern Sie sich nur daran, welchen Ärger wir mit unserem ersten GUI-Programm aus *Kapitel 8* hatten, weil man das Fenster nicht schließen und die Anwendung nicht beenden konnte. Erst durch die Einrichtung einer Ereignisbehandlung für das `windowClosing`-Ereignis (wie auch im obigen Programm verwendet) konnten wir Abhilfe schaffen.

In Swing hat man sich dieses Problems angenommen. Von `JFrame` abgeleitete Fenster verfügen jetzt über eine Standardbehandlung, die ausgeführt wird, wenn der Anwender das Fenster schließt. Die Standardbehandlung ist so eingerichtet, dass sie das betreffende Fenster schließt, aber nicht die komplette Anwendung beendet. Wenn ein Programm nur aus einem Fenstern besteht, könnte dies natürlich unter Umständen nicht das gewünschte Verhalten sein. Aus diesem Grund lässt sich für jedes Fenster mithilfe der `JFrame`-Methode `setDefaultCloseOperation()` festlegen, wie auf das Anklicken des Schließen-Symbols eines Fensters reagiert werden soll. Hierzu erwartet die Methode (die man üblicherweise im Konstruktor der jeweiligen Fensterklasse aufruft) eine der folgenden Konstanten aus der Schnittstelle `javax.swing.WindowConstants`.

Hinweis

Die in diesem Abschnitt aufgeführten Punkte können Sie im Übrigen auch als eine Art Checkliste betrachten, wenn Sie eine AWT-Anwendung in eine Swing-Anwendung umwandeln wollen oder umgekehrt.

Tabelle 9.1: Fensterkonstanten

Konstante	Beschreibung
`WindowConstants.DO_NOTHING_ON_CLOSE`	Standardbehandlung, macht nichts. `windowClosing`-Ereignis muss abgefangen werden.
`WindowConstants.HIDE_ON_CLOSE`	Ruft alle registrierten `WindowListener` auf und verbirgt dann das Fenster (Voreinstellung). Das Fenster kann durch Aufruf von `setVisible(true)` wieder sichtbar gemacht werden.
`WindowConstants.DISPOSE_ON_CLOSE`	Ruft alle registrierten `WindowListener` auf und löst dann das Fenster auf.
`WindowConstants.EXIT_ON_CLOSE`	Schließt alle Fenster und beendet die Anwendung.

Hinweis

Unter Windows stehen drei Varianten zur Auswahl: Windows, Motif und natürlich Metal. Mac-Benutzer haben die Wahl zwischen dem Mac-Look&Feel, Motif und Metal. Beachten Sie, dass die plattformspezifischen Microsoft Windows bzw. Mac-Look&Feels nur auf der jeweiligen Heimatplattform verfügbar sind aufgrund von Lizenzrechten. Als plattformunabhängiges Look&Feel bietet sich daher z.B. das Metal-Look&Feel an, welches als Standardeinstellung der Swing-Komponenten verwendet wird.

9.4 Chamäleon sein mit UIManager und Look&Feel

Wie zu Beginn dieses Kapitels schon kurz erwähnt, ist das Ziel von Swing, auf jeder Plattform gleich auszusehen und sich identisch zu verhalten. Im Programmierjargon nennt sich das kurz *Look&Feel* (Aussehen und Bedienung). Der standardmäßige Look&Feel von Swing nennt sich *Metal*, also Metall. Der Metal-Look ist hierbei noch mal unterteilt in unterschiedliche Design (Themes); das Standard-Theme lautet Ocean. Falls der Benutzer bzw. Programmierer aber lieber den nativen Look&Feel der Ausführungsplattform haben möchte, ist das auch möglich; der Wechsel zwischen verschiedenen Look&Feels ist sogar während des Programmablaufs möglich!

Nun aber genug Hintergrundinformation. Sie sind bestimmt schon gespannt, wie das nun konkret geht. Hauptakteur ist die Klasse `UIManager`, die uns das Hantieren mit einem `LookAndFeel`-Objekt ermöglicht.

Zunächst muss man sich ein `LookAndFeel`-Objekt besorgen. Hierzu dienen folgende Methoden von `UIManager`:

- `getSystemLookAndFeelClassName()` liefert das native Look&Feel der Ausführungsplattform.
- `getCrossPlatformLookAndFeelClassName()` gibt ein von der Plattform unabhängiges `LookAndFeel`-Objekt zurück, den Metal-Look.

Zum Setzen des neuen Looks dient die Methode `setLookAndFeel()` von `UIManager`. Hierbei gilt es zu beachten, dass eine `UnsupportedLookAndFeelException` geworfen wird, wenn das übergebene Look&Feel nicht existiert.

```
try {
  UIManager.setLookAndFeel(
                UIManager.getCrossPlatformLookAndFeelClassName());
  SwingUtilities.updateComponentTreeUI(this);
}
catch(Exception e){
  // dann halt nicht. Das alte Look-and-Feel bleibt
}
```

Man kann der `setLookAndFeel()`-Methode die Namen des Look&Feels auch direkt als String mitgeben:

```
UIManager.setLookAndFeel("javax.swing.plaf.mac.MacLookAndFeel");

UIManager.setLookAndFeel(
             "com.sun.java.swing.plaf.motif.MotifLookAndFeel");

UIManager.setLookAndFeel(
         "com.sun.java.swing.plaf.windows.WindowsLookAndFeel");

UIManager.setLookAndFeel("javax.swing.plaf.metal.MetalLookAndFeel");

UIManager.setLookAndFeel("javax.swing.plaf.nimbus");
```

Zum Schluss muss das neue Look&Feel dem Fenster (also der `JFrame`-Instanz) und allen eventuellen Unterfenstern (dazu zählen auch die Steuerelemente/Komponenten) durch den Aufruf der Methode

```
SwingUtilities.updateComponentTreeUI(this);
```

mitgeteilt werden.

Wenn Sie das Look&Feel einstellen oder ändern, gilt das neue Look&Feel automatisch für alle Komponenten, die nach der Einstellung des Look&Feels erzeugt werden. Wenn Sie das Look&Feel also ganz zu Anfang Ihrer Anwendung einstellen (beispielsweise in der `main()`-Methode oder im Konstruktor des Hauptfensters) können Sie sich den Aufruf von `SwingUtilities.updateComponentTreeUI()` sparen. Zudem verfügen alle Swing-Komponenten über eine Methode `setUI()`, mit der man für die Komponenten jeweils ein eigenes Look&Feel einstellen kann (sofern dies Sinn macht).

9.5 Ein umfangreicheres Beispiel

Zum Abschluss dieses Kapitels möchten wir Sie noch auf ein kleines Demoprogramm zu Swing hinweisen, das Sie zusammen mit den anderen Beispielen auf der *Buch-DVD* finden.

Das Programm heißt *LookAndFeel* und präsentiert Ihnen die wichtigsten Standardsteuerelemente und -dialoge, deren Look&Feel Sie über die Befehle im Menü AUSSEHEN umschalten können.

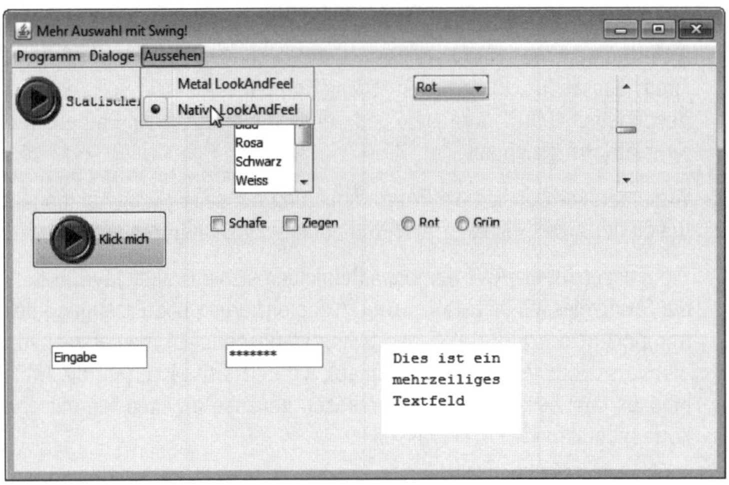

Abbildung 9.2: *Fenster des Programms LookAndFeel*

9.6 Zusammenfassung

Swing steht für eine Sammlung von Klassen, die eine Alternative und Erweiterung des AWT bilden.

Das AWT verwendet ein sogenanntes *Heavyweight*-Komponentenmodell. In diesem Modell gibt es zu jeder GUI-Komponente für jedes Window-System (Windows XP/Vista, Motif, Macintosh) eine *Peer*-Komponente, die die plattformunabhängige AWT-Komponente in eine native Komponente »übersetzt«. Dadurch sieht eine Button-Instanz unter Windows wie eine Windows-Schaltfläche aus (denn es ist eine!) und auf einem Mac erscheint die typische Mac-Schaltfläche. Es hat sich aber gezeigt, dass viele Java-Anwender mit dieser Lösung nicht glücklich sind. Sie möchten lieber, dass eine Java-Anwendung bzw. -Applet auf jedem Rechner absolut gleich aussieht.

Hier setzt die Swing-Klassensammlung an, bei der alle Komponenten komplett in Java codiert und somit vom konkreten Window-System unabhängig sind, d.h., eine Swing-Anwendung sieht auf jedem Rechner gleich aus. Zusätzlich besteht die Möglichkeit, während des Programmablaufs das Aussehen zu ändern, z.B. vom Windows-Look zum Motif-Look von Unix!

Ausgangsklasse für eigene Swing-Anwendungen ist `JFrame`.

9.7 Fragen und Antworten

1. Was ist der wesentliche Unterschied zwischen einer Swing-Komponente und einer entsprechenden AWT-Komponente?

   AWT-Komponenten sind Peer-basiert und deshalb plattformspezifisch in ihrem Aussehen und Verhalten. Swing-Komponenten sind völlig in Java geschrieben (100% pure java) und sehen daher auf jeder Betriebssystemplattform gleich aus.

2. Wie unterscheidet sich die Programmierung mit einer Swing-Komponente von der Arbeit mit einer AWT-Komponente, z.B. `JButton` und `Button`?

   Die Klassen für die AWT-Komponenten finden sich im Paket `java.awt.*`, die Swing-Klassen in `javax.swing.*`. Instanzierung und Erzeugung der Komponenten sind für AWT und Swing identisch (sieht man einmal von den verschiedenen Klassennamen ab). Mit den Swing-Klassen, die AWT-Klassen duplizieren, kann man praktisch genauso arbeiten wie mit den korrespondierenden AWT-Klassen.

3. Welchen Programmcode muss ich in meine Anwendung aufnehmen, damit meine Swing-Komponenten auf allen Plattformen das Windows-Look&Feel haben?

Der folgende Code stellt für die Swing-Komponenten einer Anwendung das Windows-Look&Feel ein.

```
public static void main(String[] args){
   // L&F für Windows einstellen
   try {
      UIManager.setLookAndFeel(
          "com.sun.java.swing.plaf.windows.WindowsLookAndFeel");
   }
   catch (Exception e) {
      System.err.println("Fehler bei L&F-Einrichtung: " + e);
   }
```

4. Welchen Programmcode muss ich in meine Anwendung aufnehmen, damit meine Swing-Komponenten auf allen Plattformen das native Look&Feel der jeweiligen Plattform haben?

   Der folgende Code stellt für die Swing-Komponenten einer Anwendung das native Look&Feel ein.

```
public static void main(String[] args){
   // L&F für native Umgebung einstellen
   try {
      UIManager.setLookAndFeel(
                UIManager.getSystemLookAndFeelClassName());
   }
   catch (Exception e) {
      System.err.println("Fehler bei L&F-Einrichtung: " + e);
   }
```

9.8 Übungen

1. Verwandeln Sie das folgende AWT-Programm in ein Programm mit Swing-Komponenten!

```
// Datei AWT_zu_Swing1.java
import java.awt.*;
import java.awt.event.*;

// Fensterklasse definieren
public class AWT_zu_Swing1 extends Frame {
  Button schalter;

  // Ereignisbehandlung für das Fenster
  class MeinWindowLauscher extends WindowAdapter {
    public void windowClosing(WindowEvent e) {
      System.exit(0);
    }
  }
```

```
    // Ereignisbehandlung für die Steuerelemente
    class MeinActionLauscher implements ActionListener {
      public void actionPerformed(ActionEvent e) {
        schalter.setLabel("Danke");
      }
    }

    // der Konstruktor
    AWT_zu_Swing1(String titel) {
      super(titel);

      // Schaltfläche erzeugen
      schalter = new Button("Klick mich");

      // Schaltfläche in Fenster aufnehmen
      add(schalter);

      // Fenster schließen = Anwendung schließen
      addWindowListener(new MeinWindowLauscher());

      // die Schaltfläche bei einem ActionListener registrieren
      schalter.addActionListener(new MeinActionLauscher());
    }


    public static void main(String[] args) {
      AWT_zu_Swing1 fenster = new AWT_zu_Swing1("AWT");
      fenster.pack();
      fenster.setSize(300,100);
      fenster.setVisible(true);
    }
  }
```

10 Grafik, Grafik, Grafik

Sie lernen in diesem Kapitel,

- *was man so alles zur Grafikausgabe benötigt,*
- *was es bei der Grafikausgabe zu beachten gibt,*
- *wie man mit Farben arbeitet,*
- *welche Methoden zum Zeichnen zur Verfügung stehen,*
- *wie man Panel-Container einsetzt,*
- *wie man Freihandlinien unterstützt,*
- *wie man mit Füllmustern, Gradientenfüllung und Java2D programmiert.*

Bis jetzt hatten wir ziemlich viel mit dem Design grafischer Oberflächen, aber praktisch nichts mit Grafiken zu tun. Sie wissen jetzt zwar, wie man Komponenten (Schaltflächen u.a.) in ein Fenster aufnimmt, aber Sie sind noch nicht einmal in der Lage, eine einfache Linie in ein Fenster zu zeichnen. Ich bitte Sie! Das ist doch blamabel. Wo haben Sie nur programmieren gelernt?!

Wie? Ach, Sie denken, Grafiken braucht man nur zur Erstellung von Grafikprogrammen? Dass Sie sich da nur nicht täuschen. Erstens können Sie mithilfe eigener Grafiken das Design Ihrer Oberflächen aufpeppen (wobei Sie allerdings beachten sollten, dass weniger meist mehr ist), zweitens gibt es eine ganze Reihe von Anwendungsbereichen, wo Sie ohne Grafikkenntnisse nicht auskommen. Stellen Sie sich nur einmal vor, Sie bekämen einen Auftrag von einer Universität oder einem wissenschaftlichen Institut, ein Programm zur Visualisierung von Messkurven zu schreiben. Wie würden Sie das wohl machen, wenn nicht durch Einzeichnen von kleinen Kreisen oder Linien für die Messpunkte?

10.1 Das Arbeitsmaterial des Künstlers

Bevor wir gleich in die Vollen gehen und einen einfachen Funktionsplotter implementieren, müssen wir noch ein bisschen Theorie zur Grafikausgabe aufarbeiten.

Stellen wir uns also zuerst die Frage, was wir zum Zeichnen brauchen:

1. Eine Zeichenfläche. Dazu kann beispielsweise jede Komponente dienen. Allerdings werden Sie nur selten in Schaltflächen oder Listenfelder malen wollen. Interessanter sind da die leeren Container-Komponenten – also Panels (`JPanel`) und Fenster (`JFrame`).

   Doch nicht immer möchte man in den ganzen Bereich eines Fensters oder Panels zeichnen. Meist soll die Zeichnung nur einen Teilbereich ausfüllen. In solchen Fällen bedient man sich der Canvas-Komponente, die nichts anderes als einen definierten Teilbereich zur Ausgabe von Grafiken darstellt.

2. Zeichenmethoden. Methoden also, mit denen sich Linien, Kreise, Rechtecke und Ähnliches realisieren lassen. Wo finden Sie diese Methoden? In der Klasse `Graphics`.

3. Einen geeigneten Ort zum Zeichnen, also eine Methode, in der Sie die `Graphics`-Zeichenmethoden aufrufen können. Dieser Ort ist die Methode

Hinweis

Vorsicht! Die Klasse `Canvas` *ist eine AWT-Komponente, die sich nicht gut mit überlappenden Swing-Komponenten verträgt. Stellt dies ein Problem dar, verwenden Sie eine abgeleitete* `JPanel`*-Klasse als Zeichenfläche. Wir werden in diesem Kapitel* `Canvas` *verwenden und im nächsten Kapitel* `JPanel`*, sodass Sie sich mit beiden, ansonsten identischen Verfahren vertraut machen können.*

`paint()`, die für jede Komponente definiert ist und von Ihnen nur überschrieben werden muss.

`Canvas`-Instanzen, `Graphics`-Objekte, `paint()`-Methode – wie gehört das alles zusammen?

Vorbereitung zum Zeichnen

1. Leiten Sie eine eigene Klasse von `Canvas` (alternativ von `JPanel`) ab.
2. Überschreiben Sie in dieser die Methode `paint()` (`paintComponent()` für `JPanel`).
3. Die `paint()`-Methode wird bei Bedarf automatisch aufgerufen und erhält dann ein gültiges `Graphics`-Objekt. Nutzen Sie die Methoden dieses Objekts zum Zeichnen.
4. Definieren Sie in Ihrer Fensterklasse einen Layout-Manager und nehmen Sie mithilfe der Methode `add()` eine Instanz Ihrer `Canvas`-Klasse auf.

Hinweis

Wenn Sie den gesamten Bereich eines Fensters oder eines Panels als Zeichenfläche nutzen wollen, können Sie sich die Definition einer eigenen Canvas-Klasse auch sparen und direkt die `paint()`-Methode des Fensters (oder Panels) überschreiben. Vergessen Sie dann aber nicht, in `paint()` die Basisversion `super.paint()` aufzurufen. (Dies gilt auch, wenn Sie Swing-Komponenten wie Schaltflächen, Optionsfelder etc. selbst zeichnen.)

Im Wesentlichen sieht das Ganze also wie folgt aus:

```
// Definition Ihrer Canvas-Klasse
class MeineCanvas extends Canvas {
  ...
  // Die wichtigste Methode: hier wird gezeichnet!
  public void paint(Graphics g) {
    g.setColor(Color.red);
    g.drawLine(150,0,150,300);
    g.drawString("-3",0,162);
    ...
    }
  }

// Canvas-Komponente in Fenster aufnehmen
MeineCanvas m_malflaeche = new MeineCanvas();
add(m_malflaeche);
```

Rekonstruktion von Zeichnungen – paint()

Es wurde bereits kurz angedeutet, dass die Methode `paint()` nicht von Ihnen direkt aufgerufen wird. Das klingt zuerst unvernünftig, da Sie schließlich die Zeichnung erzeugen und natürlich auch sichergehen möchten, dass diese angezeigt wird (also die Methode `paint()` aufgerufen wird).

Tatsächlich gibt es aber noch jemand anderes, der Interesse an der Ausgabe Ihrer Zeichnung hat, und das ist der Window-Manager Ihres Computers. Dessen Aufgabe ist es unter anderem, die auf dem Desktop befindlichen Fenster zu verwalten. Das Verschieben, Vergrößern und Verkleinern, Minimieren und Maximieren, Aktivieren und Deaktivieren von Fenstern – all dies wird vom Window-Manager gehandhabt. Dabei gibt es nur ein Problem: Der

Window-Manager kennt nicht den Inhalt Ihres Fensters und hat auch nicht die Zeit und den Platz, diesen irgendwo zu speichern und bei Bedarf wieder zu rekonstruieren.

Wenn Sie also ein Fenster über ein anderes schieben, geht die Darstellung des unteren Fensters verloren. Wird das untere Fenster wieder in den Vordergrund geholt, kann der Window-Manager den Fensterrahmen, nicht aber den Fensterinhalt rekonstruieren. Also schickt er eine Benachrichtigung an das Fenster, dass es sich selbst neu zeichnen soll. Und das Fenster ruft dann die eigene und die `paint()`-Methode aller untergeordneten Komponenten auf. Auf diese Weise wird der Fensterinhalt korrekt rekonstruiert.

Wenn Sie also Ihre Zeichenmethoden innerhalb der `paint()`-Methode aufrufen, sorgen Sie nicht nur dafür, dass die Zeichnung direkt beim Öffnen des Fensters zu sehen ist, sondern dass sie auch stets korrekt rekonstruiert werden kann.

So weit, so gut. Aber wie sieht es aus, wenn eine Zeichnung beispielsweise als Antwort auf das Drücken einer Schaltfläche neu gezeichnet werden soll. In diesem Fall rufen Sie einfach die Methode `repaint()` auf. Diese ruft dann die Methode `update()` auf und diese wiederum sorgt schließlich für den Aufruf von `paint()`.

Hinweis

Oft veranlasst der Window-Manager nur die Rekonstruktion eines Teilbereichs. Führt dies zu verzerrten Ausgaben (beispielsweise bei Größenveränderungen des Fensters), dann können Sie dem durch einen Aufruf der Methode `invalidate()` *entgegenwirken (beispielsweise innerhalb der Methode* `componentResized()` *von* `ComponentAdapter`*). Die Methode* `invalidate()` *bewirkt, dass beim nächsten Neuzeichnen die gesamte Komponente rekonstruiert wird.*

Zeichenmethoden – Graphics

Alle Zeichenmethoden, die wir benötigen, gehen wie gesagt auf die Klasse `Graphics` zurück.

Ein Verdienst der `paint()`-Methode ist also, dass sie uns ein `Graphics`-Objekt zur Verfügung stellt, das die Zeichenfläche der jeweiligen Komponente repräsentiert und mit dessen Methoden wir unsere Grafiken auf diese Zeichenfläche ausgeben können.

Hinweis

Bei der Klasse `Graphics` *handelt es sich im Übrigen um eine abstrakte Basisklasse. An den Parameter der* `paint()`*-Methode wird also in Wirklichkeit eine Instanz einer von* `Graphics` *abgeleiteten Klasse übergeben, die allerdings als* `Graphics`*-Objekt übergeben wird (Sie erinnern sich, jedes Objekt einer abgeleiteten Klasse kann als Objekt ihrer Basisklasse betrachtet werden).*

Tabelle 10.1: Auswahl einiger Methoden der Klasse Graphics

Methode	Beschreibung
clearRect(int, int, int, int)	Füllt den spezifizierten Bereich mit der Hintergrundfarbe.
drawArc(int, int, int, int, int, int)	Zeichnet einen Bogen ein.
drawImage(Image,int, int, ImageObserver)	Zeichnet ein Bild an die spezifizierte Position.
drawLine(int, int, int, int)	Zeichnet eine Linie ein.
drawOval(int, int, int, int)	Zeichnet ein Oval ein.
drawPolygon(int[], int[], int)	Zeichnet ein Polygon ein.
drawPolyline(int[], int[], int)	Zeichnet einen Linienzug ein.
drawRect(int, int, int, int)	Zeichnet ein Rechteck ein.

Tabelle 10.1: Auswahl einiger Methoden der Klasse Graphics (Forts.)

Methode	Beschreibung
drawRoundRect(int, int, int, int, int, int)	Zeichnet ein Rechteck mit abgerundeten Ecken ein.
drawString(String, int, int)	Gibt einen String an der spezifizierten Koordinate aus.
fillArc(), **fillOval**(), **fillPolygon**() ...	Zeichnen ausgefüllte Formen (vgl. draw...()).
getClip()	Liefert ein Shape-Objekt zurück, das den aktuellen Clipping-Bereich repräsentiert.
getColor()	Liefert die aktuelle Zeichenfarbe zurück
getFont()	Liefert die aktuell verwendete Schriftart zurück.
setClip(Shape)	Definiert einen neuen Clipping-Bereich.
setColor(Color)	Definiert die beim Zeichnen zu verwendende Farbe.
setFont(Font)	Definiert die zu verwendende Schriftart.
translate(int, int)	Verschiebt den Ursprung des Gerätekontextes.

Was kann man mit diesen Methoden anfangen? Nun, eine ganze Menge. Sie müssen nur noch wissen, dass

- Koordinaten Bildschirmpixeln entsprechen und daher ganzzahlig sind,
- der Nullpunkt des Koordinatensystems in der linken oberen Ecke liegt

und schon kann es losgehen.

Wir wollen nun ernsthaft mit der Implementierung unseres Funktionenplotters beginnen. Nehmen wir daher das Gerüst unser Canvas-Klasse MeineCanvas als Ausgangspunkt und implementieren wir die paint()-Methode der Klasse so, dass ein einfaches Koordinatensystem und – in Abhängigkeit von einem Integer-Wert aktFunktion (der gleich 1 oder 2 sein kann) – eine der Funktionen y = tan(x) oder y = x^3 eingezeichnet werden.

Listing 10.1: aus Datei FunkPlotter.java

```
class MeineCanvas extends Canvas {
  // Konstruktor
  MeineCanvas() {
    // den Hintergrund auf schwarz setzen
   setBackground(Color.black);

    // Vordergrund (=Zeichenfarbe) auf blau setzen
    setForeground(Color.green);
  }
```

```
  // Die wichtigste Methode: hier wird gezeichnet!
  public void paint(Graphics g) {
    double x,y;
    int xpos,ypos;

    // Ursprung umsetzen
    g.translate(150,150);

    // Koordinatenachsen einzeichnen
    g.setColor(Color.red);
    g.drawLine(0,-150,0,150);
    g.drawLine(-150,0,150,0);
    g.drawString("-3",-150,12);
    g.drawString("-3",4,147);
    g.drawString("+3",135,12);
    g.drawString("+3",4,-140);

    // Farbe zum Zeichnen der Funktion
    g.setColor(new Color(255,255,0));

    // Wenn keine Funktion ausgewählt ist, nichts tun
    if(aktFunktion == 0)
       return;

    for(x= -3.0; x<=3; x += 0.005) {
      if(aktFunktion == 1)
        y = Math.tan(x);
      else
        y = Math.pow(x,3);

      xpos - (int) (x*50);
      ypos = (int) (-y*50);

      g.fillOval(xpos,ypos,3,3);
    }
  }

  // Diese Methode liefert die minimale Größe der Canvas
  public Dimension getMinimumSize() {
    return new Dimension(300,300);
  }

  // Die Lieblingsgröße setzen wir auf die Minimalgröße
  public Dimension getPreferredSize() {
    return getMinimumSize();
  }
}
```

Bevor wir zur `paint()`-Methode kommen, gibt es noch ein paar Routinearbeiten zu erledigen.

Analyse

Im Konstruktor legen wir eine Farbe für den Hintergrund (Zeile 5) und den Vordergrund (Zeile 8) der Canvas-Komponente fest. Für den Hintergrund haben wir Schwarz gewählt. Für Ausdrucke ist dies zwar nicht so gut, dafür sieht es auf dem Bildschirm edel aus.

Zum Ende der Klassendefinition überschreiben wir die Methoden `getMinimumSize()` und `getPreferredSize()`. Diese werden später vom Layout-Manager zur Dimensionierung unserer Leinwand benutzt.

Koordinatentransformationen

Kommen wir nun zur `paint()`-Methode. Zuerst wollen wir ein Koordinatensystem einzeichnen, dessen Ursprung in der Mitte der Leinwand liegt. Dies bedeutet aber, dass das Koordinatensystem für unsere Funktionen nicht mit dem Koordinatensystem der Canvas-Komponente übereinstimmt. Dies ist kein Unglück, bedeutet aber lästige Umrechnungen. Wir können uns die Umrechungen etwas vereinfachen, wenn wir den Ursprung des Canvas-Koordinatensystems auf den Ursprung unseres eigenen Koordinatensystems abbilden. Da unsere Leinwand 300x300 Pixel groß ist (siehe Methode `getPreferredSize()`), legen wir den neuen Ursprung auf die alte Koordinate (150,150):

```
17:    g.translate(150,150);
```

Als Nächstes zeichnen wir mithilfe der `drawLine()`-Methode zwei rote Linien für die x- und y-Achse des Koordinatensystems ein. Der Methode `drawLine()` übergeben wir dazu einfach Start- und Endkoordinaten (Zeilen 21 und 22). Die Zeichenfarbe setzen wir zuvor durch einen Aufruf der Methode `setColor()`.

Weiter unten (Zeilen 35 bis 39) erfolgt dann die Berechnung der Funktionswerte. Diese müssen dann für die Ausgabe zuerst noch skaliert und transformiert werden.

Skalierung

Da der Wertebereich der Funktionen von –3 bis +3 geht, der Anzeigebereich aber von -150 bis 150, multiplizieren wir alle x-Werte mit 50. Die y-Werte multiplizieren wir mit dem gleichen Faktor, um keine Verzerrungen zu erzeugen.

Transformation

Wir haben zwar den Ursprung des Canvas-Koordinatensystems auf den Ursprung unseres Koordinatensystems verschoben, doch damit sind beide Koordinatensysteme leider noch nicht identisch. Während wir es vorziehen würden, wenn negative y-Werte nach unten und positive y-Werte nach oben abgetragen würden, verhält sich das Canvas-Koordinatensystem genau umgekehrt (was daran liegt, dass im Canvas-Koordinatensystem wachsende y-Koordinaten nach unten eingezeichnet werden – unabhängig vom Ursprung). Um dies zu korrigieren, multiplizieren wir unsere y-Werte einfach mit –1. Die

Umrechnung der x,y-Werte in Koordinaten unserer Leinwand sieht also folgendermaßen aus:

```
41:      xpos = (int) (x*50);
42:      ypos = (int) (-y*50);
```

An jeder dieser Koordinaten geben wir dann einen kleinen gelben Kreis aus (Zeile 44).

Jetzt wird's bunt – Color

Farben sind in Java bzw. dem AWT eigene Objekte und es gibt eine Vielzahl von Methoden, um mit ihnen zu agieren.

So setzt beispielsweise die Anweisung `setBackground(Color.black)` die Hintergrundfarbe einer Komponente auf Schwarz. `Color.black` ist dabei eine statische Klassenvariable, die die Farbe Schwarz definiert. Die meisten Grundfarben sind auf diese Weise direkt verfügbar (`Color.green`, `Color.blue` usw.).

Hinweis

Das Pendant zum Festlegen der Vordergrundfarbe ist die Methode `setForeground()`.

Darüber hinaus besteht natürlich auch die Möglichkeit, eigene `Color`-Instanzen anzulegen und mit einer beliebigen Farbe zu initialisieren. So geschehen beispielsweise in der Anweisung

```
29:  g.setColor(new Color(255,255,0));
```

aus unserem obigen Übungsbeispiel. Der Konstruktor der Klasse `Color` erwartet dabei die Angabe der Farbe im sogenannten RGB-Format.

RGB-Format

Im RGB-Format werden Farben durch drei ganzzahlige Werte im Bereich 0 bis 255 definiert (oder alternativ drei Fließkommazahlen im Bereich 0.0 bis 1.0). Die erste Zahl steht für den Rotanteil, die zweite für Grün und die dritte für Blau. (255, 255, 0) bedeutet demnach maximaler Rot- und Grünanteil und kein Blau. Falls Sie sich noch dunkel an den Kunstunterricht (oder war's doch in Physik?) erinnern, wissen Sie, dass Rot und Grün gemischt Gelb ergibt. Durch geeignete Variation der Werte lassen sich auf diese Weise alle gewünschten Farbtöne definieren. (Um nicht blind Farbwerte austesten zu müssen, sollten Sie sich einen Farbkreis für Lichtfarben anschauen oder beispielsweise den Farben-Dialog von Windows aufrufen: START/ALLE PROGRAMME/ZUBEHÖR/PAINT und dann je nach Version entweder auf die Symbolschaltfläche PALETTE BEARBEITEN klicken oder ein Farbfeld doppelklicken und auf die Schaltfläche FARBEN DEFINIEREN drücken.)

Der Funktionsplotter

Zum Schluss wollen wir uns noch anschauen, wie die Klasse `MeineCanvas` in das Funktionsplotter-Programm eingebettet ist:

Listing 10.2: FunkPlotter.java – Ein Funktionenplotter

```
import javax.swing.*;
import java.awt.*;
import java.awt.event.*;

// Hauptfenster von Swing-Klasse JFrame ableiten
public class FunkPlotter extends JFrame {
  MeineCanvas m_malflaeche;
  int aktFunktion = 0;      // diese Variable bestimmt die
                            // zu zeichnende Funktion;
                            // Startwert 0 = keine Funktion

  public static void main(String[] args) {
    FunkPlotter fenster = new FunkPlotter("Funktionenplotter");
    fenster.pack();
    fenster.setSize(450,350);
    fenster.setResizable(false);
    fenster.setVisible(true);
  }

  // Im Konstruktor werden die Canvas-Malfläche und
  // Schaltflächen zur Auswahl der Funktionen angelegt
  FunkPlotter(String titel) {
    super(titel);

    // Einen Layout-Manager einrichten
    setLayout(new FlowLayout());

    // Die Malfläche aufnehmen
    m_malflaeche = new MeineCanvas();
    add(m_malflaeche);

    // Schaltflächen anlegen und in Panel aufnehmen
    JButton f1 = new JButton("tan(x)");
    JButton f2 = new JButton("x^3");
    add(f1);
    add(f2);

    // Das Ereignisbehandlung für die Schaltflächen
    class MeinActionLauscher implements ActionListener {
      public void actionPerformed(ActionEvent e) {
          String label;

          label = e.getActionCommand();
```

```
        if(label.equals("tan(x)"))
          aktFunktion = 1;
        else
      aktFunktion = 2;

        // Neuzeichnen veranlassen
        m_malflaeche.repaint();
      }
    }

    // Die Lausch-Objekte anlegen
    f1.addActionListener(new MeinActionLauscher());
    f2.addActionListener(new MeinActionLauscher());

    setDefaultCloseOperation(WindowConstants.EXIT_ON_CLOSE);
  }


  class MeineCanvas extends Canvas {
    ... // wie oben
  }

} // Ende der Klasse FunkPlotter
```

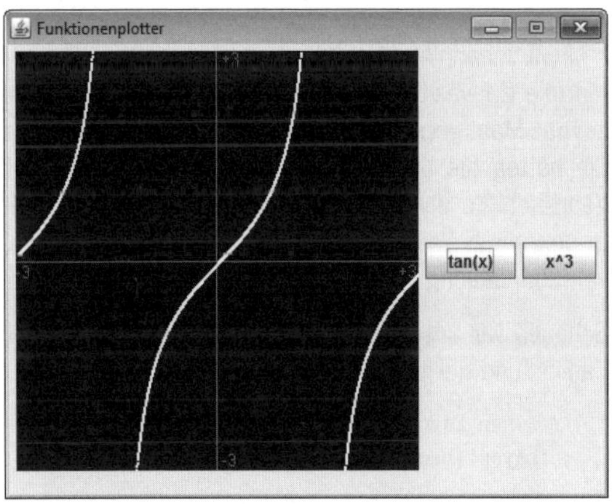

Abbildung 10.1: Der Funktionenplotter

Das Grundgerüst dürfte Ihnen ja schon hinlänglich vertraut sein, sodass wir darauf nicht mehr eingehen müssen. Beachten Sie nur, dass wir die Klasse `MeineCanvas` als innere Klasse innerhalb von `FunkPlotter` definiert haben. Dadurch können die Methoden der Klasse `MeineCanvas` auf die Instanzvariable `aktFunktion` zugreifen, in der wir beim Anklicken einer Schaltfläche speichern, welche Funktion ausgewählt wurde.

Interessant ist auch noch die Ereignisbehandlung für die Schaltflächen, denn obwohl es zwei Schaltflächen gibt, bei deren Betätigung der Variablen `akt-`

Hinweis

Die Methode `repaint()` *führt nicht immer zum direkten Neuzeichnen der zugehörigen Komponente, was damit zusammenhängt, dass die Benachrichtigung zum Neuzeichnen verzögert werden kann. Ist dies ein kritischer Punkt oder wollen Sie die Benachrichtigung zum Neuzeichnen selbst verzögern, können Sie auch die Methode* `repaint(long ms)` *aufrufen, der Sie als einzigen Parameter die Zeit (in Millisekunden) übergeben, innerhalb der die Benachrichtigung weitergeleitet werden soll.*

`Funktion` unterschiedliche Werte zugewiesen werden sollen, haben wir nur eine Ereignisbehandlungsmethode definiert. Es muss also eine Möglichkeit geben, innerhalb der Ereignisbehandlungsmethode herauszufinden, von welcher Schaltfläche das Ereignis ausging.

Mehrere Ereignisquellen – ein Listener

Tatsächlich wird der Methode `actionPerformed()` ja noch ein Parameter des Typs `ActionEvent` übergeben. In diesem sind alle wichtigen Informationen zu dem Ereignis abgespeichert – so auch der Befehlsname der Ereignisquelle. Mithilfe der Methode `getActionCommand()` können wir diesen Befehlsnamen, der standardmäßig dem Titel der Schaltfläche entspricht, ermitteln und mit den Titeln unserer Schaltflächen vergleichen.

```
label = e.getActionCommand();
if(label.equals("tan(x)")) ....
```

Nachdem wir die Identität der gedrückten Schaltfläche festgestellt haben, aktualisieren wir den Wert der Variablen `aktFunktion` und veranlassen durch den Aufruf der `repaint()`-Methode das Neuzeichnen unserer Leinwand.

10.2 Erweitertes Layout mit Panel-Containern

Im Funktionenplotter-Beispiel aus *Abschnitt 10.1* haben wir die Komponenten (die Canvas-Leinwand und die beiden Schaltflächen) mithilfe des `FlowLayout`-Managers der Reihe nach nebeneinander platziert. Angenommen, Sie hätten die beiden Schaltflächen aber lieber vertikal übereinander angeordnet. So etwas sollte ja wohl machbar sein und das ist es auch. Entweder durch Verwendung eines `GridBagLayout`-Managers oder durch die Verschachtelung von Layout-Managern mithilfe von Panels.

Schauen wir uns noch einmal den bisherigen Code zur Positionierung der Canvas und der beiden Schaltflächen an:

```
// Einen Layout-Manager einrichten
setLayout(new FlowLayout());

// Die Malfläche aufnehmen
m_malflaeche = new MeineCanvas();
add(m_malflaeche);

// Schaltflächen zur Auswahl der Funktionen anlegen
JButton f1 = new JButton("tan(x)");
JButton f2 = new JButton("x^3");
add(f1);
add(f2);
```

Hier haben wir einen Container (das Fenster) mit einem Layout-Manager (`FlowLayout`), in den alle drei Komponenten eingefügt werden.

Unsere neue Anordnungsstrategie sieht dagegen zwei Layout-Manager vor (und damit auch zwei Container). Der erste Container ist weiterhin unser Fenster. In diesem sollen die Canvas-Komponente und die beiden (übereinander liegenden) Schaltflächen nebeneinander ausgerichtet werden. Dazu ist es notwendig, die beiden Schaltflächen wie eine Einheit zu verwalten. Dies geht, indem man die Schaltflächen in einen Panel-Container aufnimmt.

Der `FlowLayout`-Manager des Fensters ordnet also die Canvas-Komponente und die Panel-Komponente nebeneinander aus. Für die Panel-Komponente definieren wir dagegen einen `GridLayout`-Manager mit zwei Zeilen und einer Spalte, in den wir die Schaltflächen aufnehmen.

Listing 10.3: Aus FunkPlotter2.java

```
// Einen Layout-Manager einrichten
setLayout(new FlowLayout());

// Die Malfläche aufnehmen
m_malflaeche = new MeineCanvas();
add(m_malflaeche);

// Panel-Container für Schaltflächen anlegen
JPanel panel = new JPanel();
  // Gitter mit 2 Zeilen, 1 Spalte
  panel.setLayout(new GridLayout(2,1));

  // Schaltflächen anlegen und in Panel aufnehmen
  JButton f1 = new JButton("tan(x)");
  JButton f2 = new JButton("x^3");
  panel.add(f1);
  panel.add(f2);

add(panel);
```

Wenn Sie das Beispiel mit den Änderungen laufen lassen, werden Sie feststellen, dass die Schaltflächen nun sehr eng übereinander stehen. Dies ist normal und vom `GridLayout`-Manager so gewollt. Wenn Sie einen Leerraum dazwischen haben wollen, gibt es zwei Möglichkeiten. Entweder Sie definieren drei Zeilen und fügen in die Zwischenzeile eine Label-Komponente ohne Titel ein, oder Sie benutzen einen alternativen Konstruktor für die Erzeugung des `GridLayout`-Managers, dem Sie Pixelmaße für die gewünschten Abstände zwischen den Spalten und Zeilen des Gitters übergeben können:

```
panel.setLayout(new GridLayout(2,1,20,20));
```

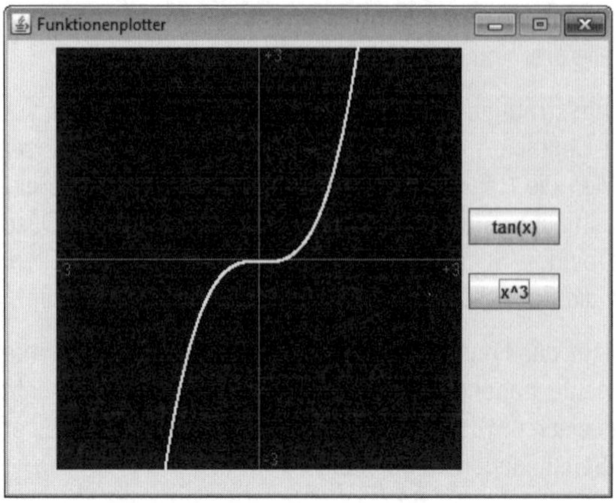

Abbildung 10.2: FlowLayout und GridLayout

10.3 Kreise, Rechtecke und Scheiben

Wir eilen im Sauseschritt weiter und bauen das letzte Beispiel etwas um. Anstatt auf Schalterdruck bestimmte Funktionen einzuzeichnen, machen wir einen ersten Schritt hin zu einem interaktiven Malprogramm, in dem der Anwender zwischen verschiedenen geometrischen Formen (Kreis, Scheibe, Rechteck) wählen kann. Klickt der Anwender dann im laufenden Programm in die Canvas-Komponente, wird die entsprechende Form an der Position des Mausklicks ausgegeben.

Das Grundgerüst dieser Anwendung entspricht im Wesentlichen dem Grundgerüst unseres Funktionenplotters. Was wir darüber hinaus brauchen, sind

- Optionsfelder zur Auswahl der verschiedenen geometrischen Figuren und
- eine passende Ereignisbehandlung für die Mausklicks.

Optionsfelder

Beginnen wir mit der Einrichtung einer Gruppe von Optionsfeldern (Klasse `JRadioButton`), über die der Anwender bestimmen kann, welche Figur beim Klicken mit der Maus eingezeichnet werden soll.

Listing 10.4: Aus Malprogramm.java

```
// Panel-Container für Schaltflächen anlegen
JPanel panel = new JPanel();
  // Gitter mit 3 Zeilen, 1 Spalte
  panel.setLayout(new GridLayout(3,1,20,20));

  // Optionsfelder zur Auswahl der Formen
  m_formauswahl = new ButtonGroup();
```

```
    // 1. Optionsfelder erzeugen
    JRadioButton opt1 = new JRadioButton("Kreis",false);
    JRadioButton opt2 = new JRadioButton("Scheibe",false);
    JRadioButton opt3 = new JRadioButton("Rechteck",false);

    // 2. Befehlsnamen für Optionsfelder
    opt1.setActionCommand("Kreis");
    opt2.setActionCommand("Scheibe");
    opt3.setActionCommand("Rechteck");

    // 3. Optionsfelder in ButtonGroup-Gruppe aufnehmen
    m_formauswahl.add(opt1);
    m_formauswahl.add(opt2);
    m_formauswahl.add(opt3);

    // 4. Optionsfelder in Panel aufnehmen
    panel.add(opt1);
    panel.add(opt2);
    panel.add(opt3);

   add(panel);
```

Optionsfelder (Klasse `JRadioButton`, siehe auch *Kapitel 13.6*) sind Schaltflächen, über die man eine Option ein- oder ausschalten kann. Man kann Optionsfelder zu Gruppen zusammenfassen, wobei innerhalb einer solchen Gruppe immer nur eine Option ausgewählt werden kann. Da dies genau das ist, was wir wünschen (der Benutzer unseres Programms soll auswählen, ob er Kreise, Scheiben oder Rechtecke einzeichnen will), erzeugen wir zuerst ein `ButtonGroup`-Objekt. Bei diesem werden wir die erzeugten Optionsfelder anmelden. Das `ButtonGroup`-Objekt sorgt dann dafür, dass von all den in dieser Gruppe registrierten Optionsfeldern immer nur eines ausgewählt ist. Zudem unterstützt uns das `ButtonGroup`-Objekt bei der Ereignisbehandlung zu den Optionsfeldern: Wir können von ihm abfragen, welches Optionsfeld gerade ausgewählt ist.

Nachdem die Optionsfelder mit `new` erzeugt sind, legen wir noch fest, wie ihre Befehlsnamen heißen. Dies ist wichtig, um später bei der Ereignisbehandlung entscheiden zu können, welches Optionsfeld ausgewählt ist. Der Einfachheit halber nehmen wir als Befehlsnamen die Titel der Optionsfelder.

Dann melden wir die Optionsfelder bei dem `ButtonGroup`-Objekt an und fügen sie in den Panel-Container ein.

Zum Schluss wird der Panel-Container in das Fenster aufgenommen.

Das `ButtonGroup`-Objekt (`m_formauswahl`) zur Verwaltung der Optionsfelder brauchen wir nicht nur im Konstruktor des Fensters, sondern auch innerhalb der `paint()`-Methode des Fensters, um dort feststellen zu können, welche geometrische Form gezeichnet werden soll. Die `ButtonGroup`-Variable `m_formauswahl` deklarieren wir daher nicht im Konstruktor der Klasse, sondern außerhalb jeder Methode als Variable der Fensterklasse:

```
// aus Malprogramm.java
public class Malprogramm extends JFrame {
  MeineCanvas m_malfläche;      // Hier wird gezeichnet
  ButtonGroup  m_formauswahl;   // aktuelle Form
  int m_Xpos, m_Ypos;           // aktuelle Mausposition

  // In main wird eine Instanz der Klasse angelegt
  // und auf den Bildschirm gebracht
  public static void main(String[] args) {
     ...
```

Mausereignisse bearbeiten – MouseAdapter

So, als Nächstes kümmern wir uns um das Abfangen der Mausklicks. Da Ihnen die prinzipielle Vorgehensweise noch aus *Kapitel 8.3* in Erinnerung sein sollte, dürfte dies kein großes Problem darstellen.

Die passende Schnittstelle wäre `MouseListener`, doch da in dieser Schnittstelle eine Reihe von Methoden deklariert sind, die wir nicht benötigen und daher nicht überschreiben wollen, leiten wir unsere Lauscher-Klasse `MeinMausAdapter` von der Adapter-Klasse `MouseAdapter` ab.

```
  // aus Malprogramm.java
  class MeineCanvas extends Canvas {

    class MeinMausAdapter extends MouseAdapter {
      public void mousePressed(MouseEvent e) {
        // Die aktuelle Position der Maus merken
        m_Xpos = e.getX();
        m_Ypos = e.getY();

        // Malfläche aktualisieren
        repaint();
      }
    }

    MeineCanvas() {
      addMouseListener(new MeinMausAdapter());

      setBackground(Color.black);
      setForeground(Color.orange);
    }
 ...
```

Analyse

Da wir Mausklicks in der Canvas-Komponente abfangen wollen, definieren wir die Lauscher-Klasse `MeinMausAdapter` als innere Klasse unserer Canvas-Klasse und registrieren sie im Konstruktor derselben.

Das Klicken mit der Maus führt zum Aufruf der Methode `mousePressed()`, die wir daher überschrieben haben, um die Mausposition zu ermitteln. Hierfür gibt es die `MouseEvent`-Methoden `getX()` bzw. `getY()`, deren Rückgabewerte wir in den Instanzvariablen `m_Xpos` und `m_Ypos` abspeichern. Schließlich initiieren wir mit `repaint()` das Neuzeichnen der Leinwand.

Geometrische Figuren zeichnen

In unserer `paint()`-Methode bestimmen wir, ob ein Kreis, eine Scheibe oder ein Rechteck gezeichnet werden soll, und geben die gewünschte Form an der Stelle des letzten Mausklicks aus.

```
// aus Malprogramm.java, KLasse MeineCanvas
public void paint(Graphics g) {
  String label;
  ButtonModel aktuell = null;

  // welche Form ist gerade ausgewählt?
  aktuell = m_formauswahl.getSelection();

  // entsprechend handeln
  if(aktuell == null)
    return;

  int w = (int) (Math.random()*300);
  int h = (int) (Math.random()*300);
  label = aktuell.getActionCommand();

  if(label.equals("Kreis"))
    g.drawOval(m_Xpos,m_Ypos,w,w);

  if(label.equals("Scheibe"))
    g.fillOval(m_Xpos,m_Ypos,w,h);

  if(label.equals("Rechteck"))
    g.drawRect(m_Xpos,m_Ypos,w,h);
}
```

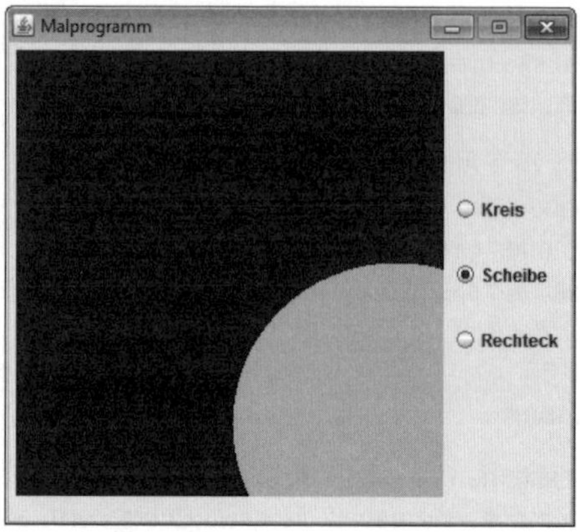

Abbildung 10.3: Geometrische Figuren einzeichnen

Analyse

Die Anweisung

```
07:     aktuell = m_formauswahl.getSelection();
```

liefert ein `ButtonModel`-Objekt zurück, mittels dessen Methode `getActionCommand()` wir dann den Befehlsnamen des Optionsfelds bestimmen (Zeile 15) und mit den möglichen Befehlsnamen vergleichen (Zeilen 17, 20 und 23) können. Wenn wir dann wissen, welche Form gerade ausgewählt ist, können wir diese an der Position des Mausklicks einzeichnen:

- `drawOval(int X, int Y, int b, int h);`

  zeichnet Ellipsen und Kreise und erhält als Parameter die begrenzende Box, in die die Ellipse passen soll. Genauer: die Koordinaten der linken oberen Ecke und die Ausdehnung in x- und y-Richtung, also Breite und Höhe.

  Sind die Breite `b` und die Höhe `h` identisch, ist die Ellipse ein Kreis.

- `fillOval(int X, int Y, int b, int h);`

  zeichnet ausgefüllte Ellipsen und Kreise und wird genauso wie `drawOval()` gehandhabt.

- `drawRect(int X, int Y, int b, int h);`

  wird analog gehandhabt.

  Sind die Breite `b` und die Höhe `h` identisch, ist das Rechteck ein Quadrat.

Um das Programm ein bisschen spannender zu machen, übergeben wir für die Breite und Höhe der umhüllenden Rechtecke Zufallswerte (Zeilen 13 und 14).

Übung

Erstellen Sie das Programm (den vollständigen Quelltext finden Sie auf der *Buch-DVD*) und spielen Sie ein bisschen damit herum. Wieso ist immer nur eine Form gleichzeitig auf der Malfläche zu sehen? Wie kann man es erreichen, dass schon Gezeichnetes erhalten bleibt?

Lösung

Erinnern Sie sich noch an das Schema `repaint() - update() - paint()`? Der Übeltäter in dieser Kette ist die `update()`-Methode. Diese Methode hat unsere Canvas-Klasse von ihrer Basisklasse `Canvas` geerbt und in deren Implementierung ist festgelegt, dass der aktuelle Inhalt vor dem Neuzeichnen zu löschen ist. Will man dies verhindern, muss man `update()` durch eine angepasste Version überschreiben:

```
public void update(Graphics g)  {
   paint(g);
}
```

Wenn Sie die Klasse `MeineCanvas` um diese Methode ergänzen und das Programm erneut kompilieren und laufen lassen, erhalten Sie den gewünschten Effekt. Sie sehen daran, dass es gerade beim Umgang mit dem AWT recht wichtig sein kann zu wissen, was hinter den Kulissen abläuft.

Formen vom Anwender einzeichnen lassen

Im Malprogramm aus diesem Abschnitt kann der Anwender nur die linke obere Ecke des die Figur umhüllenden Rechtecks bestimmen. Wie könnte man erreichen, dass er auch die Größe der Figur selbst bestimmen kann?

In diesem Fall müsste der Anwender mit der Maus auf die linke obere Ecke des umhüllenden Rechtecks klicken und dann bei gedrückter Maus das Rechteck aufziehen. Lässt er die Maustaste wieder los, ermittelt man die entsprechende Mauskoordinate und kann aus dem Vergleich mit der Position des Mausklicks die Breite und Höhe für den passenden `Graphics`-Methodenaufruf errechnen.

Das Programm muss also zumindest zwei Ereignisse überwachen: »Drücken der Maus« und »Loslassen der Maus«.

Statt uns aber zu sehr mit Implementierungsdetails aufzuhalten, die Sie sich mittlerweile sicherlich selbst erarbeiten können, wollen wir uns einem wesentlich interessanteren und lehrreicheren Thema zuwenden: der Unterstützung von Freihandlinien.

10.4 Freihandlinien

Um das Malprogramm aus *Abschnitt 10.3* abzurunden, werden wir es um die Unterstützung von Freihandlinien erweitern. Sie kennen das sicherlich von diversen Zeichenprogrammen: Man bewegt die Maus bei gedrückter Maustaste über die Zeichenfläche und erzeugt auf diese Weise eine Linie, die meist so zittrig ist, dass man sie gleich wieder löscht.

Wie lässt sich dies implementieren?

In Java ist die Unterstützung von Freihandlinien gar nicht so schwer zu programmieren, doch gibt es einige Besonderheiten zu beachten und darum sollten wir uns die Zeit nehmen, uns erst einmal über das prinzipielle Vorgehen einig zu werden.

Konzept für Freihandlinien

1. Freihandlinien werden durch Bewegen mit der Maus gezeichnet. Allerdings nur dann, wenn der Anwender gleichzeitig die linke Maustaste drückt. Man bezeichnet dies auch als »Ziehen« der Maus.

   Java kennt eine eigene Ereignisbehandlungsmethode für diesen Fall (`mouseDragged()` aus der `MouseMotionListener`-Schnittstelle) – was das Zeichnen von Freihandlinien wesentlich vereinfacht.

2. Wenn diese Ereignisbehandlungsmethode ausgeführt wird, wissen wir also, dass der Anwender die Maus bei gedrückter Maustaste bewegt. Das Einfachste wäre jetzt, an jeder Koordinate, über die die Maus bewegt wird, einen Punkt auszugeben. Das Problem ist nur, dass uns in der Ereignisbehandlungsmethode `mouseDragged()` kein `Graphics`-Objekt für unsere Malfläche zur Verfügung steht.

   Ein Ausweg wäre, alle Koordinaten in einem Array zu speichern und beim Loslassen der Maustaste die `paint()`-Methode aufzurufen und dort eine Polylinie auszugeben, die die gespeicherten Koordinaten verbindet. Aber das wäre unnötig kompliziert.

   Stattdessen erzeugen wir uns mithilfe der `getGraphics()`-Methode ein eigenes `Graphics`-Objekt und zeichnen damit direkt innerhalb der Ereignisbehandlungsmethode `mouseDragged()`.

3. Schließlich müssen wir noch entscheiden, wie wir die Freihandlinie einzeichnen: entweder als einzelne Punkte oder als Polylinie. Wir haben uns für die einzelnen Punkte entschieden, da dies im Moment weniger Aufwand bedeutet und uns die Muße lässt, uns auf die wichtigeren Konzepte zu konzentrieren.

   Der Nachteil dabei ist, dass die Linie Löcher bekommt, wenn der Anwender die Maus etwas schneller bewegt. Wenn Sie die Punkte mit Linien verbinden, können Sie dies verhindern.

Beginnen wir damit, unser Malprogramm anzupassen.

Zunächst müssen wir natürlich die Optionsfelder-Gruppe, die im Konstruktor `Freihand()` (ehemals `Malprogramm`) angelegt wird, um eine zusätzliche Option erweitern. Dazu erweitern wir das GridLayout von drei auf vier Zeilen und fügen ein zusätzliches Optionsfeld ein:

Listing 10.5: Aus Freihand.java

```
// im Konstruktor von Freihand ...

JPanel panel = new JPanel();
  panel.setLayout(new GridLayout(4,1,20,20));
  ...
```

```
JRadioButton opt4 = new JRadioButton ("Freihand",false);
...
opt4.setActionCommand("Freihand");
...
m_formauswahl.add(opt4);
...
panel.add(opt4);

add(panel);
```

Dann implementieren wir die `mouseDragged()`-Ereignisbehandlungsmethode. Wir leiten unsere Lauscher-Klasse aber nicht von der `MouseMotionListener`-Schnittstelle ab, sondern wie so oft von der zugehörigen Adapter-Klasse.

```
01    // aus Datei Freihand.java, in Klasse MeineCanvas
02
03    class MeinMausMotionAdapter extends MouseMotionAdapter {
04      public void mouseDragged(MouseEvent e) {
05        ButtonModel aktuell;
06        String label;
07
08        // Herausfinden, welche Box gerade aktiviert ist
09        aktuell = m_formauswahl.getSelection();
10
11        // Da nach dem Programmstart keine Box aktiviert ist,
12        // muss dies getestet werden. Dann wird kein Objekt
13        // zurückgeben, sondern ein null-Wert
14        if(aktuell == null)
15          return;
16
17        label = aktuell.getActionCommand();
18
19        // Nur wenn die Freihandfunktion ausgewählt ist, die
20        // Mausposition merken und neuzeichnen
21        if(label.equals("Freihand"))  {
22          Graphics tmp = m_malfläche.getGraphics();
23          m_Xpos = e.getX();
24          m_Ypos = e.getY();
25          tmp.drawOval(m_Xpos,m_Ypos,2,2);
26        }
27      }
28    }
```

Analyse

Der interessanteste Teil ist sicherlich die Erzeugung des `Graphics`-Objekts in Zeile 22. Wie Sie mittlerweile wissen, ist `Graphics` eine abstrakte Klasse und kann nicht direkt instanziert werden. Aber das haben wir auch gar nicht vor. Wir definieren lediglich eine Objektvariable `tmp` (für temporary) vom Klassentyp `Graphics`. Diesem Objekt können wir dann jede beliebige Instanz einer von `Graphics` abgeleiteten Klasse zuweisen.

Wir brauchen aber nicht irgendein `Graphics`-Objekt, sondern ein `Graphics`-Objekt, das unsere Malfläche repräsentiert und mit dessen Methoden wir in diese Malfläche zeichnen können. Für solche Fälle stellt jede Komponente die Methode `getGraphics()` zur Verfügung, die eine Referenz auf die Zeichenfläche der Komponente zurückliefert.

Aufsteiger

`Graphics`-Objekte und die mit Ihnen verbundenen Systemressourcen können recht viel Speicher belegen, besonders wenn in kurzer Zeit sehr viele `Graphics`-Objekte erzeugt werden und der automatische Garbage Collector von Java diese nur zeitversetzt »entsorgt«. In Zweifelsfällen sollte man die mit `Graphics`-Objekten verbundenen Ressourcen nach getaner Arbeit explizit durch Aufruf der `dispose()`-Methode freigeben.

Da wir nur an MouseDrag-Ereignissen interessiert sind, die unsere Malfläche betreffen (Canvas-Komponente), definieren wir die Lauscher-Klasse `MeinMausMotionAdapter` als innere Klasse von `MeineCanvas` und registrieren eine Instanz der Lauscher-Klasse für `MeineCanvas`:

```
MeineCanvas(){
  addMouseListener(new MeinMausAdapter());
  addMouseMotionListener(new MeinMausMotionAdapter());

  setBackground(Color.black);
  setForeground(Color.orange);
}
```

Abbildung 10.4: Freihandlinien

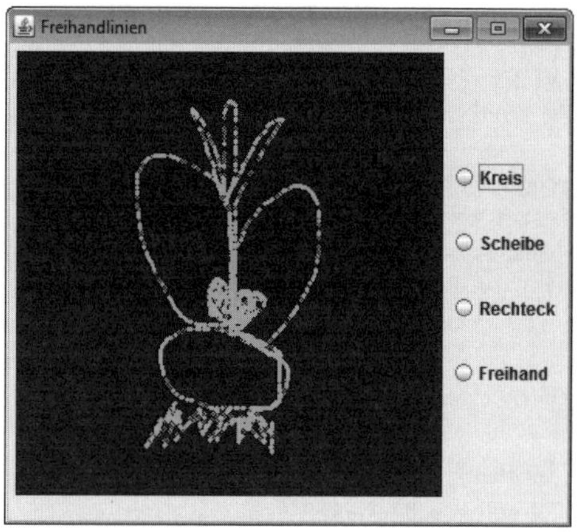

Den vollständigen Quelltext finden Sie auf der *Buch-DVD*.

Hinweis

In unserem Beispielprogramm wird bei jedem Beginn einer neuen Figur die alte Zeichnung gelöscht. In den meisten Fällen wird man aber alle Figuren erhalten wollen, bis der Anwender explizit die gesamte Zeichnung (oder einzelne Figuren) löscht. Um dies zu implementieren, müssen Sie alle wichtigen Daten (Koordinaten, Breite, Höhe) zu den einzelnen Figuren abspeichern und die Zeichnung in der `paint()`-Methode aus den abgespeicherten Daten rekonstruieren.

10.5 Noch mehr Grafik mit Java2D

Java bietet eine Menge von Klassen, die zur Erzeugung von hochwertigen grafischen Ausgaben gedacht ist: Java2D. Diese Klassen liegen in den Paketen `java.awt.*` und `java.awt.geom.*` vor und erweitern die Funktionalität der normalen AWT-Klassen beträchtlich und sind zum Teil in ihrer Handhabung auch recht komplex. Wir werden daher im Folgenden nur einige nette Schmankerl herausgreifen.

Die normalen AWT-Klassen lassen für Zeichnungen nur einen Freiheitsgrad: die Farbe. Java2D hingegen bietet eine Fülle von Attributen: Strichstärke, Füllmuster, Durchsichtigkeit und noch einiges mehr, wobei wir uns in dieser Einführung auf Strichstärke und Füllmuster beschränken wollen.

Die grundsätzliche Handhabung von Java2D ist ganz analog zu den bisherigen AWT-Klassen, die Sie kennengelernt haben. Es gibt drei wesentliche Unterschiede. Statt des `Graphics`-Objekts muss das Java2D-Äquivalent `Graphics2D` verwendet werden, alle Koordinaten sind nicht mehr ganzzahlig, sondern `float`-Werte und es gibt keine Spezialmethoden mehr, z.B. `drawRect()` zum Zeichnen von Rechtecken, sondern nur noch eine allgemeine `draw()`-Methode.

Die folgenden Zutaten brauchen wir zum Zeichnen unter Java2D:

- Alle Java2D-Methoden operieren auf einem `Graphics2D`-Objekt, das man durch Casten (Typumwandlung) des normalen `Graphics`-Objekts erhält:

  ```
  public void paint(Graphics g) {
    Graphics2D g_2D = (Graphics2D) g;
  }
  ```

- Nun können wir angeben, wie die zu zeichnenden Objekte auf dem Bildschirm dargestellt (gerendert) werden sollen, indem wir die Farbe festlegen, die Füllart bestimmen und/oder schließlich noch die Strichart definieren.

Hinweis

Auf der Buch-DVD finden Sie begleitend zu diesem Abschnitt das Programm Malprogramm_2D.java, die Java2D-Version unseres weiter oben erstellten Malprogramms.

Festlegen der Farbe und Strichstärke

Wenn wir die Voreinstellungen der Zeichenfarbe (die sogenannte Vordergrundfarbe) für den aktuellen Zeichenvorgang ändern wollen, verwenden wir wie bisher die `setColor()`-Methode, allerdings nun die Methode des `Graphics2D`-Objekts:

```
g_2d.setColor(Color.red);
```

Soweit war das ja noch nichts Neues. Aber jetzt: Wir können auch die Strichstärke ändern mit der Methode `setStroke()`, die als Parameter einen `float`-Wert mit der aktuellen Stärke erwartet. `1.0f` entspricht dabei der bisherigen Normaldicke.

```
g_2d.setStroke(2.0f);     // Strichstärke 2.0
```

Zusätzlich kann noch die Art von End- und Kreuzungspunkten von Linien durch `static`-Variablen der Klasse `BasicStroke` bestimmt werden:

Hinweis

Denken Sie daran, dass Fließkommazahlen (wie z. B. 2.0) in Java als `double`*-Werte angesehen werden. Da aber alle Java2D-Methoden mit* `float`*-Werten arbeiten, müssen wir die Konstanten explizit als* `float`*-Werte kennzeichnen: daher das angehängte »f«.*

Tabelle 10.2: Konstanten für Linien

Endpunkt-Stile:	
`CAP_BUTT`	keine Endpunkte
`CAP_ROUND`	runde Endpunkte
`CAP_SQUARE`	quadratische Endpunkte
Kreuzungspunkt-Stile:	
`JOIN_MITER`	Segmentverbindung über äußere Kanten
`JOIN_ROUND`	Segmentverbindung durch gerundete Ecken
`JOIN_BEVEL`	Segmentverbindung durch eine gerade Linie

Das Festlegen einer Linie ohne Endpunkte und gerundete Ecken wäre also beispielsweise:

```
g_2d.setStroke(2.0f, BasicStroke.CAP_BUTT, BasicStroke.JOIN_ROUND);
```

Alternativ kann man sich auch ein `BasicStroke`-Objekt mit den geeigneten Werten erzeugen und das Objekt an die Methode übergeben:

```
BasicStroke stil BasicStroke(2.0f, BasicStroke.CAP_BUTT,
                                   BasicStroke.JOIN_ROUND);
g_2d.setStroke(stil);
```

Festlegen des Füllmusters

Das Füllmuster bestimmt, wie ein Objekt mit Farbe gefüllt wird. In den normalen AWT-Methoden wie `fillOval()` war dies immer eine einzige Farbe. Mit Java2D können wir darüber hinaus unter anderem auch Gradientenfüllung realisieren.

A. Füllen mit einer Farbe

Beim normalen Füllen mit einer Farbe wird der `setPaint()`-Methode ein `Color`-Objekt mit der gewünschten Farbe übergeben, z.B.

```
g_2d.setPaint(Color.green);
```

B. Gradientenfüllung

Bei einer Gradientenfüllung wird langsam von einer Farbe an einem Punkt zu einer anderen Farbe an einem anderen Punkt gewechselt. Dieser Wechsel kann sich zwischen diesen beiden Punkten vollziehen (azyklisch) oder sich wiederholen (zyklisch). Diese Bezugspunkte müssen dabei nicht innerhalb des Objekts liegen, das gefüllt werden soll.

Diese Beschreibung legt schon nahe, wie die Gradientenfüllung definiert werden muss: Man gibt die Koordinaten der Punkte an, die beiden Farben und ob azyklisch oder zyklisch gefüllt werden soll. Das steuernde Objekt heißt `GradientPaint` und der Konstruktoraufruf ist:

```
GradientPaint grad_fuell = new GradientPaint(x1,y1,Color.blue,
                                   x2,y2,Color.yellow,false);
g_2d.setPaint(grad_fuell);
```

Das `boolean`-Argument `false` steht dabei für azyklisches und `true` für zyklisches Füllen. Mit der `setPaint()`-Methode wird schließlich die Füllart aktiviert.

Methoden und Klassen zum Zeichnen in Java2D

Wenn das `Graphics2D`-Objekt und seine Attribute festgelegt sind, kann das eigentliche Zeichnen beginnen. Im Gegensatz zu dem vorher beschriebenen AWT-Vorgehen gibt es in Java2D nun keine speziellen Methoden, um ein Rechteck, einen Kreis usw. zu zeichnen. Stattdessen definiert man sich Formen (*shapes*), die dann mit den Methoden `draw()` und `fill()` auf den Bildschirm gebracht werden.

Die wichtigsten Formen sind:

Linien

Linien werden mit der Klasse `Line2D.Float` angelegt. Der Konstruktor erwartet die x,y-Koordinaten des Start- und Endpunkts:

```
Line2D.Float linie = new Line2D.Float(20.0f,10.0f, 120.0f,70.0f);
```

Diese Zeile erzeugt eine Linie von 20,10 nach 120,70. Beachten Sie, dass der Konstruktor `float`-Werte erwartet.

Rechtecke

Rechtecke werden mit der Klasse `Rectangle2D.Float` erzeugt. Der Konstruktor erwartet den linken oberen Punkt sowie Breite und Höhe:

```
Rectangle2D.Float rechteck = new Rectangle2D.Float(20.0f,10.0f,
                                                   50.0f,60.0f);
```

Diese Anweisung erzeugt ein Rechteck im Punkt 20,10 mit Breite 50 und Höhe 60 Pixel.

Ellipsen (Ovale)

Was die Ovale bei den AWT-Klassen sind, heißt unter Java2D nun Ellipsen. (Die Java Entwickler sind begeisterte Anhänger des ständigen Umbenennens. Bei jeder Versionsänderung werden immer auch einige Klassen- und Methodennamen umbenannt!) Die entsprechende Klasse ist `Ellipse2D.Float` und der Konstruktor muss analog wie bei den Rechtecken mit linkem oberem Bezugspunkt sowie Breite und Höhe aufgerufen werden:

```
Ellipse2D.Float oval = new Ellipse2D.Float(222.0f,100.0f,
                                           40.0f,60.0f);
```

Polygone

Ein Polygon wird durch Angabe der Bewegung von Polygonpunkt zu Polygonpunkt definiert, d.h. als ein Pfad von Punkten. Hierzu dient die Klasse `GeneralPath`. Mit `moveTo()` wird der Startpunkt angegeben und mittels `lineTo()` werden die nachfolgenden Punkte definiert und mit Linien verbunden. Schließlich wird durch `closePath()` der Pfad zu einem Polygon geschlossen (man kann es natürlich auch offen lassen!).

```
GeneralPath polygon = new GeneralPath();
polygon.moveTo(10.0f,20.0f);
polygon.lineTo(20.0f,30.0f);
polygon.lineTo(10.0f,40.0f);
polygon.closePath();
```

Das eigentliche Zeichnen der definierten Objekte erfolgt schließlich mit der Methode `draw()` bzw. `fill()`, wenn gleichzeitig ein Füllmuster zum Einsatz kommen soll, z.B.

```
g_2d.draw(polygon);
g_2d.draw(oval);
g_2d.fill(rechteck);
```

Ausgabe von Strings

Die Ausgabe von Strings mit Java2D ändert sich im Vergleich zum AWT kaum. Es existiert ebenfalls eine `drawString()`-Methode, die ein `String`-Objekt und die Startkoordinaten (als `float`-Werte) erwartet:

```
g_2d.drawString("Grafik mit Java2D!",10.0f,10.0f);
```

Hinweis

Sie haben nun einen ersten Eindruck von den Grafikmöglichkeiten von Java erhalten und festgestellt, dass es nicht allzu schwierig ist, damit umzugehen. Leider gibt es viel zu viele Methoden und Klassen, um alle vorzustellen. Aber die Beispiele sollten Ihnen schon genug Möglichkeiten aufgezeigt haben. Ausführlichere Information finden sich wie üblich in der API-Dokumentation (http://download.oracle.com/javase/7/docs/api/).

Vielleicht fragen Sie sich, wozu dieser ganze Aufwand von Java2D gut sein soll. Wenn Sie mit normaler Strichstärke und einfachen Fülloperationen auskommen, können Sie in der Tat gut auf Java2D verzichten. Allerdings konnten wir hier aufgrund der Platzbeschränkung nicht weiter auf komplexere Möglichkeiten eingehen (z.B. Bézier-Kurven, Transparenz), die viele tolle Anwendungen haben. In absehbarer Zeit soll sich zudem laut Sun auch ein Java3D hinzugesellen mit ähnlichem Aufbau und Einsatz, sodass dann mächtige Werkzeuge zum Erzeugen von eindrucksvollen Grafiken bereitstehen.

10.6 Zusammenfassung

Jede AWT-Komponente verfügt über eine `paint()`-Methode, die dazu dient, in die Komponente zu zeichnen.

Für Grafikausgaben verwendet man üblicherweise die `Canvas`-Komponente (bzw. `JPanel`-Instanzen) und deren `paint()`-Methode (bzw. `paintComponent()` für `JPanel`), die man nicht selbst aufruft, sondern lediglich überschreibt. (Mithilfe der Methode `repaint()` kann man einen `paint()`-Aufruf forcieren.)

Zum Zeichnen selbst bedient man sich der entsprechenden Methoden der Klasse `Graphics`. Ein passendes `Graphics`-Objekt zu einer Komponente erhält man entweder automatisch als Parameter der `paint()`-Methode der Komponente oder als Rückgabewert der Methode `getGraphics()`.

Grafikausgaben kann man innerhalb oder außerhalb der `paint()`-Methode vornehmen. Will man, dass die Zeichnung bei Bedarf automatisch rekonstruiert wird (beispielsweise nach Minimierung), muss man die Zeichnung innerhalb der `paint()`-Methode aufrufen.

Um die Schriftart und die Farben für eine Grafikausgabe festzulegen, stehen Ihnen die `Graphics`-Methoden `setFont(Font)`, `setColor(Color)` zur Verfügung. Farben können Sie entweder durch vordefinierte Konstanten oder als RGB-Werte definieren.

Zur Unterstützung von Freihandlinien implementieren Sie die Ereignisbehandlungsmethode `mouseDragged()` aus der `MouseMotionListener`-Schnittstelle.

Java2D ist eine Erweiterung des AWT und bietet komplexere Grafikmöglichkeiten an, unter anderem variierbare Strichstärken und Gradientenfüllmuster.

10.7 Fragen und Antworten

1. Kann man nur in Canvas-Komponenten zeichnen?

   Nein. Sie können in jede Komponente zeichnen. Allerdings benutzt man für Grafikausgaben üblicherweise eine Canvas-Komponente (oder eine Panel-Komponente).

2. Wo sind die Methoden zum Zeichnen deklariert?

   Die Zeichenmethoden sind in der Klasse `Graphics` deklariert.

3. Wie kann man selbst das Neuzeichnen einer Komponente auslösen?

   Durch Aufruf ihrer `repaint()`- oder `repaint(int ms)`-Methode.

4. Welche RGB-Werte haben die Farben Weiß und Schwarz?

   RGB-Werte beziehen sich auf Lichtfarben, das heißt, volle Intensität für Rot, Grün und Blau ergibt Weiß (= RGB(255,255,255)). Folglich ist RGB(0,0,0) gleich Schwarz.

5. Können Sie für einen `GridLayout`-Manager den Abstand seines Containers von anderen Containern (beispielsweise dem Fensterrahmen) definieren?

   Nein. Sie können dem Konstruktor des `GridLayout`-Managers zwar Abstände für seine Spalten und Zeilen übergeben. Diese beziehen sich aber nicht auf die Abstände zu anderen Containern (dafür brauchen Sie schon einen `GridBagLayout`-Manager).

10.8 Übungen

1. Standardmäßig richtet sich die Größe einer Schaltfläche (`JButton`) nach ihrem Titel und der verwendeten Schriftart (`Font`). Erzeugen Sie eine Schaltfläche, die 100x100 Pixel groß ist, aber nur einen kleinen Text enthält. (Hinweis: Sie müssen eine eigene Schalterklasse ableiten und bestimmte Methoden überschreiben.)
2. Versuchen Sie, einen schönen lila Farbton als RGB-Wert zusammenzustellen.
3. Stellen Sie das Layout aus *Abbildung 10.5* mithilfe zweier einfacher Layout-Manager nach.

Abbildung 10.5: Nachzubildendes Layout

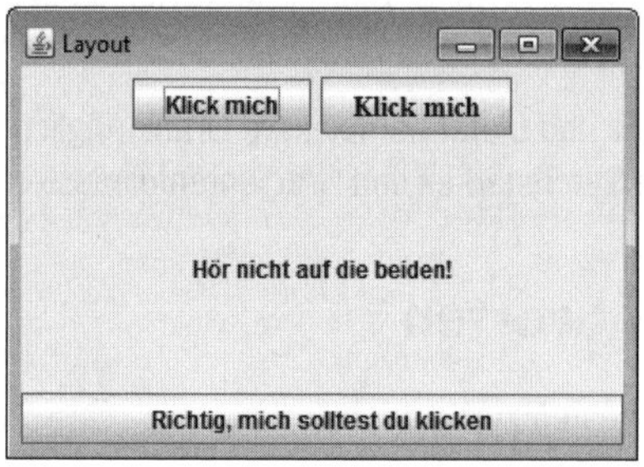

4. Erweitern Sie das Funktionenplotter-Programm um weitere Funktionen.

11 Bilder, Bilder, Bilder

Sie lernen in diesem Kapitel,
- *wie man die Dialoge zum Öffnen und Speichern von Dateien einsetzt,*
- *wie man Bilder aus Dateien in ein Programm lädt,*
- *wie man Bilder auf den Bildschirm ausgibt,*
- *wie man Menübefehle implementiert.*

Die Grafikmöglichkeiten von Java, die Sie bisher kennengelernt haben, sind ja schon ganz nett. Richtig Spaß kommt aber erst dann auf, wenn man auch Bilder (im Programmierjargon auch *Bitmaps* genannt) verarbeiten kann. Wie das geht, soll das folgende Beispielprogramm aufzeigen.

11.1 Der Bildbetrachter

In diesem Kapitel werden wir uns ganz der Erstellung eines einzigen Programms widmen: einen Bildbetrachter, mit dem Sie beliebige Java-Bilddateien von Ihrer Festplatte laden und anschauen können. Java unterstützt hierbei die Formate GIF, JPEG und PNG.

Abbildung 11.1: Bildbetrachter mit geladenem Troll-Bild

Unser Hauptinteresse gilt dabei natürlich der Frage, wie man Bilddateien laden und auf eine Leinwand (in diesem Kapitel verwenden wir `JPanel` statt `Canvas` als Basisklasse für unsere Leinwand) ausgeben kann. Doch so ganz nebenbei werden wir uns auch die Implementierung von Menüleisten und die Arbeit mit den Dialogen zum Öffnen und Speichern von Dateien anschauen.

Hinweis

Die Programme werden so langsam immer umfangreicher. Wenn Sie die Beispiele nachprogrammieren wollen, versuchen Sie einmal, erstellte Programmgerüste durch Kopieren wiederzuverwenden oder greifen Sie auf die Quelltexte auf der Buch-DVD zurück.

Beginnen wir mit einem kurzen Blick auf das Grundgerüst der Anwendung.

Listing 11.1: Bildbetrachter.java

```
import java.awt.*;
import javax.swing.*;
import java.awt.event.*;

public class Bildbetrachter extends JFrame {
  static Bildbetrachter m_fenster;
  String m_dateiname;             // Name der Datei
  Image   m_aktBild;              // Referenz auf das aktuelle Bild
  BildLeinwand m_bildanzeige;     // JPanel zum Anzeigen des Bildes
```

```
int m_Xpos,m_Ypos;                 // neue Position, an der die
                                   // linke obere Ecke des Bildes
                                   // angezeigt wird
int m_bild_x1,m_bild_y1;           // die aktuelle Begrenzung des
int m_bild_x2,m_bild_y2;           // Bildes
int m_bildHoehe,m_bildBreite;  // Höhe und Breite in Pixeln

// Ereignisbehandlung
class MeinActionLauscher implements ActionListener {
  public void actionPerformed(ActionEvent e) {
    String Label;

    Label = e.getActionCommand();

    if(Label.equals("Programm beenden"))
       System.exit(0);

    if(Label.equals("Bild laden"))
       bildLaden();
    }
  }

// Im Konstruktor werden ein Panel (als Zeichenfläche)
// und eine Menüleiste angelegt
Bildbetrachter(String titel) {
  super(titel);

  m_Xpos = m_Ypos = 0;          // Startposition : links oben
  m_bild_x1 = m_bild_x2 = m_bild_y1 = m_bild_y2 = 0;

  // Zu Beginn ist kein Bild geladen
  m_dateiname = null;
  m_aktBild = null;

  // Einen Layout-Manager anlegen
  setLayout(new FlowLayout());

  // Eine Leinwand anlegen (von JPanel abgeleitet)
  m_bildanzeige  = new BildLeinwand();
  add(m_bildanzeige);

  // Das Fenster mit einer Menüleiste versehen
  JMenuBar menueleiste = new JMenuBar();
  setJMenuBar(menueleiste);

  // Die PopupMenüs der Menüleiste erstellen
  JMenu menu1 = new JMenu("Datei");
  JMenuItem item1  = new JMenuItem("Bild laden");
  item1.addActionListener(new MeinActionLauscher());
```

```
59
60      JMenuItem item2 = new JMenuItem("Programm beenden");
61      item2.addActionListener(new MeinActionLauscher());
62      menu1.add(item1);
63      menu1.add(item2);
64      menueleiste.add(menu1);
65
66      setDefaultCloseOperation(WindowConstants.EXIT_ON_CLOSE);
67    }
68
69    // Eine Bilddatei laden
70    public void bildLaden(){

        ... // siehe Abschnitt 11.2 und 11.3

97    }
98
99    public static void main(String[] args) {
100     m_fenster = new Bildbetrachter("Bildbetrachter");
101     m_fenster.setSize(800,700);
102     m_fenster.pack();
103     m_fenster.setVisible(true);
104   }
105
106
107   // Diese Klasse dient zum Anzeigen und Manipulieren des Bildes
108   class BildLeinwand extends JPanel {
109     // Panel neu zeichnen
110     public void paintComponent(Graphics g) {
111       super.paintComponent(g);
112
113       // Falls ein Bild geladen ist, das Bild anzeigen
114       if(m_aktBild != null)
115         g.drawImage(m_aktBild,m_Xpos,m_Ypos,this);
116     }
117
118     public Dimension getMinimumSize() {
119       return m_fenster.getSize();
120     }
121     public Dimension getPreferredSize() {
122       return getMinimumSize();
123     }
124   }
125 }
```

Analyse

Nachdem wir zu Beginn unserer Hauptklasse `Bildbetrachter` die Felder der Klasse deklariert haben, auf die wir aus den Methoden der Klasse heraus zugreifen werden (Zeilen 6 bis 15), folgen in Zeile 18 die Klasse für die Behandlung der Menübefehle und danach ab Zeile 34 die Definition des Konstruktors.

Der Konstruktor

Der Konstruktor ist nach dem üblichen Standardschema aufgebaut:

1. Aufruf des Basisklassenkonstruktors
2. Initialisierung der Instanzvariablen der Klasse
3. Definition des Layout-Managers für das Fenster
4. Erzeugung und Integration der Oberflächenelemente des Fensters (Leinwand und Menüleiste)
5. Einrichtung der Lausch-Objekte für die Ereignisbehandlung

Die Menüleiste

Der Aufbau einer Menüleiste ist nicht sonderlich schwer.

Menüleisten bestehen aus einer Reihe von Popup-Menüs, die wiederum jedes eine Reihe von Menübefehlen (und eventuell Untermenüs) enthalten. Entsprechend gestaltet sich der Aufbau eigener Menüleisten.

Um eine Menüleiste einzurichten, erzeugen Sie zuerst eine Instanz der Klasse `JMenuBar`, die die Menüleiste repräsentiert. Dann legen Sie die einzelnen Menüs (Instanzen der Klasse `JMenu`) an, wozu Sie Instanzen der Klassen `JMenuItem` bilden (dies sind die einzelnen Menübefehle) und in die `JMenu`-Instanzen aufnehmen. Die fertigen Menüs werden dann in die Menüleiste integriert und diese wird mit einer besonderen Methode (`setJMenuBar()`) der Klasse `JFrame` in den Rahmen des Fensters eingefügt (siehe auch *Kapitel 13.9*).

Da die Einrichtung von Menüleisten so unkompliziert ist, wollen wir direkt zur Ereignisbehandlung für die Menübefehle kommen.

Jeder Menübefehl erzeugt bei seiner Auswahl einen `ActionEvent` und ruft die für ihn registrierte `actionPerformed()`-Methode auf. In den Zeilen 22 bis 30 wird daher die Klasse `MeinActionLauscher` definiert, die die `ActionListener`-Schnittstelle implementiert. In der `actionPerformed()`-Methode fragen wir dann ab, von welchem Menübefehl der Aufruf der Methode ausging, und rufen eine passende Methode zur Bearbeitung des Menübefehls auf: in Zeile 26 die vordefinierte Methode `System.exit(0)` zur Beendigung des Programms und in Zeile 25 die Methode `bildLaden()`, die wir selbst als Methode unserer Fensterklasse aufsetzen.

In den Zeilen 58 und 61 verbinden wir die Menübefehle mit den Lauschern.

Hinweis

Mithilfe der `JMenuItem`-Methode `setAccelerator()` können Sie Tastaturkürzel für Menübefehle registrieren.

Das Bild anzeigen

Ruft der Anwender den Menübefehl zum Laden eines Bildes auf, löst er ein `ActionEvent`-Ereignis aus, das zum Aufruf der `actionPerformed()`-Methode führt. Diese ruft wiederum unsere selbst definierte `bildLaden()`-Methode auf, die den Dateinamen des anzuzeigenden Bildes abfragt und es in eine Image-Komponente lädt (siehe *Abschnitt 11.2 und 11.3*). Nachdem das Bild in die Image-Komponente geladen wurde, muss es noch angezeigt werden.

In dem vorangehenden Kapitel haben wir als Leinwand stets eine Canvas-Instanz benutzt und den Zeichencode in die `paint()`-Methode geschrieben. In diesem Programm verursacht dies allerdings Schwierigkeiten, da `Canvas` eine »Heavyweight«-AWT-Komponente darstellt, die sich mit unserem »Lightweight«-Swing-Menü überschneidet. Beim Zeichnen des Fensters verdeckt dann die »Heavyweight«-Komponente die »Lightweight«-Komponente.

Um dies zu vermeiden, leiten wir unsere Leinwand von `JPanel` ab und zeichnen in der `paintComponent()`-Methode (Zeilen 108 bis 116).

Die Methode, die es schafft, das Bild in die `JPanel`-Instanz zu zeichnen, heißt `drawImage()` und stammt natürlich wie alle Zeichenmethoden aus der Klasse `Graphics`.

```
g.drawImage(Image,int,int,ImageOberserver);
```

Die Methode erwartet

- die Referenz auf das zu zeichnende Bild (in unserem Beispiel `m_aktBild`),
- die Koordinaten der Position, an der die linke obere Ecke des Bildes zu liegen kommen soll, und
- eine Referenz auf die aufrufende Panel-Instanz (in unserem Beispiel einfach `this`).

Hinweis

Daneben gibt es eine Reihe überladener Versionen der Methode `drawImage()`, die Sie ebenfalls zum Einzeichnen Ihrer Bilder verwenden können (siehe Referenz der Klasse `java.awt.Graphics`).

Fenstergröße und Leinwandgröße

Im obigen Beispiel legen wir die Anfangsgröße des Fensters als 400x400 Pixel fest (Zeile 101). Der Anwender kann die Größe durch Ziehen des Fensterrahmens verändern. Um die Größe der Leinwand (`JPanel`-Komponente) an die Fenstergröße anzupassen, überschreiben wir in unserer Leinwand-Klasse `getMinimumSize()` und `getPreferredSize()` und lassen sie die aktuelle Größe des Fensters zurückliefern (Zeilen 118 bis 123).

11.2 Dateien öffnen und speichern: Die Klasse FileDialog

Hinweis

Bis auf wenige Ausnahmen können Sie das AWT in Applets in gleicher Weise einsetzen wie in Anwendungen. Eine dieser Ausnahmen ist das Laden von Dateien von dem lokalen Dateisystem, auf das Applets keinen Zugriff haben.

Eine häufig wiederkehrende Aufgabe ist das Öffnen oder Speichern von Dateien. Soll das Programm das Öffnen beliebiger Dateien ermöglichen, muss es erst einmal vom Anwender den Namen und den Pfad der zu ladenden Datei abfragen.

In Java gibt es für das Abfragen von Dateinamen eine vordefinierte Dialogklasse, die diese Aufgabe zu einem Kinderspiel macht. Die Rede ist von der

Klasse `FileDialog`.[1] Mithilfe dieser Klasse können Sie in drei Anweisungen den Namen der zu öffnenden (oder zu speichernden) Datei vom Anwender abfragen:

```
FileDialog d = new FileDialog(this,"Bilddatei laden...",
                              FileDialog.LOAD);
d.setVisible(true);
m_dateiname = d.getFile();
```

Analyse

Als Erstes wird eine Instanz der Klasse `FileDialog` gebildet. Wir haben die Variable für die Instanz einfach `d` genannt, da sie nur in den direkt folgenden Zeilen verwendet wird und ein aussagekräftigerer Name nicht erforderlich ist.

Der Konstruktor der Klasse `FileDialog` erwartet

- eine Referenz auf das übergeordnete Fenster, das den Dialog »besitzen« soll (meist ist dies das aufrufende Fenster, also `this`),
- einen Titel für das Dialogfenster und
- die Angabe, ob eine Datei geladen (`FileDialog.LOAD`) oder gespeichert werden soll (`FileDialog.SAVE`). Dieser letzte Parameter sorgt dafür, dass der Bestätigungsbutton des Dialogs dem Anlass entsprechend beschriftet wird (unter Microsoft Windows beispielsweise ÖFFNEN bzw. SPEICHERN) und dass beim Speichern vor dem Überschreiben existierender Dateien gewarnt wird.

Durch den Aufruf der `setVisible(true)`-Methode wird der Dialog auf den Bildschirm gebracht. Die Ausführung des Programms stoppt an dieser Stelle so lange, bis der Anwender den Dialog beendet hat. Den vom Anwender ausgewählten Dateinamen kann man danach mithilfe der `FileDialog`-Methode `getFile()` abfragen. Hat der Anwender den Dialog ohne Auswahl eines Dateinamens abgebrochen, wird der Wert `null` zurückgeliefert.

Obiger Code fragt lediglich den Namen der Datei ab, nicht den Pfad! Damit die Datei danach vom Programm geöffnet werden kann, muss sich die Datei also im aktuellen Verzeichnis befinden. Ist dies nicht der Fall, müssen Sie noch mithilfe der Methode `getDirectory()` das im Dialog ausgewählte Verzeichnis abfragen.

Beachten Sie, dass das `FileDialog`-Objekt keine wirklichen Dateioperationen ausführt. Es wird lediglich der Dateiname ermittelt, mehr nicht. Um das Laden (oder Speichern) müssen wir uns schon selbst kümmern, siehe nachfolgender Abschnitt.

1 Alternativ können Sie auch die Swing-Klasse `JFileChooser` verwenden.

11.3 Laden und Anzeigen von Bildern

Nun können wir uns endlich dem Kernaspekt des Bildbetrachter-Programms zu wenden: dem Laden der Bilder.

In Java ist es möglich, Bilddateien, die im GIF-, PNG- oder JPEG-Format vorliegen, direkt zu laden und anzuzeigen. Am einfachsten geht dies mit den beiden Klassen:

- `Image` aus dem Paket `java.awt` ist eine abstrakte Basisklasse, welche Methoden zum Verarbeiten und Anzeigen von Bilddaten bereitstellt.
- `ImageIcon` aus dem Paket `javax.swing` ist eine konkrete Klasse, die zum blockierenden Laden von Bildern verwendet werden kann.

Das typische Vorgehen ist dabei zunächst das Anlegen einer Instanz von `ImageIcon`, wobei man dem Konstruktor den Namen der gewünschten Datei übergibt. Nun kann man mit der Methode `getImage()` daraus ein `Image`-Objekt extrahieren und für die eigentliche Verarbeitung einsetzen:

Hinweis

Wenn Sie statt eines einfachen Dateinamens einen ganzen Pfad zur gewünschten Datei angeben, verwenden Sie Schrägstriche / zur Trennung der Verzeichnisse.

```
// Laden eines Bildes
String dateiname = "EineBilddatei.jpg";
ImageIcon tmp = new ImageIcon(dateiname);
Image aktBild = tmp.getImage();
```

Aber schauen wir uns doch gleich die vollständige Definition der Methode `bildLaden()` an, in der wir den Dialog zum Abfragen des Dateinamens aufrufen und das Bild in unser `Image`-Objekt laden:

```
// in Klasse Bildbetrachter
  public void bildLaden(){
    FileDialog d = new FileDialog(this,"Bilddatei laden...",
                                  FileDialog.LOAD);
    d.setVisible(true);
    m_dateiname = d.getFile();


    // Falls der Benutzer keine Datei ausgewählt hat, wird null
    // zurückgegeben
    // Dann nichts weiter tun
    if(m_dateiname == null)
      return;

    // Bild laden
    ImageIcon tmp = new ImageIcon(m_dateiname);
    m_aktBild = tmp.getImage();

    // Die Begrenzungskoordinaten des Bildes ermitteln
    m_bildBreite = m_aktBild.getWidth(m_bildanzeige);
    m_bildHoehe = m_aktBild.getHeight(m_bildanzeige);
```

```
90
91     m_bild_x1 = m_Xpos;
92     m_bild_y1 = m_Ypos;
93     m_bild_x2 = m_bild_x1 + m_bildBreite;
94     m_bild_y2 = m_bild_y1 + m_bildHoehe;
95
96     m_bildanzeige.repaint();
97   }
```

Analyse

Nach der erfolgreichen Auswahl eines Dateinamens wird in den Zeilen 84 und 85 die Bilddatei in das `Image`-Objekt (`m_aktBild`) geladen. Ab diesem Zeitpunkt können wir nun mit dem Bild arbeiten.

Für viele Zwecke ist es wünschenswert, die genauen Maße des geladenen Bildes parat zu haben. Hierfür stellt uns die `Image`-Klasse die Methoden `getWidth()` und `getHeight()` zur Verfügung, die die Breite und Höhe in Pixeln (also als ganzzahlige Werte) zurückliefern. Als Parameter erwarten beide Methoden eine Referenz auf das Leinwand-Objekt, in dem das Bild angezeigt werden soll (Zeilen 88 und 89).

Nun ist das Bild geladen und kann innerhalb der `paintComponent()`-Methode unserer Leinwand-Komponente angezeigt werden (siehe *Abschnitt 11.1*).

Abbildung 11.2: Der Bildbetrachter

Wenn Sie Bilder nicht nur laden und anzeigen, sondern auch bearbeiten und speichern wollen, sollten Sie zum Laden und Speichern die Klasse `ImageIO` aus dem Paket `javax.imageio` verwenden:

```
// Bild laden mit ImageIO
Image bild = null;
try {
   bild = ImageIO.read(new File("bilddatei.jpg"));
} catch(IOException e) {
   System.err.println(e.getMessage());
}

// Bild speichern mit ImageIO
if (bild != null) {
   try {
      ImageIO.write(bild, "png", new File("Signiert.png"));
   } catch(IOException e) {
      System.err.println(e.getMessage());
   }
}
```

Nicht blockierendes Laden

Bei Einsatz der Klasse `ImageIcon` erfolgt das Laden des Bildes blockierend, d.h., das Programm wird bei der Abarbeitung der Anweisung

```
ImageIcon tmp = new ImageIcon("affe.gif");
```

so lange hängen, bis die gewünschte Datei vollständig geladen worden ist. In der Regel ist dies auch nicht weiter schlimm, da solche Ladevorgänge sehr schnell ablaufen. Manchmal ist es aber vielleicht für den Anwender störend, längere Zeit untätig warten zu müssen, beispielsweise wenn sehr viele Bilder geladen werden sollen. Für solche Fälle bietet Java das nicht blockierende Laden mit den folgenden Klassen an:

- `Toolkit` (Paket `java.awt`) zum Durchführen des Ladeprozesses
- `MediaTracker` (Paket `java.awt`) zum Überwachen des Ladevorgangs

Der typische Einsatz sieht folgendermaßen aus:

```
Toolkit toolKit = Toolkit.getDefaultToolkit();
MediaTracker ladeKontrolle = new MediaTracker(this);
Image[] bilder = new Image[2]; // zwei Bilder parallel laden

bilder[0] = toolKit.getImage("affe.gif");
bilder[1] = toolKit.getImage("maus.gif");
ladeKontrolle.addImage(bilder[0],0);
ladeKontrolle.addImage(bilder[1],1);
```

Zunächst muss man sich mit der statischen `Toolkit`-Methode `getDefaultToolkit()` ein `Toolkit`-Objekt besorgen. Dieses Objekt bildet die Schnittstelle zwischen Java und dem jeweiligen Window-System (z.B. Windows Vista) und stellt u.a. die Methode `getImage()` bereit, mit der man das Laden anstoßen kann, indem man ihr den gewünschten Dateinamen übergibt. Wichtig ist hierbei der Umstand, dass der getImage()-Aufruf nicht blockierend ist, d.h. das Programm macht gleich weiter mit den nachfolgenden Anweisungen, während parallel hierzu die Toolkit-Instanz das Laden besorgt.

Damit ergibt sich aber das Problem, dass das Programm nun nicht mehr weiß, wann die begonnenen Ladevorgänge abgeschlossen sind. Bevor auf die Image-Objekte zugegriffen wird, ist es daher ratsam, sicherzustellen, dass das Laden beendet ist. Hierzu dient die Klasse MediaTracker. Man erzeugt eine Instanz dieser Klasse und registriert bei ihr mittels addImage() die Image-Referenzen, die getImage() geliefert hat. Das zweite Argument zu addImage() ist eine frei wählbare, aber eindeutige Kennnummer. Möchte man später auf das Bild zugreifen, übergibt man die zugehörige Kennnummer der Methode waitForID(). Diese wartet bis das Laden endgültig beendet worden ist (falls das Bild schon bereit ist, kehrt waitForID() sofort zurück).

```
try {
  // warten auf Bild 0
  ladeKontrolle.waitForID(0);
}
catch(InterruptedException e) {
  // Das Laden ist fehlgeschlagen
  System.err.println(e);
}
```

Warteoperationen können in Java immer InterruptedException auslösen, sodass noch eine entsprechende try-catch Absicherung notwendig ist.

Neben dem Warten auf eine ganz bestimmte Ladeoperation (Lade-ID) kann man auch pauschal auf alle von einem Tracker-Objekt überwachten Ladevorgänge mit der Methode waitForAll() warten.

11.4 Zusammenfassung

Bilder werden in Java-Programmen durch die Klasse Image repräsentiert. Zum blockierenden Laden verwendet man am besten die Klasse ImageIcon. Für das nicht blockierende Laden und Überwachen des Ladevorgangs dient die Kombination Toolkit.getImage() und MediaTracker.waitForID().

Um ein Bild aus einer Image-Instanz in ein Canvas-Objekt (oder ein Panel etc.) zu zeichnen, benutzt man die drawImage(Image, int, int, ImageObserver)-Methode des zugehörigen Graphics-Objekts.

Dialoge zum Abfragen von Dateinamen (beispielsweise zum Öffnen oder Speichern) werden als Instanzen der Klasse FileDialog (oder JFileChooser) erzeugt.

11.5 Fragen und Antworten

1. Kann man in geladene Bilder zeichnen?

   Ja. Mithilfe der `paint()`-Methode der `Image`-Instanz, in die das Bild geladen wurde.

11.6 Übungen

1. Erweitern Sie den Bildbetrachter um die Möglichkeit, Bilder aus beliebigen Verzeichnissen zu laden.
2. Erweitern Sie den Bildbetrachter um die Behandlung von Mausereignissen, sodass der Anwender das Bild in der Leinwand-Komponente verschieben kann (Tipp: `mouseDragged()`-Methode des `MouseMotionListener` implementieren).

12 Text, Text, Text

> ***Sie lernen in diesem Kapitel,***
> - *den Einsatz der* `JTextArea`*-Komponente kennen,*
> - *dem Umgang mit Document-Modellen und EditorKits,*
> - *den Umgang mit Fonts (Schriftarten),*
> - *die Ereignisbehandlung für Kombinationsfelder,*
> - *das Suchen nach Textstellen,*
> - *das Drucken von Text,*
> - *die Implementierung eigener Dialogfenster,*
> - *die Unterstützung der Zwischenablage.*

Mittlerweile haben Sie schon einen Großteil der Klassen und Schnittstellen des AWT kennengelernt und sind mit den wichtigsten Konzepten bestens vertraut. Vermutlich dürfte es Ihnen leichter fallen, eine GUI-Oberfläche für ein Programm aufzusetzen als die Flugbahn einer Pershing-Rakete zu berechnen. Und wenn es mit Ihren Programmen doch einmal nicht von Anfang an so klappt, wie Sie sich das wünschen würden, trösten Sie sich damit, dass man Programme nachbessern kann, während falsch gesteuerte Raketen ...

Doch dies soll noch nicht unser Schlusswort sein. Bevor wir von den Anwendungen zu den Applets übergehen, wollen wir uns noch etwas intensiver der Textverarbeitung zuwenden. Wir haben auch zu diesem Thema wieder ein Beispielprogramm (einen Texteditor) vorbereitet, das wir aufgrund seiner Größe allerdings nicht vollständig abdrucken können (zumal Sie auch sicher nicht bereit wären, es ganz abzutippen). Prinzipiell besteht dazu aber auch kein Anlass, da ein Großteil des Quelltextes aus Wiederholungen und Adaptionen aus früheren Kapiteln besteht.

Wir werden daher so vorgehen, dass wir zuerst das grobe Design des Texteditors besprechen und uns dann aus dem Code die Rosinen herauspicken. Den vollständigen Quelltext finden Sie auf *der Buch-DVD*.

Zuletzt sei noch angemerkt, dass das hier vorgestellte Programm (der Texteditor) schon ein gutes Stück über das Niveau eines Einsteigers hinausgeht. Wir denken aber, dass Sie mittlerweile durchaus auf einem Niveau angelangt sind, wo Sie sich an schwierigere und komplexere Aufgaben heranwagen sollten, und dazu soll Ihnen dieses Kapitel Gelegenheit geben.

12.1 Ein Texteditor

Wie soll unser Texteditor aussehen? Nun, er soll eine Menüleiste haben, mit Befehlen zum Laden und Speichern, zur Unterstützung der Zwischenablage und zum Suchen. Das Menüsystem könnte beispielsweise folgendermaßen aufgebaut sein:

Datei	Bearbeiten	Suchen
Laden	Ausschneiden	String suchen
Speichern	Kopieren	
Drucken	Einfügen	
Beenden		

Außerdem wollen wir Kombinationsfelder vorsehen, über die der Anwender Schriftart, Schriftstil und Schriftfarbe verändern kann.

Den meisten Raum nimmt aber natürlich die Text-Komponente (`JTextArea`) ein, in der der Text angezeigt und bearbeitet werden kann.

Abbildung 12.1: Der Texteditor

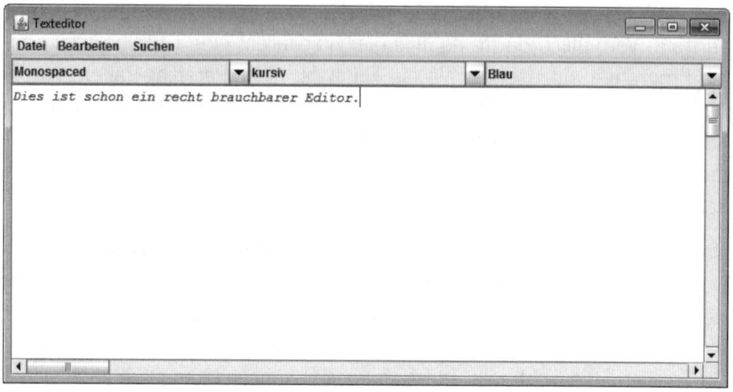

Einen Eindruck davon, wie dies als Programm aussehen könnte, bekommen Sie, wenn Sie sich *Abbildung 12.1* anschauen. Zugegeben, das Layout entspricht nicht gerade dem, was Sie von Windows vermutlich gewohnt sind, aber Java- und Internet-Programmierer sind halt anarchisch und bevor wir uns Vernunft und Pragmatismus beugen, nehmen wir uns die Freiheit zu experimentieren.

12.2 Umgang mit Text: JTextField, JTextArea und JTextPane

Swing kennt drei sehr praktische Komponenten für den Umgang mit Text: `JTextField`, `JTextArea` und `JTextPane`, die allesamt auf die gemeinsame Basisklasse `JTextComponent` zurückgehen. Allerdings erlaubt `JTextField` nur die Bearbeitung einzeiliger Texte, während mit `JTextArea` und `JTextPane` auch mehrzeilige Texte angezeigt und editiert werden können. Folglich eignet sich die `JTextField`-Komponente vor allem dazu, vom Anwender irgendwelche Daten abzufragen (wie zum Beispiel in dem Suchen-Dialog, den wir in *Abschnitt 12.4* implementieren werden), während die `JTextArea`- und die `JTextPane`-Komponente zum Einsatz kommen, wenn es um die Bearbeitung größerer Texte und Dateien geht. `JTextPane` ist dabei die fortschrittlichste Komponente. Sie erlaubt die unterschiedliche Formatierung einzelner Textpassagen und bietet Unterstützung für HTML- und RTF-Texte.

Einrichtung der JTextArea-Komponente

In unserem Programm wollen wir eine `JTextArea`-Komponente verwenden. Wir erzeugen sie im Konstruktor der Fensterklasse.

Listing 12.1: Editor.java

```
...
11 public class Editor extends JFrame {
12   final int ZEILEN = 100;      // Konstanten für die Größe
13   final int SPALTEN = 400;     // der Textfläche
...
19   private JTextAream_textanzeige;
...
34   Editor(String titel) {
35     super(titel);
...
70     // Text-Komponente anlegen
71     m_textanzeige = new JTextArea(ZEILEN, SPALTEN);
72     m_textanzeige.setEditable(true);
```

Hinweis

Wir setzen die Nummerierung der Quelltextzeilen kontinuierlich fort, damit Sie an der Nummerierung besser ablesen können, wie die einzelnen Teile zusammengehören. (Den vollständigen Quelltext finden Sie auf der Buch-DVD).

Wie groß wird unsere Textanzeige auf dem Bildschirm?

Wir werden später die Textanzeige in die CENTER-Position eines Panels mit BorderLayout aufnehmen und die bevorzugte Größe für dieses Panel (das ansonsten noch die Kombinationsfelder zur Auswahl der Schriftformatierungen enthält) auf 500 mal 400 Pixel festlegen. Dadurch ist die Größe der Textanzeige ungefähr festgelegt. Der Anwender kann sie bei Ausführung des Programms durch Aufziehen des Fensterrahmens jederzeit anpassen.

Textanzeige scrollbar machen

Das ist aber nicht der Punkt. Worauf wir hinaus wollen ist, dass es egal wie groß die Textanzeige ist, immer zu ladende Dateien geben wird, die nicht vollständig in der Textanzeige angezeigt werden können. Aus diesem Grunde müssen wir die Textanzeige scrollbar machen.

Zu diesem Zweck erzeugen wir ein `JScrollPane`-Objekt und machen unsere Text-Komponente zum Viewport dieses Objekts.

```
74     // Textkomponente scrollbar machen
75     JScrollPane scroll = new JScrollPane();
76     scroll.getViewport().add(m_textanzeige);
```

Das `JScrollPane`-Objekt sorgt dann für die Bildlaufleisten.

Hinweis

Ob Bildlaufleisten eingeblendet werden oder nicht, hängt davon ab, ob die Text-Komponente (der Viewport des `JScrollPane`-Objekts) im `JScrollPane`-Objekt vollständig angezeigt werden kann oder nicht. Kann der Viewport vollständig angezeigt werden, braucht man keine Bildlaufleisten. Wenn Sie möchten, dass stets Bildlaufleisten angezeigt werden (auch zu Anfang des Programms, auch für kleine Dateien), müssen Sie die `JTextArea`-Komponente so einrichten, dass sie größer ist als das `JScrollPane`-Objekt. Obiger Code berücksichtigt dies bereits. Die `JTextArea`-Komponente wird für 100 Zeilen und 400 Spalten angelegt, was auf jeden Fall größer ist als das `JScrollPane`-Objekt im 500x400-Panel.

Schließlich müssen wir noch dafür sorgen, dass die in den Kombinations- und Listenfeldern angezeigten Optionen für Schriftart, Schriftstil und Schriftfarbe mit den Einstellungen für die Schrift der `JTextArea`-Komponente übereinstimmen.

Nachdem die `JTextArea`-Komponente und die Instanzen der Kombinationsfelder angelegt wurden (siehe *Abschnitt 12.3*), wählen wir in jedem Feld eine Option aus und aktualisieren dann die Schriftart und die Vordergrundfarbe für die `JTextArea`-Komponente.

```
115     // Font, Farbe und Schriftstil festlegen
116     m_fonts.setSelectedItem("SansSerif");
117     m_styles.setSelectedItem("normal");
118     m_farben.setSelectedIndex(0);
119     fontAktualisieren();
```

Analyse

Die Aktualisierung des Fonts (und der Vordergrundfarbe) haben wir in eine eigene Methode ausgelagert. Der Grund hierfür ist, dass der Font natürlich nicht nur eingangs des Programms aktualisiert werden muss, sondern auch dann, wenn der Anwender in einem der Kombinationsfelder eine Auswahl trifft. In der entsprechenden Ereignisbehandlungsmethode brauchen wir dann nur ebenfalls unsere `fontAktualisieren()`-Methode aufzurufen.

```
// Den aktuellen Font ermitteln
// Methode von Editor
void fontAktualisieren() {
  int fontstil;
  String farbe, fontname, style;
  int punktgröße;

  // Die zurzeit gesetzten Attribute ermitteln und setzen
  fontname = (String) m_fonts.getSelectedItem();
  style    = (String) m_styles.getSelectedItem();
  farbe    = (String) m_farben.getSelectedItem();

  if(farbe.equals("Schwarz"))
    m_textanzeige.setForeground(Color.black);

  if(farbe.equals("Rot"))
     m_textanzeige.setForeground(Color.red);

  if(farbe.equals("Grün"))
    m_textanzeige.setForeground(Color.green);

  if(farbe.equals("Blau"))
    m_textanzeige.setForeground(Color.blue);

  if(farbe.equals("Magenta"))
    m_textanzeige.setForeground(Color.magenta);

  if(farbe.equals("Cyan"))
    m_textanzeige.setForeground(Color.cyan);

  if(farbe.equals("Gelb"))
    m_textanzeige.setForeground(Color.yellow);


  // Der Stil eines Fonts ist die Summe der Konstanten
  // PLAIN, ITALIC und BOLD
  fontstil = Font.PLAIN;

  if(style.equals("kursiv"))
    fontstil += Font.ITALIC;

```

```
    if(style.equals("fett"))
      fontstil += Font.BOLD;

    // den neuen Font aktivieren
    m_textanzeige.setFont(new Font(fontname,fontstil,14));

  } // Ende von 'fontAktualisieren'
```

Fonts

Um die in einer Komponente zu verwendende Schriftart festzulegen, benutzt man die JComponent-Methode setFont(Font). Dieser übergibt man eine Instanz der Java-Klasse Font, die man meistens direkt im Aufruf der setFont()-Methode erzeugt:

```
m_textanzeige.setFont(new Font(fontname, Fontstil, 14));
```

Als Parameter übergibt man dem Konstruktor der Font-Klasse

- den Namen des Fonts, z.B. "Arial" oder "Times New Roman".
- den zu verwendenden Stil, bei dem es sich um eine Kombination der Konstanten Font.PLAIN (normal), Font.ITALIC (kursiv) und Font.BOLD (fett) handelt, sowie
- die Größe des Fonts (Schriftgrad).

Fonts

Grundsätzlich können Sie dem Font-Konstruktor als Font-Namen jeden beliebigen Namen, ja sogar einen Fantasienamen übergeben. Die Java Virtual Machine prüft dann, ob es auf dem aktuellen Rechner einen Font dieses Namens gibt. Wenn ja, wird der angegebene Font verwendet, ansonsten wählt die Virtual Machine einen Ersatz-Font.

Dies ist einerseits beruhigend, denn wir können sicher sein, dass auf jeden Fall ein passender Font ausgewählt wird. Andererseits ist es ärgerlich, wenn die Virtual Machine einen ganz anderen Font wählt (wählen muss!), als von Ihnen vorgeschlagen. Was also können Sie tun, um mehr Einfluss auf die Fontauswahl nehmen zu können?

Punkt 1: Die Java-Klassen für Schaltflächen, Label, Menüs und andere Oberflächenelemente sind so programmiert, dass sie standardmäßig Fonts verwenden, die für diese Elemente auf dem jeweiligen Betriebssystem typisch sind. Eine Änderung des Fontnamens ist daher in aller Regel nicht nötig oder wünschenswert.

Punkt 2: Java kennt fünf logische Fontnamen (siehe *Tabelle 12.1*), die stets verfügbar sind. Über diese Fontnamen können Sie zwar keinen bestimmten Font auswählen, aber Sie können festlegen, ob Sie einen Font mit Serifen (Schnörkeln), ohne Serifen oder stets gleichbreiten Zeichen wünschen. Die logischen Fonts können Sie über ihre Namen oder die in Font definierten Konstanten angeben. Letzter Weg hat den Vorteil, dass Tippfehler in den Konstanten vom Compiler erkannt und gemeldet werden.

Tabelle 12.1: Fontnamen

Logischer Fontname	String-Konstante	entspricht i.d.R.
`"Serif"`	`Font.SERIF`	TimesRoman
`"SansSerif"`	`Font.SANS_SERIF`	Helvetica
`"Monospaced"`	`Font.MONOSPACED`	Courier
`"Dialog"`	`Font.DIALOG`	`"SansSerif"`
`"DialogInput"`	`Font.DIALOG_INPUT`	`"Monospaced"`

Punkt 3: Sie können sich mithilfe der `getAvailableFontFamilyNames()`-Methode aus der Klasse `GraphicsEnvironment` darüber informieren, welche Fonts auf einem System installiert sind. In *Übung 1* werden Sie diese Technik z.B. dazu nutzen, das Kombinationsfeld zur Font-Auswahl mit den installierten Fonts zu füllen.

Text laden und speichern

Um den Text aus einer Datei in die `JTextArea`-Komponente zu laden, öffnen Sie zuerst die Datei (den Namen und Pfad der Datei sollten Sie in einem `FileDialog` abfragen, siehe *Kapitel 11.2*) und laden den Text aus einem `FileReader`-Objekt in einen `StringBuffer` (siehe *Kapitel 6.7*). Dann erzeugen Sie eine `String`-Instanz, die Sie mit dem Inhalt des `StringBuffers` initialisieren. Schließlich rufen Sie die Methode `setText()` der jeweiligen `JTextArea`-Komponente auf und übergeben ihr den neuen Text (die gerade initialisierte `String`-Instanz). Zu guter Letzt setzen Sie mithilfe der Methode `setCaretPosition()` die Einfügemarke vor das erste Zeichen im Text.

```
// Eine Textdatei laden
// Methode von Editor
void dateiLaden() {
  FileDialog d = new FileDialog(this,"Text laden...",
                                FileDialog.LOAD);

  d.setVisible(true);
  m_dateiname = d.getDirectory();
  m_dateiname += d.getFile();
```

```
  // Falls der Benutzer keine Datei ausgewählt hat,
  // wird null zurückgegeben
  // Dann nichts weiter tun
  if(m_dateiname == null)
    return;

  // Einen Eingabestream öffnen und die Datei laden
  StringBuffer lesepuffer= new StringBuffer(ZEILEN * SPALTEN);

  try (FileReader eingabe = new FileReader(m_dateiname);)
  {

    // so lange Zeichen lesen, bis das Dateiende ( = -1)
    // erreicht ist
    char zeichen;
    int gelesen;
    int zeilen = 0;
    boolean weiter = true;

    while(weiter) {
       gelesen = eingabe.read();

       if(gelesen == -1) {
         weiter = false;
         continue;
       }

       zeichen = (char) gelesen;
       lesepuffer.append(zeichen);
    }

    m_aktText = new String(lesepuffer);
    m_textanzeige.setText(m_aktText);
    m_textanzeige.setCaretPosition(0);
  }
  catch(EOFException e) {
    // auf diese Exception haben wir ja gewartet
    // nichts weiter tun.
  }
  catch(FileNotFoundException e) {
    System.err.println(" Datei nicht vorhanden oder lesbar!\n");
    m_dateiname = null;
  }
  catch(IOException e) {
    // Sonst irgendwas ist schiefgegangen
    System.err.println("Fehler beim Lesen der Datei " +
                       m_dateiname + "\n");
    m_dateiname = null;
  }
} // Ende von 'dateiLaden'
```

Beim Speichern des Textes lassen Sie sich dagegen den Text aus der `JTextArea`-Komponente von der Methode `getText()` zurückliefern und weisen ihn einer `String`-Instanz zu. Den Inhalt des Strings schreiben Sie dann Zeichen für Zeichen in ein `FileWriter`-Objekt (siehe *Kapitel 6.3*).

Document-Modelle

Die Swing-Komponenten zur Textbearbeitung arbeiten alle mit internen `Document`-Objekten. Im `Document`-Objekt der Text-Komponente wird der Text gespeichert. Das `Document`-Objekt legt fest, wie der Text organisiert ist, es stellt Methoden zur Manipulation des Textes bereit und arbeitet mit verschiedenen Listener-Schnittstellen zusammen.

Für Standardaufgaben braucht man sich um die zugrunde liegenden `Document`-Objekte keine Gedanken zu machen. Fortgeschrittene Programmierer können eigene `Document`-Klassen und -Objekte erzeugen und diese mit ihren Text-Komponenten verbinden. Auf diese Weise kann man das Verhalten von Text-Komponenten anpassen. So verwenden `JTextField`, `JTextArea` und `JEditorPane` beispielsweise `PlainDocument`-Objekte, während `JTextPane` mit einem `DefaultStyledDocument`-Objekt arbeitet.

Hinweis

Weitere Möglichkeiten zur Textbearbeitung können Sie der Liste der `JTextArea`-Methoden entnehmen (siehe API-Dokumentation oder Kapitel 13.5).

Im Rahmen dieses Buches können wir die `Document`-Objekte ruhig unterschlagen. Wenn Sie sich aber versichern wollen, dass auch Ihre `JTextArea`-Komponente mit einem `Document`-Objekt arbeitet, dann lesen Sie den Text der Datei wie üblich mithilfe eines `FileReaders` in ein `StringBuffer`-Objekt. Lassen Sie sich anschließend von der Methode `getDocument()` Ihrer Text-Komponente das zugrunde liegende `Document`-Objekt zurückliefern. Dessen `insertString()`-Methode verwenden Sie dann zum Einlesen des Textes aus dem Stringpuffer. Das Ganze müssen Sie noch in einen `try-catch`-Block hüllen, um `BadLocationExceptions` abzufangen.

```
try {
  m_textanzeige.getDocument().insertString(0,
                                    new String(lesepuffer), null);
}
catch (BadLocationException e) {
  System.err.println(e.getMessage());
}
```

12.3 Kombinationsfelder

Zur Auswahl des Fontnamens, des Schriftstils und der Schriftfarbe stellen wir dem Anwender entsprechende Kombinationsfelder zur Verfügung.

Kombinationsfelder sind Instanzen der Klasse `JComboBox`. Mithilfe der Methode `addItem()` werden Optionen zur Auswahl in die Kombinationsfelder eingefügt.

```
// im Konstruktor Editor()
     // Auswahl von Schriftarten
     m_fonts = new JComboBox<String>();
     m_fonts.addItem(Font.SERIF);
     m_fonts.addItem(Font.SANS_SERIF);
     m_fonts.addItem(Font.MONOSPACED);

     // Auswahl von Schriftstilen
     m_styles = new JComboBox<String>();
     m_styles.addItem("normal");
     m_styles.addItem("kursiv");
     m_styles.addItem("fett");

     // Auswahl von Schriftfarben
     m_farben = new JComboBox<String>();
     m_farben.addItem("Schwarz");
     m_farben.addItem("Rot");
     m_farben.addItem("Grün");
     m_farben.addItem("Blau");
     m_farben.addItem("Gelb");
     m_farben.addItem("Cyan");
     m_farben.addItem("Magenta");
```

Panel-Struktur des Fensters

Um die Kombinationsfelder nebeneinander auszurichten, legen wir ein Panel an, in das wir die Steuerelemente aufnehmen.

```
     // Inneres Panel für die Auswahlmöglichkeiten
     JPanel p_innen = new JPanel();
     p_innen.setLayout(new GridLayout(1,4));
...
     p_innen.add(m_fonts);
     p_innen.add(m_styles);
     p_innen.add(m_farben);
```

Das Panel mit den Kombinationsfeldern fügen wir zusammen mit der `JScrollPane` für unsere Text-Komponente in ein zweites Panel mit Border-Layout ein. Das Panel mit den Kombinationsfeldern kommt nach »Norden«, das `JScrollPane`-Objekt in die »Mitte«. Das `BorderLayout`-Panel nehmen wir in das Fenster auf.

```
     // Panel für den Textbereich und die Auswahlfelder
     JPanel p_außen = new JPanel();
     p_außen.setLayout(new BorderLayout());
...
     p_außen.setPreferredSize(new Dimension(500,400));
     p_außen.add("Center",scroll);
     p_außen.add("North",p_innen);
...
     add(p_außen);
```

Listenelemente auswählen

In *Abschnitt 12.2* haben wir bereits darauf hingewiesen, dass wir zur Initialisierung des Fonts der `JTextArea`-Komponente zuerst in jedem Kombinationsfeld ein Element auswählen und dann den Font auf der Grundlage der ausgewählten Optionen aktualisieren. Auf diese Weise ist sichergestellt, dass die eingestellten Optionen und der verwendete Font bei Programmstart zueinander passen.

Wie kann man nun aber aus dem Programm heraus ein Element eines Kombinationsfelds auswählen?

Man ruft dazu eine der Methoden `setSelectedItem()` oder `setSelectedIndex()` der Komponente auf:

```
// Font, Farbe und Schriftstil festlegen
m_fonts.setSelectedItem("SansSerif");
m_styles.setSelectedItem("normal");
m_farben.setSelectedIndex(0);
fontAktualisieren();
```

Wir haben uns dieser Methoden bereits weiter oben im Konstruktor der Fensterklasse bedient, um die Voreinstellungen für die Schrift festzulegen.

> **!** Beachten Sie, dass das erste Element den Index 0 hat.

Ausgewählte Listenelemente ermitteln

An sich ist es aber eher die Ausnahme, dass das Programm ein Element eines Kombinationsfelds auswählt. Der eigentliche Sinn und Zweck eines Kombinationsfelds ist es ja schließlich, dass der Anwender einen Eintrag auswählt und das Programm entsprechend reagiert.

Dazu müssen wir eine Lauscher-Klasse definieren, die die `ItemListener`-Schnittstelle implementiert, und eine Instanz unserer Lauscher-Klasse für die Auswahlfelder registrieren:

```
// Im Konstruktor Editor() der Fensterklasse
    // Die verschiedenen Adapterklassen für das Maus Handling
    class MeinItemAdapter implements ItemListener {
      public void itemStateChanged(ItemEvent e) {
         fontAktualisieren();
      }
    }
...
    MeinItemAdapter itemlistener = new MeinItemAdapter();
    m_fonts.addItemListener(itemlistener);
    m_styles.addItemListener(itemlistener);
    m_farben.addItemListener(itemlistener);
```

Analyse

Jedes Mal, wenn wir in einem Kombinationsfeld eine Auswahl treffen, wird ein `ItemEvent` erzeugt und die Ereignisbehandlungsmethode `itemStateChanged()` aufgerufen. Daran kann unser Programm erkennen, dass der Font sich womöglich geändert hat. In der Implementierung der `itemStateChanged()`-Methode rufen wir daher unsere selbst definierte Methode `fontAktualisieren()` auf (siehe *Abschnitt 12.2*).

In dieser Methode können Sie sehen, wie auf die ausgewählten Einträge zugegriffen wird:

```
void fontAktualisieren() {
  int fontstil;
  String farbe, fontname, style;
  int punktgröße;

  // Die zurzeit gesetzten Attribute ermitteln und setzen
  fontname = (String) m_fonts.getSelectedItem();
  style    = (String) m_styles.getSelectedItem();
  farbe    = (String) m_farben.getSelectedItem();

  if(farbe.equals("Schwarz"))
    m_textanzeige.setForeground(Color.black);
...
```

Analyse

Die Methode `getSelectedItem()` liefert einen String zurück, der den Titel des ausgewählten Eintrags enthält. Durch entsprechende String-Vergleiche kann dann der Font korrekt aktualisiert werden.

12.4 Eigene Dialoge

Häufig besteht von Seiten des Programms die Notwendigkeit, den Anwender über irgendeine Komplikation zu informieren (beispielsweise, dass eine zu öffnende Datei nicht geladen werden konnte) oder irgendwelche Informationen von ihm abzufragen (beispielsweise müssen wir in unserem Texteditor nach Aufruf des Menübefehls »String suchen« abfragen, nach welchem Text gesucht werden soll).

Hierfür benutzt man spezielle Fenster, die sogenannten *Dialoge*. Was ist das Besondere an den Dialogen?

Dialoge

Zuerst einmal sind Dialoge ganz normale Fenster, d.h., wir leiten für unsere Dialoge eigene Klassen ab, nehmen im Konstruktor des Dialogs die gewünschten Oberflächenelemente auf, richten diese mithilfe der Layout-Manager aus, sorgen für die Implementierung der `windowClosing()`-Methode der `WindowListener`-Schnittstelle, bilden eine Instanz für unseren Dialog und zeigen diese an.

Vom Grundprinzip her läuft also alles genau so ab, wie wir es vom Umgang mit Fenstern gewohnt sind. Im Detail gibt es allerdings einige kleinere Besonderheiten zu beachten:

- Dialogfenster sind meist nicht in der Größe veränderbar.
- Dialogfenster werden nach Gebrauch meist direkt wieder geschlossen, d.h., sie müssen vom Bildschirm verschwinden (und zwar ohne dass dabei gleich das ganze Programm beendet wird, wie wir es bisher beim Schließen des Hauptfensters gehandhabt haben).
- Wenn der Dialog dazu dient, Informationen vom Anwender abzufragen, muss das Programm diese Informationen aus dem Dialog auslesen und verarbeiten.
- Andererseits muss der Anwender die Möglichkeit haben, den Dialog zu verlassen, ohne dass seine Angaben ausgewertet werden.

Schauen wir uns also an, wie wir diesen Anforderungen beim Aufsetzen unserer Dialogklasse für die Abfrage des Suchtextes gerecht werden.

```
// die Dialogklasse für die Eingabe des Suchstrings
class FrageDialog extends JDialog implements ActionListener {
  private JTextField eingabefeld;
  private JButton oK, abbruch;
  private String suchstring;

  // der Konstruktor
  FrageDialog(JFrame f, String titel) {
    super(f,titel,true);  // Konstruktor der Basisklasse
    setResizable(false);

    setLayout(new BorderLayout());

    // es werden 2 Panels angelegt. Das eine enthält das
    // TextField,das andere die Buttons
    JPanel panel1 = new JPanel();
    JLabel label = new JLabel("Bitte Suchstring eingeben:");
    panel1.add(label);
    eingabefeld = new JTextField(40);
    panel1.add(eingabefeld);
    add("Center",panel1);

    JPanel panel2 = new JPanel();
    oK = new JButton("OK");
    abbruch = new JButton("Abbrechen");
    panel2.add(oK);
    panel2.add(abbruch);
    add("South",panel2);

```

```
424     pack();   // Anordnung der Oberflächenelemente auf
425               // bevorzugte Größe initialisieren
426
427     // die Mausbehandlung für die Schaltflächen macht die Klasse
428     // selbst, also bei sich selber registrieren
429     oK.addActionListener(this);
430     abbruch.addActionListener(this);
431
432     // Fenster schließen = Fenster verbergen
433     setDefaultCloseOperation(WindowConstants.HIDE_ON_CLOSE);
434   }
435
436   public void actionPerformed(ActionEvent e)  {
437     String label;
438
439     label = e.getActionCommand();
440
441     if(label.equals("Abbrechen")) {
442       suchstring = null;
443       setVisible(false);
444       return;
445     }
446
447     if(label.equals("OK")) {
448       suchstring = eingabefeld.getText();
449       setVisible(false);
450       return;
451     }
452   } // Ende von 'ActionPerformed'
453
454   // Diese Funktion liefert den eingegebenen Suchstring zurück
455   public String getString()  {
456     return suchstring;
457   }
458 } // Ende von 'FrageDialog'
```

Analyse

Die erste Besonderheit ist, dass wir unsere Dialogklasse nicht von `JFrame` oder `JWindow` ableiten, sondern von der speziellen Swing-Klasse `JDialog` (Zeile 398).

Keine Besonderheit ist es dagegen, dass wir unsere Dialogklasse auch gleich die `ActionListener`-Schnittstelle (für die Schaltflächen zum Verlassen des Dialogs) implementieren lassen. Dies geschieht vornehmlich aus Bequemlichkeit – wir hätten ebenso gut wie üblich eine eigene Klasse zur Implementierung der Schnittstelle definieren können.

Der Konstruktor

Dialoge haben spezielle Konstruktoren, die sich in ihren Parametern von den Konstruktoren normaler Fenster unterscheiden.

Alle Dialog-Konstruktoren erwarten als ersten Parameter eine Referenz auf das übergeordnete Rahmenfenster. Da wir den Dialog später innerhalb der Such-Methode unserer Fensterklasse instanzieren werden, können wir diesem Parameter einfach die `this`-Variable übergeben:

```
// in void stringSuchen()
370     frage = new FrageDialog(this,"Suchen");
```

Als weitere Parameter können Sie einen Titel für den Dialog und/oder einen booleschen Wert übergeben, der spezifiziert, ob der Dialog modal (`true`, Vorgabe) oder nicht modal (`false`) angezeigt werden soll.

Modale und nicht-modale Dialoge

Ein modaler Dialog blockiert die weitere Programmausführung, d.h., der Anwender ist gezwungen, zuerst das Dialogfenster zu bearbeiten und zu schließen, bevor er mit dem Programm weiterarbeiten kann. Modale Dialoge eignen sich also nicht für Fälle, in denen der Anwender öfter zwischen Dialog und Hauptprogramm hin und her springen möchte. In solchen Fällen sollte man einen nicht-modalen Dialog erzeugen.

Geht es aber um mehr oder weniger einmalige Einstellungen oder die Anzeige wichtiger Informationen, die der Anwender unbedingt gleich zur Kenntnis nehmen sollte, sind modale Dialoge genau richtig.

Dialoge haben meist eine feste Größe

Im Gegensatz zu normalen Fenstern sind Dialoge üblicherweise nicht in ihrer Größe veränderlich (d.h., der Anwender kann den Rahmen des Dialogs nicht aufziehen). Um dies zu erreichen, rufen wir im Konstruktor die Methode `setResizable()` auf und übergeben ihr den Wert `false`.

Dialoge schließen

Das wichtigste Thema ist das Schließen des Dialogs und die Übergabe der im Dialog vorgenommenen Einstellungen/Eingaben an die Anwendung. Im Gegensatz zum Hauptfenster soll das Schließen des Dialogfensters nicht das ganze Programm beenden, sodass wir diesmal der Methode `setDefaultCloseOperation()` den Parameter `HIDE_ON_CLOSE` übergeben. (Wir tun dies nur, um die Lesbarkeit des Quelltextes zu verbessern: `HIDE_ON_CLOSE` ist sowieso die Voreinstellung für Swing-Fenster).

Neben dem Schließfeld verfügen die meisten Dialoge noch über zwei Schaltflächen zum Verlassen des Dialogs: »OK« und »Abbrechen«. Wir benötigen also eine Ereignisbehandlung:

```
  public void actionPerformed(ActionEvent e)  {
    String label;

    label = e.getActionCommand();

    if(label.equals("Abbrechen")) {
      suchstring = null;
      setVisible(false);
      return;
    }

    if(label.equals("OK")) {
      suchstring = eingabefeld.getText();
      setVisible(false);
      return;
    }
  } // Ende von 'ActionPerformed'
```

Wurde die ABBRECHEN-Schaltfläche gedrückt, bedeutet dies, dass der Anwender die Suche abbrechen möchte. Wir setzen daher den Suchstring auf `null` und blenden den Dialog aus. Wurde dagegen die OK-Schaltfläche gedrückt, lesen wir den zu suchenden String aus dem Eingabefeld des Dialogs aus und blenden den Dialog aus.

Die weitere Verarbeitung der Eingabe aus dem Such-Dialog bleibt dann der Methode überlassen, die den Such-Dialog aufgerufen hat. Damit diese aber die Möglichkeit hat, den Suchstring von der Dialog-Instanz abzufragen (Letztere ist ja immer noch vorhanden, nur nicht mehr auf dem Bildschirm als Dialog sichtbar), definieren wir in der Dialogklasse noch die Methode `getString()`.

```
  public String getString()  {
    return suchstring;
  }
} // Ende von 'FrageDialog'
```

Schauen wir uns also als Nächstes an, wie man nach ausgesuchten Textstellen in einem Text sucht und wie wir unseren Such-Dialog dabei einsetzen können.

Hinweis

Da wir den Dialog als lokale Variable der Methode definieren, die den Such-Dialog instanziert und aufruft, wird der Dialog nach Beendigung dieser Methode automatisch vom Java-Speicherbereiniger aufgelöst.

Dies bedeutet aber auch, dass nach der Auflösung der Dialog-Instanz nicht mehr auf deren Daten zugegriffen werden kann. Speziell für die Implementierung von nicht-modalen Dialogen ist es daher wichtig, auf die Lebensdauer der Dialoginstanzen zu achten.

12.5 Nach Textstellen suchen

Das Suchen nach bestimmten Wörtern oder Textstellen ist in Java dank der vordefinierten Methoden der Klassen `String` und `JTextArea` glücklicherweise nicht sonderlich schwer zu implementieren:

```
// Diese Funktion sucht einen String im Text
// Methode von Editor
void stringSuchen() {
  String suchstring;
  FrageDialog frage;
  int Index;

  // Ein Textfeld aufmachen, um nach dem Suchstring zu fragen
  frage = new FrageDialog(this,"Suchen");
  frage.setLocation(150,150);
  frage.pack();
  frage.setVisible(true);
  suchstring = frage.getString();

  if(suchstring == null)
    return;

  // nun suchen
  m_aktText = m_textanzeige.getText();
  Index = m_aktText.indexOf(suchstring);

  if(Index == -1) {
     JOptionPane.showMessageDialog(null,
                          "String nicht gefunden","Meldung",
                          JOptionPane.INFORMATION_MESSAGE);
  } else
     // Den String hervorheben
     m_textanzeige.select(Index,Index + suchstring.length() );

} // Ende von 'stringSuchen'

} // Ende von Klasse 'Editor'
```

Analyse

Als Erstes rufen wir natürlich unseren Such-Dialog auf (siehe oben). Da der Dialog modal angezeigt wird, können wir nach der Ausführung der Anweisung

```
  frage.setVisible(true);
```

sicher sein, dass der Anwender den Dialog bereits bearbeitet und geschlossen hat. Was wir noch nicht wissen, ist, ob der Anwender einen Suchbegriff eingegeben und auf OK gedrückt hat oder ob er den Dialog über die ABBRECHEN-Schaltfläche oder das Schließfeld verlassen hat. Da wir bei der

Implementierung unserer Dialogklasse dafür gesorgt haben, dass in den beiden letzteren Fällen der Suchstring auf `null` gesetzt wird, brauchen wir jetzt nur den Suchstring vom Dialog abzufragen (`frage.getString()`) und dann zu überprüfen, ob `suchstring` gleich `null` ist.

Wurde vom Anwender ein Suchstring eingegeben und der Dialog über die OK-Schaltfläche verlassen, beginnt die eigentliche Suche.

Dazu müssen wir lediglich die String-Methode `indexOf()`, der wir als einzigen Parameter den zu suchenden String übergeben, auf den Text unserer `JTextArea`-Komponente anwenden. Als Belohnung erhalten wir die Position des ersten Vorkommens des Suchbegriffs in unserem Text.

Mithilfe der Methode `select()` markieren wir dieses Vorkommen, damit das Ergebnis der Suche dem Anwender auch direkt ins Auge springt.

Wurde kein Vorkommen gefunden, liefert die Methode `indexOf()` den Wert `-1` zurück und wir geben eine entsprechende Meldung aus, dass der Suchbegriff nicht gefunden wurde.

Hinweis

Die Methode `indexOf(String)` *liefert immer die erste Position des übergebenen Suchstrings im zu durchsuchenden Text. Wenn Sie nach weiteren Vorkommen des Suchstrings fahnden wollen, können Sie die Methode* `indexOf(String, int)` *benutzen, der Sie als zweiten Parameter den Index der Position übergeben, ab der die Suche beginnen soll.*

Dialogfenster mit JOptionPane

Dialogfenster zum Anzeigen von kleinen Meldungen (wie zum Beispiel im obigen Listing) oder um vom Benutzer Eingaben einzulesen, können in Swing schnell und bequem mit der Klasse `JOptionPane` realisiert werden. Es handelt sich hierbei um eine sehr vielseitige Klasse und wir müssen uns leider auf drei interessante Methoden konzentrieren:

- `showConfirmDialog()` erzeugt eine Dialogbox mit einer Frage und Schaltflächen für *Yes*, *No* und *Cancel*,
- `showInputDialog()` generiert eine Dialogbox, die eine Texteingabe erwartet,
- `showMessageDialog()` erzeugt eine Dialogbox mit einer Nachricht.

showConfirmDialog()

Die Methode `showConfirmDialog()` erwartet als ersten Parameter den Container, zu dem der Dialog gehört. Wenn Sie für diesen Parameter `null` übergeben, wird der Dialog zentriert auf dem Bildschirm angezeigt. Der zweite Parameter ist das anzuzeigende Objekt. Dies kann ein String sein, ein Symbol oder sogar eine andere Komponente. Teilweise sind die Methoden noch weiter überladen, um zusätzliche Argumente (beispielsweise den Titel des Dialogs zu übernehmen).

Als Rückgabewert wird ein `int` geliefert, das Aufschluss darüber gibt, was der Benutzer angeklickt hat. Entsprechend der angezeigten Schaltflächen sind dies `JOptionPane.YES_OPTION`, `JOptionPane.NO_BUTTON` und `JOptionPane.CANCEL_BUTTON`.

Ein typischer Einsatz wäre:

```
int antwort;
antwort = JOptionPane.showConfirmDialog(null,"Mögen Sie Swing?");
if(antwort == JOptionPane.YES_OPTION){
    // ...
}
```

showInputDialog()

Die Methode `showInputDialog()` wird nach dem gleichen Muster aufgerufen. Der erste Parameter ist der besitzende Container (oder `null`), als Zweites folgt ein String, Symbol oder eine andere Komponente. Lediglich der Rückgabewert ist anders, nämlich vom Typ `String`:

```
String antwort;
antwort = JOptionPane.showInputDialog(null,
                                      "Welchen Prozessor haben Sie?");
```

showMessageDialog()

Die Methode `showMessageDialog()` hat ebenfalls die gleichen Parameter. Da nur eine Botschaft angezeigt wird, wird kein Wert zurückgeliefert:

```
JOptionPane.showMessageDialog(null, "Dies ist ein Meldungsdialog.");
```

12.6 Unterstützung der Zwischenablage

Zu guter Letzt wollen wir noch die Menübefehle zur Unterstützung der Zwischenablage einrichten: Ausschneiden, Kopieren, Einfügen.

Rekapitulieren wir kurz, wie wir die bisher beschriebenen Menübefehle implementiert haben:

Für jeden Menübefehl haben wir

- ein `JMenuItem`-Objekt erzeugt und in ein Popup-Menü aufgenommen:

  ```
  JMenu menu1 = new JMenu("Datei");
  JMenuItem item1_1 = new JMenuItem("Datei laden");
  menu1.add(item1_1);
  ```

- den Menübefehl mit einem `ActionListener`-Objekt verbunden:

  ```
  MeinActionLauscher  actionlistener = new MeinActionLauscher();
  item1_1.addActionListener(actionlistener);
  ```

In der `ActionListener`-Klasse wurde ermittelt, welcher Menübefehl ausgewählt wurde, und dann die entsprechende Methode zur Bearbeitung des Menübefehls aufgerufen.

```
    class MeinActionLauscher implements ActionListener {
      public void actionPerformed(ActionEvent e) {
         String label;

         label = e.getActionCommand();

```

```
        if(label.equals("Datei laden"))
          dateiLaden();

        if(label.equals("Datei speichern"))
          dateiSpeichern();

        if(label.equals("Datei drucken"))
          dateiDrucken();

        if(label.equals("Programm beenden"))
          System.exit(0);

        if(label.equals("String suchen"))
          stringSuchen();
      }
    }
```

Für Standardbefehle wie das Ausschneiden, Kopieren und Einfügen von Text in und aus der Zwischenablage verfügen die Textkomponenten von Swing bereits über fertig implementierte Behandlungsmethoden, die in Action-Objekten gekapselt sind. Die Action-Objekte selbst sind wieder in EditorKits gekapselt. Mithilfe dieser vordefinierten Action-Objekte ist die Unterstützung der Zwischenablage ein Kinderspiel – vorausgesetzt, man weiß, wie man die Action-Objekte mit Menübefehlen verbindet.

Zuerst passt man die Menüstruktur an:

```
JMenu menu2 = new JMenu("Bearbeiten");
JMenuItem item2_1 = new JMenuItem("Ausscheiden");
JMenuItem item2_2 = new JMenuItem("Kopieren");
JMenuItem item2_3 = new JMenuItem("Einfügen");
menu2.add(item2_1);
menu2.add(item2_2);
menu2.add(item2_3);
menueleiste.add(menu2);
```

Dann liest man die Befehle aus der Textkomponente in eine Hashtabelle ein. Dies geschieht vor allem zu unserer Bequemlichkeit (mehr über Hashtabellen finden Sie in *Kapitel 7.4*).

```
// Befehle für die Zwischenablage
// erzeuge Action-Tabelle
m_befehle = new Hashtable<String,Action>();
Action[] actionsArray = m_textanzeige.getActions();
for (int i = 0; i < actionsArray.length; i++) {
   Action a = actionsArray[i];
   m_befehle.put((String) a.getValue(Action.NAME), a);
}
```

Zum Abschluss werden die Befehle mit den Menübefehlen verbunden:

```
      item2_1.addActionListener(m_befehle.get(
                                   DefaultEditorKit.cutAction));
      item2_2.addActionListener(m_befehle.get(
                                   DefaultEditorKit.copyAction));
      item2_3.addActionListener(m_befehle.get(
                                   DefaultEditorKit.pasteAction));
```

Und das funktioniert? Wo steht der Code zum Ausschneiden von Text, wer überwacht, welche Textpassagen markiert sind, wo steht der Befehl zum Löschen? Alles schon im EditorKit der Textkomponente vorhanden.

12.7 Drucken

Betrachten wir nun die letzte Neuerung, die das Beispiel für Sie noch bereithält: das Drucken des Textes!

Seit Java 6 ist das Ausdrucken von Textdokumenten ein Kinderspiel – vorausgesetzt, der Text befindet sich in einer von `JTextComponent` abgeleiteten Swing-Komponente und Sie beabsichtigen den Text grundsätzlich so auszudrucken, wie er in der Komponente angezeigt wird. Dann müssen Sie nämlich nur noch

1. einen Menübefehl zum Drucken einrichten und mit einer Behandlungsfunktion verbinden sowie
2. in der Behandlungsfunktion eine der überladenen `print()`-Methoden der Textkomponente aufrufen.

Die print()-Methoden der Textkomponenten

Die Klasse `JTextComponent` vererbt den abgeleiteten Textkomponenten drei überladene Versionen der Methode `print()`:

Eine parameterlose Überladung für absolut sorgenfreies Drucken:

```
// Drucken in Schnellfassung
print();
```

Eine Überladung, der Sie (`MessageFormat`-)Texte für Kopf- und Fußzeile mitgeben können:

```
print(new MessageFormat("Vertraulich!!!"),
      new MessageFormat("Seite {0}"));
```

Und schließlich die Vollversion, die auf Wunsch den Java-Druckdialog aufruft und der Sie wahlweise noch weitere Argumente übergeben können, auf die wir hier aber nicht weiter eingehen.

```
print(new MessageFormat("Vertraulich!!!"),  // Kopfzeile
      new MessageFormat("Seite {0}"),       // Fußzeile
      true,                                 // Druckdialog anzeigen
      null, null, false);
```

Integration in das Programm

Im Falle unseres Editors wurde bereits ein Menübefehl DRUCKEN vorgesehen und einer Methode `dateiDrucken()` verbunden:

```
// aus Editor-Konstruktor
JMenuItem item1_3 = new JMenuItem("Datei drucken");

// aus MeinActionLauscher
if(label.equals("Datei drucken"))
  dateiDrucken();
```

In dieser Methode müssen wir jetzt nur noch die `print()`-Methode unserer Textkomponente (Feld `m_textanzeige`) aufrufen. Da die `print()`-Methoden Exceptions vom Typ `PrinterException` auslösen, wenn kein passender Drucker gefunden wird, kleiden wir den `print()`-Aufruf in eine entsprechende `try-catch`-Konstruktion. Da wir außerdem mit Kopf- und Fußzeile drucken möchten und diese nur in Form von `MessageFormat`-Objekten übergeben werden können, importieren wir zusätzlich das Paket `java.text.*`, in dem `MessageFormat` definiert ist.

Der gesamte zusätzliche Code im Überblick:

```
import java.text.*;
...

// den aktuellen Text drucken
// Methode von Editor
void dateiDrucken() {
   if (m_dateiname == null)
     m_dateiname = "Unbenannt";

   try {
     m_textanzeige.print(new MessageFormat(m_dateiname),
                         new MessageFormat("Seite {0}"),
                         true,
                         null, null, false);
   } catch (PrinterException e) {
     System.err.println(" Drucken nicht moeglich.\n");
   }
}
```

12.8 Zusammenfassung

Zur Textbearbeitung stehen Ihnen die Komponenten `JTextField`, `JTextArea` und `JTextPane` zur Verfügung. `JTextField` erlaubt nur die Anzeige und Bearbeitung einzeiliger Texte, `JTextArea` und `JTextPane` unterstützt auch mehrzeilige Texte.

Um einer `JTextArea`-Komponente nach deren Initialisierung einen neuen Text zuzuweisen, können Sie die Methode `setText(String)` verwenden. Umgekehrt können Sie den aktuellen Text einer `JTextArea`-Komponente mithilfe der Methode `getText()` abfragen.

Um eine `JTextArea`-Komponente scrollbar zu machen, nimmt man sie in den Viewport eines `JScrollPane`-Objekts auf.

Zur Unterstützung der Zwischenablage sind in den Textkomponenten von Swing bereits passende Befehle in Form von `Action`-Objekten vordefiniert.

Fonts (Schriftarten) werden in Java-Programmen durch Instanzen der Klasse `Font` repräsentiert. Um ein Font-Objekt zu erzeugen, übergeben Sie dem Konstruktor den Font-Namen, den Font-Stil und den Schriftgrad.

Dialoge werden von der Klasse `JDialog` abgeleitet und üblicherweise mit `setResizable(false)` vor Größenänderungen geschützt. Einfache Dialoge können mithilfe der Methoden der Klasse `JOptionPane` erzeugt werden. Modale Dialoge müssen vom Anwender geschlossen werden, bevor er zum Hauptprogramm zurückkehren kann. Nicht-modale Dialoge können während der weiteren Arbeit im Hauptfenster geöffnet bleiben.

Zum Suchen in Texten verwendet man die `String`-Methode `indexOf()`.

Zum Ausdrucken von Texten können Sie die `print()`-Methode der Swing-Textkomponenten verwenden.

12.9 Fragen und Antworten

1. Überlegen Sie sich, ob Sie in den folgenden Fällen lieber eine `JTextField`- oder eine `JTextArea`-Komponente verwenden:

   a) Sie wollen in einem Dialogfenster den Namen des Anwenders abfragen.

   b) Sie wollen in einem Dialogfenster den Text einer Lizenzvereinbarung anzeigen.

   c) Sie brauchen eine Komponente zum Bearbeiten von Textdateien.

   a) `JTextField`; b) `JTextArea`; c) `JTextArea`

2. Wie können Sie es erreichen, dass der in einer `JTextArea`-Komponente angezeigte Text einer Datei nicht vom Anwender überschrieben oder geändert werden kann?

   Wenn der in einer `JTextArea`-Komponente angezeigte Text vom Anwender nicht editiert werden soll, rufen Sie die `setEditable(boolean)`-Methode der `JTextArea`-Komponente auf und übergeben Sie als Wert für den Parameter `false`.

3. Worin besteht der Vorteil eines nicht-modalen Dialogfensters für den Anwender?

   Nicht-modale Dialogfenster können während der weiteren Arbeit mit dem Hauptprogramm geöffnet bleiben (im Gegensatz zu modalen Dialogfenstern).

4. Worin besteht der Nachteil eines nicht-modalen Dialogfensters für den Programmierer?

   Die Schwierigkeit bei der Implementierung nicht-modaler Dialogfenster liegt darin, dass der Programmierer nach Aufruf von `setVisible(true)` für den Dialog nicht davon ausgehen kann, dass der Dialog beendet wurde. Es stellt sich damit unter anderem die Frage, wann die Einstellungen in dem Dialog Gültigkeit erlangen sollen. Üblicherweise verfügen nicht-modale Dialoge über eine zusätzliche Schaltfläche ÜBERNEHMEN. Wird diese Schaltfläche gedrückt, sollen die Einstellungen gültig werden (d.h. vom Hauptprogramm ausgelesen und umgesetzt werden), der Dialog aber weiter geöffnet bleiben (im Gegensatz zur Betätigung der OK-Schaltfläche). Da das Drücken der OK- oder ÜBERNEHMEN-Schaltfläche eines nicht-modalen Dialogs aber praktisch zu jedem Zeitpunkt der Programmausführung erfolgen kann, müssen nicht-modale Dialoge global (und nicht als lokale Variablen) deklariert werden.

5. Wie kann man einen Editor mithilfe von AWT-Klassen erstellen?

   Statt `JFrame`, `JTextField`, `JTextArea`, `JPanel`, `JComboBox` und `JDialog` würde man `Frame`, `TextField`, `TextArea`, `Panel`, `Choice` und `Dialog` verwenden. Leider ist es aber nicht mit der Änderung der Klassennamen getan, da es in der Programmierung der Komponenten neben vielen Gemeinsamkeiten auch etliche Unterschiede gibt. So bringt beispielsweise die `TextArea`-Komponente gleich ihre eigenen Bildlaufleisten mit, die man durch Übergabe passender Konstanten an den Konstruktor einblenden lassen kann.

12.10 Übungen

1. In *Abschnitt 12.3* haben wir das Kombinationsfeld `m_fonts` mit den Namen einiger weit verbreiteter Fonts initialisiert. Mithilfe der `GraphicsEnvironment`-Methode `getAvailableFontFamilyNames()` ist es allerdings auch möglich, die Namen der auf einem System installierten Font-Familien abzufragen. Nutzen Sie dies, um das Kombinationsfeld automatisch mit den zugänglichen Fonts zu initialisieren.

2. Unsere Suchfunktion aus *Abschnitt 12.5* findet immer nur das erste Vorkommen des Suchbegriffs im Text. Wie könnte man das Programm abwandeln, dass die Suche für den gleichen Begriff fortgesetzt werden kann?

13 Menüs und andere Oberflächenelemente

> ***Sie lernen in diesem Kapitel,***
> - *welches die wichtigsten Oberflächenelemente sind,*
> - *in welcher Beziehung diese Oberflächenelemente zueinander stehen,*
> - *wie Sie mit diesen Oberflächenelementen programmieren können.*

So weit, so gut! Sie wissen jetzt, wie man Fenster erzeugt, wie man Komponenten in ein Fenster aufnimmt und in diesem anordnet, und Sie wissen, wie man Ereignisse abfängt und beantwortet. Sie können Grafiken erzeugen, Bilder laden, Text bearbeiten. Eigentlich wissen Sie also schon alles, was es über die Erstellung von GUI-Anwendungen zu wissen gibt. Im Grunde genommen könnten wir also gleich zur Applet-Programmierung übergehen. Doch ob Sie nun GUI-Anwendungen oder Applets programmieren wollen, stets benutzen Sie für die Erzeugung von Oberflächenelementen (Schaltflächen, Optionsfelder etc.) die Klassen der AWT- und/oder Swing-Komponenten und so lohnt es sich sicherlich, wenn wir uns noch ein bisschen intensiver mit den Möglichkeiten der AWT- und Swing-Komponenten auseinandersetzen. Begeben Sie sich also mit uns auf einen Streifzug durch den Teil der AWT/Swing-Klassenhierarchie, der den verschiedenen von der Basisklasse `Component` abgeleiteten Oberflächenelementen gewidmet ist.

Leider reicht der uns in diesem Buch zur Verfügung stehende Raum nicht aus, um alle Steuerelemente ausführlich zu beschreiben, aber dies ist ja auch gar nicht notwendig, da es zum JDK eine hervorragende API-Dokumentation[1] gibt (*http://download.oracle.com/javase/7/docs/api/*). Wir beschränken uns in diesem Kapitel daher darauf, Ihnen die wichtigsten Steuerelemente und deren Verwendung vorzustellen. Eine Auswahl der interessantesten Konstruktoren und Methoden soll Ihnen aufzeigen, was man mit den Steuerelementen machen kann und wonach Sie in der Online-Dokumentation Ausschau halten sollten. Ergänzt werden diese doch sehr theoretischen Ausführungen durch die praktischen Übungen am Ende des Kapitels und die Hinweise auf frühere Kapitel, in denen die betreffenden Elemente schon zum Einsatz kamen.

13.1 Die Komponentenhierarchie

Bevor wir uns den einzelnen Oberflächenelementen zuwenden, sollten wir uns anschauen, wie sich die Klassen, die diese Oberflächenelemente implementieren, in das Gefüge der AWT/Swing-Klassenhierarchie einordnen. Werfen wir also einen Blick auf den Zweig der Klassenhierarchie, der von der Basisklasse `Component` ausgeht.

1 Leider nur auf Englisch.

Abbildung 13.1: Ausschnitt aus der Hierarchie der Komponentenklassen

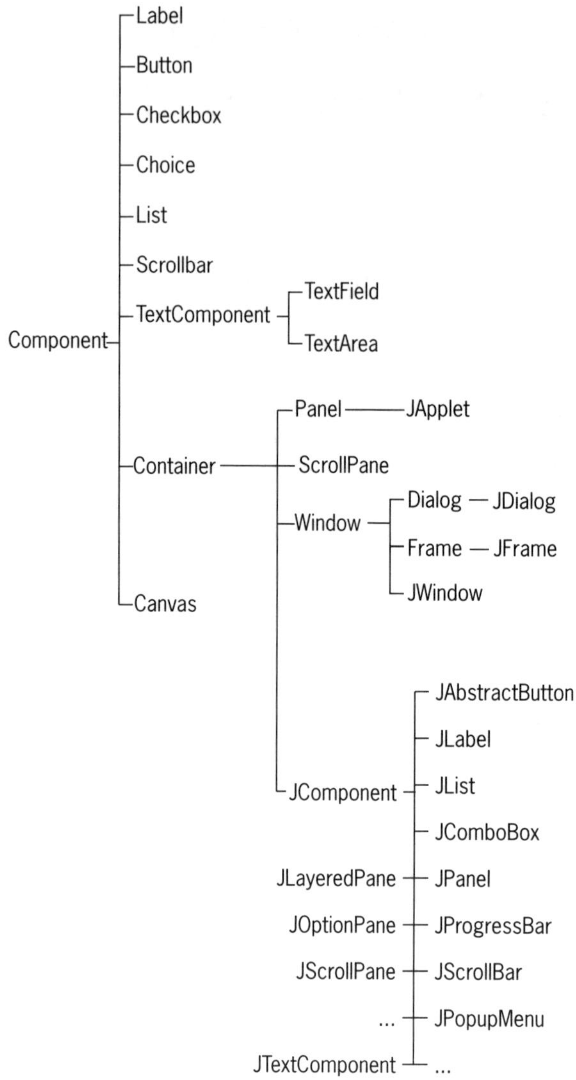

Da wären zuerst die typischen Steuerelemente, die Sie sicherlich von Ihren Windows-Programmen her kennen und die direkte Abkömmlinge der Basisklasse `Component` sind: Schaltflächen (`Button`), statische Textfelder (`Label`), Listenfelder (`List`), Optionsfelder (`Checkbox`), Kombinationsfelder (`Choice`) und Bildlaufleisten (`Scrollbar`), aber auch die Texteingabefelder `TextField` und `TextArea`, die indirekt über die Klasse `TextComponent` von `Component` abgeleitet sind.

Die gleichnamigen Swing-Klassen (mit dem »J« vor dem Namen) sind Abkömmlinge der Basisklasse `JComponent`, die selbst von der AWT-Klasse `Container` abgeleitet ist. Die abgebildete Klassenhierarchie ist leider aus

Platzgründen nicht ganz vollständig, darum möchten wir Sie noch einmal darauf hinweisen, dass es weit mehr Swing-Komponenten als AWT-Komponenten gibt (schauen Sie einfach in Ihre Java-Dokumentation, Pakete `java.awt` und `javax.swing`).

Danach kommen die Container: Komponenten, die andere Komponenten in sich aufnehmen können. Die Container kann man wiederum in drei Typen unterscheiden: Container, die Fenster sind (hierzu gehören beispielsweise auch die von uns bereits verwendeten Klassen `Frame` und `JFrame`), und Container, die einfach nur einen definierten Bereich bezeichnen und mit oder ohne Bildlaufleisten ausgestattet sind (`Panel` und `ScrollPane`), sowie die neuen Swing-Container, die auf `...Pane` auslaufen und von den Basisklassen `Container/JComponent` abgeleitet sind.

13.2 Die Basisklasse Component

Alle nachfolgend aufgeführten Komponenten stammen direkt oder indirekt von der Klasse `Component` ab und haben folglich deren Methoden und Funktionalität geerbt.

Beginnen wir unseren Streifzug durch die Komponentenklassen also damit, dass wir uns zuerst die Methoden anschauen, die auf die Klasse `Component` zurückgehen und die für alle Oberflächenelemente zur Verfügung stehen:

Tabelle 13.1: Auswahl der wichtigsten Component-Methoden

Methode	Beschreibung
add(PopupMenu)	Verbindet die Komponente mit einem Kontextmenü.
add...Listener(...Listener)	Ein Satz von Methoden zur Registrierung eines entsprechenden Lauscher Objekts.
contains(int x, int y)	Prüft, ob die übergebene x,y-Koordinate im Bereich der Komponente enthalten ist (x und y werden relativ zum Koordinatensystem der Komponente angegeben).
getBackground()	Liefert die aktuelle Hintergrundfarbe zurück.
getBounds()	Liefert das umgebende Rechteck der Komponente.
getComponentAt(int x, int y)	Liefert die untergeordnete Komponente, die die Position (x,y) umschließt.
getCursor()	Liefert die Form zurück, die der Cursor über der Komponente annimmt.
getFont()	Liefert die in der Komponente verwendete Schriftart zurück.

Tabelle 13.1: Auswahl der wichtigsten Component-Methoden (Forts.)

Methode	Beschreibung
getForeground()	Liefert die aktuelle Vordergrundfarbe zurück.
getGraphics()	Liefert einen Grafikkontext für die Komponente zurück.
getLocation()	Liefert die Position der Komponente auf dem Bildschirm zurück.
getName()	Liefert den Variablennamen der Komponente zurück.
getParent()	Liefert die übergeordnete Komponente der Komponente zurück.
getSize()	Liefert die aktuelle Größe der Komponente zurück.
invalidate()	Erklärt den Zeichenbereich der Komponente für ungültig, um Neuzeichnen anzuregen.
isEnabled()	Prüft, ob die Komponente aktiviert ist.
isVisible()	Prüft, ob die Komponente sichtbar ist.
paint(Graphics)	Zeichnet die Komponente.
paintAll(Graphics)	Zeichnet die Komponente und alle untergeordneten Komponenten.
print(Graphics)	Druckt die Komponente.
printAll(Graphics)	Druckt die Komponente und alle untergeordneten Komponenten.
remove...Listener(...Listener)	Ein Satz von Methoden zur Streichung eines Lauscher-Objekts.
repaint()	Zum Neuzeichnen einer Komponente.
repaint(int, int, int, int)	Zum Neuzeichnen eines Teilbereichs einer Komponente.
setBackground(Color)	Bestimmt die zu verwendende Hintergrundfarbe.
setBounds()	Passt die Komponente dem neuen umgebenden Rechteck an.
setCursor()	Bestimmt die Form, die der Cursor über der Komponente annehmen soll.
setEnabled(boolean)	Aktiviert oder deaktiviert die Komponente.
setFont(Font)	Bestimmt die in der Komponente zu verwendende Schriftart.

Methode	Beschreibung
setForeground(Color)	Bestimmt die zu verwendende Vordergrundfarbe.
setLocation(int, int)	Verschiebt die Komponente an eine neue Position.
setSize(int, int)	Spezifiziert neue Breite und Höhe für die Komponente.
setVisible(boolean)	Macht eine Komponente sichtbar oder unsichtbar.
update(Graphics)	Aktualisiert eine Komponente durch Neuzeichnen.

Tabelle 13.1: Auswahl der wichtigsten Component-Methoden (Forts.)

13.3 Statische Textfelder (Label, JLabel)

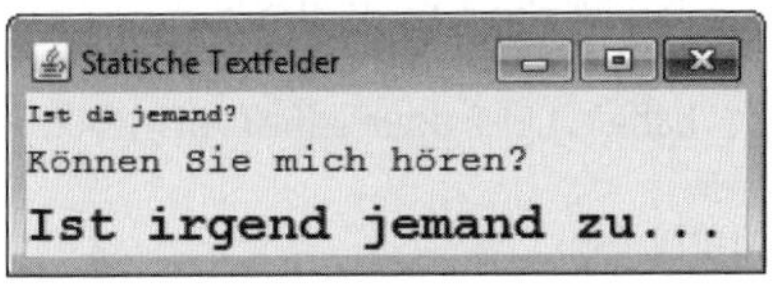

Abbildung 13.2: Statische Textfelder

Statische Textfelder, nach dem englischen Sprachgebrauch auch Labels genannt, dienen zur Anzeige von Texten, die der Anwender nicht ändern oder bearbeiten kann (im Gegensatz zu den von `TextComponent`/`JTextComponent` abgeleiteten Textfeldern, deren Inhalt sehr wohl vom Anwender bearbeitet werden kann und meist auch bearbeitet werden soll).

Um eine Label-Komponente in einen Container aufzunehmen, schreiben Sie:

SWING:

```
JLabel text = new JLabel("Ist da jemand");
add(text);
```

AWT:

```
Label text = new Label("Ist da jemand");
add(text);
```

Wenn Sie auf die Label-Komponente später nicht mehr zugreifen müssen, können Sie auch auf die Definition einer Objektvariablen verzichten:

```
add( new Label("Ist da jemand"));
```

Hinweis

Vielleicht erinnern Sie sich an Kapitel 14.1, wo wir die Methode `drawString()` zur Ausgabe eines kleinen Textes auf dem Bildschirm benutzt haben? Wenn ja, fragen Sie sich jetzt vermutlich, wann man zur Anzeige eines Textes `drawString()` und wann man eine Label-Komponente verwendet?

Grundsätzlich sollten Sie nach Möglichkeit zu Label-Komponenten greifen, da diese einfacher und sicherer zu verwenden sind.

Verwenden Sie gezeichnete Texte nur in Grafiken und anderen Situationen, wo Sie keine Label-Komponente verwenden können.

Konstruktoren

Zur Instanzbildung stehen Ihnen folgende Konstruktoren zur Verfügung:

SWING:

- `JLabel()` erzeugt ein Label ohne Text.
- `JLabel(String text)` erzeugt ein Label mit dem spezifizierten Text.
- `JLabel(String text, int ausrichtung)` erzeugt ein Label mit dem spezifizierten Text und der gewünschten horizontalen Textausrichtung (`SwingConstants.RIGHT`, `SwingConstants.LEFT`, `SwingConstants.CENTER` etc.).
- `JLabel(String text, Icon symbol, int ausrichtung)` erlaubt die Einblendung von kleinen Grafiken im Label.

AWT:

- Die AWT-Klasse definiert die gleichen Konstruktoren wie die SWING-Klasse (nur dass die Konstruktoren natürlich `Label` heißen). Für die Ausrichtung können Sie die folgenden Konstanten verwenden: `Label.RIGHT`, `Label.LEFT` oder `Label.CENTER`).

Methoden

Zur Laufzeit können Sie unter anderem mit folgenden `public`-Methoden auf Ihre Label-Instanz zugreifen:

	Methode	Beschreibung
AWT / SWING		
	getText()	Liefert den aktuellen Text der Label-Komponente zurück.
	setText(String)	Ändert den Text der Label-Komponente.
Nur AWT		
	getAlignment()	Liefert die aktuelle horizontale Ausrichtung der Label-Komponente zurück.
	setAlignment(int)	Ändert die horizontale Ausrichtung der Label-Komponente.

	Methode	Beschreibung
Nur SWING		
	getHorizontalAlignment()	Liefert die aktuelle horizontale Ausrichtung der Label-Komponente zurück.
	setHorizontalAlignment()	Ändert die horizontale Ausrichtung der Label-Komponente.
	setIcon(Icon)	Ändert das Symbol, das in der Label-Komponente angezeigt wird.
	setUI(LabelUI)	Ändert das Look&Feel-Objekt der Label-Komponente.

Verwendung

Siehe Übungsteil.

13.4 Schaltflächen (Button, JButton)

Abbildung 13.3: Schaltflächen

Der Lebensinhalt einer Schaltfläche besteht darin, gedrückt zu werden. Die meisten Anwender wissen dies, und drücken die Schaltfläche ganz automatisch. Allerdings erwartet der Anwender dann auch, dass etwas passiert, wenn er die Schaltfläche drückt. Darin liegt die Hauptaufgabe bei der Implementierung von Schaltflächen: eine passende Ereignisbehandlungsmethode einzurichten (siehe *Kapitel 8.3*).

Ansonsten brauchen Sie sich nur einen geeigneten Titel für die Schaltfläche auszudenken und sie in Ihren Container aufzunehmen.

Um eine Schaltfläche in einen Container aufzunehmen, schreiben Sie:

SWING:

```
JButton schalter = new JButton("Klick mich");
add(schalter);
```

AWT:

```
Button schalter = new Button("Klick mich");
add(schalter);
```

Konstruktoren

Zur Instanzbildung stehen Ihnen folgende Konstruktoren zur Verfügung:

SWING:

- `JButton()` erzeugt eine Schaltfläche ohne Titel.
- `JButton(String titel)` erzeugt eine Schaltfläche mit dem spezifizierten Titel.
- `JButton(String text, Icon symbol)`, um Bilder in die Schaltfläche einzublenden.

AWT:

- Die AWT-Klasse definiert die gleichen Konstruktoren wie die SWING-Klasse (nur dass die Konstruktoren natürlich `Button` heißen).

Methoden

Zur Laufzeit können Sie unter anderem mit folgenden `public`-Methoden auf Ihre Button-Instanz zugreifen:

	Methode	**Beschreibung**
AWT / SWING		
	getLabel()	Liefert den Titel der Schaltfläche zurück (in Swing »deprecated«).
	setLabel(String)	Ändert den Titel der Schaltfläche (in Swing »deprecated«).
	getActionCommand()	Liefert den Befehlsnamen des von der Schaltfläche ausgelösten Action-Ereignisses (kann in ActionListener zur Unterscheidung der Schaltflächen verwendet werden).
	setActionCommand(String)	Ändert den Befehlsnamen des von der Schaltfläche ausgelösten Action-Ereignisses.

	Methode	Beschreibung
Nur SWING		
	getText()	Liefert den Titel der Schaltfläche zurück.
	setText(String)	Ändert den Titel der Schaltfläche.
	setIcon(Icon)	Ändert das Symbol, das in der Schaltfläche angezeigt wird.
	setUI(ButtonUI)	Ändert das Look&Feel-Objekt der Schaltfläche.

Ereignisbehandlung

Für Schaltflächen implementiert man vornehmlich die Schnittstelle `ActionListener`.

Verwendung

Siehe *Kapitel 8, 9 und Übungsteil.*

13.5 Eingabefelder (TextField und TextArea, JTextField und JTextArea)

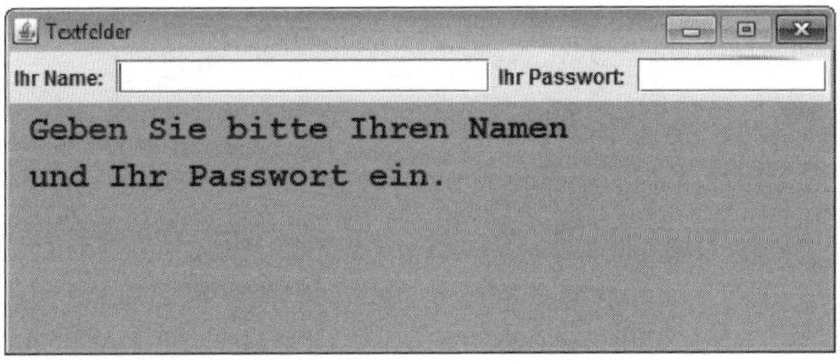

Abbildung 13.4: Eingabefelder

Statische Textfelder sind ganz praktisch, erlauben aber nur die Anzeige einzelner Textzeilen (das Zeichen für den Zeilenumbruch (\n) wird nicht unterstützt) und können auch nicht vom Anwender bearbeitet werden. Wenn Sie also einen kleinen Texteditor schreiben wollen oder auch nur den Namen des Anwenders abfragen wollen, kommen Sie mit statischen Textfeldern nicht weiter. Dann benötigen Sie eine `TextField`-Komponente (für einzelne editierbare Zeilen) oder eine `TextArea`-Komponente (für mehrzeilige, editierbare Texte).

Hinweis

Um einzelne Informationen vom Anwender oder User abzufragen (beispielsweise Name und Adresse), benutzt man meist `JTextField`*. Zur Anzeige oder Bearbeitung ganzer Texte verwendet man* `JTextArea`*.*

Hinweis

Swing stellt Ihnen als Alternative zu `JTextArea` *noch die Klassen* `JEditPane` *und* `JTextPane` *zur Verfügung.*

Um eine `TextField`- oder `TextArea`-Komponente in einen Container aufzunehmen, schreiben Sie:

SWING:

```
JTextField autor = new JTextField();
add(autor);
JTextArea text = new JTextArea();
add(text);
```

AWT:

```
TextField autor = new TextField();
add(autor);
TextArea text = new TextArea();
add(text);
```

Konstruktoren

Zur Instanzbildung stehen Ihnen folgende Konstruktoren zur Verfügung:

SWING

- `JTextField()` erzeugt ein leeres Eingabefeld.
- `JTextField(String text)` erzeugt ein Eingabefeld, das anfänglich den übergebenen Text enthält.
- `JTextField(int n)` erzeugt ein Eingabefeld mit Platz für `n` Zeichen.
- `JTextField(String text, int n)` erzeugt ein Eingabefeld, das anfänglich den übergebenen Text anzeigt und Platz für `n` Zeichen lässt.

Die Konstruktoren für die `TextArea`-Komponente lauten entsprechend, erwarten aber zwei `int`-Parameter: Der erste gibt die Anzahl der einzurichtenden Zeilen an, der zweite die Anzahl der Spalten.

- `JTextArea()`, `JTextArea(String)`, `JTextArea(int, int)`, `JTextArea(String, int, int)`.
- Zusätzlich kennen `JTextField` und `JTextArea` Konstruktoren, die mit einem `Document`-Objekt arbeiten. `Document`-Objekte stellen Modelle für die Speicherung des Textes dar. Fortgeschrittene Programmierer können eigene `Document`-Objekte einrichten und dadurch das Verhalten ihrer Text-Komponenten anpassen.

AWT:

- Die AWT-Klasse definiert die gleichen Konstruktoren wie die SWING-Klasse (nur dass die Konstruktoren natürlich `TextField` und `TextArea` heißen und keine Bildlaufleisten unterstützen).
- Für `TextArea` gibt es einen Konstruktor, dem man angeben kann, welche Bildlaufleisten die Komponente haben soll: `TextArea(String, int, int, int)`, dem Sie den anfänglichen Text, die Anzahl der einzurichten-

den Zeilen und Spalten und eine Konstante für die gewünschten Bildlaufleisten angeben (SCROLLBARS_BOTH, SCROLLBARS_HORIZONTAL_ONLY, SCROLLBARS_VERTICAL_ONLY, SCROLLBARS_NONE).

Methoden

Zur Laufzeit können Sie unter anderem mit folgenden public-Methoden auf Ihre Textfelder zugreifen:

	Methode	Beschreibung
AWT / SWING		
	getColumns()	Liefert die Breite des Textfelds als Anzahl Zeichen zurück.
	setColumns(int)	Spezifiziert, wie viele Zeichen das Textfeld breit sein soll.
	getRows()	Liefert die Höhe des Textfelds in Zeilen zurück (nur TextArea).
	setRows(int)	Spezifiziert, wie viele Zeilen das Textfeld hoch sein soll (nur TextArea).
	getCaretPosition()	Liefert die aktuelle Position der Einfügemarke zurück.
	setCaretPosition(int)	Setzt die Einfügemarke auf die spezifizierte Position.
	getText()	Liefert den Text im Textfeld zurück.
	setText(String)	Weist dem Textfeld einen neuen Text zu.
	getSelectedText()	Liefert den ausgewählten Text zurück.
	getSelectionEnd()	Liefert das Ende des ausgewählten Textes zurück.
	getSelectionStart()	Liefert den Anfang des ausgewählten Textes zurück.
	setSelectionEnd(int)	Definiert das Ende des ausgewählten Textes.
	setSelectionStart(int)	Definiert den Anfang des ausgewählten Textes.
	select(int, int)	Wählt den Text zwischen den übergebenen Anfangs- und Endpositionen aus.
	selectAll()	Wählt den gesamten Text in dem Textfeld aus.
	append(String)	Hängt den übergebenen String an den aktuellen Text an (nur TextArea).

	Methode	Beschreibung
	insert(String, int)	Fügt einen String an der spezifizierten Position in den aktuellen Text ein (nur TextArea).
	isEditable()	Gibt an, ob der Text in dem Textfeld vom Anwender geändert werden kann oder nicht.
	setEditable(Boolean)	Legt fest, ob der Text in der Komponente editiert oder nur gelesen werden kann.
Nur SWING		
	copy()	Kopiert den ausgewählten Text in die Zwischenablage des Betriebssystems.
	cut()	Löscht den ausgewählten Text und kopiert ihn in die Zwischenablage des Betriebssystems.
	paste()	Fügt den aktuellen Text aus der Zwischenablage des Betriebssystems ein.
	setUI(TextUI)	Ändert das Look&Feel-Objekt der Text-Komponente.

Ereignisbehandlung

Für Text-Komponenten implementiert man vornehmlich die Schnittstellen `ActionListener` und `TextListener`, eventuell auch `KeyListener`, um das Eintippen Zeichen für Zeichen zu überwachen, oder `DocumentListener` für `JTextField` und `JTextArea`.

Die Swing-Komponenten unterstützen zusätzlich zum AWT-Listener-Modell zwei fortgeschrittene Konzepte zur Verarbeitung von Texteingaben: Keymaps (verbinden einzelne Zeicheneingaben mit Befehlen) und Input-Methods (werden beispielsweise zur Unterstützung umfangreicher Zeichensätze, etwa der chinesischen Zeichen, benötigt).

Passwörter

Wenn Sie sensible Daten, wie zum Beispiel Kennwörter, vom Anwender abfragen, sollten Sie darauf achten, dass in den Eingabefeldern auf dem Bildschirm nicht die tatsächlich eingegebenen Zeichen dargestellt werden, sondern irgendwelche nichtssagenden Platzhalter (meist Sternchen *).

Wenn Sie mit AWT-Komponenten arbeiten, verwenden Sie dazu eine `TextField`-Komponente und die Methoden `setEchoChar(char)`, `getEchoChar()` und `echoCharIsSet()`.

Wenn Sie mit Swing-Komponenten arbeiten, verwenden Sie die `JPasswordField`-Komponente.

Verwendung

Siehe *Kapitel 12 und Übungsteil.*

13.6 Optionen (Checkbox, JCheckBox, JRadioButton)

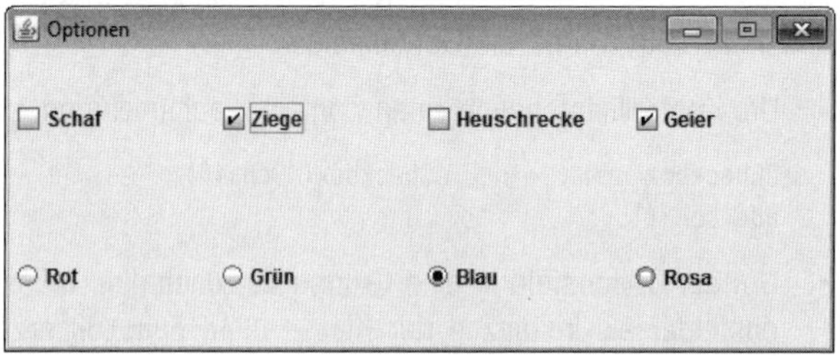

Abbildung 13.5: Optionsfelder

Optionen gibt es in zwei Varianten, die unter Windows als Kontrollkästchen und Optionsfelder (Radiobuttons) bezeichnet werden.

Kontrollkästchen können immer unabhängig von allen anderen Kontrollkästchen (und Optionsfeldern) selektiert oder deselektiert werden. Stellen Sie sich beispielsweise vor, Sie wollen ein Programm schreiben, das die Eigenschaften verschiedener Tiere zu niedlichen, kleinen Monstern kombiniert (Sie sehen, wir sind wieder bei der Genmanipulation – dem einzigen Thema, das derzeit noch heißer ist als Java). In solch einem Fall könnten Sie die einzelnen Spezies, die als Ausgangsbasis für Ihre Experimente dienen, in Form einer Reihe von Kontrollkästchen zur Verfügung stellen. Der Anwender kann dann eine beliebige Kombination auswählen.

Optionsfelder (Radiobuttons) werden dagegen immer in Gruppen zusammengefasst. Innerhalb einer solchen Gruppe kann dann stets nur eine Option ausgewählt werden. Trifft der Anwender also eine Entscheidung, wird die zuletzt gewählte Option automatisch (Ihr Programm braucht sich darum nicht zu kümmern) deselektiert. Wenn Sie dem Anwender also die Gelegenheit geben wollen, eine bestimmte Farbe aus einer vorgegebenen Palette auszuwählen, wäre eine Gruppe von Optionsfeldern gerade richtig.

In der AWT-Bibliothek sind sowohl die Kontrollkästchen als auch die Optionsfelder Instanzen der Klasse `Checkbox`.

AWT:

- Um Kontrollkästchen in einen Container aufzunehmen, schreiben Sie:

```
Checkbox schaf = new Checkbox("Schaf");
add(schaf);
```

- Um ein Optionsfeld in eine Gruppe aufzunehmen, müssen Sie zuerst eine Instanz der Klasse `CheckboxGroup` für die Gruppe definieren und diese dann im Konstruktor des Optionsfelds angeben:

```
CheckboxGroup farbe = new CheckboxGroup();
Checkbox rot = new Checkbox("Rot",farbe,false);
add(rot);
```

SWING:

Die Swing-Bibliothek vertritt die Auffassung, dass nur dort Optionsfelder (englisch: Radiobuttons) drin sind, wo auch Radiobuttons drauf steht, und so gibt es in Swing zwei getrennte Klassen: `JCheckbox` für die Kontrollkästchen und `JRadioButton` für die Optionsfelder.

Hinweis

In der Swing-Klasse sind `JCheckBox` *und* `JRadioButton` *ebenso wie* `JButton` *von der Basisklasse* `AbstractButton` *abgeleitet. Tatsächlich verhalten sich alle drei Komponenten prinzipiell gleich und können daher mit den gleichen Methoden manipuliert werden.*

- Um Kontrollkästchen in einen Container aufzunehmen, schreiben Sie:

```
JCheckbox schaf = new JCheckbox("Schaf");
add(schaf);
```

- Um ein Optionsfeld in eine Gruppe aufzunehmen, müssen Sie die Optionsfelder als Instanzen der Klasse `JRadioButton` erzeugen, eine der Optionen auf `true` setzen und dann die Optionsfelder in ein `ButtonGroup`-Objekt einfügen:

```
JRadioButton b1 = new JRadioButton("Tiger");
JRadioButton b2 = new JRadioButton("Panther");
JRadioButton b3 = new JRadioButton("Leopard");
b3.setSelected(true);

ButtonGroup gruppe = new ButtonGroup();
gruppe.add(b1);
gruppe.add(b2);
gruppe.add(b3);
add(b1);
...
```

Konstruktoren

Zur Instanzbildung stehen Ihnen folgende Konstruktoren zur Verfügung:

SWING:

- `JCheckBox()` erzeugt ein Kontrollkästchen ohne Titel.
- `JCheckBox(Icon)` erzeugt ein Kontrollkästchen mit einem Symbol.
- `JCheckBox(Icon, boolean)` erzeugt ein Kontrollkästchen mit Symbol und selektiert oder deselektiert es.
- `JCheckBox(String)` erzeugt ein Kontrollkästchen mit Titel.

- `JCheckBox(String, Icon)` erzeugt ein Kontrollkästchen mit Titel und Symbol.
- `JCheckBox(String, boolean)` erzeugt ein Kontrollkästchen mit Titel und selektiert oder deselektiert es.
- `JCheckBox(String, Icon, boolean)` erzeugt ein Kontrollkästchen mit Titel und Symbol und selektiert oder deselektiert es.
- Die gleichen Konstruktoren gibt es auch für `JRadioButton`.

AWT:

- `Checkbox()` erzeugt ein Kontrollkästchen ohne Titel.
- `Checkbox(String)` erzeugt ein Kontrollkästchen mit Titel.
- `Checkbox(String, boolean)` erzeugt ein Kontrollkästchen mit Titel und selektiert oder deselektiert es.
- `Checkbox(String, CheckboxGroup, boolean)` erzeugt ein Optionsfeld mit Titel und selektiert oder deselektiert es.

Methoden

Zur Laufzeit können Sie unter anderem mit folgenden `public`-Methoden auf Ihre Checkbox-Instanzen zugreifen:

	Methode	Beschreibung
Checkbox (AWT)		
	getCheckboxGroup()	Liefert die Gruppe des Optionsfelds zurück.
	setCheckboxGroup()	Weist das Optionsfeld einer Gruppe zu.
	getLabel()	Liefert den Titel der Komponente zurück.
	setLabel(String)	Ändert den Titel der Komponente.
	getState()	Gibt an, ob die Komponente ausgewählt ist oder nicht.
	setState(String)	Selektiert oder deselektiert die Komponente.
CheckboxGroup (AWT)		
	getSelectedCheckbox()	Liefert das aktuell ausgewählte Optionsfeld der Gruppe zurück.
	setSelectedCheckbox(Checkbox)	Wählt das spezifizierte Optionsfeld in der Gruppe aus.

	Methode	Beschreibung
JCheckBox und JRadioButton (SWING)		
	getText()	Liefert den Titel der Komponente zurück.
	setText(String)	Ändert den Titel der Komponente.
	isSelected()	Prüft, ob die Komponente selektiert ist.
	setSelected(boolean)	Selektiert oder deselektiert die Komponente.
	setIcon(Icon)	Ändert das Symbol, das in der Komponente angezeigt wird.
	setUI(ButtonUI)	Ändert das Look&Feel-Objekt der Komponente.
ButtonGroup (SWING)		
	add(AbstractButton)	Zum Aufnehmen von Optionsfeldern in die Gruppe.
	getSelection()	Liefert ein ButtonModel-Objekt, über das man das ausgewählte Optionsfeld ermitteln kann.

Ereignisbehandlung

Für Kontrollkästchen und Optionsfelder implementiert man vornehmlich die Schnittstellen `ItemListener` und `ActionListener`.

Verwendung

Siehe *Kapitel 10 und Übungsteil.*

13.7 Listen- und Kombinationsfelder (List und Choice, JList und JComboBox)

Abbildung 13.6: Listen- und Kombinationsfelder

Listen- und Kombinationsfelder dienen dazu, dem Anwender die Auswahl einer oder mehrerer definierter Optionen zu ermöglichen.

- Listenfelder können mehrere Optionen gleichzeitig anzeigen (die restlichen Optionen (Einträge) sind über eine Bildlaufleiste verfügbar). Listenfelder können die gleichzeitige Auswahl mehrerer Optionen gestatten.
- Kombinationsfelder sind eine Kombination aus einem einzeiligen Eingabefeld (in dem die aktuell ausgewählte Option angezeigt wird) und einem aufklappbaren Listenfeld.

Um ein Listen- oder ein Kombinationsfeld einzurichten, erzeugen Sie zuerst das Listen- oder Kombinationsfeld, fügen dann die gewünschten Einträge ein und nehmen die Komponenten schließlich in den Container auf. Die zugehörigen Klassen `JList<T>` für Listenfelder und `JComboBox<T>` für Kombinationsfelder sind seit Java 7 generische Klassen, d.h., wir geben den Typ der Einträge in spitzen Klammern an.

SWING:

```
String[]  list_items = {"Schwanz","Kopf","Fell"};
JList<String> liste = new JList<String>();
liste.setListData(list_items);
add(liste);


JComboBox<String> combo = new JComboBox<String>();
combo.addItem("Tiger");
combo.addItem("Panther");
add(combo);
```

AWT:

```
List tiere = new List(1,true);
tiere.add("Schaf");
add(tiere);


Choice farbe = new Choice();
farbe.add("Rot");
add(farbe);
```

Konstruktoren

Zur Instanzbildung stehen Ihnen folgende Konstruktoren zur Verfügung:

SWING:

`JList<T>` verwaltet den Inhalt des Listenfelds intern in einem `ListModel<T>`-Objekt. Entsprechend erwarten die Konstruktoren Argumente, die in ein `ListModel<T>`-Objekt umgewandelt werden können.

- `JList()` erzeugt ein leeres Listenfeld.

- JList(ListModel<T> daten) erzeugt ein Listenfeld, in dem die Elemente aus dem übergebenen ListModel angezeigt werden.
- JList(T[] daten) erzeugt ein Listenfeld, in dem die Elemente aus dem übergebenen Array angezeigt werden.
- JList(VectorT>[] daten) erzeugt ein Listenfeld, in dem die Elemente aus dem übergebenen Vektor angezeigt werden.
- Die gleichen Konstruktoren gibt es auch für JComboBox (nur dass diese mit einem ComboBoxModel statt einem ListModel arbeiten).

AWT:

- Choice() erzeugt ein Kombinationsfeld.
- List() erzeugt ein Listenfeld.
- List(int n) erzeugt ein Listenfeld, in dem n Einträge angezeigt werden (die restlichen Einträge sind über die Bildlaufleisten erreichbar).
- List(int n, boolean) erzeugt ein Listenfeld, in dem n Einträge angezeigt werden und das die gleichzeitige Auswahl mehrerer Einträge erlaubt oder verweigert.

Methoden

Zur Laufzeit können Sie unter anderem mit folgenden public-Methoden auf Ihre Listen- und Kombinationsfelder zugreifen:

	Methode	**Beschreibung**
List, Choice (AWT)		
	add(String)	Fügt ein Element in die Liste ein.
	add(String, int)	Fügt ein Element an der spezifizierten Position in die Liste ein (nur List).
	delItem(int)	Löscht das Element an der spezifizierten Position (nur List).
	deselect(int)	Deselektiert das Element an der spezifizierten Position (nur List).
	getItem(int)	Liefert das Element an der spezifizierten Position zurück.
	getItemCount(int)	Liefert die Anzahl der Elemente in der Liste zurück.
	getItems()	Liefert die Elemente der Liste zurück (nur List).
	getRows()	Liefert die Anzahl der sichtbaren Zeilen zurück (nur List).

	Methode	Beschreibung
	getSelectedIndex()	Liefert die Position des ausgewählten Elements zurück.
	getSelectedIndexes()	Liefert die Positionen der ausgewählten Elemente zurück (nur List).
	isIndexSelected(int)	Prüft, ob das Element an der spezifizierten Position ausgewählt ist (nur List).
	isMultipleMode()	Prüft, ob die Liste Mehrfachauswahl unterstützt (nur List).
	remove(int)	Entfernt das Element an der spezifizierten Position aus der Liste.
	remove(String)	Entfernt das erste Element mit dem gleichen Titel.
	removeAll()	Leert die Liste.
	select(int)	Markiert das Element an der spezifizierten Position.
	select(String)	Markiert das gleichnamige Element in dem Kombinationsfeld (nur Choice).
	setMultipleMode(boolean)	Bestimmt, ob die Liste Mehrfachauswahl unterstützt oder nicht (nur List).
JList(SWING)		
	addListSelectionListener(ListSelectionListener)	Registriert einen Lauscher.
	clearSelection()	Hebt die Auswahl auf.
	getModel()	Liefert das zugrunde liegende ListModel zurück.
	getMaxSelectionIndex()	Liefert den Index des höchsten ausgewählten Elements.
	getMinSelectionIndex()	Liefert den Index des kleinsten ausgewählten Elements.
	getSelectedIndex()	Liefert den ersten Index einer Auswahl.
	getSelectedIndices()	Liefert ein Array der Indizes der ausgewählten Elemente.
	setListData()	Überladene Methode zum Austauschen der Listenelemente.
	setUI(ListUI)	Ändert das Look&Feel-Objekt der Komponente.

	Methode	Beschreibung
JComboBox (SWING)		
	addItem(Object)	Fügt Element in das Kombinationsfeld ein.
	addItemListener(ItemListener)	Registriert einen Lauscher.
	getItemAt()	Liefert das Element an der spezifizierten Position.
	getModel()	Liefert das zugrunde liegende ListModel zurück.
	getSelectedObjects()	Liefert ein Array der ausgewählten Elemente.
	insertItemAt(Object, int)	Fügt das Element an der spezifizierten Position ein.
	removeItemAt(int)	Löscht das Element an der spezifizierten Position.
	setUI(ComboBoxUI)	Ändert das Look&Feel-Objekt der Komponente.
DefaultListModel (SWING)		
	add(int, Object)	Fügt das Objekt in das Datenmodell einer Liste ein.
	addElement(Object)	Fügt das Objekt in das Datenmodell einer Liste ein.
	clear()	Löscht alle Elemente im Datenmodell der Liste.
	get(int)	Liefert das Element an der spezifizierten Position.
	remove(int)	Löscht das Element an der spezifizierten Position.
	toArray()	Liefert die Elemente im Datenmodell der Liste als Array zurück.

Ereignisbehandlung

Für Kombinationsfelder implementiert man vornehmlich die Schnittstelle `ItemListener`; für Listenfelder `ListSelectionListener` (nur Swing) oder ebenfalls `ItemListener` (AWT).

Verwendung

Siehe *Kapitel 12 und Übungsteil.*

13.8 Bildlaufleisten (Scrollbar, JScrollBar)

Abbildung 13.7: Bildlaufleisten

Viele Komponenten verfügen über automatisch unterstützte Bildlaufleisten zum Scrollen ihres Anzeigebereichs. Wenn Ihnen diese nicht ausreichen, können Sie mithilfe der Klassen `Scrollbar/JScrollbar` Ihre eigenen Bildlaufleisten einrichten. Mit diesen können Sie nicht nur Komponenteninhalte scrollen, Sie können Bildlaufleisten durchaus auch wie Schieberegler zur Einstellung diskreter Werte verwenden (vorzugsweise in Verbindung mit einem Textfeld, das den aktuellen Wert anzeigt).

Um eine Scrollbar-Komponente in einen Container aufzunehmen, schreiben Sie:

SWING:

```
JScrollbar bildlauf = new JScrollbar();
add(bildlauf);
```

Ein anderer, meist einfacherer Weg zu scrollbaren Komponenten besteht darin, die Komponente zum Viewport eines `JScrollPane`-Containers zu machen:

```
String[] daten = {"Blau", "Gelb", "Rot};
JList<String> liste = new JList<String>(daten);
JScrollPane scrollPane = new JScrollPane();
scrollPane.getViewport().setView(liste);
```

AWT:

```
Scrollbar bildlauf = new Scrollbar();
add(bildlauf);
```

Konstruktoren

Zur Instanzbildung stehen Ihnen folgende Konstruktoren zur Verfügung:

SWING:

- `JScrollbar()` erzeugt eine vertikale Bildlaufleiste.
- `JScrollbar(int)` erzeugt eine Bildlaufleiste in der spezifizierten Orientierung (`SwingConstants.HORIZONTAL`, `SwingConstants.VERTICAL`).
- `JScrollbar(int orient, int akt, int width, int min, int max)` erzeugt eine horizontale oder vertikale Bildlaufleiste (Parameter `orient`), deren Schieber anfangs auf der Position `akt` steht und `width` Einheiten breit ist und deren Wertebereich von `min` bis `max` reicht.

AWT:

- Die gleichen Konstruktoren stehen auch für `ScrollBar` zur Verfügung (für die Orientierung werden die Konstanten `Scrollbar.HORIZONTAL` und `Scrollbar.VERTICAL` verwendet).

Methoden

Zur Laufzeit können Sie unter anderem mit folgenden `public`-Methoden auf Ihre Scrollbar-Instanz zugreifen:

	Methode	Beschreibung
AWT / SWING		
	getBlockIncrement()	Liefert die Schrittweite des Schiebefelds zurück.
	getMaximum()	Liefert den größten einstellbaren Wert zurück.
	getMinimum()	Liefert den kleinsten einstellbaren Wert zurück.
	getUnitIncrement()	Liefert die Schrittweite für die Pfeiltasten zurück.
	getValue()	Liefert den aktuell eingestellten Wert zurück.
	setBlockIncrement(int)	Legt die Schrittweite des Schiebefelds fest.
	setMaximum(int)	Legt den größten einstellbaren Wert fest.
	setMinimum(int)	Legt den kleinsten einstellbaren Wert fest.
	setUnitIncrement(int)	Legt die Schrittweite für die Pfeiltasten fest.
	setValue(int)	Setzt den aktuellen Wert.
	setValues(int,int,int,int)	Setzt die gleichen Werte wie der Konstruktor.

Ereignisbehandlung

Für Bildlaufleisten implementiert man vornehmlich die Schnittstelle `AdjustmentListener`.

Verwendung

Siehe *Kapitel 12 und Übungsteil* zu `JScrollPane`.

13.9 Menüleisten (Menubar)

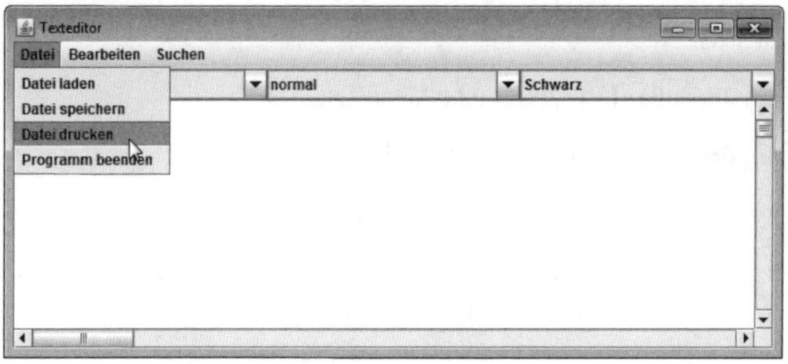

Abbildung 13.8: Menüleisten

Menüleisten gehören heute zur Standardausrüstung fast aller größeren Anwendungen. Sie sind zusammengesetzt aus einer Reihe von Popup-Menüs, die wiederum jedes eine Reihe von Menübefehlen (und eventuell Untermenüs) enthalten. Entsprechend gestaltet sich der Aufbau eigener Menüleisten.

Um eine Menüleiste einzurichten, erzeugen Sie zuerst eine Instanz der Klasse `JMenuBar`, die die Menüleiste repräsentiert. Dann legen Sie die einzelnen Menüs (Instanzen der Klasse `JMenu`) an, wozu Sie Instanzen der Klassen `JMenuItem` bilden (dies sind die einzelnen Menübefehle) und in die `JMenu`-Instanzen aufnehmen. Die fertigen Menüs werden dann in die Menüleiste integriert und diese wird mit einer besonderen Methode (`setJMenuBar()`) der Klasse `JFrame` in den Rahmen des Fensters eingefügt.

SWING:

```
// Menüleiste anlegen
JMenuBar menueleiste = new JMenuBar();

// Menüs anlegen
JMenu menu1 = new JMenu("Datei");
JMenuItem item1  = new JMenuItem("Neu");
menu1.add(item1);
...

// Menüs in Menüleiste aufnehmen
menueleiste.add(menu1);

// Menüleiste in Fenster aufnehmen
setJMenuBar(menueleiste);
```

AWT

Statt `JMenuBar` verwenden Sie `MenuBar`, statt `JMenu` `Menu`, statt `JMenuItem` `MenuItem` und statt `setJMenuBar()` `setMenuBar()`. Das war´s.

Hinweis

Ach ja! Neben `JMenuItem` gibt es außerdem noch `JCheckBoxMenuItem` und `JRadioButtonMenuItem`, die wohl selbsterklärend sind. Und es wird Sie wohl auch nicht weiter überraschen, dass jedem `JMenuItem` auch noch ein Symbol zugeordnet werden kann. Zum Unterteilen von Menüeinträgen dient eine Instanz der Klasse `JSeparator`, die einfach einen Strich als Menüelement erzeugt.

Konstruktoren

Zur Instanzbildung stehen Ihnen folgende Konstruktoren zur Verfügung:

SWING:

- `JMenuBar()` erzeugt eine Menüleiste.
- `JMenu()` erzeugt ein Popup-Menü ohne Titel.
- `JMenu(String)` erzeugt ein Popup-Menü mit Titel.
- `JMenu(String, boolean)` erzeugt ein Popup-Menü mit Titel, das prinzipiell verschiebbar ist (plattformabhängig).
- `JMenuItem()` erzeugt einen neuen Menübefehl ohne Titel.
- `JMenuItem(String)` erzeugt einen neuen Menübefehl mit Titel.
- `JMenuItem(Icon)` erzeugt einen neuen Menübefehl mit einem Symbol.
- `JMenuItem(String, Icon)` erzeugt einen neuen Menübefehl mit Titel und Symbol.
- `JMenuItem(String, int)` erzeugt einen neuen Menübefehl mit Titel und Tastaturkürzel.

AWT:

- Für die AWT-Klassen sind im Wesentlichen die gleichen Konstruktoren definiert, allerdings ohne Unterstützung für Symbole (Icons) in Menübefehlen.

Methoden

Zur Laufzeit können Sie unter anderem mit folgenden `public`-Methoden auf Ihre `MenuBar`-Instanz zugreifen:

	Methode	Beschreibung
MenuBar (AWT)		
	add(Menu)	Nimmt ein Popup-Menü in die Menüleiste auf.
	remove(int n)	Entfernt das n-te Popup-Menü aus der Menüleiste.
	remove(MenuComponent)	Entfernt das spezifizierte Menüelement aus der Menüleiste.
JMenuBar (SWING)		
	add(JMenu)	Nimmt ein Popup-Menü in die Menüleiste auf.

Zur Bearbeitung der Menüs stehen folgende Methoden zur Verfügung:

	Methode	Beschreibung
JMenu / Menu		
	add(JMenuItem) / **add**(MenuItem)	Nimmt das übergebene Menüelement in das Menü auf.
	add(String)	Nimmt einen Menübefehl in das Menü auf.
	addSeparator()	Fügt eine Trennlinie in das Menü ein.
	insert(JMenuItem, int) / **insert**(MenuItem, int)	Fügt das übergebene Menüelement an der spezifizierten Position in das Menü ein.
	insert(String, int)	Fügt ein Menüelement an der spezifizierten Position in das Menü ein.
	insertSeparator(int)	Fügt eine Trennlinie an der spezifizierten Position in das Menü ein.
	remove(int n)	Entfernt das n-te Element aus dem Menü.
	remove(JMenuItem) / **remove**(MenuComponent)	Entfernt das spezifizierte Menüelement aus dem Menü.

Zur Bearbeitung der Menübefehle stehen folgende Methoden zur Verfügung:

	Methode	Beschreibung
MenuItem (AWT)		
	getActionCommand()	Liefert den Befehlsnamen des vom Menübefehl ausgelösten Action-Ereignisses (kann in ActionListener zur Unterscheidung der Komponenten verwendet werden, siehe unten).
	setActionCommand(String)	Ändert den Befehlsnamen des vom Menübefehl ausgelösten Action-Ereignisses.
	getLabel()	Liefert den Titel des Menübefehls zurück.
	setLabel(String)	Setzt den Titel des Menübefehls.
	getShortcut()	Liefert das Tastaturkürzel des Menübefehls zurück.

	Methode	Beschreibung
	setShortcut(MenuShortcut)	Richtet ein Tastaturkürzel für den Menübefehl ein.
	isEnabled()	Prüft, ob der Menübefehl aktiviert ist.
	setEnabled(boolean)	Aktiviert oder deaktiviert den Menübefehl.
JMenuItem (SWING)		
	getActionCommand()	Liefert den Befehlsnamen des vom Menübefehl ausgelösten Action-Ereignisses (kann in ActionListener zur Unterscheidung der Komponenten verwendet werden).
	setActionCommand(String)	Ändert den Befehlsnamen des vom Menübefehl ausgelösten Action-Ereignisses.
	getText()	Liefert den Titel des Menübefehls zurück.
	setText(String)	Setzt den Titel des Menübefehls.
	getAccelerator()	Liefert das Tastaturkürzel des Menübefehls zurück.
	setAccelerator(KeyStroke)	Richtet ein Tastaturkürzel für den Menübefehl ein.
	isEnabled()	Prüft, ob der Menübefehl aktiviert ist.
	setEnabled(boolean)	Aktiviert oder deaktiviert den Menübefehl.

Ereignisbehandlung

Für Menüelemente implementiert man vornehmlich die Schnittstelle `ActionListener`.

Verwendung

Siehe *Kapitel 9, 11 und 12.*

13.10 Zusammenfassung

Hier noch einmal eine Übersicht über die besprochenen Steuerelemente:

Tabelle 13.2: Die grundlegenden Steuerelemente

Steuerelement	Beschreibung
Statische Textfelder (`Label`, `JLabel`)	Komponenten, die zum Anzeigen von Texten (beispielsweise Beschriftungen zu anderen Oberflächenelementen) dienen. Der Text eines statischen Textfelds kann vom Programm, nicht aber vom Anwender des Programms verändert werden.
Schaltflächen (`Button`, `JButton`)	Komponenten, die üblicherweise mit dem Start einer bestimmten Aktion verbunden sind.
Eingabefelder (`TextField`, `JTextField`)	Komponenten, in die der Anwender einen einzeiligen Text eingeben kann. Eingabefelder erlauben auch die verschlüsselte Eingabe geheimer Daten.
Textfelder (`TextArea`, `JTextArea`, `JTextPane`)	Komponenten, die zum Anzeigen und Bearbeiten mehrzeiliger Texte (beispielsweise auch zum Bearbeiten von Dateien) dienen.
Optionsfelder (`Checkbox`, `JCheckbox`, `JRadioButton`)	Komponenten, die der Anwender nach Belieben an- und ausschalten kann. Optionsfelder können voneinander unabhängig oder gruppiert angelegt werden.
Listenfelder (`List`, `JList`)	Komponenten, die dem Anwender einen Satz von Elementen präsentieren, aus denen er eines oder mehrere auswählen kann.
Kombinationsfelder (`Choice`, `JComboBox`)	Komponenten, die ebenfalls eine Liste von Elementen beherbergen, die allerdings erst auf Veranlassung des Anwenders angezeigt werden und von denen der Anwender nur eines auswählen kann.
Bildlaufleisten (`Scrollbar`, `JScrollbar`)	Komponenten, die für die wichtigsten Komponenten mit scrollfähigem Inhalt automatisch bereitgestellt werden. Mit ihrer Hilfe lassen sich aber auch Schieberegler zur Einstellung diskreter Werte implementieren.
Menüleisten (`MenuBar`, `JMenuBar`)	Komponenten, die der Verwaltung meist größerer Sammlungen von Befehlen dienen. Die einzelnen Menübefehle werden thematisch geordnet und auf einzelne Menüs verteilt, die selbst von der Menüleiste verwaltet werden.

13.11 Fragen und Antworten

1. Gibt es in den Tiefen der Java-Bibliothek noch weitere Klassen für Steuerelemente?

   Ja, sogar etliche weitere Steuerelemente. Nur fehlt uns hier der Platz auf alle diese Steuerelemente einzugehen (selbst im Kompendium, das beispielsweise auch `JTable`, `JTree`, `JProgressBar` oder `JSplitPane` vorstellt, mussten wir eine Auswahl treffen).

13.12 Übungen

Die Aufgaben zu diesem Kapitel liegen auf der Hand. Versuchen Sie einfach, für jedes Oberflächenelement ein eigenes kleines Programm zu schreiben, indem Sie jeweils eines dieser Oberflächenelemente benutzen. Wenn Sie Anregungen brauchen, versuchen Sie doch einfach, die Fenster aus den Abbildungen dieses Kapitels nachzuprogrammieren. Tipps und kleine Hilfestellungen dazu finden Sie in den folgenden Aufgabenstellungen.

1. Nachstellung des Hauptfensters aus *Abbildung 13.2*. Überlegen Sie sich, welchen einfachen Layout-Manager es gibt, mit dem man drei Komponenten untereinander platzieren kann. Außerdem werden in diesem Beispiel unterschiedliche Schriftarten (Fonts) verwendet. Wo sind die Methoden definiert, mit denen Sie die zu verwendende Schrift auswählen können?
2. Nachstellung des Hauptfensters aus *Abbildung 13.3*. Hier füllt eine Schalter-Komponente den gesamten Container aus. Mit welchem Layout-Manager könnte dies realisierbar sein?

`JLabel` und `JButton` verfügen über eine nette Möglichkeit, die `Label` bzw. `Button` vor Neid erblassen lässt: integrierte Symbole!

Ein Symbol ist ein kleines Bild fester Größe. Zur Handhabung in einem Swing-Programm benötigt man die `ImageIcon`-Klasse, deren Konstruktor einen Dateinamen/URL erwartet. Hat man dadurch die Kontrolle über das Symbol errungen, braucht man es nur noch dem `JButton`- oder `JLabel`-Konstruktor zu überreichen und man hat sein Programm gleich eindrucksvoll aufgepeppt.

3. Versuchen Sie, die Schaltfläche aus Übung 2 mit einem Symbol aufzupeppen.

Abbildung 13.9: Schaltfläche mit Symbol

4. Nachstellung des Hauptfensters aus *Abbildung 13.4*. Der Text in den Label-Komponenten soll rechts ausgerichtet werden, damit die Beziehung zum nebenstehenden Eingabefeld deutlich wird. Schauen Sie noch einmal in *Abschnitt 13.3* nach, wie man die Textausrichtung für Labels bestimmt. Das zweite Eingabefeld dient zur Aufnahme eines Passworts. Dabei soll natürlich niemand sehen, was eingegeben wird. Wie verschlüsselt man also die Eingabe? Schließlich soll in die TextArea-Komponente ein mehrzeiliger Text eingegeben werden. Wie setzt man einen mehrzeiligen Text im Programmcode auf? Sorgen Sie auch dafür, dass der Anwender den Text in der TextArea-Komponente nicht editieren kann. Beachten Sie bei der Ausrichtung der Komponenten auch, dass es Methoden gibt, um die Fenstergröße vorzugeben und Veränderungen der Fenstergröße zu verhindern.

5. Nachstellung des Hauptfensters aus *Abbildung 13.5*. Schwierigkeiten dürften hier höchstens die Auswahl des Layout-Managers und die Ereignisbehandlung machen.

6. Nachstellung des Hauptfensters aus *Abbildung 13.6*. Verwenden Sie eine `JScrollPane`-Instanz, um die Liste scrollbar zu machen. Fangen Sie passende Ereignisse ab, wenn der Anwender in der Liste oder im Kombinationsfeld ein Element auswählt.

7. Nachstellung des Hauptfensters aus *Abbildung 13.7*. Für dieses Layout benötigen wir den `GridBagLayout`-Manager (es sei denn, Sie versuchen, mit leeren Labels und Panels rumzutricksen). Wie schon gesagt, ist die Programmierung mit dem `GridBagLayout`-Manager zu kompliziert, um sie hier detailliert zu behandeln. Seine Programmierung ist auch recht lästig, sodass man dies besser leistungsfähigen Entwicklungsumgebungen wie dem JBuilder überlässt, die selbstdefinierte Layout-Manager verwenden, um beispielsweise pixelweise Positionierungen von Komponenten mit der Maus zu erlauben.

   Da er aber *das* Instrumentarium zur freien Layout-Gestaltung darstellt, wollen wir uns doch ein einfaches Beispiel vornehmen.

   Der `GridBagLayout`-Manager verwaltet ein Gitter von Zellen. Im Gegensatz zum `GridLayout`-Manager können Sie die Abmaße dieser Zellen vollkommen frei gestalten. Dazu legen Sie ein `GridBagConstraints`-Objekt an, das Sie für jede einzelne Zelle konfigurieren und mithilfe der `GridBagLayout`-Methode `setConstraints()` mit der Komponente dieser Zelle verbinden.

   In unserer Abbildung nutzen wir den `GridBagLayout`-Manager vor allem, um einen Abstand zwischen den Komponenten und dem Fensterrahmen zu lassen und die Komponenten zu zentrieren.

   Welche Möglichkeiten Ihnen der `GridBagLayout`-Manager sonst noch bietet, entnehmen Sie bitte der API-Dokumentation.

8. Die Nachstellung des Menüs aus *Abbildung 13.8* schenken wir uns. Mit Menüs haben wir schon genug in den vorangegangenen Kapiteln zu tun gehabt.

   Dafür möchten wir noch anregen, dass Sie Ihre Steuerelemente mit Kurzinfos ausstatten. Kurzinfos sind kleine Hilfetexte, die angezeigt werden, wenn der Anwender die Maus für eine kleine Weile über einem Oberflächenelement mit Kurzinfo stehen lässt.

   Alles, was Sie zur Einrichtung eines Kurzinfos benötigen, ist ein Oberflächenelement (beispielsweise `JButton`) und die Methode `setToolTipText()`.

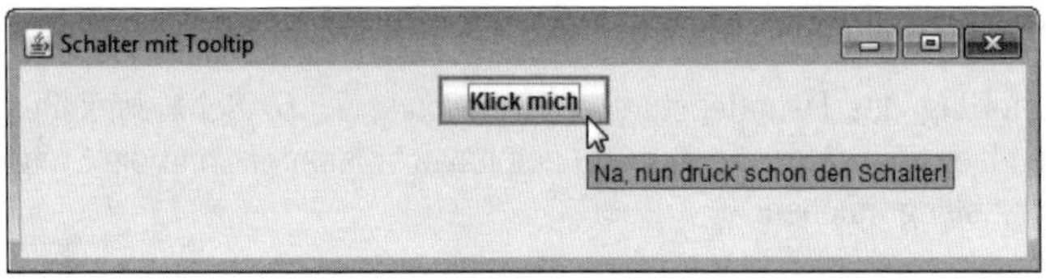

Abbildung 13.10: Schaltfläche mit Kurzinfo

14 Applets und das World Wide Web (WWW)

Sie lernen in diesem Kapitel,
- *wie Sie Applets programmieren und in Webseiten einbetten,*
- *welche Besonderheiten es bei der Applet-Programmierung zu beachten gibt,*
- *wie man Parameter an Applets weitergibt,*
- *wie man Java-Programme schreibt, die sowohl als Anwendungen wie auch als Applets ausgeführt werden können,*
- *warum Applets keine Bedrohung für den Client-Rechner darstellen.*

Applets sind Java-Programme, die in Webseiten (HTML-Dokumente) eingebettet werden können. Steuert ein Websurfer eine Webseite mit einem eingebetteten Applet an, wird das Applet-Programm zusammen mit dem HTML-Code der Webseite zum Rechner des Websurfers geschickt und dort vom Browser ausgeführt (vorausgesetzt, dieser hat das Java-Plug-In installiert).

Wenn Sie eine Webseite um ein Java-Applet bereichern wollen, programmieren Sie das Applet, nehmen in den HTML-Code der Webseite einen Verweis auf das Applet auf und speichern HTML-Dokument und Applet zusammen auf Ihrem Server.

Applets zu programmieren, ist für Java-Programmierer, die bereits erste Erfahrungen in der Entwicklung von GUI-Anwendungen gesammelt haben, allgemein keine Schwierigkeit. Es gibt jedoch einige Besonderheiten, die zu beachten sind und die in diesem Kapitel eingehender erörtert werden.

14.1 Ein erstes Applet

Unser erstes Applet soll nichts weiter tun, als die Grußformel »Hallo World Wide Web!« auszugeben

Listing 14.1: HalloWWW.java

```
// Dies ist das erste Applet

public class HalloWWW extends java.applet.Applet  {
  public void paint(java.awt.Graphics gc)  {
    gc.drawString("Hallo World Wide Web!",100,100);
  }
}
```

Wie Sie sehen, ist das Applet-Grundgerüst etwas anders aufgebaut als das Grundgerüst für Java-Anwendungen. Auffällig sind vor allem die Basisklasse `java.applet.Applet`, von der wir unsere Applet-Klasse ableiten, und der Umstand, dass es keine `main()`-Methode gibt.

Die Hauptklasse des Applets

```
public class HalloWWW extends java.applet.Applet {

}
```

Ein Applet muss eine Hauptklasse besitzen, die von `java.applet.Applet` abgeleitet ist. Die Basisklasse `Applet` vererbt Ihrer Klasse eine Reihe von

Standardmethoden, die jedes Applet besitzen muss und die von der Virtual Machine des Browser-Plug-Ins aufgerufen werden.

Statt Ihre Applets direkt von `java.applet.Applet` abzuleiten, können Sie als direkte Basisklasse aber auch `javax.swing.JApplet` verwenden. `JApplet` ist von `Applet` abgeleitet und hat den Vorteil, dass sie als Container für Swing-Elemente dienen kann. Außerdem können `JApplet`-Applets mit Menüs ausgestattet werden.

Die paint()-Methode

In unserer Applet-Klasse gibt es keine `main()`-Methode – was daran liegt, dass das Java-Plug-In, welches später unser Applet ausführen wird, sich für diese Methode nicht interessiert. Stattdessen sucht es nach anderen Methoden, die es dann zu bestimmten Zeiten im Lebenszyklus der App aufruft (siehe auch den *Abschnitt »Applet-Besonderheiten«*). Eine dieser Methoden ist `paint()`, die automatisch jedes Mal aufgerufen wird, wenn die Oberfläche des Applets gezeichnet werden soll. Wir nutzen diesen Umstand, um den anzuzeigenden Text in das Applet zu schreiben:

```
public void paint(java.awt.Graphics gc) {
  gc.drawString("Hallo World Wide Web!",100,100);
}
```

Merke

Das Grundgerüst eines Java-Applets besteht aus einer Hauptklasse, die von der vordefinierten Klasse `java.applet.Applet` *abgeleitet (*`javax.swing.JApplet` *für Applets mit Swing-Elementen) und als* `public` *deklariert wird. Statt der Eintrittsfunktion* `main()` *definieren Sie in einem Applet eine oder mehrere der folgenden Methoden, die automatisch aufgerufen werden:* `init()`, `start()`, `paint()`, `stop()` *und* `destroy()`.

Applets erstellen und ausführen

Um das obige – und jedes andere – Applet auf Ihrem Computer zu erstellen und auszuführen, gehen Sie anfangs genauso wie bei der Erstellung einer Anwendung vor:

1. Legen Sie in Ihrem Texteditor ein neues Dokument an, tippen Sie den Quelltext ein und speichern Sie die Datei unter dem Namen der Applet-Klasse, hier *HalloWWW.java*.

2. Kompilieren Sie die Quelldatei des Applets.

   Prompt:> *javac HalloWWW.java*

   Der Compiler erzeugt die zugehörige *.class*-Datei (für *HalloWWW.java* also *HalloWWW.class*).

Bevor Sie das Applet dann aber ausführen und austesten können, müssen Sie noch eine zugehörige HTML-Seite aufsetzen, die das Applet aufruft.

14.2 Eine einfache Webseite erstellen

Da Applets nur in der Umgebung eines Browsers »leben« können, müssen wir noch eine einfache Webseite erzeugen, mit dem unser erstes Applet geladen werden kann:

Listing 14.2: AppletRufen.html

```
<html>
<head>
  <title> Hallo Applet </title>
</head>

<body>
<p>HTML ruft Applet. Bitte antworten.</p>

<applet code = "HalloWWW.class"
        width  = "350"
        height = "200" >
</applet>

</body>
</html>
```

14.2.1 Testen im AppletViewer

Um diese Webseite aufzusetzen und zusammen mit Ihrem Applet auszuprobieren, gehen Sie wie folgt vor:

1. Legen Sie mit Ihrem Editor eine neue Textdatei an und tippen Sie den obigen HTML-Code ein.
2. Speichern Sie die Datei unter einem beliebigen Namen aber mit der Dateiendung *.html* (z.B. *AppletRufen.html*) in demselben Verzeichnis wie das Java-Applet.
3. Laden Sie die HTML-Datei in den AppletViewer:

   Prompt:> *appletviewer AppletRufen.html*

Hinweis

Sie haben noch nie mit HTML zu tun gehabt? Kein Problem. Weiter unten im Abschnitt »Der HTML-Quelltext« werden wir Ihnen den HTML-Code etwas näher bringen. Im Moment aber tippen Sie ihn einfach ab, um schnell Ihr Applet zum Laufen zu bringen.

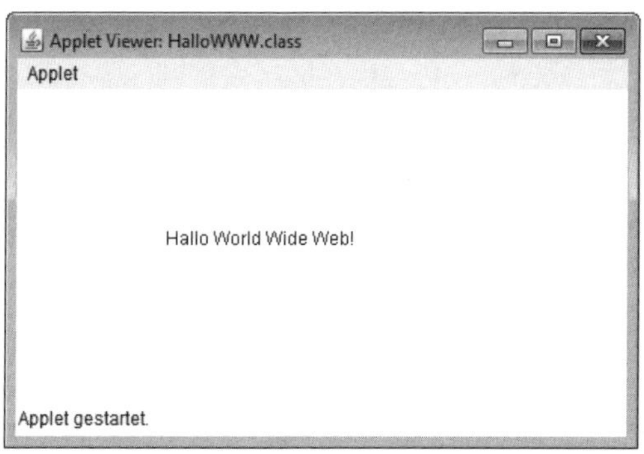

Abbildung 14.1: Das Applet im AppletViewer

> **!** Damit das Applet aus dem obigen Beispiel korrekt innerhalb des HTML-Dokuments ausgeführt werden kann, muss die .class-Datei des Applets genauso heißen wie im `applet`-Tag angegeben und sie muss im selben Verzeichnis stehen wie das HTML-Dokument (.html). Ansonsten bedarf es eines speziellen Parameters zum `applet`-Tag, der den Pfad zum Applet angibt:
>
> ```
> <applet code="HalloWWW.class"
>         codebase="c:/java/kap02"
>         width="350" height="200">
>         </applet>
> ```

14.2.2 Testen im Browser

Sie können die Webseite *AppletRufen.html* mit dem Applet auch in Ihren Browser laden. Voraussetzung ist allerdings, dass der Browser so konfiguriert ist, dass er Java unterstützt. Früher verwendeten die Browser zur Ausführung von Applets eine integrierte Virtual Machine, heute benutzen sie das Java-Plug-In.

Wenn Sie mit dem Microsoft Internet Explorer oder einem Browser der Mozilla-Familie arbeiten (Firefox, Namoroka etc.), müssen Sie nichts weiter tun, als auf Ihrem Rechner die aktuelle JRE zu installieren. Vielleicht haben Sie dies ja sogar schon getan – beispielsweise indem Sie bei der Installation des JDK die Option Public JRE ausgewählt gelassen haben (*siehe Anhang*).

Falls nicht, laden Sie einfach die Setupdatei für die JRE von der Website *http://www.oracle.com/technetwork/java/javase/downloads/index.html* herunter und führen Sie sie aus.

Wenn Sie statt des Applets mit der Grußformel nur einen Platzhalter, eventuell auch eine Fehlermeldung sehen, prüfen Sie, ob das richtige Plug-In auf Ihrem Rechner installiert ist. Wichtig ist, dass das Plug-In zum Browser passt (also 32-Bit-JRE für 32-Bit-Browser, 64-Bit-JRE für 64-Bit-Browser) und das Plug-In nicht älter ist als die JDK-Version, mit der das Applet erstellt wurde (dazu mehr im *Abschnitt 14.3*).

> **!** Ob Sie die 32- oder die 64-Bit-Version der JRE herunterladen und installieren müssen, hängt von der Version Ihres Browser ab. Wenn Sie mit einem 32-Bit-Rechner arbeiten, ist Ihr Browser ebenfalls ein 32-Bit-Programm und Sie benötigen die 32-Bit-Version der JRE. Wenn Sie dagegen mit einem 64-Bit-Rechner arbeiten, kann es durchaus sein, dass Ihr Browser kein 64-Bit-, sondern noch ein 32-Bit-Programm ist. Sie benötigen dann die 32-Bit-Version der JRE. Vielleicht arbeiten Sie mit mehreren Browsern, manche noch 32-Bit- andere schon 64-Bit-Programme. Dann laden Sie doch einfach beide JRE-Versionen herunter.

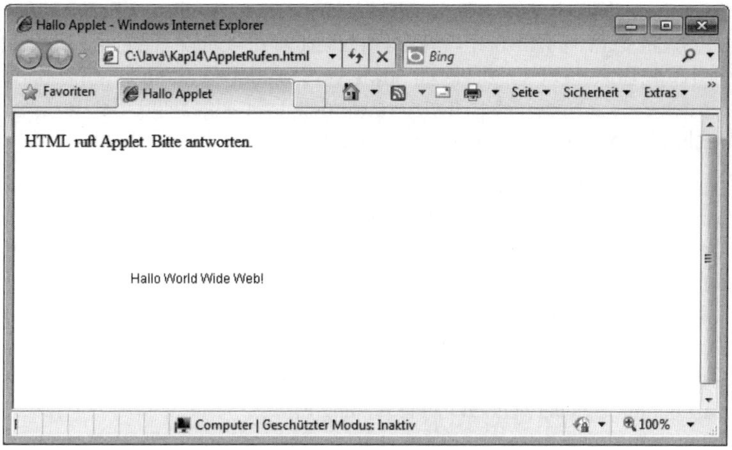

Abbildung 14.2:
Das HTML-Dokument mit Applet

Testen Sie das Applet auch gegebenenfalls noch einmal im AppletViewer. Wenn es dort ebenfalls nicht angezeigt wird, heißt dies vermutlich, dass die *.class*-Datei des Applets nicht zu finden ist. (Vielleicht haben Sie sie nicht erstellt, sie steht in einem anderen Verzeichnis oder Sie haben den Namen im `applet`-Tag falsch geschrieben.)

14.2.3 Der HTML-Quelltext

Für alle diejenigen Leser, die noch nie mit HTML zu tun hatten, hier eine kleine Einführung.

HTML-Code ist im Vergleich zu Java die Einfachheit selbst. Der Quelltext eines HTML-Dokuments besteht hauptsächlich aus dem anzuzeigenden Text, plus einer Reihe von HTML-Befehlen, die beschreiben, wie der Text in Bereiche aufzuteilen ist, wie der Browser die einzelnen Bereiche formatieren und anzeigen soll und welche weiteren Elemente (beispielsweise Grafiken und Applets) geladen werden sollen.

Eine Übersicht der wichtigsten HTML-Befehle finden Sie in Anhang E.

HTML-Tags und Bereiche

Diese HTML-Befehle, die als Tags bezeichnet werden, treten üblicherweise paarweise auf. Der erste Befehl kennzeichnet den Anfang des Bereichs, auf den der HTML-Befehl anzuwenden ist (beispielsweise `<title>`). Der zweite Befehl des Paares wird durch einen Schrägstrich gekennzeichnet und definiert das Ende des Bereichs, auf den der HTML-Befehl anzuwenden ist (beispielsweise `</title>`).

Das Grundgerüst eines HTML-Dokuments

Das erste Tag im Quelltext sollte stets `<html>` lauten, um dem Browser mitzuteilen, dass nun HTML-Code folgt (das Ende des Dokuments wird durch `</html>` angezeigt).

Hinweis

Die meisten Browser sind in Bezug auf die Verwendung der Tags <html>, </head> *und* <body> *recht großzügig. Wundern Sie sich also nicht, wenn Sie auf HTML-Dokumente treffen, in denen Sie diese strenge Dreigliederung nicht wiederfinden können oder in denen die zugehörigen abschließenden Tags fehlen.*

Danach beginnt die Kopfzeile, auch Header genannt. In diesem Bereich, der durch die Tags <head> und </head> definiert wird, können Sie einen Titel für Ihr HTML-Dokument spezifizieren sowie verschiedene interne Informationen für den Browser übergeben (Letztere werden nicht angezeigt). Der Text des Titels wird von dem Tag-Paar <title> und </title> umschlossen.

Unter dem Header folgt das eigentliche Dokument, der Körper (<body> und </body>). In unserem Beispiel beschränken wir uns darauf, einen einfachen Text auszugeben (»HTML ruft Applet. Bitte antworten.«) und unser Applet aufzurufen. Einfachen Text können Sie prinzipiell überall innerhalb der Tags <body> und </body> eintippen. Besser ist es allerdings, die einzelnen Textabsätze in die Absatzmarken-Tags <p> und </p> einzufassen. Für spezielle Elemente wie Menüs, Tabellen oder auch Applets müssen Sie immer die passenden Tags verwenden (siehe Anhang E).

Applets aufrufen

```
<applet code = "HalloWWW.class"
        width  = "350"
        height = "200" >
</applet>
```

Die Tags <applet> und </applet> bezeichnen den Anfang und das Ende des Applet-Aufrufs. Neu für uns ist die Möglichkeit, einem HTML-Tag ein Argument zu übergeben. Im Falle des <applet>-Tags sind es gleich drei Argumente:

Tabelle 14.1: Argumente des <applet>-Tags

Argument	Beschreibung
`code`	Dem Parameter `code` wird der Name des kompilierten Java-Applets übergeben.
`width`	Der Wert für `width` gibt an, wie viele Pixel die Ausgabe des Applets im HTML-Dokument in der Breite einnehmen soll.
`height`	Der Wert für `height` gibt an, wie viele Pixel die Ausgabe des Applets im HTML-Dokument in der Höhe einnehmen soll.

14.3 Webseiten mit Applets anbieten

Es könnte alles so einfach sein: Sie betten Ihr Applet mit dem <applet>-Tag in eine HTML-Seite ein, die Besucher laden die HTML-Seite mit dem Applet herunter und das Applet wird auf dem Client-Rechner in der Umgebung der Webseite ausgeführt. Nur leider sieht die Praxis oft anders aus.

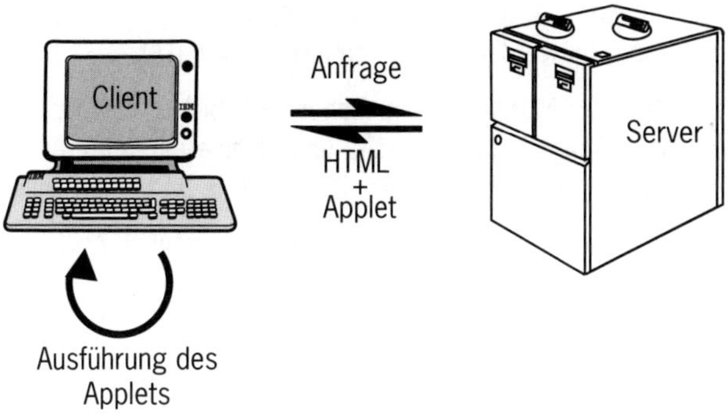

***Abbildung 14.3:* Kommunikation zwischen Server und Client für Webseiten mit Applets**

14.3.1 <applet>, <object> oder doch <embed>?

Wappnen Sie sich für einen Schock. Das `<applet>`-Tag, das wir zur Einbettung von Applets nutzen, soll auf Empfehlung der HTML-Spezifikation schon seit mehreren Jahren nicht mehr verwendet werden. In HTML 5 ist es gar komplett aus dem Standard gestrichen worden. Laut HTML-Spezifikation soll stattdessen das `<object>`-Tag verwendet werden.

Fakt ist aber auf der anderen Seite, dass fast alle Browser das `<applet>`-Tag unterstützen, während das `<object>`-Tag nur schleppend angenommen wurde. Mit HTML 5 wird sich die Unterstützung für das `<object>`-Tag vermutlich verbessern, das gute alte `<applet>`-Tag wird deswegen aber sicherlich trotzdem noch längere Zeit weiter (und besser?) unterstützt. Oracle empfiehlt deshalb derzeit immer noch, für die Einbettung von Applets in Webseiten, die frei über das Internet zur Verfügung gestellt werden, das `<applet>`-Tag zu verwenden.

Wir halten uns hier an die Oracle-Empfehlung, möchten Ihnen aber trotzdem auch zeigen, wie Sie Applets mit dem `<object>`-Tag einbinden:

```
<object classid="clsid:8AD9C840-044E-11D1-B3E9-00805F499D93"
        width="350" height="200">
  <PARAM name="code" value="HalloWWW.class">
  Sorry, Ihr Browser unterstützt keine Java-Applets.
</object>
```

Hier wird über das Attribut `classid` eine Codenummer angegeben, die automatisch das neueste Plug-In auswählt, das auf dem Rechner installiert ist.

Wenn Sie die zu verwendende Plug-In-Version lieber vorgeben möchten, wählen Sie folgende Syntax:

```
<object classid="clsid:CAFEEFAC-0016-0000-0000-ABCDEFFEDCBA"
        width="350" height="200">
  <PARAM name="code" value="HalloWWW.class">
  Sorry, Ihr Browser hat kein passendes Plug-In.
</object>
```

Die Angabe 0016 steht hier für die JDK/Plug-In-Version 1.6 und kann beliebig ausgetauscht werden (z.B. durch 0017 oder 0015).

Die Netscape-Mozilla-Browser haben sich bisher standhaft geweigert, das <object>-Tag zu unterstützen, und definierten stattdessen ihr eigenes <embed>-Tag. Dieses wurde nun in den HTML 5-Standard aufgenommen.

```
<embed type="application/x-java-applet;version=1.7"
      width="350" height="200"
      code="HalloWWW.class">
   <noembed>
      Sorry, Applet kann nicht angezeigt werden
   </noembed>
</embed>
```

> ! Zum Zeitpunkt der Drucklegung wurde das <object>-Tag nicht von den Mozilla-Browsern und das <embed>-Tag nicht vom Internet Explorer unterstützt. Um beide Browser-Typen zu unterstützen, müssen Sie entweder das <applet>-Tag verwenden oder eine Browserweiche schreiben.

14.3.2 Plug-In veraltet oder nicht vorhanden?

Schwierigkeiten gibt es auch, wenn das Plug-In fehlt oder älter ist als die JDK-Version, mit der das Applet erstellt wurde.

Browser, Plug-Ins und das Klassenformat

Wie Sie wissen, übersetzt der Java-Compiler Ihre Klassendefinitionen in Bytecode, den er in *.class*-Dateien speichert. Dabei benutzt er ein spezielles Klassenformat. Die Versionsnummer dieses Formats hinterlegt er mit den Klassen in den *.class*-Dateien. Die Virtual Machine, die die *.class*-Dateien lädt und ausführt, prüft zuerst, ob sie das vorliegende Klassenformat kennt. Wenn ja, lädt sie die Klassen und führt sie aus. Ist ihr das Klassenformat unbekannt, erzeugt sie einen Fehler der Art *»java.lang.ClassFormatError; Bad major version number«*.

Wenn Sie Ihre Applets mit dem neuesten Java-SDK erstellen, wird es natürlich immer Websurfer geben, in deren Browser ältere Plug-Ins integriert sind, die das von Ihrem Java-Compiler erzeugte Klassenformat nicht verarbeiten können.

Was Sie tun können

1. Möglichkeit: Sie scheren sich nicht um Fragen der Abwärtskompatibilität.

   Schreiben Sie einfach Ihre Applets, und überlassen Sie es den Webbesuchern, sich aktuelle Browser/Java-Plug-Ins zu besorgen, damit sie in den Genuss Ihrer Applets kommen.

   Vielleicht schreiben Sie die Applets ja auch im Auftrag für ein firmeninternes Intranet (beispielsweise ein Applet zur Darlehensberechnung, das im Intranet einer Bank laufen soll). Dann können Sie selbst dafür sorgen, dass die Browser der Bankmitarbeiter aktualisiert werden und es keine Kompatibilitätsprobleme gibt.

2. Möglichkeit: Sie bemühen sich um optimale Kompatibilität.

Sie kompilieren Ihr Applet gegen eine ältere JDK-Version. Dazu müssen Sie sich entweder ein älteres JDK herunterladen oder eine Cross-Kompilierung vornehmen, z.B:

```
javac -source 1.6 -target 1.6 MeinApplet.java
```

3. Möglichkeit: Sie fügen das Applet mithilfe eines von Oracle zur Verfügung gestellten JavaScript-Moduls ein, das nicht nur das <applet>-Tag erzeugt, sondern gleichzeitig auch testet, ob das zur Ausführung gewünschte Java-Plug-In vorhanden ist (und falls nicht, zur Download-Site wechselt).

Das JavaScript-Modul funktioniert nur, wenn das Applet in eine JAR-Datei verpackt ist (siehe hierzu das Unterkapitel *14.8*). Außerdem müssen Sie Parameter übergeben (siehe Unterkapitel *14.6*). Wir übergeben hier als Parameter einfach einen leeren String.

```
<html>
<head>
  <title> Hallo Applet </title>
</head>

<body>
   <p>HTML ruft Applet. Bitte antworten.</p>

   <script src="http://www.java.com/js/deployJava.js"></script>
   <script>
      var attributes = {code:'HalloWWW.class',
                        archive:'HalloWWW.jar',
                        width:350, height:200} ;
      var parameters = {leererParameter:''} ;
      var version = '1.7' ;
      deployJava.runApplet(attributes, parameters,
                           version);
   </script>

</body>
</html>
```

14.4 Applet-Besonderheiten

Mittlerweile haben Sie schon eine ganze Menge über Applets erfahren:

- Normale Java-Anwendungen haben Sie mit dem Java-Interpreter ausgeführt. Applets hingegen werden wie bereits erläutert in ein HTML-Dokument eingebettet, welches von einem Browser ausgewertet und angezeigt wird. Ein normales Applet kann also nicht für sich allein ausgeführt werden, sondern braucht als Lebensraum einen Browser und ein HTML-Dokument.

- Aufgerufen werden Applets in einer Webseite über das HTML-Tag <applet>, beispielsweise:

```
<applet code = "HalloWWW.class"
                width  = 350
                height = 300
                > </applet>
```

- Applets werden von der AWT-Container-Klasse `Applet` abgeleitet (oder von `JApplet` bei Verwendung von Swing, siehe vorletzte Übung zu *Kapitel 15*) und haben keine `main()`-Methode.
- Statt der Eintrittsfunktion `main()` definieren Sie in einem Applet eine oder mehrere der folgenden Methoden, die automatisch aufgerufen werden: `init()`, `start()`, `paint()`, `stop()` und `destroy()`.

Letztere Methoden markieren den Lebenszyklus eines Applets.

Der Applet-Lebenszyklus

Unabhängig davon, ob Sie `Applet` oder `JApplet` als direkte Basisklasse angeben – Ihre abgeleitete Applet-Klasse erbt fünf wichtige Methoden namens `init()`, `start()`, `paint()`, `stop()` und `destroy()`. Diese Methoden *muss* jedes Applet besitzen, denn der Browser, der das Applet ausführt, ruft diese Methoden zu verschiedenen Zeitpunkten im Lebenszyklus des Applets auf:

- `init()` wird aufgerufen, nachdem der Browser das Applet geladen hat.[1]
- `start()` wird aufgerufen, wenn der Browser das Applet startet.
- `paint()` wird aufgerufen, wenn der Browser möchte, dass sich das Applet ganz oder teilweise neu zeichnet.
- `stop()` wird aufgerufen, wenn der Browser das Applet anhält (beispielsweise weil der Anwender die Webseite verlassen und zu einer anderen Webseite gewechselt hat).
- `destroy()` wird aufgerufen, bevor der Browser das Applet aus dem Arbeitsspeicher entfernt.

Die Applet-Methoden sind nicht abstrakt, müssen also nicht überschrieben werden. Sie können sie aber überschreiben, um das Verhalten Ihres Applets anzupassen.

Schauen wir uns dies einmal an einem praktischen Beispiel an.

Hinweis

Welche Aktionen welche Applet-Methoden aufrufen, variiert allerdings von Browser zu Browser und von Version zu Version. Die neueren Versionen des Internet Explorers und des Netscape-Browsers rufen beispielsweise bei jedem Verlassen der Webseite, die das Applet enthält, `stop()` *und* `destroy()` *auf und führen bei einer Rückkehr auf die Webseite Konstruktor,* `init()`, `start()` *und* `paint()` *aus. Bei einem Aktualisieren exerzieren Sie die gesamte Palette von* `stop()` *und* `destroy()` *über* `init()` *und* `start()` *bis* `paint()` *durch.*

1 Vor `init()` wird selbstverständlich noch der Konstruktor der Applet-Klasse aufgerufen und ausgeführt. Applets definieren in der Regel jedoch keinen eigenen Konstruktor, sondern erledigen anfallende Initialisierungsarbeiten in `init()`.

14.5 Das Fleckengenerator-Applet

Unser erstes richtiges Applet ist ein einfacher Fleckengenerator, der uns vor allem lehren soll, wie die Arbeitsaufteilung zwischen den Methoden `init()`, `start()`, `paint()`, `stop()` und `destroy()` aussieht.

Das Applet selbst macht dabei nichts anderes, als sieben Flecke einer Farbe, aber unterschiedlicher Radien und Mittelpunkte einzuzeichnen. Dazu definiert es zuerst einmal eine innere Hilfsklasse namens `Scheibe`, in deren Instanzen die Mittelpunkte und Radien der einzelnen Flecke gespeichert werden können.

Die Deklaration der Applet-Klasse

Listing 14.3: Aus Spot.java

```
// Der Fleckengenerator
import java.awt.*;
import java.applet.*;

public class Spot extends Applet {
  class Scheibe {
    int m_x, m_y; // Mittelpunkt
    int m_r;      // Radius
  }

  Scheibe[] m_flecken;
  Color m_farbe;
...
```

Analyse

Da wir ein Applet schreiben, leiten wir unsere Hauptklasse von der Java-Klasse `Applet` ab.

Die Klasse `Applet` ist eine von `Panel` abgeleitete Container-Klasse. Die Größe dieses Containers (unseres Applets) wird vom aufrufenden HTML-Dokument bestimmt (siehe unten).

Als Erstes deklarieren wir innerhalb unserer Applet-Klasse eine Hilfsklasse namens `Scheibe`, die einfach zur Speicherung der Mittelpunkte und Radien der einzelnen Flecke dient.

Direkt anschließend deklarieren wir dann eine Array-Variable, in der wir die einzelnen Flecke (`Scheibe`-Objekte) verwalten werden, und eine `Color`-Variable zur Abspeicherung der Farbe, die ja für alle Flecke gleich sein soll.

Konstruktor und init()

Als Nächstes müssen wir dafür sorgen, dass unser Applet korrekt initialisiert wird.

```
public Spot() {
  m_flecken = new Scheibe[7];
  for(int i = 0; i < m_flecken.length; i++) {
     m_flecken[i] = new Scheibe();
  }
}

public void init() {
  // Farbe festlegen
  m_farbe = new Color((int) (255*Math.random()),
                      (int) (255*Math.random()),
                      (int) (255*Math.random()) );
}
```

Analyse

Der Konstruktor der Applet-Klasse und die Methode `init()` werden einmalig aufgerufen, wenn das Applet in den Browser geladen wird. Beide bieten sich also für die Initialisierung des Applets an: Speicherallokation mittels `new`, Initialisierung von Instanzvariablen, Einstellung von Farben, Schriftarten etc.

Damit stellt sich die Frage, welche Initialisierungen man in welcher Methode vornehmen soll.

Merke

Beachten Sie, dass der Konstruktor und die Methoden `init()`, `start()`, `stop()` und `destroy()` von außerhalb (d.h. vom Browser) aufgerufen werden und daher als `public` deklariert sein müssen.

Grundsätzlich brauchen Sie nicht beide Methoden (Konstruktor und `init()`) zu überschreiben. Tatsächlich ist es üblich und empfehlenswert, für Applet-Klassen nur die Methode `init()` zu überschreiben. Dass wir in unserem Beispiel doch beide Methoden verwenden, liegt zum einem darin begründet, dass wir Ihnen demonstrieren wollten, dass auch Applets über Konstruktoren verfügen, und zum anderen daran, dass wir zwischen der mehr klassenspezifischen Initialisierung (Speicherallokation in Konstruktor) und der mehr appletspezifischen Initialisierung (Farbzuweisung in `init()`-Methode) unterscheiden wollten.

! Es gibt einen wichtigen Unterschied zwischen dem Konstruktor und der `init()`-Methode: Beide, Konstruktor und `init()`-Methode, werden nur beim Laden des Applets aufgerufen. Der Konstruktor wird als Erstes aufgerufen. Er richtet das Applet-Objekt, die Instanz unserer Applet-Klasse, im Arbeitsspeicher des Rechners ein. Erst nachdem der Konstruktor beendet wurde, gibt es also so etwas wie ein Applet. Folglich kann auch erst nach Ausführung des Konstruktors die `init()`-Methode des Applets aufgerufen werden. Dies hat durchaus Konsequenzen, denn bestimmte Operationen, die man ausführen möchte, erfordern es, dass ein Applet-Objekt bereits existiert – beispielsweise die Entgegennahme von Applet-Parametern (siehe Abschnitt 14.6). Solche Initialisierungen müssen in der `init()`-Methode ausgeführt werden.

Das Applet starten – start()

Nach der Methode init() ruft der Browser die Methode start() auf.

```
public void start() {
  // Mittelpunkte und Radien festlegen
  for(int i = 0; i < m_flecken.length; i++) {
    m_flecken[i].m_x = (int) (400*Math.random());
    m_flecken[i].m_y = (int) (200*Math.random());
    m_flecken[i].m_r = (int) (50*Math.random());
  }
}
```

Analyse

Mit der Methode start() wird das Applet in Gang gesetzt. Dabei ist zu beachten, dass dies jedes Mal geschieht, wenn der Leser Ihrer Webseite diese neu lädt oder beim Lesen mehrseitiger Dokumente auf die Seite mit dem Applet zurückkehrt.

Da unser Applet keine Berechnungen oder Animationen ausführt, gibt es hier eigentlich nicht viel zu tun (die Ausgabe der Flecke erfolgt direkt in der paint()-Methode). Wir nutzen aber die Gelegenheit, um die Koordinaten und Radien für die Flecke festzulegen.

Das Applet zeichnen – paint()

Schließlich wird die Methode paint() zum Zeichnen des Applets aufgerufen.

```
public void paint(Graphics g) {
  g.setColor(m_farbe);
  for(int i = 0; i < m_flecken.length; i++) {
    g.fillOval(m_flecken[i].m_x,
               m_flecken[i].m_y,
               m_flecken[i].m_r,
               m_flecken[i].m_r);
  }
}
} // Ende von Spot
```

Analyse

An der Funktion der Methode paint() hat sich gegenüber der Programmierung von GUI-Anwendungen nichts geändert.

Hier richten wir die Zeichenfarbe ein und geben die Flecke aus.

Die Methoden stop() und destroy()

Die Methode destroy() stellt das Pendant zur Methode init(), die Methode start() das Pendant zur Methode stop() dar.

Beide Methoden wurden in unserem Beispiel nicht berücksichtigt, weil es dazu keine Veranlassung gab. Wenn der Browser die stop()-Methode aufruft, möchte er, dass sich das Applet selbst beendet. In unserem Beispiel ist dies aber bereits nach start() der Fall. (Danach reagiert das Applet nur noch, wenn es sich neu zeichnen soll). Anders sieht es aus, wenn Sie im Applet Threads erzeugen (siehe *Kapitel 15*).

In `destroy()` können vor der endgültigen Auflösung des Applets durch den Browser etwaige notwendige Aufräumarbeiten (sprich Ressourcen freigeben) durchgeführt werden.

Das HTML-Dokument

Zum Schluss müssen wir noch ein HTML-Dokument aufsetzen, in dem unser Applet ausgeführt werden soll.

Listing 14.4: Spot.html

```
<html>
<head>
    <title> Fleckengenerator </title>
</head>

<body>

<h1>Webseite zur Demonstration des Fleckengenerators</h1>

<p>Wenn Sie möchten, können Sie sich unter dem Ausgabefenster
des Spot-Applets den Quelltext zur Erzeugung der Flecke ansehen.</p>

<hr>
<applet code="Spot.class" width="400" height="200"> </applet>
<hr>

<a href="Spot.java">Quelltext des Applets.</a>

</body>
</html>
```

Analyse

Den grundlegenden Aufbau eines HTML-Dokuments kennen Sie ja bereits aus *Kapitel 2*. Auch die Einbettung des Applets mithilfe des `<APPLET>`-Tags dürfte Ihnen noch vertraut sein:

```
<applet code="Spot.class" width="400" height="200"> </applet>
```

Dem Parameter `code` übergeben wir den Namen unserer Applet-Klasse. Beachten Sie dabei die Groß- und Kleinschreibung. Beachten Sie auch, dass das Applet in dem gleichen Verzeichnis stehen muss wie das HTML-Dokument (ansonsten müssen Sie den Pfad zu dem Applet über den zusätzlichen Parameter `CODEBASE` angeben).

Die Parameter `width` und `height` geben an, wie viel Raum (in Pixeln) das Applet im HTML-Dokument einnehmen soll.

Darunter folgt die Definition eines Links zum Quelltext des Applets (der ebenfalls im aktuellen Verzeichnis zu finden sein muss):

```
<a href="Spot.java">Quelltext des Applets.</a>
```

Über diesen Link können Sie in Ihrem Browser zwischen Applet und Quelltext hin- und herspringen und sich von der Arbeitsteilung von `init()` und `start()` überzeugen.

Das Applet testen

Um das Applet nun auch in Aktion zu erleben, müssen Sie zunächst das Applet kompilieren und dann das obige HTML-Dokument anlegen und in dem gleichen Verzeichnis wie das Applet (*Spot.class*) und dessen Quelltext (*Spot.java*) abspeichern. Laden Sie dann den HTML-Quelltext in den AppletViewer (*appletviewer Spot.html*) oder Ihren Browser.

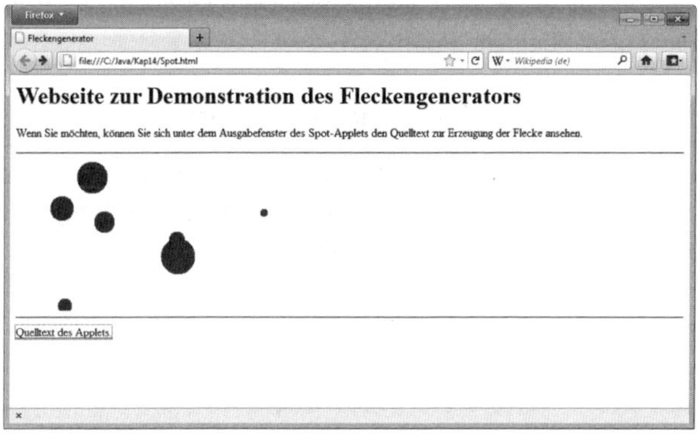

Abbildung 14.4: Fleckengenerator-Applet in Netscape Navigator

Wenn das Applet korrekt angezeigt wird, probieren Sie einmal, einen Neustart auszulösen. Im AppletViewer rufen Sie einfach nacheinander die Befehle Applet/Stoppen und Applet/Starten auf. Sie werden feststellen, dass sich die Positionen und Größen der Flecke ändern, nicht aber deren Farbe. Es wurde also die Methode `start()`, nicht aber die Methode `init()` erneut aufgerufen. (Wie Sie in einem Browser diesen Effekt erzeugen, hängt von dem verwendeten Browser und dessen Einstellungen zum Aktualisieren der Seiten ab.)

Um die Farbe zu wechseln, müssen Sie dafür sorgen, dass das Applet komplett neu geladen wird, denn nur dann ruft der Browser die Methode `init()` auf. Im AppletViewer rufen Sie dazu den Befehl Applet/Neu starten auf

14.6 Parameterübergabe an Applets

Manchmal ist es wünschenswert, einem Applet, das in ein HTML-Dokument eingebettet ist, gewisse Parameter mitzugeben – beispielsweise die Abmaße des Applets im Browser oder irgendwelche zu verarbeitenden Daten.

Hierzu dient das HTML-Tag <param>.

Definition der Parameter im HTML-Code

Im HTML-Code fügen Sie für jeden Parameter, den Sie an das Applet übergeben wollen, ein `<param>`-Tag in den Aufruf des Applets ein.

```
<applet code="EinApplet.class"
        width="400" height="200" >
        <param name="BREITE" value="400">
        <param name="HOEHE" value="200">
</applet>
```

Jeder Parameter besteht aus einem Name/Wert-Paar, das im `<param>`-Tag durch die Attribute `name` und `value` spezifiziert wird. `name` dient der Identifizierung des Parameters, `value` gibt den Wert an, der für den Parameter an das Applet übergeben wird.

Parameter im Applet abfragen – getParameter()

Der zweite Schritt der Parameterübergabe ist das Auswerten der Parameter im Applet. Der Zugriff auf die vom HTML-Dokument übergebenen Parameter erfolgt in der `init()`-Methode des Applets.

```
String parameter;
int breite, hoehe;

parameter = getParameter("BREITE");
breite = Integer.parseInt(parameter);

parameter = getParameter("HOEHE");
hohe = Integer.parseInt(parameter);
```

Hinweis

Für ein Beispiel zur Parameterübergabe siehe Übung 2.

! Falls Sie neben der `init()`-Methode auch den Konstruktor des Applets zu dessen Initialisierung nutzen: Die Methode `getParameter()` kann nicht im Konstruktor verwendet werden, da Methoden von Klassen erst nach Erzeugung der Objekte zur Verfügung stehen.

Die Applet-Methode, mit der Sie die einzelnen Parameter vom HTML-Dokument abfragen können, heißt `getParameter()`.

Die Methode `getParameter()` erwartet als Argument den Namen des Applet-Parameters, der von der HTML-Seite übergeben wird, und liefert dann den Wert dieses Applet-Parameters als String zurück. Dieser muss gegebenenfalls in einen anderen elementaren Typ umgewandelt werden.

14.7 Applets in Anwendungen verwandeln

Sehr wahrscheinlich haben Sie beim Surfen im WWW schon viele Applets gesehen. Meist stößt man dabei auf mehr oder weniger dekorative Applets, deren Hauptaufgabe es ist, eine Webseite optisch aufzuwerten (ein Ziel, das allerdings häufig verfehlt wird!). Diese Art von Applets hat sicher ihre Daseinsberechtigung, aber unserer Meinung nach liegt der wesentliche Vorteil der Applets darin, dass man mit ihrer Hilfe normalerweise statische Webseiten dynamisch gestalten und deren Nutzen und Potenzial beträchtlich erweitern kann.

Stellen Sie sich beispielsweise vor, Sie haben eine Bank (nein, nicht die im Garten, sondern eine von diesen großen Banken, für die die Schneider-Millionen nur Peanuts sind) und Sie bieten für Ihre Kunden Webseiten mit den aktuellen Kredit- und Anlagekonditionen an. Ein interessierter Kunde möchte möglicherweise beim Lesen Ihrer Webseite auch mal gleich die Konditionen für seinen speziellen Fall durchspielen. Nun hat er aber natürlich gerade keinen Taschenrechner zur Hand und schon verliert er die Lust an Ihrer Seite und klickt sich weg... vielleicht hat Ihre Bank gerade einen potenziellen Kunden verloren!

Damit das nicht passiert, wollen wir an dieser Stelle einen kleinen und ganz simplen Taschenrechner erstellen. Das heißt, wenn ich es mir genau überlege, können Sie den Taschenrechner auch ganz alleine programmieren. Mein Co-Autor und ich werden uns in der Zwischenzeit erst einmal gemütlich auf die Terrasse setzen und unseren Fünf-Uhr-Nachmittags-Tee genießen.

Übung

Implementieren Sie den Taschenrechner bitte nicht als Applet (Ableitung von Klasse `Applet`), sondern leiten Sie ihn von der Klasse `Panel` ab.

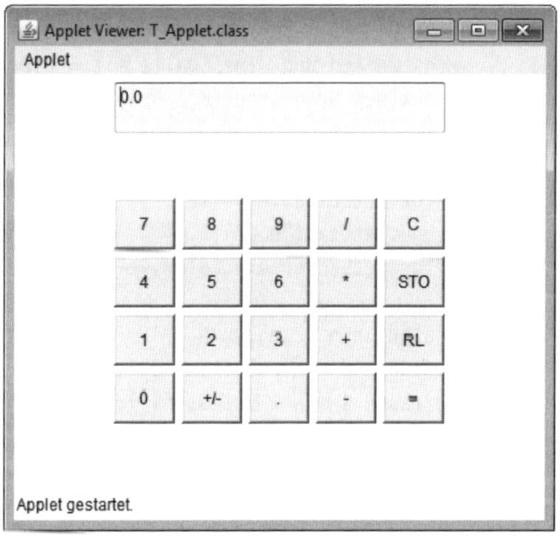

Abbildung 14.5: Design eines Taschenrechners

Das Layout des Taschenrechners überlassen wir ganz Ihnen. Wenn Sie unentschlossen sind, versuchen Sie es doch einfach mit einem `TextField` als Display und den üblichen vier Standardzeilen von Schaltflächen, wie man sie von einfachen Taschenrechnern her kennt. Richten Sie für jede Schalterzeile ein Panel ein und benutzen Sie `GridLayout`-Manager für die einzelnen Panels, sodass Sie Abstände zwischen den Schaltflächen vorgeben können.

Die Ereignisbehandlung für die einzelnen Schaltflächen ist aufwendig, aber im Grunde Routinearbeit. (Es lohnt sich allerdings, vorab ein wenig Denkarbeit zu investieren und sich ein gutes Konzept zurechtzulegen, bevor man ans Programmieren geht.)

Lösung

Wenn Sie beispielsweise geklammerte Ausdrücke unterstützen wollen, sollten Sie sich auf jeden Fall zuvor ein wenig über die Arbeitsweise eines Kellerautomaten informieren (siehe »Grundlagen der Programmiersprachen« von Loeckx, Mehlhorn, Wilhelm, Teubner-Verlag).

Listing 14.5: Taschenrechner.java

```
// Ein einfacher Taschenrechner
import java.awt.*;
import java.awt.event.*;

class Taschenrechner extends Panel implements ActionListener {
  double m_speicher = 0;         // Datenspeicher
  double m_zwischenWert = 0;     // für 1. Operand
  boolean m_operand = false;     // 1. Operand eingegeben?
  char m_aktOperation = 'k';     // 'k'eine Operation
  boolean m_neueZahl = true ;    // neue Zahl ?
  boolean m_vorKomma = true;     // '.' gedrückt ?
  TextField m_anzeige;           // Display

  // Konstruktor
  Taschenrechner() {
    // der Layout-Manager für die Klasse
    // sechs Zeilen und eine Spalte mit 5 Pixel Abstand dazwischen
    setLayout(new GridLayout(6,1,5,5));

    m_anzeige = new TextField(20);
    m_anzeige.setEditable(false);
    m_anzeige.setText("0.0");
    m_anzeige.setBackground(Color.yellow);

    // Schaltflächen erzeugen
    Button taste_0 = new Button("0");
    Button taste_1 = new Button("1");
    ...

    // In Panels zeilenweise anordnen
    Panel zeile1 = new Panel();
    Panel zeile2 = new Panel();
    // usw. ...

    GridLayout zeilenLayout = new GridLayout(1,5,5,5);
    zeile1.setLayout(zeilenLayout);
    zeile2.setLayout(zeilenLayout);
    // usw ...

    // Nun die Komponenten hinzufügen
    add(m_anzeige);        // das TextField
    add(new Label(""));    // leere Zeile zur Auflockerung
```

```
  Zeile1.add(taste_7);
  Zeile1.add(taste_8);
  // usw ...
  add(zeile1);
  add(zeile2);
  // usw ...

  // die Schaltflächen bei einem Lauscher registrieren.
  taste_0.addActionListener(this);
  taste_1.addActionListener(this);
  // usw ....
}

//Ereignisbehandlung
public void actionPerformed(ActionEvent e) {
  String str, aktText;
  int index;
  char zeichen;
  double wert;

  str = e.getActionCommand();
  // Ermitteln, welche Schaltfläche gedrückt wurde
  if(str.equals("+/-")) {
    // Vorzeichen wechseln
    wert= Double.valueOf(
                  m_anzeige.getText()).doubleValue();
    wert *- -1;
    m_anzeige.setText(Double.toString(wert));
    return;
  }

  if(str.equals("STO")) {
    // den aktuellen Wert im Display abspeichern
    m_speicher = Double.valueOf(
              m_anzeige.getText()).doubleValue();
    return;
  }

  if(str.equals("RCL")) {
    // den Inhalt der Speichervariablen anzeigen
    m_anzeige.setText(
                  Double.toString(m_speicher));
    return;
  }

  // die restlichen Schaltflächen haben nur ein Zeichen
  // als Beschriftung. Daher betrachten wir nur
  // das erste Zeichen und können mit der
  // handlichen switch-Anweisung arbeiten
```

```
zeichen = str.charAt(0);

switch(zeichen) {
  case 'C' : // alles zurücksetzen
             m_anzeige.setText("0.0");
             m_speicher = 0;
             m_zwischenWert = 0;
             m_aktOperation = 'k';
             m_operand = false;
             m_vorKomma = true;
             m_neueZahl = true;
             break;
  case '+':
  case '-':
  case '*':
  case '/': // die aktuelle Operation merken und
            // den 1. Operand zwischenspeichern
            if( m_aktOperation == 'k' ) {
              // 'k'eine Operation vorher
              m_zwischenWert = Double.valueOf(
                      m_anzeige.getText()).doubleValue();
              m_operand = true;
              m_aktOperation = zeichen;
              m_neueZahl = true;
              break;
            }
            if(m_operand == true) {
              berechnungAusführen();
              m_neueZahl = true;
              m_vorKomma = true;
              m_aktOperation = zeichen;
              break;
            }
  case '=': // eine schwebende Operation
            // ausführen
            if(m_aktOperation!='k'
                      && m_operand==true) {
              berechnungAusführen();
              m_aktOperation = 'k';
              m_operand = false;
              m_neueZahl = true;
              m_vorKomma = true;
              break;
            }
  case '.': // Wenn noch kein Punkt eingegeben
            // worden ist, einen hinzufügen
            if(m_neueZahl == true) {
              // wenn mit einem Komma begonnen
              // wird, ist der Vorkomma-Wert 0
```

```
              m_anzeige.setText("0");
              m_neueZahl = false;
            }
            if(m_vorKomma == true) {
              m_vorKomma = false;
              aktText = m_anzeige.getText();
              aktText += ".";
              m_anzeige.setText(aktText);
            }
            break;
    default:  // alles andere muss eine Zahlen-Schaltfläche
            // sein
            if(m_neueZahl == true) {
              m_neueZahl = false;
              m_anzeige.setText("");
            }
            aktText = m_anzeige.getText();
            m_anzeige.setText(aktText + zeichen);
            break;
    }
}

// Hier wird das Ergebnis berechnet und angezeigt
void berechnungAusführen() {
  double operand1,operand2;
  double ergebnis = 0;

  operand1 = m_zwischenWert;
  operand2 = Double.valueOf(
          m_anzeige.getText()).doubleValue();

  switch(m_aktOperation) {
     case '+': ergebnis = operand1 + operand2;
               break;
     case '-': ergebnis = operand1 - operand2;
               break;
     case '*': ergebnis = operand1 * operand2;
               break;
     case '/': if(operand2 != 0)
                 ergebnis = operand1 / operand2;
               else
                 ergebnis = 0;
               break;
  }

  // Das Ergebnis wird als neuer Zwischenwert gespeichert
  m_zwischenWert = ergebnis;
  m_anzeige.setText(Double.toString(ergebnis));
}
```

```
  // Lieblingsgröße des Taschenrechners festlegen
  public Dimension getMinimumSize(){
    return getPreferredSize();
  }

  public Dimension getPreferredSize(){
    return new Dimension(250,250);
  }
}   // Ende der Klasse 'TaschenRechner'
```

Von der Klasse zum Applet

Warum haben wir die Klasse `TaschenRechner` von `Panel` und nicht von der Klasse `Applet` abgeleitet? Schließlich soll der Taschenrechner doch ein Applet sein? Sie haben Recht, aber bekanntlich führen viele Wege nach Rom. Durch die obige Vorgehensweise machen wir die Klasse `TaschenRechner` zu einer universellen AWT-Komponente und können sie ohne große Probleme in beliebigen Applets und Anwendungen verwenden!

Siehe hierzu auch *Kapitel 4.2*, wo wir uns eingehend mit der Modularisierung von Programmen beschäftigt haben.

Um auf der Grundlage unserer Taschenrechner-Klasse ein Applet zu erzeugen, brauchen wir nur noch eine kleine Applet-Klasse aufzusetzen, die nichts anderes macht, als eine Instanz unserer Taschenrechner-Komponente zu erzeugen:

Listing 14.6: T_Applet.java

```
// Das Applet für den Taschenrechner
import java.awt.*;
import java.awt.event.*;
import java.applet.*;

class TaschenRechner extends Panel implements ActionListener {
  // siehe oben
}

public class T_Applet extends Applet{
  public void init() {
     // eine Instanz des Taschenrechners anlegen
     Taschenrechner t = new Taschenrechner();
     add(t);
  }
}
```

Analyse

Wie Sie sehen können, ist lediglich die Definition einer Applet-Klasse erforderlich, in der wir die Methode `init()` überschreiben. Letztere wird bekanntlich beim Laden des Applets aufgerufen und sorgt dann dafür, dass eine Instanz des Taschenrechners erzeugt und mittels `add()` angezeigt wird.

Wenn Sie in der Eile auch nicht vergessen haben, das Paket `java.applet` zu importieren, brauchen Sie das Applet jetzt nur noch zu kompilieren und können es danach in jedem beliebigen HTML-Dokument einsetzen.

Der Applet-Anwendung-Hybrid

Nun wollen wir das Taschenrechner-Applet so umschreiben, dass es nicht nur als Applet, sondern auch gleichzeitig als eigenständige Anwendung ausgeführt werden kann.

Der Schlüssel hierzu ist die Aufrufreihe `init() -- start() -- stop()`. Denn was ist der wesentliche Unterschied zwischen einer Anwendung und einem Applet? Offensichtlich der Browser, der ein Fenster als »Lebensraum« für das Applet bietet und dann die obigen Methoden aufruft. Man muss es also nur schaffen, dies innerhalb der für Anwendungen obligatorischen `main()`-Methode nachzubilden und wir haben beides: Applet und Anwendung zugleich!

> **!** Dieser Trick funktioniert nur bei Applets, die keine speziellen Applet-Fähigkeiten nutzen.

Listing 14.7: T_Hybrid.java

```
// Applet und Anwendung zugleich
import java.applet.*;
import java.awt.*;
import java.awt.event.*;

class TaschenRechner extends Panel implements ActionListener {
  // siehe oben
}

public class T_Hybrid extends Applet {
  public static void main(String[] args) {
    // das umgebende Fenster anlegen
    Frame fenster = new Frame("Applet als Anwendung");

    // für das Fenster muss noch das Beenden des
    // Programms ermöglicht werden
    class FensterAdapter extends WindowAdapter{
      public void windowClosing(WindowEvent e){
        System.exit(0);
      }
    }

    // bei einer Instanz des Lauschers anmelden
    fenster.addWindowListener(new FensterAdapter());

    // eine Instanz des Applets anlegen und
    // zum Fenster hinzufügen
    T_ Hybrid calc = new T_ Hybrid();
    calc.init();
    fenster.add(calc);
    fenster.pack();
```

```
    fenster.setVisible(true);
  }

  public void init(){
    // eine Instanz des Taschenrechners anlegen
    Taschenrechner t = new Taschenrechner();
    add(t);
  }
}
```

Analyse

Der einzige Unterschied besteht darin, dass wir dem Applet noch eine `main()`-Funktion mitgeben, die genau das macht, was bei einem »echten« Applet der Browser erledigt: Es wird ein Fenster (also ein `Frame`-Objekt) angelegt, dem wir eine Instanz des Applets hinzufügen. Dann wird das Applet durch den Aufruf von `init()` initialisiert und es geht weiter wie bisher. Da hier weder `start()`- noch `stop()`-Methode benötigt werden, brauchen wir sie auch nicht in `main()` aufzurufen.

14.8 Applets und jar-Dateien

Bei etwas komplexeren Applets benötigt ein Applet meistens zusätzliche Dateien, z.B. Bilddateien im GIF-Format oder weitere *.class*-Dateien von Hilfsklassen. Dies kann die Ladezeit des Applets stark erhöhen, weil die Datenmenge recht groß werden kann und der Browser für jede Komponente eine neue HTTP-Verbindung aufbauen muss, was recht langsam ist.

jar-Dateien sind Archive

Abhilfe bieten *.jar*-Dateien: Dies sind besondere Dateien, die eine oder mehrere andere Dateien in komprimierter Form enthalten. Man nennt eine solche Datei ein *Archiv*. Archive kennen Sie garantiert, z.B. die beliebten ZIP-Dateien. Eine *.jar*-Datei verwendet übrigens (im Prinzip) den gleichen Kompressionsalgorithmus. Die meisten ZIP-Programme (z.B. WinZip) können daher auch *.jar*-Dateien lesen. Um mit *.jar*-Dateien zu operieren enthält das JDK ein spezielles Programm, das logischerweise *jar* heißt und ein reines Kommandozeilenprogramm ist (unter Windows müssen Sie also ein Konsolenfenster öffnen). Die wichtigsten Kommandos sind:

- `jar cf archivname datei1 datei2 ...` : erzeugt ein *.jar*-Archiv und fügt die genannten Dateien ein.
- `jar tf archivname`: gibt das Inhaltsverzeichnis des angegebenen *jar*-Archivs aus.
- `jar xf archivname datei`: extrahiert die angegebene Datei aus dem Archiv.

Nehmen wir also an, dass Sie ein Applet *dasApplet.java* geschrieben haben, das noch die GIF-Dateien *bild1.gif*, *bild2.gif* und *bild3.gif* benötigt. Um daraus nun eine *.jar*-Datei zu erzeugen, müssen Sie zunächst ganz normal das Applet in Bytecode kompilieren und dann die *.class*-Datei und die GIFs archivieren:

```
jar cf beispiel.jar dasApplet.class bild1.gif bild2.gif bild3.gif
```

Der Aufruf des Applets im JAR-Format innerhalb des HTML-Dokuments unterscheidet sich kaum vom Aufruf eines normalen Applets, lediglich eine zusätzliche Anweisung zum Bekanntmachen des Archivs muss hinzugefügt werden, das ARCHIVE-Attribut:

```
<APPLET CODE="dasApplet.class" "
        ARCHIVE="beispiel.jar"
        WIDTH=400 HEIGHT=200>
        </APPLET>
```

14.9 Böse Welt: Applets und die Sicherheit

Sie haben wahrscheinlich schon oft darüber gelesen, dass sich in der Computerwelt und insbesondere im Internet viele üble Gesellen herumtreiben wie beispielsweise Makroviren, Bootviren, Trojanische Pferde und etliche weitere Varianten. Vielleicht hatten Sie sogar schon Kontakt mit diesen Kreaturen und mussten deshalb Systemabstürze, formatierte Festplatten oder vielleicht sogar finanzielle Verluste in Kauf nehmen, da jemand mit Ihrem ausgespähten Passwort bei Ihrem Internet-Provider online gewesen ist. Daher sollte man gegenüber Programmen und Dateien, die man von anderen erhält, ein gesundes Maß an Misstrauen an den Tag legen und diese vor Gebrauch mit einem Virenscanner testen. Sicherlich sind Sie vernünftig und machen das sowieso immer! ;-)

Beim Herunterladen von Applets ist die Lage ähnlich, ja vielleicht sogar noch schlimmer. Wenn Sie einige Stunden im Internet herumgesurft sind und dabei Dutzende von Seiten besucht haben, sind auch unzählige Applets automatisch vom Browser auf Ihren Rechner geladen und ausgeführt worden, d.h., wildfremde Programme sind auf dem Rechner gestartet worden! Und das auch noch ohne vorherige Kontrolle durch einen Virenscanner! Ist das nicht hochgradig leichtsinnig?

Im Prinzip muss die Antwort Ja lauten und daher gibt es umfangreiche Sicherheitsmechanismen für Applets.

Beim Laden eines Applets prüft der Browser, ob der Bytecode gewisse Sicherheitsbedingungen erfüllt. Erst wenn hier keine Bedenken vorliegen, wird das Applet gestartet. Dies ist auch der Grund, warum es immer etwas dauert, bis ein Applet auf einer HTML-Seite angezeigt wird (die eigentliche Ladezeit für den Appletcode spielt natürlich auch eine Rolle). Nun ist es aber keineswegs so, dass das Applet jetzt nach Herzenslust tun und lassen kann, was es will. Es unterliegt während der Ausführung strengen Einschränkungen, unter anderem

- darf es keine Dateien auf dem lokalen Dateisystem (also auf Ihrem Rechner) lesen oder beschreiben,
- darf es keine Internet-Verbindungen zu anderen Rechnern aufnehmen, außer zu dem Rechner, von dem es geladen worden ist (sein Server),
- darf es keine Systeminformationen feststellen, z.B. den Benutzernamen oder den Namen des Heimatverzeichnisses,
- wenn das Applet weitere Fenster aufmacht, erhält der Benutzer eine deutlich sichtbare Markierung, dass es sich um ein unsicheres Fenster handelt.

Es gibt noch eine Reihe weiterer Einschränkungen, die wir nicht weiter verfolgen wollen, aber Sie merken schon: Ein Applet darf eigentlich nicht viel machen, es ist von der Außenwelt (= Ihrem Rechner) weitgehend abgeschottet. Diesen Ansatz nennt man *Sandkastenprinzip*. Ein kleines Kind setzt man in den Sandkasten und dort kann es machen, was es will, aber nicht außerhalb. Genauso ist es bei Applets und deshalb können Sie im Internet herumsurfen, ohne sich Sorgen machen zu müssen, jedenfalls nicht wegen der Applets!

Hinweis

Darin liegt auch einer der Hauptunterschiede zwischen Java-Applets und den von Microsoft propagierten ActiveX-Steuerelementen, die mit keinerlei wirklichen Sicherheitsvorkehrungen ausgestattet sind. Abgesehen davon, sind ActiveX-Steuerelemente auch nicht plattformübergreifend einsetzbar.

Manchmal ist es allerdings zweckmäßig, bestimmten Applets doch mehr Rechte zu erlauben. Hierfür gibt es verschiedene Wege: Bearbeitung der Browsereinstellungen, signierte Applets, JNLP oder die Einräumung weitergehender Rechte mit dem *policytool* des JDK (siehe weiterführende Literatur).

14.10 Zusammenfassung

Applets sind Java-Programme, die in der Umgebung eines javafähigen Browsers ausgeführt werden.

Applets werden von der Java-Klasse `Applet` abgeleitet. Bei Verwendung der Swing-Komponenten sollte stattdessen von `JApplet` abgeleitet werden.

Statt einer `main()`-Methode überschreibt man für Applets die Methoden `init()` und `start()`. Insgesamt gibt es fünf `public`-Applet-Methoden, die im Laufe eines Applet-Lebens vom Browser aufgerufen werden:

- `init()` wird einmalig beim Laden des Applets aufgerufen.
- `start()` wird vom Browser aufgerufen, um dem Applet mitzuteilen, dass es jetzt sichtbar ist und mit seiner Ausführung beginnen oder fortfahren kann.
- `stop()` wird vom Browser aufgerufen, um dem Applet mitzuteilen, dass es seine Ausführung unterbrechen soll.

- `destroy()` wird beim Entlassen des Applets durch den Browser aufgerufen.
- `paint()` wird – wie bei Anwendungen – zum Neuzeichnen des Applet-Containers aufgerufen.

Zur Einbettung eines Applets in ein HTML-Dokument benutzt man das `<applet>`-Tag.

Um Parameter von einem HTML-Dokument an ein Applet zu übergeben, müssen Sie die Parameter innerhalb des Applet-Tags mit dem `<param>`-Tag definieren. Um einen vom HTML-Dokument übergebenen Parameter in einem Applet abzufragen, rufen Sie die `getParameter()`-Methode in der `init()`-Methode des Applets auf.

14.11 Fragen und Antworten

Angenommen, Sie sollen eine Website für ein Warenhaus erstellen. Auf mehreren Seiten soll der Besucher der Website auswählen können, was er übers Internet kaufen will. Zum Schluss kann der Besucher seine Bestellung per Klick auf eine Schaltfläche abschicken und die Bestellliste wird automatisch an das Warenhaus zurückgemeldet. Kann man dies im Prinzip mit Java realisieren?

Natürlich können Sie zur Erstellung des elektronischen Bestellkatalogs Java verwenden, doch wenn es darum geht, die Bestellliste direkt über die bestehende Client/Server-Verbindung an den Betreiber der Website zurückzumelden, ist ein serverseitiges Skript oder CGI-Programm die bessere Wahl.

14.12 Übungen

1. Wenn Sie über eine eigene Website verfügen, laden Sie das HTML-Dokument *AppletRufen.html* zusammen mit dem Applet *HalloWWW.class* einmal probeweise auf die Site hoch und rufen Sie es über einen Browser auf.
2. Schreiben Sie das `Spot`-Applet so um, dass man ihm via HTML-Parameter angeben kann, wie viele Flecke in welcher Farbe gezeichnet werden sollen.

15 Threads und Animation

Sie lernen in diesem Kapitel,

- *ein bisschen Hintergrundwissen zur Arbeit Ihres Prozessors,*
- *was Threads und Prozesse sind,*
- *wie Threads synchronisiert werden,*
- *warum Threads für Applets so interessant sind,*
- *wie man bestehende Klassen threadfähig machen kann,*
- *wie man mit Threads Animationen programmiert.*

Wenden wir uns nun dem letzten wirklich neuen Konzept zu, das Java noch für Sie bereithält: den Threads! Der Begriff stammt aus dem Englischen und bedeutet an sich »Faden«. Was für Fäden sind damit wohl gemeint? Lesen Sie mal wieder ein gutes Buch, dann wissen Sie es. Denken Sie beispielsweise an Edgar Allen Poes Kurzgeschichte »Der Untergang des Hauses Usher«. Eine ebenso kunstvolle wie geradlinige Geschichte über die Sühne einer inzestuösen Liebe. Geradlinig, weil es im Wesentlichen nur einen Handlungsfaden gibt (oder einen Handlungsstrang, wie man im Deutschen üblicherweise sagt). Genauso einfach und geradlinig – wenn auch zweifelsohne nicht ganz so kunstvoll – waren unsere bisherigen Programme gestrickt. Der Handlungsfaden unserer Programme kann zwar äußerst verwickelt sein (durch Schleifen, Methodenaufrufe oder Abfangen von Anwendereingaben), doch es ist immer nur ein einziger auszuführender Faden gewesen.

Nehmen Sie dagegen einen größeren Roman, beispielsweise »Besessen« von A.S. Byatt – eine ebenso spannende wie hinreißende philologische Spurensuche. Hier gibt es mehrere Handlungsstränge, die teilweise noch auf unterschiedlichen Zeitebenen spielen. Das wollen wir nun auch versuchen: ein Programm mit mehreren Fäden zu erstellen, die nebeneinander ausgeführt werden.

15.1 Multithreading mit Java

Bevor wir Ihnen den Begriff »Thread« näher erläutern werden, wollen wir uns erst einmal ein lehrreiches Beispiel anschauen.

Nehmen wir mal an, dass Sie die Attraktivität Ihrer Homepage erhöhen wollen, indem Sie ein Applet mit einer Zeitanzeige einbauen.

Doch wie gehen Sie dazu vor? Einzige Aufgabe des Applets soll es sein, fortlaufend die aktuelle Uhrzeit anzuzeigen. Um dies zu realisieren bietet es sich an, in der `start()`-Methode eine Endlosschleife zu programmieren, in der bei jedem Durchlauf die aktuelle Zeit abgefragt und angezeigt wird.

Eine mögliche Umsetzung dieser Idee könnte wie folgt aussehen:

```
// fehlerhafte Implementierung
import java.util.Date;
import java.text.*;
import java.applet.Applet;
import java.awt.*;
```

```
public class Uhrzeit_Test extends Applet {
  String     m_aktZeit;
  DateFormat m_formatierer;
  Font       m_anzeigeFont;

  public void init() {
     m_formatierer = DateFormat.getTimeInstance();
     m_anzeigeFont = new Font("Serif",Font.BOLD,26);
  }

  public void start() {
     while(true) {
       m_aktZeit = m_formatierer.format(new Date());
       repaint();
     }
  }

  public void paint(Graphics g) {
     g.setFont(m_anzeigeFont);
     g.setColor(Color.blue);
     g.drawString(m_aktZeit,20,45);
  }
}
```

Hinweis

Die Programmierung mit den Klassen `Date` *und* `DateFormat` *wurde bereits in Kapitel 7.2 behandelt.*

Analyse

Die aktuelle Zeit besorgen wir uns durch Instanzbildung der Java-Klasse `Date` und wir wandeln sie mittels der `DateFormat`-Klasse in einen formatierten String um, den wir in der `paint()`-Methode des Applets ausgeben lassen.

Die Endlosschleife

In der `start()`-Methode des Applets soll nun fortlaufend die aktuelle Zeit abgefragt, in einen String formatiert und ausgegeben werden. Im obigen Programm haben wir dies dadurch versucht zu realisieren, dass wir eine `while`-Schleife eingerichtet haben, in deren Bedingung wir direkt das Schlüsselwort `true` angeben. Die Schleifenbedingung ist also immer erfüllt und die Schleife wird ohne Ende ausgeführt (es sei denn, man würde sie mithilfe einer `break`-Anweisung irgendwann verlassen, was in unserem Beispiel aber nicht der Fall ist).

```
public void start() {
  while(true) {
    m_aktZeit = m_formatierer.format(new Date());
    repaint();
  }
}
```

In der Schleife fragen wir das Datum ab, lassen es in einen String formatieren und veranlassen durch einen Aufruf von `repaint()` das Neuzeichnen des Applets und damit die Ausgabe der aktuellen Zeit.

Wenn Sie dieses Applet aber kompilieren und beispielsweise mit dem AppletViewer ausprobieren, werden Sie eine herbe Enttäuschung erleben: es wird nichts angezeigt! Außerdem werden Sie feststellen, dass der AppletViewer oder Browser nur noch mit einer gewissen Zeitverzögerung auf Ihre Eingaben reagiert (beispielsweise beim Schließen). Was ist bloß los?

Das Problem

Das Problem liegt darin, dass die schnelle Aufeinanderfolge der einzelnen Iterationen dazu führt, dass die Ausgabe nicht lange genug sichtbar bleibt, um gesehen werden zu können.

Dieses Problem kann auch nicht durch die direkte Grafikausgabe durch Beschaffung eines eigenen `Graphics`-Objekts mit `getGraphics()` gelöst werden.

Was wir bräuchten, wäre eine Möglichkeit, die Schleife für eine gewisse Zeit anzuhalten, sodass in dieser Zeit die Grafikausgabe sichtbar werden kann. Diese Möglichkeit besteht tatsächlich: Es ist die statische Methode `Thread.sleep(long);`.

Die Klasse `Thread` ist in dem Paket `java.lang` definiert und daher automatisch verfügbar.

Unsere überarbeitete `start()`-Methode sieht nun folgendermaßen aus:

```
public void start() {
  while(true) {
    m_aktZeit = m_formatierer.format(new Date());
    repaint();

    try {
      // 1000 Millisekunden schlafen
      Thread.sleep(1000);
    }
    catch(InterruptedException e) {
       // Java verlangt das Abfangen dieser
       // Exception für die sleep()-Anweisung
       return;
    }
  }
}
```

Analyse

Jetzt wird die Schleife in jeder Iteration für ungefähr 1 Sekunde angehalten. Leider nicht nur die Schleife! Die Methode `sleep()` hält den ganzen Thread an und da das Applet nur aus einem Thread besteht, bedeutet dies, dass das ganze Applet schlafen gelegt wird. Wir haben also das gleiche Problem wie zuvor: von der Zeitanzeige ist nichts zu sehen.

Doch mittlerweile sind wir ganz dicht dran an der korrekten Lösung.

Die Lösung: Threads

Obige Konstellation ist ein geradezu klassisches Beispiel. Ein Programm führt eine relativ zeitaufwendige Berechnung durch (oder wie hier eine Schlafoperation, wo einfach nichts getan wird) und »saugt« dadurch die komplette Rechenzeit auf, sodass das Programm währenddessen nichts anderes mehr machen kann. Um für solche Situationen Abhilfe zu schaffen, wurde das Konzept der sogenannten *Threads* entwickelt, das wir uns nun kurz anschauen wollen.

Wenn Sie ein Programm starten, legt das Betriebssystem für die Programminstanz zuerst eine passende Verwaltungseinhheit an (in Form eines *Prozesses*) und führt dann den Code des Programms über einen Thread aus. Für jedes Programm, das gerade auf Ihrem Rechner läuft, gibt es also (mindestens) einen eigenen Thread. Wenn Sie einen Rechner mit mehreren Prozessorkernen besitzen, können so viele dieser Threads gleichzeitig (parallel) ausgeführt werden, wie Prozessorkerne zur Verfügung stehen. Gibt es mehr Threads als Prozessorkerne, müssen sich mehrere Threads einen Prozessorkern teilen. In diesem Fall weist das Betriebssystem den Threads Zeitscheiben zu und lässt sie in schneller Folge abwechselnd den Prozessorkern nutzen. Die Threads werden dann zwar nicht wirklich parallel ausgeführt, aber beim Anwender entsteht zumindest der Eindruck, die mit den Threads verbundenen Programme würden gleichzeitig laufen (*präemptives Multithreading*).

Hinweis

Während verschiedene Prozesse (Programme) nichts miteinander zu tun haben, sind die Threads eines Prozesses eng miteinander verzahnt, da sie auf dem gleichen Speicherbereich operieren, d.h., sie können alle auf die Variablen und Daten des zugrunde liegenden Programms zugreifen (und dadurch miteinander kommunizieren und zusammenarbeiten).

Wichtig für uns ist, dass jedes Programm zusätzlich zu seinem Haupt-Thread noch weitere Threads erzeugen und ausführen lassen kann, die dann parallel ablaufen, d.h. jeder Thread bekommt vom Betriebssystem seinen eigenen Prozessor oder zumindest seine eigene Prozessorzeit zugewiesen. Diese Technik werden wir uns im nachfolgenden Abschnitt für die Implementierung unseres Uhrzeit-Applets zunutze machen.

15.2 Eigene Threads erzeugen: die Klasse Thread

Die Realisierung eigener Threads erfolgt durch den Einsatz der Klasse `Thread` (Paket `java.lang`, also keine explizite `import`-Anweisung notwendig).

Die Implementierung des Threads wird damit denkbar einfach: man leitet einfach eine eigene Klasse von der Basisklasse `Thread` ab. Dadurch erbt man eine Reihe interessanter Methoden zur Steuerung der Thread-Ausführung, von denen uns folgende Methoden besonders interessieren:

- `run()`. Anwendungen starten mit der `main()`-Methode, Applets mit `start()`, und Threads mit `run()`. Alle Anweisungen, die der Thread ausführen soll, gehören also in die Implementierung dieser Methode, die Sie folglich unter Beibehaltung der vorgegebenen Signatur überschreiben müssen. Diese Methode dürfen Sie nicht selbst aufrufen. Die `run()`-Methode ist das Herz eines Threads. Wenn sie beendet wird, endet auch das Leben des Threads.

- `start()`. Die Methode `start()` rufen Sie auf, um den Thread zu starten. Diese Methode führt einige Initialisierungen durch und ruft dann die `run()`-Methode des Threads auf.
- `currentThread()`. Liefert eine Referenz auf den Thread, der zurzeit vom Prozessor abgearbeitet wird. Diese Methode ist statisch, d.h., sie kann auch ohne Instanz aufgerufen werden als `Thread.currentThread()`.
- `sleep(long zeit)`. Eine weitere statische Methode, die veranlasst, dass der Thread für `zeit` Millisekunden nichts tut, sich also schlafen legt. Der Aufruf dieser Methode muss in einem `try-catch`-Block gekapselt werden, da nach Ablauf der Wartezeit immer eine `InterruptedException` erzeugt wird.
- `interrupt()`. Setzt eine interne Thread-Variable (das interrupted-Flag) auf `true`.
- `isInterrupted()`. Liefert als Rückgabe `true`, wenn bei der zugehörigen Thread-Instanz das interrupted-Flag auf `true` gesetzt worden ist.
- `setPriority(int p)`. Setzt die Priorität des Threads auf den Wert `p`.

Merke

In Java können Sie Klassen durch Ableitung von der Basisklasse `Thread` *threadfähig machen. Die Anweisungen für den Thread stehen in seiner* `run()` *Methode, die nur indirekt über* `start()` *aufgerufen wird.*

Gelegentlich können Sie in Programmen noch den Einsatz der Thread-Methoden `stop()`, `resume()` und `suspend()` sehen, die sich aber als absturzfördernd herausgestellt haben. Ab Java 1.2 sind sie daher gar nicht mehr zulässig und werden im Folgenden auch nicht erläutert.

Kehren wir zurück zu unserem Uhrzeit-Applet. Dieses soll zwei Aufgaben quasi gleichzeitig erledigen: das Abfragen der aktuellen Zeit und deren Anzeige im Bereich des Applets. Da wir beide Aufgaben wie gesehen nicht in einer Endlosschleife erledigen können, teilen wir sie auf zwei Threads auf:

- den Haupt-Thread des Applets, der für die Anzeige zuständig ist, und
- einen zusätzlichen Thread, der ständig die aktuelle Zeit abfragt, in einen String formatiert und zur Anzeige bringt.

Damit haben wir schon die Grundlagen zum Verwenden eines Threads. Schauen wir uns nun das modifizierte Uhrzeit-Applet an:

Listing 15.1: Uhrzeit.java

```
import java.util.Date;
import java.text.*;
import java.applet.*;
import java.awt.*;

public class Uhrzeit extends Applet {
  String m_aktZeit;
  DateFormat m_formatierer;
```

```
ZeitThread m_zeit;
Font m_anzeigeFont;

public void init()   {
  m_anzeigeFont = new Font("Serif",Font.BOLD,22);
  m_formatierer = DateFormat.getTimeInstance();
  m_aktZeit = m_formatierer.format(new Date());

  // eine Instanz der Thread-Klasse anlegen und starten
  m_zeit = new ZeitThread();
  m_zeit.start();
}

public void start()   {
  // einen Thread starten
  if(m_zeit == null) {
    m_zeit = new ZeitThread();
    m_zeit.start();
  }
}

public void stop() {
  // den Thread beenden
  if(m_zeit != null) {
    m_zeit.interrupt();
    m_zeit = null;
  }
}

public void destroy() {
  // den Thread beenden
  if(m_zeit != null) {
    m_zeit.interrupt();
    m_zeit = null;
  }
}

public void paint(Graphics g) {
  // die aktuelle Uhrzeit anzeigen
  g.setFont(m_anzeigeFont);
  g.setColor(Color.blue);
  g.drawString(m_aktZeit,20,45);
}

// den Thread als innere Klasse definieren
class ZeitThread extends Thread {
  public void run()  {
    while(isInterrupted() == false) {
      m_aktZeit = m_formatierer.format(new Date());
      repaint();
```

```
59
60          // kurze Zeit schlafen
61          try {
62            sleep(1000);
63          }
64          catch(InterruptedException e)  {
65            return;
66          }
67        }
68      }
69    }
70  }
```

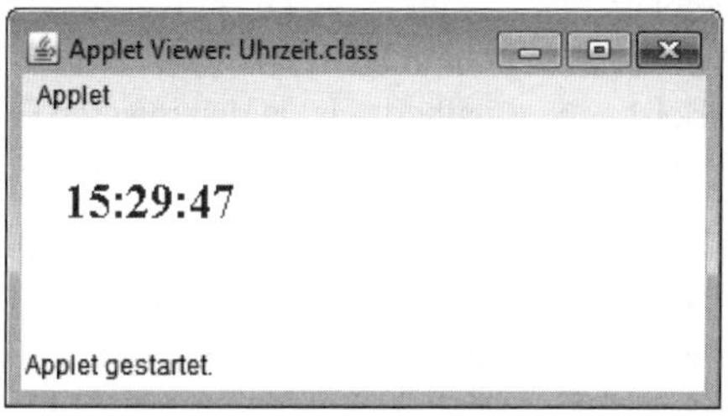

Abbildung 15.1: Das Zeitanzeige-Applet

Analyse

Schauen wir uns zuerst die Implementierung unserer Thread-Klasse `ZeitThread` an, die wir als innere Klasse der Applet-Klasse definiert haben, damit ihre `run()`-Methode und die `paint()`-Methode des Applets ohne Probleme auf den gleichen Variablen operieren können. Das Anlegen der Thread-Klasse ist gar nicht schwierig:

- Wir leiten die Klasse einfach von der Basisklasse `Thread` ab (Zeile 54)
- und überschreiben die Methode `run()`, in der im Wesentlichen die gleichen Anweisungen stehen, die wir zuvor in der `start()`-Methode des Applets stehen hatten (ab Zeile 55).
- In der `init()`-Methode der Applet-Klasse erzeugen wir dann einen neuen Thread und starten dessen Ausführung (Zeilen 18 und 19).

Der Browser ruft die `init()`-Methode des Applets auf, in der wir eine Instanz unserer Thread-Klasse anlegen und starten. Ab diesem Moment laufen zwei (sogenannte Vordergrund-)Threads: der Haupt-Thread des Applets und der neue Thread vom Typ `ZeitThread`. In dessen `run()`-Methode wird in einer Schleife die aktuelle Zeit abgefragt, in einen String konvertiert und die Aufforderung zum Neuzeichnen abgeschickt. Danach legt sich der Thread für eine Sekunde schlafen, um dann das Spiel von vorne zu beginnen. Im Gegensatz zu den bisherigen Varianten funktioniert das Applet nun korrekt! Der Grund dafür liegt darin, dass die `sleep()`-Anweisung nur den `m_zeit`-Thread betrifft. Der Haupt-Thread ist davon nicht betroffen und kann ungestört den im Sekundentakt eintreffenden Aufforderungen zum Neuzeichnen nachkommen. In der `run()`-Methode testet die Instanz von `ZeitThread` mittels `isInterrupted()`, ob ihr interrupted-Flag gesetzt worden ist. Ist dies der Fall (ist der zurückgelieferte Wert `true`), dann weiß die Thread-Instanz, dass das Applet seine Beendigung wünscht. Die `while`-Schleife wird dann verlassen und die `run()`-Methode und somit auch das Leben des Threads enden. Beachten Sie, dass wir schon in der `init()`-Methode vorsorglich eine Zeit an `m_aktZeit` zuweisen. Dies ist notwendig, da durch die Java-Laufzeitumgebung die `paint()`-Methode schon aufgerufen werden kann, bevor die `run()`-Methode des Threads aufgerufen wird. Wenn `m_aktZeit` dann noch nicht initialisiert wäre, würde eine `null-pointer exception` ausgelöst, was kein Weltuntergang wäre, aber peinlich ist!

Beachten Sie bitte ferner, dass in unserem Beispiel die `stop()`-Methode des Applets den aktiven Thread nicht nur stoppt, sondern völlig beendet. Bei einem erneuten Aufruf von `start()` wird ein ganz neuer Thread erzeugt. Diese »Holzhammermethode« ist in den meisten Fällen ausreichend. Wir werden in Kürze noch einmal darauf zurückkommen.

Das Programm würde auch ohne die `sleep()`-Anweisung in der `run()`-Methode des `m_zeit`-Threads funktionieren, allerdings würde dann die Vielzahl der `paint()`-Aufrufe zum Flimmern und zur Überlastung des Haupt-Threads führen.

15.3 Eigene Threads erzeugen: die Runnable-Schnittstelle

Merke

Klassen, die bereits eine Basisklasse haben, können mithilfe der Schnittstelle `Runnable` *threadfähig gemacht werden.*

Wow, das ist doch eine tolle Sache mit diesen Threads! Doch was ist, wenn man eine Klasse threadfähig machen möchte, die bereits von einer anderen Basisklasse abgeleitet wird? Mehrfachvererbung von Klassen ist in Java ja bekanntlich nicht erlaubt (siehe *Kapitel 5.5*). Nun, für solche Fälle hält Java die Möglichkeit der Implementierung von Schnittstellen bereit, und so gibt es auch für die Erzeugung threadfähiger Klassen eine eigene Schnittstelle: `Runnable`.

Wenn Sie eine Klasse von der Klasse `Thread` ableiten, erbt diese Klasse die Methode `run()`, die Sie mit der gewünschten Funktionalität überschreiben. Wenn Sie eine Klasse erstellen, die die `Runnable`-Schnittstelle implementiert, versichern Sie dem Compiler, dass Ihre neue Klasse eine `run()`-Methode für einen Thread enthält. Das Erzeugen eines neuen Threads läuft dann im Prinzip wie vorher ab, allerdings instanzieren Sie nun direkt ein `Thread`-Objekt und keine von `Thread` abgeleitete Klasse und geben dem Konstruktor eine Referenz mit, wo er seine `run()`-Methode suchen soll. Dies soll die aufrufende Klasse sein (die auch die `Runnable`-Schnittstelle realisiert), also `this`. In der `run()`-Methode brauchen wir nun noch eine Abfrage, mit der der Thread erkennen kann, ob er weitermachen oder sein Leben beenden soll. Hierfür kann man die statische Methode `currentThread()` verwenden, die eine Referenz auf den gerade ablaufenden Thread enthält. Wenn diese Referenz nicht mehr auf den Thread zeigt, weiß er, dass er aufhören soll.

```
// siehe Übung 2 für vollständigen Code
public class Uhrzeit extends Applet implements Runnable {
   Thread m_zeit;   // die Referenz auf den Thread

  // dies ist die run()-Methode innerhalb des
  // Applets für den Thread
  public void run() {
    while(m_zeit = Thread.currentThread()) {
      // Anweisungen, was der Thread machen soll
      // ...
    }
  }
```

In der `init()`-Methode des Applets wird nun ganz normal der Thread erzeugt – allerdings mit dem Unterschied, dass wir dem Konstruktor durch die `this`-Referenz mitteilen, dass sich seine `run()`-Methode in der aufrufenden Klasse befindet:

```
public void init() {
   // einen zusätzlichen Thread anlegen
   m_zeit = new Thread(this);
   // den neuen Thread starten
   m_zeit.start();
}
```

Danach können Sie in gewohnter Weise über den Namen der `Thread`-Instanz auf die `Thread`-Methoden zur Steuerung des zusätzlichen Threads zurückgreifen.

Beachten Sie, dass Instanzen von Klassen, die von `Thread` abgeleitet sind oder `Runnable` implementieren, erst einmal ganz normale Klasseninstanzen sind. Was sie allerdings auszeichnet, ist die Möglichkeit, die in ihrer Klassendeklaration definierte `run()`-Methode als eigenständigen Thread ausführen zu lassen.

15.4 Wissenswertes rund um Threads

Prioritäten

Jeder Thread hat eine bestimmte Priorität. Werden auf einem System mehr Threads ausgeführt als Prozessorkerne verfügbar sind, führt das Betriebssystem grundsätzlich zuerst die Threads mit höherer Priorität aus.

Standardmäßig erbt ein Thread die Priorität des Threads, der ihn erzeugt hat. Man hat aber auch die Möglichkeit, mithilfe der Methode

```
setPriority(int)
```

die Priorität selbst festzulegen. Der Parameter muss dabei im Bereich der Konstanten `Thread.MIN_PRIORITY` und `Thread.MAX_PRIORITY` liegen.

Synchronisierung

Ein weiterer wichtiger Gesichtspunkt der Thread-Programmierung ist die Synchronisierung von mehreren Threads. Man kann hierbei zwei Fälle unterscheiden:

Im ersten Fall erzeugt das Hauptprogramm bzw. Applet mehrere Threads, die irgendwelche netten Dinge tun, die unabhängig voneinander sind. Beispielsweise könnte ein Thread für die Anzeige der Uhrzeit verantwortlich sein, während ein anderer eine Sounddatei abspielt. Dies ist kein Problem, da die Threads auf verschiedenen Daten operieren.

Aufpassen muss man im anderen Fall, wenn mehrere Threads auf gemeinsamen Daten arbeiten müssen. Angenommen, wir haben eine Liste von Personen und zwei Threads, die darauf operieren. Thread A verwaltet den Status der Personen (ledig, verheiratet) und Thread B beantwortet Anfragen nach dem Status. Dann könnte Folgendes passieren, wenn wir eine Liste mit Personen haben:

Dirk(ledig) – Peter(ledig) – Volker(ledig) – Hannah(ledig) – Petra(ledig) – ...

Nehmen wir an, dass Dirk Petra heiratet. Thread A wird aufgerufen und setzt den Status von Dirk und Petra auf verheiratet. So weit so gut, und alle sind hoffentlich zufrieden. Ein Problem kann aber auftauchen, wenn zeitgleich zu Thread A auch Thread B aufgerufen wird mit dem Auftrag, den Status von Dirk und Petra auszugeben. Da das Java-Laufzeitsystem zwischen den Threads hin- und herschaltet, könnte folgendes Resultat herauskommen:

Thread A macht sich auf die Socken und findet zuerst Dirk in der Liste und ändert seinen Status auf verheiratet. Dann sucht er in der Liste weiter und gelangt zu Petra. Aber gerade als er auch den Status von Petra anpassen will, würgt ihn die Java-Maschine ab, schiebt ihn aufs Abstellgleis und lässt Thread B seine Arbeit machen. Der sucht und findet Dirk und meldet ihn als verheiratet. Dann geht er weiter zu Petra, die allerdings noch als ledig eingetragen ist! Damit ist Thread B am Ende und Thread A erhält wieder Rechenzeit und ändert den Status von Petra auf verheiratet, leider zu spät!

Sicherlich ist Ihnen klar, dass so etwas ganz schön Verwirrung stiften könnte. Das Problem ist, dass unabhängige Threads auf der gleichen Datenstruktur operieren, die für so etwas nicht ausgelegt ist. Man nennt dies auch: Sie ist nicht threadsicher. Für solche Fälle erlaubt Java die sogenannte *Synchronisation* der Threads. Sie erfolgt durch das Schlüsselwort `synchronized`, mit dem man einen Block von Anweisungen oder eine ganze Methode sichern kann. Wenn ein Thread einen derart gesicherten Bereich betritt, kann kein anderer Thread diesen Bereich betreten. Dadurch wird sichergestellt, dass ein Thread seine Arbeit zu Ende bringen kann.

Der Einsatz von synchronized kann in zwei Varianten erfolgen:

- Eine komplette Methode einer Klasse wird durch Voranstellen des Schlüsselwortes synchronized vor den Methodennamen geschützt:

```
synchronized void kritischeMethode() {
  // hier die Anweisungen
}
```

- Eine andere Möglichkeit ist das Sichern eines Objekts dasObjekt :

```
synchronized(dasObjekt) {
    // hier die Anweisungen, die gesichert sein sollen
}
```

Das oben beschriebene Szenario mit dem Bearbeiten einer gemeinsamen Liste durch zwei unabhängige Threads lässt sich nun folgendermaßen lösen. Sei AendernThread die Thread-Klasse zum Ändern des Status eines Paars und AusgebenThread die Klasse zum Ausgeben des Status von zwei Personen. Beide Klassen haben einen Konstruktor, der neben Namen und Status auch eine Referenz auf die gemeinsame Namensliste (z.B. vom Typ LinkedList) erhält. Um sicherzustellen, dass nur ein Thread auf der Liste operiert, sichert einfach jeder Thread in seiner run()-Methode den Zugriff auf die Liste. Für die Klasse AendernThread könnte das wie folgt aussehen:

```
class AendernThread extends Thread {
  LinkedList m_liste;
  String m_person1, m_person2, m_status;

  // der Konstruktor
  AendernThread(LinkedList l, String n1, String n2, String st) {
    m_liste = l;
    m_person1 = n1;
    m_person2 = n2;
    m_status = st;
  }

  public void run() {
    synchronized(m_liste) {
        // Anweisungen, die auf der Liste operieren
        // ...
    }
  }
}
```

Ressourcen sparen

Wenn Sie Programme oder Applets schreiben, die Threads erzeugen, sollten Sie auch dafür sorgen, dass diese Threads ordnungsgemäß beendet werden. Dies ist insbesondere bei Applets wichtig.

Threads von Applets, die vom Browser nicht mehr angezeigt werden, sollten beendet werden, d.h., die Threads müssen ihre `run()`-Methode beenden. Hier kommen wieder die Applet-Methoden `start()`, `stop()` und `destroy()` ins Spiel.

Wenn der Browser zu einer anderen Seite wechselt, ruft er die `stop()`-Methode des aktuellen Applets auf, damit es sich zur Ruhe legt. Kehrt der Anwender zu der Seite mit dem Applet zurück, wird das Applet wieder zum Leben erweckt, ausgehend von seinem letzten Zustand. Dies haben Sie schon im letzten Kapitel gelernt. Dort mussten wir uns aber darum nicht weiter kümmern, da die Applets keine eigenen Threads erzeugten. Wenn die Applets vom Browser stillgelegt wurden, war Funkstille. Wenn dagegen separate Threads im Applet laufen, muss sich der Programmierer – also Sie – darum kümmern, dass diese zusammen mit dem Applet stillgelegt werden.

Die einfachste Vorgehensweise, deren wir uns schon in den obigen Beispielen bedient haben, ist das völlige Beenden der aktuellen Threads, indem das Applet in seiner `stop()`-Methode den laufenden Threads durch den Aufruf ihrer `interrupt()`-Methoden signalisiert, dass sie sich beenden sollen.

Die `run()`-Methode der Threads muss dazu eine `while`-Schleife implementieren, die permanent mittels `isInterrupted()` testet, ob ein Abbruchwunsch vorliegt:

```
public void run() {
  while(isInterrupted() == false){
    // Anweisungen des Threads
  }
}
```

Durch diese Vorgehensweise werden Threads also nicht nur gestoppt, sondern richtig beendet. Beim Aufruf von `start()` in der Applet-Klasse muss daher ein ganz neuer Thread erzeugt und gestartet werden. Will man einen Thread nur »auf Eis legen«, sodass er beim Aufwecken da weitermacht, wo er war, als er gestoppt wurde, müssen komplizierte Synchronisierungskonzepte eingesetzt werden, die wir Ihnen hier ersparen wollen. (Es gäbe zwar eine recht einfache Lösung, die auf den Thread-Methoden `stop()` und `resume()` aufbaut, doch haben sich diese leider als absturzfördernd herausgestellt und sollten daher nicht mehr verwendet werden.)

Hinweis

Die meisten aktuellen Browser verlassen sich nicht mehr darauf, dass die Applets korrekt unter Verwendung von `stop()` und `start()` implementiert sind. Sie lösen die Applets gänzlich auf, wenn die zugehörige Seite verlassen wird und starten es beim nächsten Mal neu. Trotzdem sollten Sie sich angewöhnen, `stop()` und `start()` in der vorgesehenen Weise zu verwenden.

15.5 Threads und Animation

Ein Paradebeispiel für den sinnvollen Einsatz von Threads sind Animationen, d.h. bewegte Grafiken oder Bilder. Warum? Weil hier wieder das typische Szenario vorliegt, bei dem von nun an bei Ihnen die Thread-Alarmglocke bimmeln sollte: Aufwendige Berechnungen/Aktionen müssen durchgeführt werden (hier das Erstellen und Verschieben von Grafiken auf dem Bildschirm), gleichzeitig darf aber das Programm nicht lahmgelegt werden (beispielsweise sollen Menübefehle und Schaltflächen weiterhin jederzeit aktivierbar sein).

Zur Veranschaulichung soll das nächste Beispiel dienen, das neben dem Einsatz von Threads auch zeigt, wie einfache Animationen prinzipiell durchgeführt werden können.

Ein Applet soll erstellt werden, das auf einem roten Hintergrund zwei Marsmännchen hin- und herbewegt.

Listing 15.2: Mars_Applet.java

```
import java.awt.*;
import java.applet.*;
import java.awt.event.*;
import java.util.*;

class MeinCanvas extends Canvas {
  MeinCanvas() {
    setBackground(Color.red);
    setForeground(Color.black);
  }

  public void paint(Graphics g) {
    super.paint(g);
    g.setColor(Color.red);
    g.fillOval(1,1,5,5);
  }
}


public class Mars_Applet  extends Applet {
  MeinCanvas m_malFlaeche;
  LinkedList<Alien> m_alienListe;

  public Mars_Applet() {
    // Oberflaeche anlegen
    setLayout(new BorderLayout());
    m_malFlaeche = new MeinCanvas();
    add("Center",m_malFlaeche);
```

```
    // Mausadapter registrieren
    m_malFlaeche.addMouseListener(new MeinMausAdapter());

    // Liste für Marsmenschen anlegen
    m_alienListe = new LinkedList<Alien>();
  }

  public void start() {
    Alien alien = new Alien(m_malFlaeche,10,10);
    alien.start();
    m_alienListe.add(alien);
    alien = new Alien(m_malFlaeche,200,50);
    alien.start();
    m_alienListe.add(alien);
  }

  void loescheListe() {
    // die bisherige Liste an Aliens loeschen
    for(Alien alien : m_alienListe)
      alien.interrupt();

    m_alienListe.clear();
  }

  public void stop() {
    loescheListe();
  }

  public void destroy() {
    loescheListe();
  }

  // einen MouseAdapter als innere Klasse
  // jeder Mausklick = neuer Thread
  class MeinMausAdapter extends MouseAdapter {
    public void mousePressed(MouseEvent e) {
      Alien neu = new Alien(m_malFlaeche,e.getX(),e.getY());
      neu.start();
      m_alienListe.add(neu);
    }
  }
}
```

Analyse

Soweit die Applet-Klasse. Im Konstruktor richten wir die GUI-Oberfläche ein, d.h. den Layout-Manager und die `MCanvas`-Leinwand, in der wir unsere Marsmännchen herumfliegen lassen. (Wundern Sie sich nicht über die `fillOval()`-Ausgabe in der `paint`-Methode von `MeinCanvas`. Unter bestimmten Browser/Betriebssystem-Kombinationen wird der Hintergrund nicht richtig initialisiert, wenn nicht etwas in die Zeichenfläche gemalt wird.)

Das Applet soll bei jedem Mausklick ein neues Männchen erzeugen. Daher versehen wir die `MCanvas`-Instanz `m_malFlaeche` mit einem Mausadapter zum Registrieren von Mausklicks. Den Mausadapter definieren wir als innere Klasse von `Mars_Applet`, damit wir Zugriff auf die Variablen der Klasse `Mars_Applet` haben. Wenn ein Mausklick erfolgt, wird ein neuer Thread erzeugt und gestartet und in die Liste eingefügt.

Die Marsmenschen selbst erzeugen wir in der `start()`-Methode des Applets als Instanzen der weiter unten definierten Klasse `Alien`. Als Parameter übergeben wir das Canvas-Objekt, in das sich die Instanzen der Klasse `Alien` selbst zeichnen sollen, sowie die Startpositionen der Marsmännchen. Die Klasse `Alien` ist von `Thread` abgeleitet und damit threadfähig. In der `run()`-Methode der Klasse (siehe unten) werden die Marsmenschen fortwährend über die Leinwand bewegt. Um die Marsmenschen in Bewegung zu setzen, rufen wir daher für beide Aliens die Thread-Methode `start()` auf. Die Männchen verwalten wir in einer verketteten Liste (`LinkedList`).

Danach folgen die Implementierungen der Applet-Methoden `stop()` und `destroy()`, in denen die Threads erzeugt bzw. beendet werden. Alle diese Methoden verwenden die Methode `loescheListe()`, die mithilfe eines Iterators durch die Liste der Männchen geht und ihnen durch Setzen des interrupted-Flags mitteilt, dass sie ihre `run()`-Methode verlassen sollen. Danach kann die Liste mittels `clear()` komplett gelöscht werden.

Das Beenden eines Threads erfolgt dadurch, dass er seine `run()`-Methode verlässt. Die vorhandene Thread-Methode `stop()` sollte nicht dazu verwendet werden, da dies zu Systemabstürzen oder zumindest seltsamen Effekten führen kann.

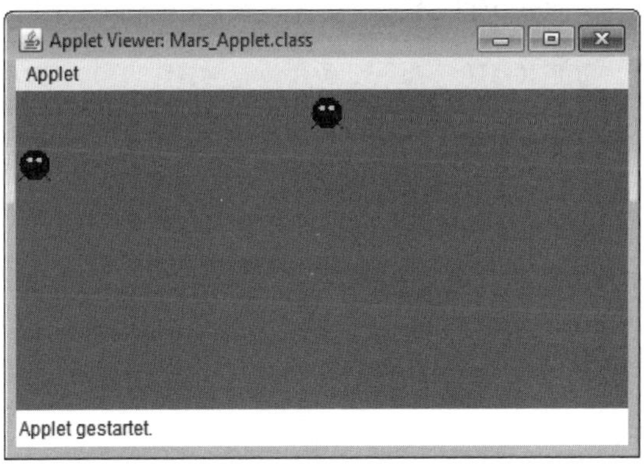

Abbildung 15.2: Die Marsmenschen kommen

```
// Datei Mars_Applet.java Teil II
class Alien extends Thread {
  Canvas m_anzeige;
  int m_xPos,m_yPos;
  int m_dx = 2;  // Schrittweite in x und y Richtung
  int m_dy = 2;

  Alien(Canvas c,int x,int y) {
    m_anzeige = c;
    m_xPos = x;
    m_yPos = y;
  }

  public void run() {
    anzeigen(); // Alien an der Startposition malen

    while(isInterrupted() == false) {
      bewegen();

      try {
         sleep(20);
      }
      catch(InterruptedException e) {
         return;
      }
    }
  }

  void anzeigen() {
    Graphics g = m_anzeige.getGraphics();
    g.fillOval(m_xPos, m_yPos, 20,20);
    g.drawLine(m_xPos+10, m_yPos+10, m_xPos, m_yPos+20);
    g.drawLine(m_xPos+10, m_yPos+10, m_xPos+20, m_yPos+20);
    g.setColor(Color.green);
    g.fillOval(m_xPos+5, m_yPos+5, 4,4);
    g.fillOval(m_xPos+11, m_yPos+5, 4,4);
    g.dispose();
  }

  void bewegen() {
    int xNeu, yNeu;
    Dimension m;
    Graphics g;

    g = m_anzeige.getGraphics();
    m = m_anzeige.getSize();
    xNeu = m_xPos + m_dx;
    yNeu = m_yPos + m_dy;
```

```
    if(xNeu < 0) {
      xNeu = 0;
      m_dx = -m_dx;
    }
    if(xNeu + 20 >= m.width) {
      xNeu = m.width - 20;
      m_dx = -m_dx;
    }
    if(yNeu < 0) {
      yNeu = 0;
      m_dy = -m_dy;
    }
    if(yNeu + 20 >= m.height) {
      yNeu = m.height - 20;
      m_dy = -m_dy;
    }


    g.setColor(m_anzeige.getBackground());
    g.fillRect(m_xPos-2, m_yPos-2, m_xPos+22, m_yPos+22);

    m_xPos = xNeu;
    m_yPos = yNeu;
    anzeigen();
    g.dispose();
  }
}
```

Analyse

Schauen wir uns nun die Klasse `Alien` näher an, die von `Thread` abgeleitet ist.

In der `run()`-Methode von `Alien` findet die eigentliche Animation statt: In einer Endlosschleife wird das Männchen um wenige Pixel verschoben und mithilfe der Methode `bewegen()` neu gezeichnet. Anschließend wird kurz geschlafen, damit die Männchen einen Augenblick auf der Leinwand zu sehen sind, dann geht es weiter mit dem nächsten Schleifendurchlauf. Beachten Sie wieder den Test mittels `isInterrupted()` im Schleifenkopf, welcher der Thread-Instanz anzeigt, ob sie ihr Dasein beenden soll.

Die `Alien`-Methode `anzeigen()` dient dazu, die Marsmännchen an einer bestimmten Position (gegeben durch die Instanzvariablen `m_xPos` und `m_yPos`) einzuzeichnen.

Der Bouncing-Ball-Algorithmus

Werfen wir nun einen Blick auf die `Alien`-Methode `bewegen()`. Dort werden die Marsmännchen animiert, d.h.

- wir übertünchen zunächst die alte Position des Marsmenschen in der Hintergrundfarbe der Canvas,
- ermitteln dann die neue Position des Marsmännchens
- und zeichnen das Männchen an der neuen Position ein (durch Aufruf der Methode `anzeigen()`.

Damit die Marsmenschen an den Rändern unseres Applets wie Gummibälle abprallen, besorgen wir uns zur Berechnung der neuen Positionen zuerst einmal die gegenwärtigen Abmaße des Applets.

Danach bewegen wir das Männchen in x- und y-Richtung und prüfen dann nach, ob das Männchen irgendwo über den Rand des Applets hinausragt. Wenn ja, korrigieren wir die Position und die Verschiebung in x- bzw. y-Richtung für das Marsmännchen.

Beim Ausführen des obigen Applets werden Sie unschwer erkennen, dass die Animation nicht ganz perfekt ist, denn die Männchen bewegen sich ungleichmäßig und es kommt zum Flackern.

Der Grund hierfür liegt darin, dass wir die ganzen Zeichenoperationen direkt auf den Bildschirm ausgeben. Für eine perfekte Animation wäre es erforderlich, die gesamten Zeichenoperationen eines Bewegungsstadiums (von der Wiederherstellung des Hintergrunds bis zum Einzeichnen des Männchens an der neuen Position) im Hintergrund vorzunehmen (beispielsweise in einem `Image`-Objekt) und dieses dann in einem Schritt an die gewünschte Position der Canvas auszugeben (siehe Fachliteratur).

15.6 Zusammenfassung

Auf modernen Rechnern können Programme mehrere Ausführungsfäden (Threads) parallel laufen lassen.

Um eine Klasse threadfähig zu machen, leitet man sie von der Basisklasse `Thread` ab oder lässt sie die Schnittstelle `Runnable` implementieren.

Um einen Thread zu erzeugen, bedarf es zweier Dinge: der Instanzierung der Thread-Klasse und des Aufrufs der `start()`-Methode des Thread-Objekts.

Die Anweisungen, die ein Thread ausführt, stehen in seiner `run()`-Methode (sozusagen der `main()`-Methode des Threads). Solange der Thread die `run()`-Methode abarbeitet, lebt er. Der Aufruf der `run()`-Methode des Threads erfolgt stets indirekt durch Aufruf der Thread-Methode `start()`.

Das Anhalten und Fortsetzen von Threads erfolgt am einfachsten durch Beenden und Neuanlegen des Threads. Hierzu muss die `run()`-Methode so aufgebaut sein, dass sie in einer Endlosschleife eine Abbruchbedingung testet (z.B. `isInterrupted()`).

15.7 Fragen und Antworten

Können Java-Applets unter dem alten Windows 3.x ausgeführt werden?

Windows 3.x ist kein threadfähiges Betriebssystem und daher nicht javafähig.

15.8 Übungen

1. Erweitern Sie das Uhrzeit-Applet aus *Abschnitt 15.2* um einen Thread, der jede Sekunde die Hintergrundfarbe ändert.
2. Wie sieht das Uhrzeit-Applet aus, wenn wir die Applet-Klasse mittels der Schnittstelle `Runnable` direkt threadfähig machen, statt eine eigene Thread-Klasse zu deklarieren?
3. Erinnern Sie sich noch an Swing? Wie muss `Mars_Applet` modifiziert werden, damit es ein Swing-Applet wird?
4. Schreiben Sie das Uhrzeit-Applet aus *Abschnitt 15.2* so um, dass es auf Veranlassung des aufrufenden HTML-Dokuments entweder die aktuelle Zeit oder das aktuelle Datum anzeigt.

16 Multimedia in Applets und Anwendungen

Sie lernen in diesem Kapitel,
- *was URLs sind,*
- *wie man Sound- und Bilddateien aus dem Web lädt und abspielt.*
- *wie Anwendungen Sounddateien abspielen können*

Applets sind ausgelegt für das World Wide Web und daher ist es nicht weiter überraschend, dass sie für die multimediale Zukunft gerüstet sind und ohne große Probleme mit Sound- und Bilddateien umgehen können. Falls Ihre Applets und Anwendungen bei den folgenden Beispielen Ihrem Computer keinen Laut entlocken können, dann sollten Sie mal unauffällig nachschauen, ob ein Lautsprecher angeschlossen ist!

16.1 Besonderheiten des Datei-Transfers übers Web

Beim Laden von Bildern und Sounddateien dürfen Applets aus den schon erwähnten Sicherheitsgründen nicht auf das lokale Dateisystem des Rechners zugreifen, sondern müssen über den Zugriff auf eine URL die Daten aus dem Internet besorgen und zwar von dem Server, von dem sie stammen. Doch stopp! Bevor wir uns weiter über das Laden von Dateien in Applets unterhalten ... wissen Sie eigentlich genau, was eine URL ist.

URLs

URL steht für *uniform resource locator* und beschreibt den Ort einer bestimmten Ressource im World Wide Web, z.B.: `http://www.oracle.com/`

Diese URL verweist auf den Server der Firma Oracle und zeigt die Struktur einer URL auf:

Tabelle 16.1: Bestandteile einer URL

http://	Zuerst kommt das verwendete Übertragungsprotokoll (meistens wie hier *http://* = Hypertext Transfer Protocol).
www.oracle.com	Dann folgt der Name des Servers (*www.oracle.com*).
/index.html	Den Abschluss bildet ein Dateiname. In unserem Beispiel steht hier nur ein Slash /, der als Abkürzung für den Dateinamen */index.html* gilt.

URLs in Applets

Java definiert zum Umgang mit URLs eine spezielle Klasse, die praktischerweise auch genauso heißt, also `URL` und aus dem Paket `java.net` importiert werden muss. Bei der Instanzbildung übergibt man die tatsächliche URL dann einfach als String an den Konstruktor der Klasse `URL`:

```
URL sun_server = new URL("http://www.oracle.com/");
```

Wenn dem Konstruktor ein String mit einem unbekannten Protokoll übergeben wird, löst er eine besondere Exception aus, `MalformedURLException`, die abgefangen werden muss. Daher sollte das Erzeugen einer URL mit einem `try-catch`-Block gesichert werden:

```
try {
  URL sun_server = new URL("http://www.oracle.com/");
}
catch(MalformedURLException e) {
  // Fehlerbehandlung falls erforderlich
}
```

Where do I come from?

Wie schon erwähnt, kann ein Applet Dateien nur von seinem Heimat-Server laden. Dazu muss es aber wissen, von welchem Server es eigentlich stammt. Anstatt nun beim Schreiben des Applets diese Server-Adresse wie oben explizit anzugeben (man nennt das »hartcodieren«), ist es flexibler, spezielle Methoden zu verwenden, die dem Applet sagen, wo es herkommt. Wenn sich dann später die Dateistruktur auf Ihrem Heimat-Server ändert, muss der Applet-Code nicht mehr entsprechend angepasst und neu kompiliert werden.

Die beiden Methoden, auf die wir hier abzielen, sind:

- `getDocumentBase()`, die die URL der Webseite liefert, in die das Applet eingebettet ist.
- `getCodeBase()`, die die URL des Applets selbst zurückliefert, d.h. den URL des Heimat-Servers.

Bei den meisten Servern stehen die Applets im gleichen Verzeichnis wie die entsprechenden HTML-Dokumente, sodass beide Methoden die gleiche URL zurückliefern.

Wenn das Applet auf dem Heimat-Server selbst ausgeführt wird (z.B. wenn Sie ein Applet programmieren und auf Ihrem Rechner testen), liefert `getCodeBase()` als URL das aktuelle Verzeichnis, in dem der Applet-Code gespeichert ist. In diesem Fall haben wir den Sonderfall, dass das Applet auf das lokale Dateisystem zugreifen kann. Doch ist dies nur möglich, weil das Applet nicht aus dem Web geladen wurde.

16.2 Bild- und Sounddateien in Applets

Nun sind wir gerüstet, um Bild- und Sounddateien zu laden. Allerdings versteht Java nur ausgesuchte Formate: JPEG, PNG, BMP oder GIF für Bilddateien und die Formate WAV, MIDI, AIFF, RMF, AU oder MP3 für Sounddateien – und auch diese zum Teil nur mit Einschränkungen. (MP3 wird z.B. derzeit nur für JMF-Anwendungen angeboten.)

Da das AU-Format nur einen Kanal, also Mono, definiert, bietet es sich an, zwei (auf manchen Systemen sogar vier) AU-Sounddateien gleichzeitig abzuspielen!

Leider ist das AU-Format vor allem in der Unix-Welt verbreitet, während auf PCs meist das WAV-Format dominiert. Falls Sie keine *.au*-Dateien zur Hand haben, finden Sie zum Ausprobieren welche im Verzeichnis *demo* der JDK-Distribution, z.B. *demo\applets\JumpingBox\sounds* (vorausgesetzt, Sie hatten bei der Installation des JDK die Option für die Demo-Dateien aktiviert). Kopieren Sie von dort die *.au*-Dateien in das Verzeichnis mit Ihren Java-Applets.

Bilddateien laden

Beginnen wir mit dem Laden und Anzeigen von Bilddateien. Applets können zum Laden von Bilddateien folgende Methoden verwenden:

```
Image getImage(URL url)
Image getImage(URL url, String name)
```

Beide Methoden erwarten eine URL bzw. eine URL und eine dazu relative Pfadangabe. Beide Methoden kehren direkt vom Aufruf zurück: Das Bild wird also noch nicht geladen, sondern erst beim Versuch, das Bild auf dem Bildschirm anzuzeigen. Dies verursacht dann meist eine lästige und merkliche Wartezeit, weshalb man das Laden durch Verwenden eines `MediaTracker`-Objekts schon direkt nach dem Aufruf von `getImage()` erzwingen sollte.

Der typische Ladevorgang eines Bildes innerhalb eines Applets sieht daher folgendermaßen aus:

```
// Laden eines Bildes
Image bild = getImage(getCodeBase(),"Bild.gif");
MediaTracker tracker = new MediaTracker(this);

// das zu ladende Bild als ID 0 registrieren
tracker.addImage(bild,0);
try {
  // warten, bis das Bild geladen ist
  tracker.waitForID(0);
}
catch(InterruptedException e) { }
```

Der obige Codeschnipsel bewirkt ein blockierendes Laden, da direkt nach dem Ladebeginn mit `waitForID()` gewartet wird. Gerade für Applets kann aber auch das nicht blockierende Laden interessant sein: In der `init()`-Methode stößt man durch entsprechende `getImage()`-Aufrufe das Laden von Bildern an, fährt dann mit sonstigen Initialisierungen weiter und wartet dann am Schluss der Init-Phase auf das Ende des Ladeprozesses.

Wenn ein Bild geladen ist, kann es in bekannter Manier mit der `drawImage()`-Methode der `Graphics`-Klasse angezeigt werden.

Hinweis

Swing-Applets können alternativ die etwas einfacher zu handhabende `ImageIcon`*-Methode* `getImage()` *verwenden, siehe Kapitel 11.3.*

Beachten Sie, dass `getCodeBase()` immer eine korrekte URL zurückliefert, sodass dafür keine Exception-Behandlung notwendig ist. Dafür verlangt der `MediaTracker` danach, da es theoretisch möglich ist, dass der Wartevorgang durch unvorhersehbare Ereignisse unterbrochen werden kann.

Sounddateien laden

Noch einfacher als der Umgang mit Bildern ist die Verarbeitung von Sounddateien. In Analogie zur Verarbeitung von Bilddateien benötigen wir dazu erst einmal eine passende Klasseninstanz, in die wir den Inhalt der Sounddatei laden können. Nur dass unser Ziel diesmal kein Objekt der Klasse `Image` ist, sondern ein Objekt einer Klasse, die die `AudioClip`-Schnittstelle implementiert. Die Bereitstellung dieses Objekts und das Laden der Sounddatei besorgt die Methode `getAudioClip()`, die dafür als Parameter eine URL und den Namen der zu ladenden Sounddatei benötigt.

Der typische Aufruf zum Laden einer Sounddatei sieht damit wie folgt aus:

```
AudioClip klang = getAudioClip(getCodeBase(), "toller_klang.au");
```

Im Gegensatz zum Laden von Bildern kehrt der Aufruf von `getAudioClip()` erst zurück, wenn die Datei vollständig geladen worden ist. Ein `MediaTracker` zur Überwachung ist daher unnötig. Falls die angegebene Datei nicht geladen werden konnte (weil sie zum Beispiel nicht existiert), wird der Wert `null` zurückgegeben. Vor dem Abspielen der Sounddatei sollte man dies nutzen, um sicherzugehen, dass die Sounddatei auch korrekt geladen wurde.

Sounddateien abspielen

Applets

Bis Java 1.1.x waren nur Applets in der Lage, Sounddateien abzuspielen. Hierzu existieren in der `AudioClip`-Schnittstelle drei Methoden:

- `play()` spielt den Inhalt ab bis zum Dateiende,
- `stop()` beendet das Abspielen,
- `loop()` spielt die Sounddatei in einer Endlosschleife ab.

Eine typische Anweisungsfolge zum Laden und Abspielen einer Sounddatei in einem Applet sieht beispielsweise folgendermaßen aus:

```
AudioClip klang = getAudioClip(getCodeBase(),"sound.au");
klang.play();
```

Anwendungen

Später wurden die auf `AudioClip`-basierenden Soundfähigkeiten auch Anwendungen zur Verfügung gestellt, mittels der statischen `Applet`-Methode `newAudioClip()`:

```
import java.applet.*;
import java.net.URL;
// ...
AudioClip clip = null;
try {
   clip = Applet.newAudioClip(
                  new URL("file:///c://temp//rock.wav"));
}
catch(Exception e) {
   System.err.println(e);
}

if(clip != null)
   clip.play();
```

Auf-steiger

Für anspruchsvollere Soundausgaben, Streaming und Soundmanipulationen bietet die Java-Bibliothek eine eigene API an: `javax.sound`. *Mehr hierzu erfahren Sie in der entsprechenden Fachliteratur.*

Zu beachten ist lediglich, dass beim Anlegen einer URL-Instanz eine Exception vom Typ `MalformedURLException` ausgelöst werden kann, sodass ein geeigneter `try-catch` Block notwendig ist. Außerdem ist zu beachten, dass das Laden größerer Sounddateien eine geraume Zeit dauern kann. Beschränken Sie sich also auf kleine Sounddateien oder arbeiten Sie sich in die `javax.sound`-API ein, die auch Streaming-Soundausgaben unterstützt.

Sich bewegende Bohnen

Hinweis

Das Laden des Applets dauert wegen der umfangreichen Sound- und Bilddateien etwas länger.

Zum Abschluss soll ein kleines Applet den kombinierten Einsatz von Bildern und Klängen demonstrieren. Das Applet zeigt eine Folge von GIF-Bildern an und spielt dazu noch einen Hintergrund-Sound ab. Die hierzu notwendigen Bilddateien heißen *T1.gif* bis *T10.gif*, die Sie ebenso wie die Sounddatei *spacemusic.au* im entsprechenden Verzeichnis zu diesem Kapitel auf der *Buch-DVD* finden (die Originale stammen aus den Java-Demobeispielen).

Listing 16.1: Bohnen_Applet.java – sich bewegende Bohnen

```
import java.awt.*;
import java.net.*;
import java.applet.*;
import java.awt.event.*;

public class Bohnen_Applet extends Applet
                            implements Runnable {
  Thread       m_bohne;
  AudioClip    m_klang;       // die Hintergrund-Musik
```

```
MediaTracker m_tracker;    // überwacht Laden der Bilder
Image[]      m_bilderfeld = new Image[11];   // die Bilder
int          m_aktBild ;  // Index des Bildes, das gerade
                          // angezeigt werden soll
int m_bildHöhe;
int m_bildBreite;


public void init() {
  URL Codebase;

  // Hintergrundfarbe hellgrau
  setBackground(Color.lightGray);

  Codebase = getCodeBase();
  m_tracker = new MediaTracker(this);

  // die Sounddatei laden
  m_klang = getAudioClip(Codebase,"spacemusic.au");

  // die  Einzelbilder laden, die zur Animation der
  // Bohnen dienen; werden in Array gespeichert

  for(int i=1; i<= 10; i++)  {
    m_bilderfeld[i]= getImage(Codebase,"T"+i+".gif");

    // alle Bilder bei MediaTracker angemelden
    m_tracker.addImage(m_bilderfeld[i],1);
  }

  // das Laden abschließen
  try  {
     m_tracker.waitForAll();
     m_aktBild = 1;
  }
  catch(InterruptedException e) {
     return;
  }
}


public void start() {
  // den  Thread starten
  if(m_bohne == null) {
    m_bohne = new Thread(this);
    m_bohne.start();
```

```
    // den Sound als Endlosschleife starten
    if(m_klang != null)
      m_klang.loop();
  }
}

public void stop() {
  // den Thread beenden
  if(m_bohne != null) {
    m_bohne = null;
  }

  // den Klang stoppen
  if(m_klang != null)
     m_klang.stop();
}

public void destroy() {
  // den Thread beenden
  if(m_bohne != null) {
    m_bohne = null;
  }

  // den Klang stoppen
  if(m_klang != null)
     m_klang.stop();
}

// Die run-Methode des Threads steht innerhalb
// des Applets!
public void run()  {
  while(m_bohne == Thread.currentThread())  {
    // die Maße des alten Bildes merken, damit in
    // paint() der entsprechende Ausschnitt
    // gelöscht werden kann
    m_bildBreite = m_bilderfeld[m_aktBild].getWidth(this);
    m_bildHöhe =   m_bilderfeld[m_aktBild].getHeight(this);

    m_aktBild++;        // das Bild wechseln
    if(m_aktBild > 10)
      m_aktBild = 1;

    repaint();          // ... und anzeigen
    try {
      m_bohne.sleep(200);
       if(m_aktBild == 10)
          m_bohne.sleep(500);
    }
```

```
      catch(InterruptedException e)  {
        return;
      }
    }
  }

  // update überschreiben, damit kein unnötiges
  // Löschen vor dem Aufruf von paint() erfolgt
  public void update(Graphics g) {
    paint(g);
  }

  // hier wird das aktuelle Bild angezeigt
  public void paint(Graphics g) {
    // wenn Bilder noch nicht geladen, nichts tun
    if(!m_tracker.checkAll())
        return;

    // letztes Bild löschen
    g.setColor(Color.lightGray);
    g.fillRect(0,0,m_bildBreite,m_bildHöhe);

    // das aktuelle Bild anzeigen
    g.drawImage(m_bilderfeld[m_aktBild], 0, 0,this);
  }
} // Ende der Klasse 'Bohnen_Applet'
```

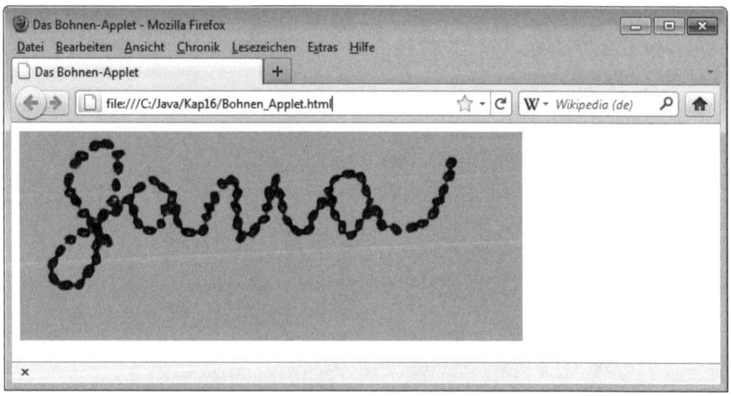

Abbildung 16.1: Tanzende Bohnen

Analyse

Dieses Applet ist ein weiteres Beispiel für den Einsatz eines Threads, dessen `run()`-Methode direkt innerhalb des Applets definiert wird. Damit dies möglich ist, muss die Applet-Klasse die `Runnable`-Schnittstelle implementieren.

In der `run()`-Methode des Threads geschieht nicht mehr, als dass in einer Schleife die Abmaße des gerade angezeigten Bildes für das Löschen in der `paint()`-Methode gespeichert werden, das neue Bild ausgewählt und die `repaint()`-Methode zum Erzwingen des Neuzeichnens aufgerufen wird. Zum Schluss jedes Schleifendurchlaufs legt sich der Thread schlafen, etwas länger nach dem letzten Bild der Animation.

In der `start()`-Methode des Applets wird der Thread für die Animation erzeugt sowie das Abspielen der Sounddatei mit der `loop()`-Methode des `AudioClip`-Objekts gestartet. Wie Sie sehen können, haben wir hier der Einfachheit halber die Holzhammermethode zum Stoppen/Starten des Animationsthreads verwendet. Es wird bei jedem Aufruf von `start()` ein neuer Thread angelegt, der seine `run()`-Methode selbst beendet, wenn er nicht mehr der aktuelle Thread ist

In der `init()`-Methode des Applets werden die zehn Einzelbilder für die Animation in ein `Image`-Array eingelesen. Außerdem laden wir dort noch die Sounddatei für den Hintergrund-Sound.

Das Zeichnen der Bilder erfolgt wie üblich in der `paint()`-Methode.

16.3 Zusammenfassung

URLs werden in Java-Programmen durch Instanzen der Klasse `URL` repräsentiert.

Zwei für Applets sehr wichtige URLs sind die URL der aufrufenden Webseite (zurückgeliefert von `getDocumentBase()`) und die URL des Heimat-Servers des Applets (zurückgeliefert von `getCodeBase()`).

Zum Laden von Bildern benutzen Applets eine eigene `getImage()`-Methode, die eine URL als ersten Parameter erwartet.

Zum Laden von Sounddateien ruft man für Applets die Methode `getAudioClip()` auf, die ein `AudioClip`-Objekt zurückliefert; für Anwendungen geht dies mit `newAudioClip()`.

16.4 Fragen und Antworten

1. Nennen Sie fünf Unterschiede zwischen dem Laden von Bild- und Sounddateien in Applets?

   Folgende Unterschiede bestehen zwischen dem Laden von Bild- und Sounddateien.

	Bilddateien	**Sounddateien**
Objekt-Typ	`Image`	`AudioClip`
Lade-Methode	`getImage()`	`getAudioClip()`
Anzeigen/Abspielen	`drawImage()`	`play()` oder `loop()`
Laden überwachen	ja	nein
interner Thread	nein	ja

2. Was war Ihrer Meinung nach der Grund, warum in den ersten Versionen von Java (bis 1.1.x) nur einfache *.au*-Dateien für Applets abspielbar waren?

   Das AU-Format ist ein simples 8 kHz-Mono-Aufzeichnungsformat mit geringer Klangqualität, aber auch sehr geringem Speicherbedarf. Solche Dateien lassen sich daher schneller über das Internet laden, was bei zunehmender Bandbreite allerdings nicht mehr so ins Gewicht fällt.

16.5 Übungen

Animationen werden oft durch Bewegung von Bildern (die in `Image`-Objekte geladen werden) erzeugt. Schreiben Sie ein Applet, in dem ein Bild von links nach rechts über das Applet bewegt wird.

17 Die Datenbank-Schnittstelle JDBC und der Zugriff auf Microsoft Access

Sie lernen in diesem Kapitel,

- *ein wenig über den Aufbau von Datenbanken,*
- *das Wichtigste zur JDBC und der JDBC-ODBC-Bridge,*
- *alles, was Sie zum Zugriff auf eine Datenbank aus einer Java-Anwendung heraus wissen müssen,*
- *ein wenig zu Zertifikaten und vertrauenswürdigen Applets.*

Nachdem Sie mittlerweile einen recht gründlichen Überblick über die Programmiersprache Java erworben haben, wollen wir uns nun an eine Aufgabe wagen, die vor allem im Unternehmensbereich, aber auch zunehmend im privaten Bereich zum Einsatz kommt.

Die Programmierung mit Datenbanken zählt zweifelsohne zu den fortgeschritteneren Techniken und gehört nicht unbedingt in ein Einsteigerbuch. Gleiches könnte man aber auch von anderen Themen, die wir in diesem Buch angerissen haben, behaupten. Warum also ausgerechnet auf die Datenbankintegrierung verzichten? Getreu unserem Grundsatz, es weder uns noch den Lesern allzu leicht zu machen und auch komplexere Themen nicht von vornherein auszuklammern, haben wir für alle[1], die es interessiert, noch dieses kleine Kapitel zur Integration von Datenbanken in Java-Anwendungen aufgenommen.

In früheren Zeiten musste man sich als Programmierer völlig allein um alle anfallenden Probleme kümmern. Ein immer wiederkehrendes Problem war und ist natürlich das strukturierte Abspeichern und Wiederfinden von größeren Datenmengen. Anstatt jedes Mal das Rad neu zu erfinden und dabei zahllose Stunden Entwicklungsarbeit und noch mehr Aufwand für die anschließende Fehlersuche zu investieren, wurden separate Datenbank-Programme erfunden und einige Jahre später war es dann auch Standard, für jede Datenbank eine besondere Programmbibliothek mitzugeben, mit deren Hilfe man aus einem selbst geschriebenen Programm heraus darauf zugreifen kann. Für Java-Programme nennt sich diese Schnittstelle JDBC (Java Database Connectivity).

17.1 Datenbanken-ABC

Daten, Datenbanken und Tabellen

Der Begriff der Datenbank hat im allgemeinen Sprachgebrauch zwei Bedeutungen. Zum einem bezeichnet er eine Sammlung von Daten, einen Daten-

1 Obwohl wir leider zugeben müssen, dass sich dieses Kapitel vornehmlich an die Windows-Fraktion unter den Lesern wendet.

bestand. Zum anderen bezeichnet er die Software, sprich das Programm, mit dem ein Datenbestand verwaltet und bearbeitet werden kann. In diesem Kapitel werden wir unter einer Datenbank vornehmlich den Datenbestand verstehen und im anderen Fall von einer Datenbank-Anwendung sprechen.

Daten in Datenbanken werden üblicherweise in Tabellenform dargestellt. Für einige einfache Datenbank-Programme gilt eine einfache 1:1-Entsprechung von Datenbank und Tabelle, das heißt, jede Datenbank besteht aus einer Tabelle. Andere Datenbanken – beispielsweise MS-Access-Datenbanken – sind aus mehreren Tabellen zusammengesetzt.

Aufbau von Tabellen

Abbildung 17.1: Datensätze und Felder

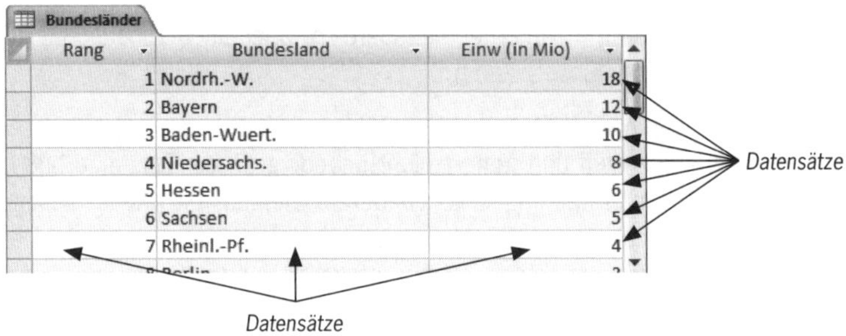

In einer Datenbank-Tabelle repräsentieren die Spalten der Tabelle die Felder der Datenbank, während die Zeilen die einzelnen Datensätze enthalten. Betrachtet man als typisches Beispiel den Aufbau einer Datenbank zur Adressenverwaltung, so würde man damit beginnen, durch die Definition der Felder die Struktur der Datenbank festzulegen.

Datensätze

Danach werden die Datensätze (sprich Adressen) eingegeben, wobei ein vollständiger Datensatz zu jeder Spalte der Datenstruktur einen Eintrag enthält. Üblichweise können auch unvollständige Datensätze eingegeben werden, beispielsweise Adressen, bei denen die Telefonnummer oder der Vorname fehlt, es gibt aber auch Datenbank-Programme, die für bestimmte Felder Eingaben zwingend vorsehen.

Indizes

Die einzelnen Datensätze sind in der Tabelle in der Reihenfolge abgespeichert, in der sie eingegeben wurden. Dieses ungeordnete Ablagesystem erschwert und verlangsamt die Suche nach bestimmten Datensätzen – einer häufigen Operation auf Datenbanken. Um dem abzuhelfen, werden Tabellen indexiert. Dies bedeutet prinzipiell nichts anderes, als dass für eine bestimmte Spalte der Tabelle eine geordnete Kopie angelegt und eine Zuordnung zwischen den Einträgen der geordneten und der ungeordneten Spalte hergestellt wird. Im Falle der Adressenverwaltung wird man meist für einen gegebenen Namen die zugehörige Adresse suchen. Statt nun die Datensätze einzeln durchzugehen, erstellt man für das Feld NAME einen Index und lässt dann direkt nach dem gewünschten Eintrag suchen. Die Datenbank-Anwendung sucht in der sortierten Kopie der Spalte nach dem vorgegebenen Namen. Findet sie ihn, hat sie damit auch den Verweis auf den entsprechenden Eintrag in der eigentlichen Tabelle und kann den gesuchten Datensatz mit der gewünschten Adresse anzeigen.

Ein Index muss aber nicht unbedingt aus einem einzigen Feld bestehen. Er kann auch zwei oder mehrere Felder umfassen, wobei die Felder in der Reihenfolge, in der sie angegeben wurden, zur Sortierung herangezogen werden. Auch mehrere voneinander unabhängige Indizes sind möglich, um nach verschiedenen Kriterien (beispielsweise nach Name oder nach Telefonnummer) in einer Datenbank suchen zu können. Viele Datenbanken-Anwendungen setzen den Primärindex derart um, dass sie die Datensätze direkt in der entsprechenden Sortierung abspeichern.

Relationale Datenbanken (RDBMS)

Das besondere Kennzeichen relationaler Datenbanken ist, dass sie die Daten mehrerer Tabellen zueinander in Beziehung setzen beziehungsweise dass sie – um es von der Seite des Anwenders zu betrachten – es ermöglichen, die zu verwaltende Information auf mehrere Tabellen aufzugliedern. Die Verbindung zwischen den Tabellen wird dabei durch sogenannte Schlüsselfelder hergestellt.

Ein Vorteil relationaler Datenbanken zeigt sich, wenn Sie viele Datensätze haben, die gleichlautende speicherintensive Einträge zu einem Feld der Datenbank besitzen. Ein Beispiel wäre eine Datenbank, in der alle Dateien auf Ihrem Computer gespeichert sind. Zu jeder Datei speichern Sie das Erstellungsdatum, den Datentyp und natürlich den Verzeichnispfad. Dabei haben alle Dateien eines Verzeichnisses den gleichen Verzeichnispfad und dieser kann naturgemäß sehr lang sein, weswegen diese Information recht speicherintensiv ist. Hier kann man Speicher sparen, indem man in der Tabelle mit den Dateien statt des Verzeichnispfades ein Kürzel oder einen simplen Zahlenindex aufführt. Die gleichen Zahlenindizes werden dann in einer zweiten Tabelle mit den Verzeichnispfaden verbunden, wobei in dieser zweiten Tabelle jeder Verzeichnispfad nur einmal abgespeichert werden muss. Die Verknüpfung der beiden Tabellen erfolgt hier also über das Feld mit den Zahlenindizes.

Ein weiterer Vorteil der relationalen Datenbanken ist ihr modulares Konzept, das sie ohne große Mühe beliebig erweiterbar macht und dabei sparsam mit Speicherressourcen umgeht.

SQL

SQL steht für Structured Query Language und bezeichnet eine von IBM entwickelte Sprache zur Kommunikation mit relationalen Datenbanken. Anders als die Übersetzung des Akronyms andeutet, ist SQL jedoch nicht strukturiert, sondern besteht aus einer einfachen Sammlung von Datenbank-Befehlen, mit denen Daten aus Datenbanken abgefragt, aber auch Datenbanken neu angelegt werden können. Neben der Mächtigkeit der Sprache liegt ihr Wert natürlich auch darin, dass sie einen Quasi-Standard definiert, der von den meisten Datenbank-Anwendungen unterstützt wird.

Die in Java integrierte Datenbankunterstützung nutzt SQL, um mit Datenbanken zu kommunizieren und Datenbanken aus Java-Programmen heraus aufzubauen, zu verändern oder zu löschen.

17.2 JDBC

Bei der Datenbankintegration geht es uns darum, auf die Daten einer bestehenden Datenbank zuzugreifen und nicht, eine eigene Datenbank-Anwendung wie Access oder Oracle zu programmieren.

Dies würde – das notwendige Wissen vorausgesetzt – mehrere Jahre in Anspruch nehmen, um etwas einigermaßen Vergleichbares zu erzielen

Wem dies zu lange dauert, der geht einen anderen Weg. Anstatt in seinem Programm eine eigene Datenverwaltung zu implementieren, erstellt er seine Datenbank mit einer bestehenden Datenbank-Anwendung (beispielsweise MS Access) und richtet sein Programm so ein, dass es auf die Datenbank zugreifen und mit den Daten in der Datenbank arbeiten kann – ganz so als wäre das Programm ein Mensch, der MS Access aufruft und in MS Access die Datenbank bearbeitet.

Dafür wird aber eine Schnittstelle zwischen dem Java-Programm und der Datenbank benötigt. Diese Schnittstelle heißt JDBC.

JDBC

Die JDBC, »Java DataBase Connectivitiy«, ist eine Sammlung von Klassen und Schnittstellen, mit deren Hilfe man eine Verbindung zwischen einem Java-Programm und einer Datenbank aufbauen kann.

Die wichtigsten Klassen der JDBC sind in der nachfolgenden Tabelle zusammengefasst.

Tabelle 17.1: Die wichtigsten JDBC-Klassen

Klasse	Bedeutung
`Driver`	Zur Implementierung und Registrierung von Datenbanktreibern.
`DriverManager`	Zum Herstellen einer Verbindung zwischen dem Programm und der Datenbank. Zuvor muss ein passender Treiber unter dem `DriverManager` registriert worden sein.

Klasse	Bedeutung
`Connection`	Repräsentiert eine Verbindung zu einer Datenbank.
`Statement`	Zum Aufsetzen und Abschicken von SQL-Befehlen an die Datenbank.
`ResultSet`	Repräsentiert die aus der Datenbank zurückgelieferten Daten.

Tabelle 17.1: Die wichtigsten JDBC-Klassen (Forts.)

JDBC-ODBC

JDBC auf der einen Seite und eine Datenbank auf der anderen Seite reichen allerdings noch nicht aus, um eine Datenbankverbindung herzustellen. Was man zudem noch benötigt, ist ein Treiber, der die JDBC-Befehle versteht, übersetzt und an die Datenbank weiterleitet.

Um also beispielsweise eine MySQL-Datenbank anzusprechen, braucht man einen JDBC-Treiber für MySQL. Um eine Sybase-Datenbank anzusprechen, braucht man einen JDBC-Treiber für Sybase und so weiter und so fort.

Doch nicht für jede Datenbank-Software gibt es einen passenden JDBC-Treiber. Insbesondere Datenbanken der Microsoft-Windows-Plattform bevorzugen eine andere – hauseigene – Schnittstelle. Die Rede ist von ODBC.

Um den Java-Programmierern auch den Zugriff auf ODBC-Datenbanken zu erlauben, wurde Java mit der sogenannten JDBC-ODBC-Brücke ausgestattet. Diese erlaubt es Ihnen, statt echte JDBC-Treiber auch ODBC-Treiber für den Zugriff auf Ihre Datenbanken zu verwenden.

Hinweis

Der Datenbankzugriff über die JDBC-ODBC-Brücke ist nicht für Applets geeignet. Für Ihre Applets sollten Sie sich daher um echte JDBC-Treiber bemühen. Am besten loggen Sie sich dazu auf der Seite http://devapp.sun.com/product/jdbc/drivers ein.

17.3 Einrichten der Datenbank

Im Folgenden werden wir den Zugriff auf eine Datenbank durchexerzieren. Als Beispiel haben wir für dieses Kapitel eine Access-Datenbank gewählt, aber das im nachfolgenden Abschnitt aufgestellte Programm sollte ebenso gut mit beliebigen anderen Datenbanken und Datenbanktreibern funktionieren. Lediglich die Namen für den Datenbanktreiber, die Datenbank, die Datenbankfelder und das Passwort für die Datenbank müssen angepasst werden.

Hinweis

Kniffliger als die Anpassung des Programms dürfte die Installation des Treibers sein. Wenn Sie für die JDBC-ODBC-Brücke aber einen anderen ODBC-Datenbanktreiber verwenden, gehen Sie ganz analog zu den für Access beschriebenen Schritten vor. Wenn Sie einen echten JDBC-Treiber verwenden, informieren Sie sich unter http://devapp.sun.com/product/jdbc/drivers oder in der Dokumentation des Treibers über dessen Installation und die Einbindung in Ihr Java-Programm.

Datenbank erstellen

Als Erstes legen wir eine Datenbank an.

1. Rufen Sie Microsoft Access auf und legen Sie eine Datenbank namens *Länder.accdb* an. (*.accdb* ist die Dateiendung für Access 2007-Datenbanken, ältere Access-Versionen verwenden die Dateiendung *.mdb*.)
2. Legen Sie in der Datenbank eine neue Tabelle namens *Bundesländer* an.

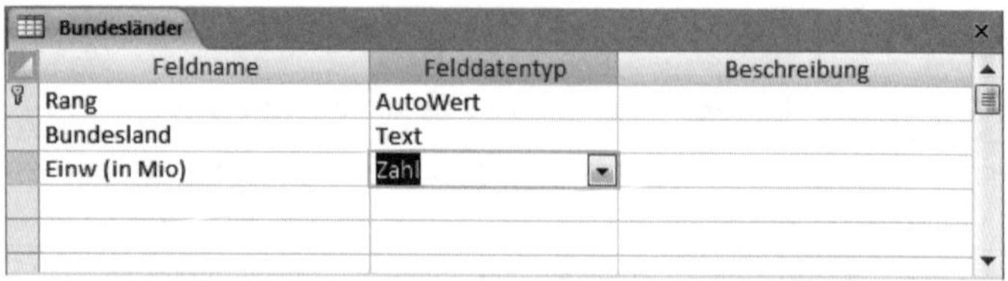

Abbildung 17.2: Aufbau der Tabelle Bundesländer

3. Richten Sie in der Tabelle drei Felder ein: *Rang*, *Bundesland* und *Einw (in Mio)*.
4. Geben Sie Datensätze in die Tabelle ein und speichern Sie Tabelle und Datenbank (einen Ausdruck der Tabelle finden Sie am Ende dieses Kapitels).

Hinweis

Auf 64-Bit-Systemen gibt es zwei ODBC-Administratoren: eine 64- und eine 32-Bit-Version. Der hier beschriebene Weg öffnet die 64-Bit-Version, die 64-Bit-ODBC-Treiber verwaltet und die Sie benötigen, um von Ihrer 64-Bit-Java-Anwendung aus auf die Access-Datenbank zugreifen zu können. (Nur zur Info: Die 32-Bit-Version öffnen Sie, indem Sie in das Suchfeld des Start-Menüs den String `%windir%\syswow64\odbcad32.exe` *eintippen.*

ODBC-Treiberverbindung einrichten

Der zweite Schritt besteht nun darin, unter Windows eine ODBC-Treiberverbindung einzurichten.

1. Als Erstes öffnen Sie den ODBC-Administrator.

   Um diesen zu starten, öffnen Sie die Systemsteuerung (START/SYSTEMSTEUERUNG), wählen Sie die Anzeige KLEINE SYMBOLE (klassische Ansicht unter Vista/XP) und klicken Sie auf das Symbol VERWALTUNG. Auf der Seite VERWALTUNG doppelklicken Sie dann auf den Eintrag DATA SOURCES (ODBC) (bzw. DATENQUELLEN (ODBC)).

2. Im Dialogfenster des ODBC-Datenquellen-Administrators klicken Sie auf die Schaltfläche HINZUFÜGEN.

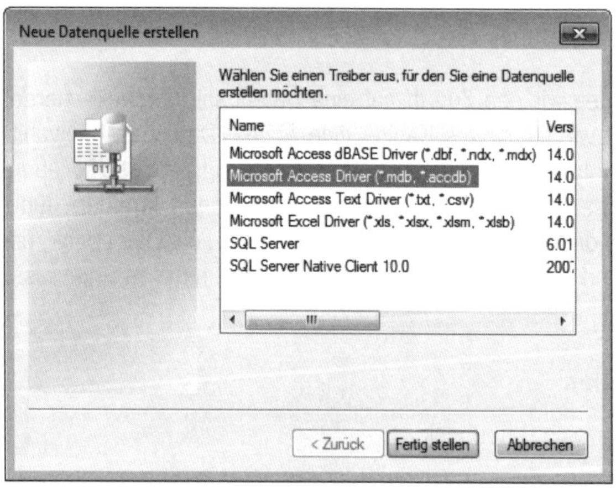

Abbildung 17.3: Treiber auswählen

3. Im Dialogfenster Neue Datenquelle erstellen wählen Sie den Microsoft Access-Treiber[1] aus und klicken auf Fertig stellen. Wird der Treiber in dem Listenfeld nicht aufgeführt, ist er nicht korrekt unter Windows installiert. Das bedeutet dann entweder:

   - Microsoft Access ist gar nicht auf dem Rechner installiert.
   - Microsoft Access ist installiert, aber als 32-Bit-Version auf einem 64-Bit-Rechner. In diesem Fall müssen Sie einen 64-Bit-Treiber nachinstallieren (Download von *http://www.microsoft.com/download/en/details.aspx?displaylang=en&id=13255*). Es gibt dann allerdings ein Problem: Der 64-Bit-Treiber will nicht parallel zu einem 32-Bit-Office-Treiber installiert werden. Sie können dann versuchen, die Installation zu erzwingen, indem Sie die Setupdatei von einem Konsolenfenster aus mit `AccessDatabaseEngine_X64.exe /passive` starten. Wir können allerdings nicht sagen, ob dies zu Fehlern in der bestehenden Office-Installation führt.

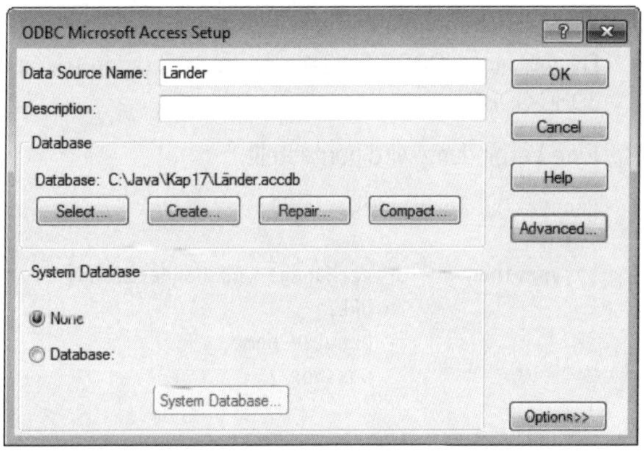

Abbildung 17.4: Treiberverbindung einrichten

4. Geben Sie unter Data Source Name einen Namen für die neue Datenquellen-Treiber-Verbindung ein (siehe *Abbildung 17.4*).
5. Legen Sie fest, auf welche Datenbank die Treiberverbindung zugreifen soll. Klicken Sie dazu auf die Schaltfläche Select (Auswählen) und wählen Sie Ihre Datenbank aus. (Achtung: Datenbank und zuvor ausgewählter Treiber müssen natürlich zueinander passen. Sie können also nicht mit einem SQL Server-Treiber auf eine Access-Datenbank zugreifen.)
6. Klicken Sie auch noch auf die Schaltfläche Advanced (Erweitert) für die erweiterten Optionen, um einen Benutzernamen und ein Passwort zu vergeben. Das nachfolgend beschriebene Programm loggt sich bei-

1 Stehen mehrere Access-Treiber zur Auswahl, achten Sie darauf, dass der Treiber die Dateiendung Ihrer Datenbank unterstützt (wird in Treibername mit angegeben). Sollten dann noch immer mehrere Treiber zur Verfügung stehen, wählen Sie den Treiber mit dem deutschen Namen.

spielsweise mit dem Passwort *Mouse* unter dem Namen *Mickey* ein. Sie sollten daher als ANMELDENAMEN *Mickey* und als KENNWORT *Mouse* eingeben (oder den Quelltext des Programms ändern).

7. Beenden Sie das Dialogfenster mit OK.

   Im Dialogfenster des ODBC-Administrators sollte jetzt ein Eintrag *Länder* zu sehen sein.

8. Beenden Sie den Administrator mit OK.

17.4 Zugriff auf eine Datenbank

Kommen wir nun zu dem eigentlichen Programm. Neben der `import`-Anweisung für das Datenbank-Paket `java.sql` umfasst der Zugriff auf eine Datenbank sechs wichtige Schritte:

1. Der JDBC-Treiber wird geladen.

   ```
   Class.forName("sun.jdbc.odbc.JdbcOdbcDriver");
   ```

   Da wir einen ODBC-Treiber verwenden, laden wir als JDBC-Treiber die JDBC-ODBC-Brücke.

2. Eine Verbindung wird hergestellt.

   ```
   Connection verbindung = null;
   try {
      verbindung = DriverManager.getConnection (
                        URL,
                        benutzername,
                        passwort);
   }
   ```

   Eine Verbindung wird durch ein Objekt der Klasse `Connection` repräsentiert. Geöffnet wird die Verbindung durch einen Aufruf der Methode `DriverManager.getConnection()`. Dieser übergeben wir als Parameter die URL zu der Datenbank (für den ODBC-Zugriff ist dies der Name der ODBC-Treiberverbindung, in unserem Fall `"jdbc:odbc:Länder"`) sowie den Namen und das Passwort, unter dem sich das Programm in die Datenbank einloggen soll. (All diese Namen wurden bei der Einrichtung der ODBC-Verbindung im vorangehenden Abschnitt vergeben.)

3. Ein `Statement`-Objekt wird erzeugt. Dieses benötigen wir, um SQL-Befehle an die Datenbank zu senden.

   ```
   Statement  befehl     = null;
   try {
      befehl = verbindung.createStatement();
   }
   ```

4. Daten werden aus der Datenbank abgefragt.

```
ResultSet datenmenge;
datenmenge = befehl.executeQuery("SELECT * FROM Bundesländer;");
```

Um Daten aus der Datenbank abzufragen, verwendet man den SQL-Befehl `SELECT`.

Zum `SELECT`-Befehl gehört die Angabe der Felder und der Tabellen, denen die Daten entnommen werden sollen. Der obige Befehl liest die Daten aus allen Feldern (*) der Tabelle `Bundesländer`. Ebenso gut hätte man `"SELECT Rang, Bundesland, Einw (in Mio) FROM Bundesländer;"` schreiben können.

Mit `SELECT` können Sie aber nicht nur die Felder auswählen, die Sie interessieren. Sie können auch gezielt festlegen, welche Datensätze für Sie interessant sind. Der `SELECT`-Befehl verfügt zu diesem Zweck über eine `WHERE`-Klausel, mit der wir uns noch in den Übungen beschäftigen werden.

Als Ergebnis liefert `SELECT` die Daten in Form einer Untertabelle zurück, die alle Daten enthält, die dem Abfragekriterium entsprechen. Wir speichern diese Daten in einem Objekt der Klasse `ResultSet`.

5. Die Daten verarbeiten.

```
while(datenmenge.next()) {
     land = datenmenge.getString("Bundesland");
     einw = datenmenge.getInt("Einw (in Mio)");
     System.console().printf("  %s \t\t %d \n", land, einw);
}
```

Mithilfe der Methode `next()` der Klasse `ResultSet` können wir uns in der Ergebnistabelle von einem Datensatz zum nächsten vorarbeiten.

Mit den `get`-Methoden der Klasse `ResultSet` können wir für jeden Datensatz die interessierenden Daten ausgeben.

6. Die Verbindung wird geschlossen.

```
verbindung.close();
```

Hier der vollständige Quelltext:

Listing 17.1: Datenbank.java

```
import java.sql.*;
import java.io.*;

public class Datenbank {
  public static void main (String args[])  {
    String URL          = "jdbc:odbc:Länder";
    String benutzername = "Mickey";
    String passwort     = "Mouse";
```

```
// Treiber laden
try  {
   Class.forName("sun.jdbc.odbc.JdbcOdbcDriver");
}
catch (Exception e)  {
   System.err.println(" JDBC/ODBC-Treiber konnte nicht " +
                      "geladen werden.");
   return;
}

// Verbindung zu Datenbank aufbauen
Statement  befehl     = null;
Connection verbindung = null;
try  {
   verbindung = DriverManager.getConnection (
                URL,
                benutzername,
                passwort);
   befehl = verbindung.createStatement();
}
catch (Exception e)  {
   System.err.println(" Verbindung zu " + URL +
                      " konnte nicht hergestellt werden");
   return;
}

// Daten auslesen
try {
   ResultSet datenmenge;
   datenmenge = befehl.executeQuery(
          "SELECT * FROM Bundesländer ORDER BY Bundesland;");

   // Überschriften ausgeben
   Console cons = System.console();
   cons.printf("\n");
   cons.printf("  Bundesland \t   Einwohner (in Mio) \n");
   cons.printf("\n");

   // Einzelne Datensätze ausgeben
   String land;
   int    einw;

   while(datenmenge.next())  {
     land = datenmenge.getString("Bundesland");
     einw = datenmenge.getInt("Einw (in Mio)");
     cons.printf("  %s \t\t %d \n", land, einw);
   }
   verbindung.close();
}
```

```
    catch (Exception e) {
      e.printStackTrace();
    }
  }
}
```

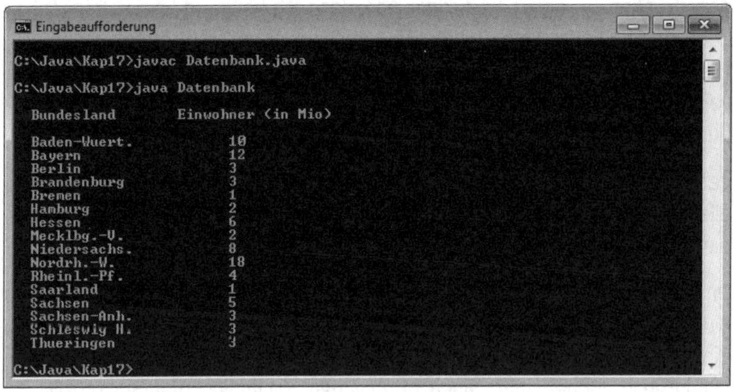

Abbildung 17.5: Ausgabe des Programms Datenbank

17.5 Datenbanken und Applets

Um aus einem Applet heraus auf die Daten in einer Datenbank zuzugreifen, geht man im Großen und Ganzen ganz analog wie im Fall einer Java-Anwendung vor.

Zwei Dinge sind allerdings zu beachten:

Die Übertragung der Daten über das Internet (von der Datenbank zum Applet und umgekehrt) kann ziemlich zeitaufwendig sein. Datenbankzugriffe werden in Applets daher üblicherweise in Threads implementiert.

Die JDBC-ODBC-Brücke kann nicht ohne Weiteres genutzt werden. Das liegt daran, dass der ODBC-Code ein potenzielles Sicherheitsrisiko darstellt, da der ODBC-Code nicht daran gehindert werden kann, auf das lokale Dateisystem zuzugreifen. Der ganze Java-Sicherheitsmechanismus für Applets wäre daher ausgehebelt, wenn besonders niederträchtige Applets eigene ODBC-Treiber verwenden, die nicht nur eine Datenbankanbindung herstellen, sondern sich unbemerkt auch noch auf der Festplatte umtun. Um dies zu verhindern, können Applets, die die JDBC-ODBC-Brücke verwenden, nur dann ausgeführt werden, wenn der Websurfer, der sie herunterlädt, die Applets als vertrauenswürdig erachtet. Dazu gleich noch ein wenig mehr.

Um die Einschränkungen der JDBC-ODBC-Brücke zu umgehen, bemüht man sich am besten, einen direkten JDBC-Treiber zu finden. Interessiert? Dann beginnen Sie die Suche doch gleich auf der Sun-Site: *http://devapp.sun.com/product/jdbc/drivers*. Dort finden Sie auch noch weitere Informationen zur Datenbank-Programmierung mit Java.

17.6 Zertifikate und vertrauenswürdige Applets

Der Prozess zur Erstellung vertrauenswürdiger Applets ist langwierig und komplex, sodass wir uns hier nur auf ein paar allgemeine Bemerkungen beschränken werden – nur für den Fall, dass Sie bei irgendeiner Gelegenheit über eine Fehlermeldung bezüglich »non-trusted applets« stolpern und sich fragen, was damit wohl gemeint sein könnte. Ansonsten wäre die Erstellung vertrauenswürdiger Applets eher ein Thema für ein reines Fortgeschrittenenbuch ... hmmmm, mal sehen.

Vertrauenswürdige Applets beruhen darauf, dass Sie die Applets mit speziellen Zertifikaten ausstatten und der Empfänger der Applets (der Websurfer) diese Zertifikate in seinem Browser als vertrauenswürdig klassifiziert.

Um nun Ihre Applets mit einem Zertifikat auszustatten, müssen Sie diese in eine *.jar*-Datei packen (siehe *Kapitel 14.8*), mithilfe des Java-Tools *keytool* ein Paar von Schlüsseln erzeugen (einen privaten Schlüssel, den Sie zum signieren brauchen, und einen öffentlichen Schlüssel, den Sie an die Anwender verteilen) und schließlich das Java-Tool *jarsigner* für das eigentliche Signieren aufrufen.

Wird ein solches signiertes Applet verschickt, kann der Browser am öffentlichen Schlüssel erkennen, von wem das Applet stammt – und es daraufhin akzeptieren oder nicht. Wie aber soll der Anwender, der Websurfer, der Sie ja überhaupt nicht kennt, entscheiden, ob er Ihre Applets in seinem Browser als vertrauenswürdig eintragen soll?

Hinweis

Als Anwender trägt man die Zertifikate, die man als vertrauenswürdig erachtet, in den Einstellungen des Browsers ein.

Indem Sie ihm die Entscheidung erleichtern und sich von einem offiziellen Internet-Notariat (beispielsweise VeriSign, *www.verisign.com*) ein offizielles Zertifikat ausstellen lassen. Dieses Zertifikat wird von *keytool* mit dem öffentlichen Schlüssel verbunden. Das offizielle Zertifikat besagt, dass Sie sich bei einem unabhängigen Dritten (dem Internet-Notariat) ausgewiesen haben – also aus der Masse der anonymen Internet-Teilnehmer herausgetreten sind und registriert wurden.

Das Ende

Damit ist die erste Erkundung der Programmiersprache Java abgeschlossen! Wir hoffen, dass es lehrreich und dennoch unterhaltsam für Sie war. Und wenn Sie Lust am Programmieren in dieser Sprache bekommen haben, dann sollten Sie ohne Pause weitermachen, denn Programmieren lernt man am besten durch Programmieren! Viel Spaß und Erfolg dabei.

17.7 Zusammenfassung

Die JDBC ist eine Sammlung von Klassen und Schnittstellen, die es ermöglicht, aus einem Java-Programm heraus auf eine Datenbank zuzugreifen. Voraussetzung ist allerdings das Vorhandensein eines passenden Treibers.

Die Kommunikation zwischen Java-Programm und Datenbank erfolgt über SQL, eine von IBM entwickelte Sprache zum Steuern von Datenbank-Anwendungen.

Die grundlegenden Schritte für die Kommunikation mit einer Datenbank sind:

Treiber laden	`Class.forName()`
Verbindung herstellen	`DriverManager.getConnection()`
Befehls-Objekt erzeugen	`verbindung.createStatement()`
Befehl abschicken	`befehl.executeQuery()`
Eventuell zurückgesandte Daten verarbeiten	Methoden von `ResultSet`
Verbindung schließen	`verbindung.close()`

17.8 Fragen und Antworten

1. Was ist der Unterschied zwischen einer Datenbank und einer Datenbanktabelle?

   Mit einer Datenbank kann sowohl eine Datenquelle als auch ein Programm zur Verwaltung von Datenquellen (Access, Oracle etc.) gemeint sein. Ist die Datenquelle gemeint, so bezeichnet man als Datenbank die Datensammlung (bestehend aus einer oder mehreren Tabellen) und alle relevanten Komponenten (Abfragen, Indexdateien etc.). Für einfache Datenbanken besteht eine Datenbank nur aus einer einzigen Tabelle.

2. Was ist die JDBC-ODBC?

   Die JDBC-ODBC ist eine Brücke, die zwischen der JDBC-Schnittstelle und einem ODBC-Treiber vermittelt. Sie ist für Java nicht optimal geeignet, erlaubt aber den Zugriff auf alle Datenbanken, für die ODBC-Treiber vorhanden sind.

17.9 Übungen

1. Nehmen Sie sich ein Buch zu SQL zur Hand und schreiben Sie das Datenbank-Programm so um, dass nur die fünf bevölkerungsreichsten Bundesländer ausgegeben werden.
2. Schreiben Sie das Datenbank-Programm so um, dass die Datensätze nicht nach Rang, sondern alphabetisch sortiert ausgegeben werden.

18 Was wir noch erwähnen wollten

Zum guten Schluss möchten wir noch eine kleine Auwahl an Themen ansprechen, für die wir weiter vorne keinen passenden Platz gefunden haben, die wir aber für zu interessant halten, als dass man sie ganz unterschlagen sollte.

18.1 Aufzählungen (enum)

Aufzählungen sind Datentypen, die vom Programmierer durch »Aufzählung« ihrer Werte definiert werden. Typische Beispiele sind Aufzählungen für Wochentage, Jahreszeiten, Rundungsmodi, Farbpaletten, Schulnoten und so weiter.

```
enum Wochentag { MONTAG, DIENSTAG, MITTWOCH, DONNERSTAG,
                 FREITAG, SAMSTAG, SONNTAG }
```

In Java gab es vor Version 5 keine Möglichkeit zur Definition von Aufzählungstypen. Die Programmierer mussten sich also entweder mit der Definition statischer Integer-Konstanten zufriedengeben:

```
public static final int MONTAG = 0;
public static final int DIENSTAG = 1;
public static final int MITTWOCH = 2;
...
```

oder mithilfe eigener Klassen typensichere Aufzählungen simulieren.

Seit Java 5 besteht nun aber die Möglichkeit mit dem Schlüsselwort `enum` echte Aufzählungstypen zu definieren.

18.1.1 Definition

```
enum Wochentag { MONTAG, DIENSTAG, MITTWOCH, DONNERSTAG,
                 FREITAG, SAMSTAG, SONNTAG }
```

Diese Syntax definiert intern eine Klasse, die auf die Basisklasse `Enum` zurückgeht, nicht explizit instanziert werden kann, dafür aber automatisch für jede Aufzählungskonstante ein eigenes Objekt erzeugt und diese Objekte beginnend mit Null durchnummeriert.

Doch dies sind Implementierungsdetails! Für die tägliche Arbeit sollten Sie die Aufzählungen als Sammlung von Konstanten betrachten und im Hinterkopf behalten, dass diese »Konstanten« eigentlich Objekte sind.

Hinweis

Java-Aufzählungen sind Janusgesichter. Auf der einen Seite sind es vollwertige Klassen, auf der anderen Seite simulieren sie das traditionelle Integerkonstanten-Verhalten der Aufzählungen.

18.1.2 Variablen definieren

Wie für Integer-Datentypen können Sie auch für enum-Typen Variablen definieren und diesen Konstanten aus dem Wertebereich des Typs zuweisen:

```
Wochentag tag = Wochentag.MONTAG;
```

Die Zuweisung von Integer-Werten ist jedoch nicht möglich, ebenso wenig wie das explizite Casting von Integer zu enum.

```
Wochentag tag = 15;               // nicht möglich
Wochentag tag = 3;                // nicht möglich
Wochentag tag = (Wochentag) 3;    // nicht möglich
```

> ! Wenn Sie Aufzählungskonstanten mit compareTo() vergleichen, bedeutet dies, dass Sie Annahmen über die Reihenfolge der Konstanten in der Aufzählungsdefinition machen. Sollten Sie später diese Reihenfolge ändern, müssen Sie prüfen, ob Ihre compareTo()-Aufrufe noch korrekt sind. (Vergleiche mit ==, != oder equals() bleiben stets korrekt, es sei denn, die beteiligten Konstanten werden ganz aus der Aufzählung entfernt.)

18.1.3 Aufzählungskonstanten vergleichen

Aufzählungskonstanten können mit != und ==, nicht aber mit den relationalen Operatoren <, <=, > und >= verglichen werden. Als Ersatz implementieren Aufzählungstypen die Schnittstelle Comparable, d.h., sie stellen eine Methode compareTo() zur Verfügung, mit der zwei Aufzählungskonstanten verglichen werden können.

```
if( Wochentag.MONTAG.compareTo( Wochentag.DIENSTAG )  < 0 )
        System.out.println(" Der Montag kommt vor dem Dienstag");
```

Die Methode compareTo() liefert -1, 0 oder +1 zurück, je nachdem, ob die Position des aktuellen Objekts kleiner, gleich oder größer als die des übergebenen Objekts ist.

18.1.4 Aufzählungen und switch

Aufzählungstypen sind hervorragend geeignet, um switch-Verzweigungen zu implementieren:

```
public static String herkunft(Wochentag tag) {

   String s;

   switch (tag) {
      case MONTAG:     s = "Tag der römischen Mondgöttin Luna";
                       break;
      case DIENSTAG:   s = "Tag des nordischen Kriegsgottes Tyr";
                       break;
      case MITTWOCH:   s = "Tag des nordischen Gottes Odin";
                       break;
      case DONNERSTAG: s = "Tag des nordischen Donnergottes Thor";
                       break;
      case FREITAG:    s = "Tag der nordischen Göttin Freya";
                       break;
```

```
        case SAMSTAG:     s = "Tag des römischen Gottes Saturn";
                          break;
        case SONNTAG:     s = "Tag des römischen Sonnengottes Sol";
                          break;
        default:          s = "Unbekannter Tag";
    }

    return s;
}
```

18.1.5 Aufzählungen und for

Mithilfe der for-Schleifensyntax und der statischen Methode values() können die Konstanten einer Aufzählung bequem durchlaufen werden:

```
for( Wochentag tag : Wochentag.values() ) {
   ...
}
```

Die statische values()-Methode liefert ein Array der Aufzählungskonstanten zurück, welches dann von der for-Schleife durchlaufen wird. Über die Schleifenvariable (hier tag) können Sie innerhalb der Schleife auf die aktuelle Aufzählungskonstante zugreifen.

Das nachfolgende Codefragment nutzt diese Möglichkeit, um sowohl den Namen des Wochentags als auch seine Herleitung auszugeben. Der Name des Wochentags ist in diesem Beispiel gleich dem Namen der Aufzählungskonstante, die von der Methode toString() zurückgeliefert wird. Für die Herleitung wird die Schleifenvariable an die oben definierte Methode herkunft() übergeben.

```
import java.io.*;

Console cons = System.console();

for( Wochentag tag : Wochentag.values() )
{
   cons.printf(" %1$-12s -   %2$s \n", tag.toString(),
                                       herkunft(tag));
}
```

18.2 Debuggen

Wenn es etwas gibt, was man beim Programmieren die ganze Zeit macht, dann sind es Fehler! Davon sollten Sie sich aber keineswegs entmutigen lassen. Dies geht jedem Programmierer ähnlich. Typischerweise lassen sich zwei Arten von Fehlern unterscheiden:

- Syntaktische Fehler: Sie haben gegen die Syntax und die Regeln der Java-Sprache verstoßen, z.B. wurde ein Semikolon vergessen, ein Schlüsselwort falsch geschrieben, ein Methodenname angegeben, der nirgendwo definiert worden ist, usw. Diese Fehler werden schon beim Kompilieren vom Compiler (*javac*) entdeckt und Ihnen angezeigt.
- Semantische Fehler: Solche Fehler zeigen sich erst zur Laufzeit des Programms. Das Programm tut nicht das, was Sie von ihm erwarten, beispielsweise werden falsche Ergebnisse berechnet, die Anordnung von Oberflächenelementen sieht anders aus als gewünscht oder vielleicht stürzt das ganze Programm sogar bei der Ausführung ab.

18.2.1 Grundsätzliches Vorgehen

Viele semantische Fehler lassen sich durch aufmerksames Betrachten des Quellcodes finden. Um den Programmablauf nachzuvollziehen, hat sich auch das Einfügen von `System.out.println`-Anweisungen bewährt, die anzeigen, welche Methoden gerade ausgeführt werden und welche Werte bestimmte Variablen gerade haben.

Im Prinzip Ähnliches leisten Debugger, allerdings auf wesentlich komfortablere und vielseitigere Weise. Der Debugger selbst ist eine Art Super-Programm, das andere Programme ausführen und dabei überwachen kann. Eine Fehleranalyse führt der Debugger selbst aber nicht durch – dies ist Ihre Aufgabe. Der Debugger hilft Ihnen lediglich dabei, zur Laufzeit gezielt Informationen über die Ausführung des Programms zu sammeln.

Grundsätzlich geht man dabei folgendermaßen vor:

- Man lädt das Programm in den Debugger.
- Man definiert bestimmte Haltepunkte, d.h., man teilt dem Debugger mit, dass die Ausführung des Programms bei Erreichen bestimmter Quelltextzeilen angehalten werden soll.
- Man führt das Programm von Haltepunkt zu Haltepunkt oder schrittweise mit speziellen Debuggerbefehlen aus und kontrolliert dabei, ob der Programmfluss korrekt ist (ob beispielsweise in einer `if`-Bedingung korrekt verzweigt wird, ob eine Schleife ausgeführt oder eine Methode aufgerufen wird).

- Wurde die Programmausführung vom Debugger angehalten, kann man sich vom Debugger die Inhalte der Variablen des Programms anzeigen lassen. Auf diese Weise kann man beispielsweise die Ausführung von Berechnungen oder die Inkrementierung von Schleifenvariablen kontrollieren.

18.2.2 Der Debugger JDB

Der im JDK mitgelieferte Debugger heißt *jdb* und eignet sich zur Fehlersuche in Anwendungen und Applets. Allerdings handelt es sich bei der aktuellen *jdb*-Version um ein recht einfaches Kommandozeilen-Programm. Wenn Sie Debugger von anderen Programmiersprachen gewöhnt sind, werden Sie enttäuscht sein. Aber besser als nichts ist er allemal.

Vorbereitungen zum Einsatz von jdb

Um eine Anwendung mit dem *jdb* zu debuggen, muss zunächst der *javac*-Compiler spezielle Debug-Informationen hinzufügen, die der *jdb*-Debugger benötigt. Dazu gibt man beim Kompilieren mit *javac* die Option *-g* mit, z.B.:

javac -g Fehler.java

Nun kann das Programm im Debugger gestartet werden:

jdb Fehler

Falls ein Applet debuggt werden soll, muss der AppletViewer mit der Option *-debug* aufgerufen werden. Er sorgt dann dafür, dass der *jdb* mit aufgerufen wird. Wenn also beispielsweise *Test.html* das zu untersuchende Applet enthalt, wird die Debug-Sitzung gestartet mit:

appletviewer -debug Test.html

Nach dem Laden und Initialisieren wartet der *jdb* auf Ihre Befehle.

Wichtige jdb-Befehle:

Tabelle 18.1: jdb-Befehle

Kommando	**Beschreibung**
`run` `run klasse arg1 arg2`	Startet die Ausführung des Programms; falls das Programm Parameter erwartet, können sie mit angegeben werden.
`stop at Klasse:Zeile`	Setzt einen Haltepunkt in Klasse `Klasse` bei Zeile `Zeile`.
`stop in Klasse.methode`	Setzt einen Haltepunkt in der Methode `methode` von Klasse `Klasse`. Gestoppt wird bei der ersten Anweisung.
`step`	Führt eine einzelne Codezeile aus.

Tabelle 18.1: jdb-Befehle (Forts.)

Kommando	Beschreibung
`cont`	Setzt die Programmausführung fort (nach einem Haltepunkt).
`list`	Gibt den Quellcode aus.
`locals`	Gibt die lokalen Variablen aus.
`print Name`	Gibt die Variable `Name` aus.
`where`	Gibt die Abfolge der Methodenaufrufe aus.
`quit`	Beendet den Debugger.
`help`	Gibt eine Übersicht über alle jdb-Befehle aus.
`!!`	Wiederholt den letzten Befehl.

18.3 Anwendungen weitergeben

Irgendwann werden Sie den Punkt erreichen, an dem Sie Ihre Anwendungen auch an Freunde oder Bekannte, vielleicht ja auch schon Kunden weitergeben möchten. Was aber ist zu beachten, damit diese Ihre Anwendungen auch ausführen können?

Hinweis

Dieses Kapitel beschäftigt sich ausschließlich mit der Weitergabe von Anwendungen. Für Applets, die im Umfeld eines Browsers ausgeführt werden, gelten andere Regeln, siehe Kapitel 14.3.

18.3.1 Ohne JRE geht es nicht

Java-Anwendungen können nur mithilfe einer Java-Laufzeitumgebung, auch JRE oder Java Virtual Machine genannt, ausgeführt werden.

JDK und JRE

In Ihrem JDK ist die JRE quasi als private Kopie mit enthalten, weswegen Sie die Programme in diesem Buch nicht nur erstellen, sondern auch testen und ausführen konnten.

Wenn Sie bei der Installation die Option PUBLIC JRE aktiviert hatten, wurde sogar zusätzlich zum JDK auch noch eine allgemein verfügbare JRE auf Ihrem Rechner installiert. Diese benötigen Sie z.B. zum Ausführen von Applets (denn im JDK ist zwar der AppletViewer zum Testen von Applets, aber kein Java-Plug-In zum Ausführen von Applets im Browser enthalten). Die zusätzliche JRE hat aber auch den Vorteil, dass Sie den JDK separat deinstallieren können, und trotzdem eine lauffähige JRE zur Ausführung von Java-Anwendungen zurückbehalten.

Es gibt drei Möglichkeiten, wie Sie auf dem Rechner Ihrer Freunde und Bekannten eine JRE installieren können.

- Sie laden von der Website *http://www.oracle.com/technetwork/java/javase/downloads* die aktuelle JRE passend zu Betriebssystem (Windows, Linux etc.) und Architektur (32- oder 64-Bit) Ihres Bekannten herunter und geben die Setupdatei der JRE zusammen mit Ihrer Java-Anwendung weiter.
- Sie sagen Ihrem Bekannten, dass er sich die passende JRE selbst herunterladen muss.
- Sie erstellen eine *.exe*-Datei, in der die Java Virtual Machine enthalten ist (siehe unten).

Um zu testen, ob die JRE korrekt installiert ist, rufen Sie einfach ein Konsolenfenster auf und schicken Sie den Befehl *java -version* ab.

> **!** Die Version der JRE muss mit der JDK-Version übereinstimmen, die Sie zum Erstellen Ihrer Java-Anwendungen benutzt haben. Das heißt, zum Ausführen einer Anwendung, die Sie mit dem JDK 7 erstellt haben, benötigen Sie die JRE 7 (oder höher).

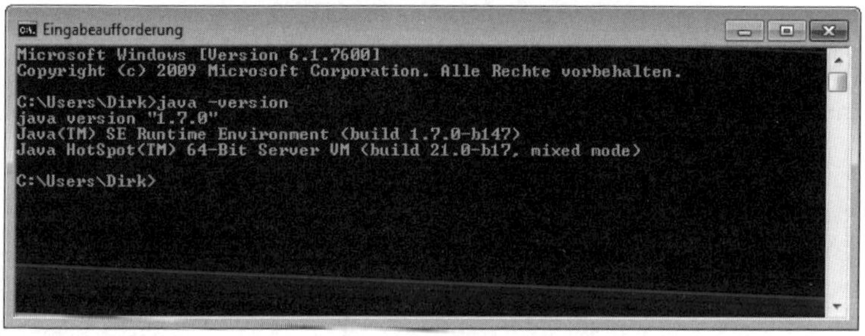

***Abbildung 18.1:** Wunderbar, die Java-Laufzeitumgebung ist verfügbar*

Achtung! Testen Sie nicht mit *javac*. Der *javac*-Compiler ist in der JRE nicht enthalten. Der Test mit *javac* sagt also nur etwas darüber aus, ob ein JDK installiert und in den PATH eingetragen ist oder nicht.

18.3.2 Java-Anwendungen ausführen: von .class bis .exe

Wie der Anwender eine Java-Anwendung ausführt, hängt vor allem davon ab, welche Art von Dateien Sie ihm übergeben.

Beachten Sie aber, dass Konsolenanwendung grundsätzlich von einem Konsolenfenster aus aufgerufen werden sollten. Werden sie von einem Dateimanager wie dem Windows Explorer oder über eine Desktop-Verknüpfung geöffnet, wird für die Anwendung zwar automatisch ein Konsolenfenster eingeblendet. Dieses verschwindet aber wieder, sobald die Anwendung beendet ist.

Hinweis

Wenn die Klassen der Anwendung (oder Teile davon) in Paketen definiert sind, wird der Aufruf unter Umständen sogar noch komplizierter. Dann ist die Erstellung einer .jar-Datei eine gute Alternative.

CLASS-Dateien

Wenn Sie dem Anwender die reinen *.class*-Dateien weitergeben, muss er ein Konsolenfenster öffnen, in das Verzeichnis mit den *.class*-Dateien wechseln und die *.class*-Datei mit der `main()`-Methode an den Java-Interpreter übergeben.

Prompt:> *java HalloWelt* ↵

JAR-Dateien

Eine *.jar*-Datei ist nichts anderes als ein Archiv, in dem Sie alle für eine Java-Anwendung benötigten Dateien unterbringen können. Vor allem, wenn Ihre Java-Anwendung aus mehreren *.class*-Dateien besteht, zusätzliche Dateien wie Bilder oder Textdateien enthält oder die Klassen auf Pakete verteilt sind, empfiehlt sich die Erstellung eines *.jar*-Archivs.

Um ein *.jar*-Archiv für eine Anwendung zu erstellen, öffnen Sie ein Konsolenfenster, wechseln Sie in das Verzeichnis der Anwendung und schicken Sie folgenden Befehl ab:

```
jar cfe HalloWelt.jar HalloWelt *.*
```

- Die Option *c* steht für »create« und legt fest, dass ein neues Archiv angelegt wird.
- Die Option *f* steht für »file« und teilt dem *jar*-Tool mit, dass der Name des Archivs explizit angegeben wird (hier *HalloWelt.jar*).
- Die Option *e* steht für »executable« und teilt dem jar-Tool mit, dass die Klasse mit der `main()`-Methode explizit angegeben wird (hier *HalloWelt*).
- Die Angabe `*.*` sorgt dafür, dass alle im Verzeichnis enthaltenen Dateien (inklusive der Unterverzeichnisse) in das Archiv aufgenommen werden.

Das *jar*-Tool packt daraufhin die Dateien in das Archiv und legt automatisch eine passende Manifestdatei an, die zur Ausführung des Archivs benötigt wird.

Tipp

Mit dem Befehl jar tf HalloWelt.jar können Sie sich den Inhalt des Archivs auflisten lassen. Sie können die Archivdatei aber auch in ein passendes ZIP-Programm laden.

Zum Ausführen muss der Anwender die Archivdatei dann nur zusammen mit der Option *-jar* an den *java*-Interpreter übergeben:

Prompt:> *java -jar HalloWelt.jar* ↵

Wenn es sich um eine GUI-Anwendung handelt, können Sie statt *java* auch *javaw* verwenden:

Prompt:> *javaw -jar HalloWelt.jar* ↵

BAT-Dateien

Batch-Dateien erlauben uns, die Betriebsbefehle zum Starten der Anwendung in einer Datei zusammenzufassen. Unter Windows trägt diese die Dateierweiterung *.bat*.

```
java HalloWelt
```

Listing 18.1: HalloWelt.bat

Diese Batch-Datei kann dann wie folgt von der Konsole aus aufgerufen werden.

Prompt:> *HalloWelt* [↵]

Wenn es sich um eine GUI-Anwendung handelt, kann der Anwender sie auch mit einem Doppelklick auf die Batch-Datei im Dateimanager (z.B. Windows Explorer) oder auf eine Verknüpfung zur Batch-Datei ausführen.

> ! Die so erzeugten .exe-Dateien sind dann allerdings plattformspezifisch. Das heißt, eine .exe-Datei, die Sie für einen Windows-64-Bit-Rechner erstellt haben, ist auf einem Windows 32-Bit-Rechner oder auf einem Linux-Rechner nicht ausführbar.

EXE-Dateien

Schließlich gibt es die Option, mithilfe passender Tools eine direkt ausführbare *.exe*-Datei zu erstellen.

Ein solches Tool ist z.B. *launch4j*, das Sie von der Site *http://launch4j.sourceforge.net/* herunterladen können. Mit *launch4j* können Sie sowohl *.exe*-Dateien erstellen, die Ihre Anwendung mithilfe einer vorhandenen JRE ausführen, als auch *.exe*-Dateien, die eine JRE mit einschließen.

Anhang A: Lösungen

Kapitel 2

1. Der Quelltext zur Lösung dieser Aufgabe könnte beispielsweise folgendermaßen aussehen:

```
public class Anmeldung {
  public static void main (String[] args){
    System.out.println("Hallo Welt. Hier ist ??? ");
  }
}
```

2. Wenn Sie einen Java-Quelltext, in dem eine `public`-Klasse definiert ist, unter einem anderen als dem Namen dieser Klasse speichern, ernten Sie bei der Kompilation eine Fehlermeldung.

Merke

Woraus folgt, dass in einer Java-Quelltextdatei höchstens eine `public`*-Klasse definiert werden kann.*

Kapitel 3

1. Die erste Klasse dient zur Beschreibung des Flugzeugs. Als Eigenschaften sollten Sie zumindest zwei Gruppen von Feldern deklarieren:

   - eine Gruppe, die das Flugzeug beschreibt (Flugzeugtyp, Anzahl Turbinen, Spannweite, Höchstgeschwindigkeit etc.)
   - eine Gruppe, die den aktuellen Zustand des Flugzeugs beschreibt (Position, Flughöhe, Geschwindigkeit etc.)

   Als Methoden brauchen Sie wenigstens `beschleunigen()` und `bremsen()`.

```
//Hilfsklasse für Positionsangaben
class Koord {
  int m_x;
  int m_y;

  Koord(int x, int y) {
    m_x = x;
    m_y = y;
  }
}

//Flugzeugklasse
class Flugzeug {
  String m_typ;
  int    m_turbinen;
  int    m_spannweite;
  int    m_maxGeschw;
```

```
  Koord m_position;
  int    m_hoehe;
  int    m_aktGeschw;

  Flugzeug(String typ, int turb, int weite, int geschw) {
    m_typ = typ;
    m_turbinen = turb;
    m_spannweite = weite;
    m_maxGeschw = geschw;
    m_position = new Koord(0,0);
    m_hoehe = 0;
    m_aktGeschw = 0;
  }

  int beschleunigen() {
    // Akt. Geschw. erhöhen, Höhe und Position ändern
    return m_aktGeschw;
  }

  int bremsen() {
    // Akt. Geschw. senken, Höhe und Position ändern
    return m_aktGeschw;
  }
}
```

Für die Wassertürme brauchen Sie vor allem Felder für die Position sowie Breite, Höhe und Tiefe. (Anstatt die x,y-Koordinaten der meist runden Wassertürme aus Mittelpunkt und Radius zu berechnen, denken Sie sich ein Rechteck, das den Wasserturm einhüllt. Der Code zur Kollisionsberechnung wird dadurch einfacher und vor allem schneller. Die resultierende Ungenauigkeit ist vernachlässigbar, solange die Wassertürme nicht wesentlich breiter sind als die Flugzeuge.) Wenn Sie möchten, können Sie auch eine Methode vorsehen, die aufgerufen wird, wenn ein Flugzeug in einen Wasserturm kracht.

```
// Klasse für Wassertürme
class Wasserturm {
  Koord m_position;
  int m_breite;
  int m_hoehe;
  int m_tiefe;

  Wasserturm(Koord pos, int b, int h, int t)  {
    m_position = pos;
    m_breite = b;
    m_hoehe = h;
    m_tiefe = t;
  }
}
```

Für jedes Flugzeug, das in Ihrer Szenerie herumfliegt, bilden Sie eine eigene Instanz.

Da es drei Wassertürme gibt, benötigen Sie drei Instanzen der Klasse Wasserturm.

Für den Boden brauchen Sie im Prinzip keine spezielle Klasse.

```
public class FlugzeugSimulator {
  public static void main(String[] args) {
    Flugzeug meines =
        new Flugzeug("Sportflugzeug",1,5,300);
    Wasserturm turm1 =
        new Wasserturm(new Koord(50,100),40,120,40);
    Wasserturm turm2 =
        new Wasserturm(new Koord(150,80),30,140,40);
    Wasserturm turm3 =
        new Wasserturm(new Koord(450,20),30,140,40);

    meines.beschleunigen();
    meines.bremsen();
  }
}
```

2. Zuerst müssen Sie die Klasse Auto importieren. Unter der Annahme, dass die Klasse Auto als public deklariert ist und keinem besonderen Paket angehört, kopieren Sie die *.class*-Datei in das Verzeichnis Ihres Programms und setzen die Anweisung

   ```
   import Auto;
   ```

   an den Anfang Ihres Quelltextes. Dann bilden Sie eine Instanz der Klasse:

   ```
   Auto meinAuto = new Auto();
   ```

   und rufen bei Bedarf einfach die Methode anlassen() auf:

   ```
   meinAuto.anlassen();
   ```

3. Eigentlich sollte es nichts ausmachen, wenn die Methode bremsen(), vor den Methoden anlassen() und beschleunigen() aufgerufen wird. Was aber wirklich passiert, hängt natürlich von der Implementierung ab, die Ihr Freund vorgesehen hat.

   Nehmen wir an, die Methode bremsen() reduziert die aktuelle Geschwindigkeit um 10 km/h. Dann kann es passieren, dass ein Aufruf der Methode bremsen() vor dem Aufruf der Methode beschleunigung() die aktuelle Geschwindigkeit auf -10 km/h zurücksetzt, einen negativen und somit ungültigen Wert. Gemäß den Regeln der Objektorientiertheit sollte die Klasse selbst dafür sorgen, dass ihre Daten (Felder) nur vernünftige Werte annehmen. Die Methode bremsen() sollte also ständig die aktuelle Geschwindigkeit kontrollieren und diese nicht unter 0 km/h herabsetzen.

Auf diese Weise sorgt die interne Implementierung der Klasse dafür, dass die Integrität ihrer Daten erhalten bleibt und Programmierfehler durch unsachgemäßen Gebrauch der Klasse weitestgehend verhindert werden. Man bezeichnet dies auch als Information hiding oder Kapselung.

Kapitel 4

1. Um Abstürze abzufangen, brauchen Sie nur die Höhe des Flugzeugs zu kontrollieren:

```
if (meines.m_hoehe < 0) {
  // abgestürzt
}
```

Um zu erkennen, wann ein Flugzeug in einen Wasserturm geflogen ist, prüfen Sie, ob seine Position innerhalb der Koordinaten eines der Wassertürme liegt und ob seine Flughöhe niedriger als die Höhe des Wasserturms ist:

```
if (  (meines.m_position.X > turm1.m_position.X
        && meines.m_position.X < turm1.m_position.X +
                                 turm1.m_breite)
   && (meines.m_position.Y > turm1.m_position.Y
        && meines.m_position.Y < turm1.m_position.Y +
                                 turm1.m_tiefe)
   && (meines.m_hoehe <= turm1.m_hoehe) )
 {
   // in Wasserturm gekracht
 }
```

2. Die for-Schleife zur Berechnung der ersten hundert Quadratzahlen könnte folgendermaßen aussehen:

```
public class Quadrat {
  public static void main(String[] args) {
    int loop;

    System.out.println();
    for(loop=1; loop<=100; loop++) {
      System.out.println(" Das Quadrat von " + loop
                         + " ist = " + loop*loop);
    }
  }
}
```

3. Die zugehörige while-Schleife sieht folgendermaßen aus:

```
public static void main(String[] args) {
  int loop;

  System.out.println();

  loop = 1;
  while(loop <=100) {
     System.out.println(" Das Quadrat von " + loop
                        + " ist = " + loop*loop);
     loop++;
  }
}
```

4. In Binärdarstellung kann man gerade Zahlen einfach daran erkennen, dass das letzte Bit auf 0 steht. Wenn man nun eine Zahl mit der Eins UND-verknüpft, erzeugt der Computer als Ergebnis eine Zahl, für die nur Bits auf 1 gesetzt sind, die in beiden verknüpften Zahlen bereits auf 1 stehen.

```
0010 1100  // gerade Zahl
0000 0001  // Eins
___________________
0000 0000 // UND-Verknüpfung
```

   Ist das Ergebnis 0 muss die erste Zahl gerade gewesen sein. Die folgende Schleife gibt daher nur die Quadratzahlen für gerade Zahlen aus:

```
for(loop=1; loop<=100; loop++) {
   if((loop & 1) == 0)
   System.out.println(" Das Quadrat von " + loop
                      + " ist = " + loop*loop);
}
```

Kapitel 5

1. Das Programm zur Ausgabe der this-Variablen könnte folgendermaßen aussehen:

```
class This {
  public static void main(String[] args) {
    System.out.println();

    Demo_this inst = new Demo_this();
    System.out.println(" Instanz inst = " + inst);
    inst.this_wert();
  }
}
```

```
class Demo_this {
  void this_wert() {
    System.out.println(" this hat den Wert : " + this);
  }
}
```

Der Ausgabe des Programms können Sie entnehmen, dass die Objektvariable `inst` und die `this`-Variable auf dasselbe Objekt im Speicher verweisen. Anhand der `this`-Variablen, die jeder Methode automatisch übergeben wird, kann diese erkennen, für welche Instanz sie aufgerufen wurde.

2. Die Klassen `Mitarbeiter`, `Angestellter`, `Lehrling` und `Chef` seien wie in *Kapitel 5.1* definiert. Die Hauptklasse des Programms könnte dann wie folgt aussehen:

```
public class MitarbeiterArray {
  public static void main(String[] args) {
    Mitarbeiter[] personalListe = new Mitarbeiter[5];

    personalListe[0] =
                 new Angestellter("Holger","Lehrling",3000);
    personalListe[1] =
                 new Angestellter("Hans","Angestellter",3000);
    personalListe[2] =
                 new Lehrling("Kuno","Lehrling",700);
    personalListe[3] =
                 new Chef("El","Chef",7000);
    personalListe[4] =
                 new Angestellter("Hugo","Angestellter",3500);

    // alle Mitarbeiter ausgeben
    for(int i = 0; i < personalListe.length; i++)
      personalListe[i].datenAusgeben();
  }
}
```

Kapitel 6

1. Das Programm liest eine Zeile von der Tastatur ein, wandelt alle Buchstaben in Großbuchstaben um und gibt die umgewandelte Zeile auf den Bildschirm aus.

2. Ein Programm zum Kopieren von Dateien könnte beispielsweise folgendermaßen aussehen:

```
import java.io.*;

public class Kopieren {
  public static void main(String[] args) {
    try ( FileReader ein =
               new FileReader("john_maynard.txt");
```

```
          FileWriter aus =
                 new FileWriter("kopie.txt"); )
    {
      int zeichen;

      while((zeichen = ein.read()) != -1)  {
          aus.write(zeichen);
      }
    }
    catch (IOException e) {
       System.err.println(" Fehler mit Datei: " +
                          e.getMessage());
    }
  }
}
```

Kapitel 7

1. Eine mögliche Lösung ist:

```
// Umdrehen.java
import java.util.*;
import java.io.*;

class Umdrehen {
  public static void main(String [] args) {
    Console cons = System.console();
    cons.printf("\n");

    cons.printf(" Text eingeben: ");
    String eingabeWort = cons.readLine();

    int anzahl = eingabeWort.length();

    // Die Buchstaben in einen Keller einfügen
    Stack<Character> keller = new Stack<Character>();
    for(int i = 0; i < anzahl; i++) {
      keller.push(eingabeWort.charAt(i));
    }

    // Elemente vom Stack entfernen und ausgeben
    cons.printf(" Umgedreht    : ");
    for(int i = 0; i < anzahl; i++) {
      cons.printf("%s", keller.pop());
    }

    cons.printf("\n");
  }
}
```

Analyse

Zunächst wird der Text von der Tastatur eingelesen. Dann fügen wir die Buchstaben der Reihe nach in den Keller ein und lesen sie anschließend wieder aus. Beachten Sie, dass wir eigentlich einen elementaren Datentyp (`char`) in den Keller einfügen wollen. Der Compiler ist so nett, automatisch aus dem jeweiligen `char`-Wert ein `Character`-Objekt zu erzeugen und dieses dann an die `push()`-Methode weiterzugeben (Stichwort Autoboxing, siehe Exkurs in *Abschnitt »Listen«*).

Beim Lesen mit `pop()` ziehen wir die einzelnen Elemente bzw. die darin eingewickelten `char`-Werte wieder aus dem Keller (am Schluss ist der Keller dann leer). Da ein Keller nach dem Last-in-First-out-Prinzip (zuletzt-rein-zuerst-raus) arbeitet, werden dadurch die Buchstaben in umgekehrter Reihenfolge entnommen und unser Ziel ist erreicht.

2. Vorgehensweise: Wir zerlegen die Eingabe mithilfe eines `StringTokenizer`. Jedes Wort des Eingabestrings wird zusammen mit einem Integer-Objekt (der Zähler) in die Hashtabelle eingefügt (wenn noch nicht vorhanden) bzw. überschreibt den bisherigen Eintrag (mit dem Zähler um 1 erhöht).

```
// Woerter.java
import java.util.*;
import java.io.*;

class Woerter {
  public static void main(String []args) {
    Console cons = System.console();
    cons.printf("\n");

    cons.printf(" Eingabe: ");
    String eingabe = cons.readLine();

    StringTokenizer st = new StringTokenizer(eingabe);

    HashMap<String, Integer> hashTabelle
                      = new HashMap<String,Integer>();
    Integer ergebnis;
    int anzahl;
    String zeichenString;

    while(st.hasMoreTokens()) {
      zeichenString = st.nextToken();
      ergebnis = hashTabelle.get(zeichenString);

      if(ergebnis == null)
        hashTabelle.put(zeichenString, 1);
```

```
        else {
          anzahl = ergebnis.intValue() + 1;
          hashTabelle.put(zeichenString,anzahl);
        }
      }

      cons.printf(" Anzahl verschiedene Woerter: %d \n",
                  hashTabelle.size());

      cons.printf("\n %s \n", hashTabelle);
    }
  }
```

Kapitel 8

1. Ohne die Einrichtung eines `FlowLayout`-Managers würde unser Fenster wie in *Abbildung 18.1* aussehen.

Abbildung A.1: GUI_Beispiel ohne FlowLayout-Manager

Der Grund hierfür ist einfach, dass Java als Standardlayout meistens den `Borderlayout`-Manager verwendet, der die Komponenten nach den vier Windrichtungen bzw. zentriert ausrichtet. Gibt man beim Hinzufügen der Komponenten keine Richtung an (beispielsweise `add("East",hänsel);`) werden diese zentriert. In unserem Beispiel erhalten wir also drei zentrierte Schaltflächen, von denen natürlich nur die oberste sichtbar ist.

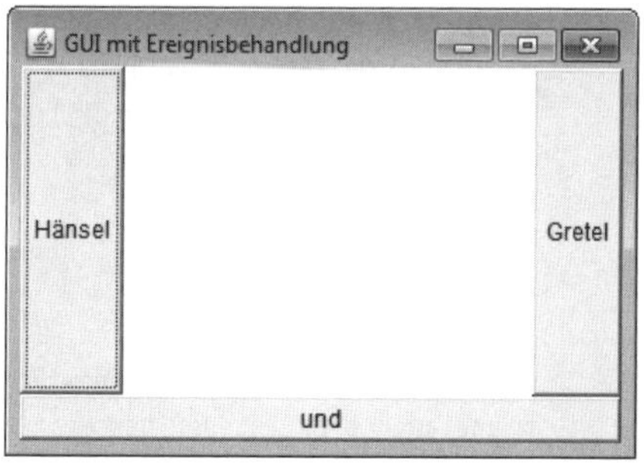

Abbildung A.2: GUI_Beispiel mit BorderLayout-Manager

2. Die Anordnung aus *Abbildung 18.2* erhält man mithilfe des `BorderLayout`-Managers und folgenden Anweisungen:

```
// Layout-Manager zum Anordnen der Schaltflächen
setLayout(new BorderLayout());

// Schaltflächen zum Frame hinzufügen
add("West", hänsel);
add("South", und);
add("East", gretel);
```

3. Die folgende Implementierung der Ereignisbehandlungsmethode setzt den Text des »Hänsel und Gretel«-Liedes fort, indem es die nächste Zeile als Titel der Schaltfläche ausgibt.

```
// aus GUI_Beispiel3.java
class MeinActionLauscher implements ActionListener{
   public void actionPerformed(ActionEvent e){
      // Titel ändern
      m_hänsel.setLabel("verirrten");
      m_und.setLabel("sich");
      m_gretel.setLabel("im Wald");
   }
}
```

Da wir hierzu auf die Instanzen der Schaltflächen (`Hänsel`, `und`, `Gretel`) zugreifen müssen, ist es erforderlich diese als Instanzvariablen zu deklarieren (und nicht wie bisher als lokale Variablen des Konstruktors).

```
// aus GUI_Beispiel3.java
public class GUI_Beispiel3 extends Frame {
   Button m_hänsel, m_und, m_gretel;
   ...

   // und im Konstruktor:

   m_hänsel = new Button("Hänsel");
   m_und  = new Button("und");
   m_gretel = new Button("Gretel");
   ...
   add(m_hänsel);
   add(m_und);
   add(m_gretel);
   ...
   m_hänsel.addActionListener(new MeinActionLauscher());
   m_und.addActionListener(new MeinActionLauscher());
   m_gretel.addActionListener(new MeinActionLauscher());
```

4. Zur Umstellung von der ActionListener-Schnittstelle zur MouseListener-Schnittstelle bedarf es folgender Änderungen:

   - Die von uns definierte Lauscher-Klasse muss statt der ActionListener-Schnittstelle die MouseListener-Schnittstelle implementieren. (Den Namen der Lauscher-Klasse brauchen Sie nicht zu ändern, es empfiehlt sich aber, um Verwirrungen zu vermeiden.)

   - Die Ereignisbehandlungsmethode für das Drücken der Schaltfläche lautet jetzt mouseClicked() (statt actionPerformed()) und erwartet als Parameter ein Objekt der Klasse MouseEvent.

   - Da wir nicht die zugehörige Adapter-Klasse verwenden, müssen wir alle Methoden der MouseListener-Schnittstelle selbst implementieren. (Welche Methoden dies sind, können Sie Ihrer Java-Dokumentation entnehmen oder lassen Sie sich einfach vom Compiler anzeigen, welche Methoden noch zu implementieren sind.)

   - Schließlich müssen Sie zur Registrierung der Lauscher-Klasse die Methode addMouseListener() (statt addActionListener()) aufrufen.

   Die umgebaute Lauscher-Klasse und ihre Registrierung sehen danach folgendermaßen aus.

```
// aus Datei GUI_Beispiel4.java
class MeinMouseLauscher implements MouseListener{
   public void mouseClicked(MouseEvent e){
      // einmal piepen
      java.awt.Toolkit.getDefaultToolkit().beep();
   }
   public void mouseEntered(MouseEvent e) {
   }
   public void mouseExited(MouseEvent e) {
   }
   public void mousePressed(MouseEvent e) {
   }
   public void mouseReleased(MouseEvent e) {
   }
}
```

5. Abgesehen davon, dass die Verwendung der MouseListener-Schnittstelle aufwendiger ist, wenn man nicht die zugehörige Adapter-Klasse nutzt, können die Schaltflächen jetzt nicht mehr über die Tastatur (Leertaste) gedrückt werden.

   Von Vorteil ist, dass man nun mehrere Methoden zum Abfangen verschiedener Ereignisse zur Verfügung hat und der Parameter vom Typ MouseEvent detailliertere Informationen (beispielsweise über die genauen Koordinaten des Mausklicks) übermittelt. Beide Vorteile sind für die

Ereignisbehandlung von Schaltflächen jedoch im Grunde unerheblich, sodass man für Schaltflächen meist die ActionListener-Schnittstelle verwendet.

Kapitel 9

Die Swing-Version des Programms:

```
// Datei AWT_zu_Swing2.java
import javax.swing.*;
import java.awt.*;
import java.awt.event.*;

// Fensterklasse definieren
public class AWT_zu_Swing2 extends JFrame {
  JButton schalter;

  // Ereignisbehandlung für die Steuerelemente
  class MeinActionLauscher implements ActionListener {
    public void actionPerformed(ActionEvent e) {
      schalter.setText("Danke");
    }
  }

  // der Konstruktor
  AWT_zu_Swing2(String titel) {
    super(titel);

    // Schaltfläche erzeugen
    schalter = new JButton("Klick mich");

    // Schaltfläche in Fenster aufnehmen
    add(schalter);

    // Fenster schließen = Anwendung schließen
    setDefaultCloseOperation(WindowConstants.EXIT_ON_CLOSE);

    // die Schaltfläche bei einem ActionListener registrieren
    schalter.addActionListener(new MeinActionLauscher());
  }


  public static void main(String[] args) {
    AWT_zu_Swing2 fenster = new AWT_zu_Swing2("Swing");
    fenster.pack();
    fenster.setSize(300,100);
    fenster.setVisible(true);
  }
}
```

Kapitel 10

1. Die folgende Klasse implementiert eine Schaltfläche, die standardmäßig 100x100 Pixel groß dargestellt wird. Unter der Klassendefinition sehen Sie die Instanzierung einer Schaltfläche dieser Klasse.

```
// aus EigenerSchalter.java

class MeinSchalter extends JButton {
  public MeinSchalter(String titel) {
    super(titel);
  }

  public Dimension getMinimumSize() {
    return new Dimension(100,100);
  }
  public Dimension getPreferredSize() {
    return getMinimumSize();
  }
}

public class EigenerSchalter extends JFrame {

  EigenerSchalter(String titel) {
    ...
    MeinSchalter schalter = new MeinSchalter("Klick mich");
    add(schalter);
  ...
```

2. Lila erhalten Sie beispielsweise als RGB(203,12, 151).

3. Für das Layout aus *Abbildung 10.5* benötigt man einen `BorderLayout`-Manager für das Fenster und ein Panel mit `FlowLayout`-Manager (Standard) für die beiden oberen Schaltflächen.

```
// aus Layout.java
Layout(String titel) {
  super(titel);
  setLayout(new BorderLayout());

  Panel p = new Panel();
  JButton schalter1 = new JButton("Klick mich");
  JButton schalter2 = new JButton("Klick mich");
  schalter2.setFont(new Font(Font.SERIF, Font.BOLD, 14));
  p.add(schalter1);
  p.add(schalter2);

  JButton schalter3 =
        new JButton("Richtig, mich solltest du klicken");
  add(p,"North");
```

```
    add(new JLabel("Hör nicht auf die beiden!",
                   SwingConstants.CENTER),"Center");
    add(schalter3,"South");

    setDefaultCloseOperation(WindowConstants.EXIT_ON_CLOSE);
  }
```

4. Neben Tangens und Potenzfunktion finden Sie in der Klasse `Math` beispielsweise folgende Funktionen: `abs()`, `asin()`, `acos()`, `atan()`, `exp()`, `sin()`, `cos()`, `tan()`, `sqrt()`.

   Darüber hinaus können Sie natürlich auch eigene Funktionen berechnen lassen.

Kapitel 11

1. Um Dateien aus beliebigen Verzeichnissen zu laden, müssen Sie neben dem Dateinamen auch das vom Anwender ausgewählte Verzeichnis ermitteln und vor den Dateinamen stellen:

```
// aus Bildbetrachter2.java
FileDialog d = new FileDialog(this, "Bilddatei laden...",
FileDialog.LOAD);
d.setVisible(true);
m_dateiname = d.getDirectory();
m_dateiname += d.getFile();
```

2. Um das Verschieben des geladenen Bildes zu ermöglichen, definieren Sie innerhalb der Leinwand-Klasse `BildLeinwand` die folgende Lauscher-Klasse:

```
// aus Bildbetrachter3.java, in Klasse Bildleinwand
class MeinMausMotionAdapter extends MouseMotionAdapter {
  public void mouseDragged(MouseEvent e) {
    // lokale Variablen
    int x,y;

    // wenn kein Bild geladen ist, nichts tun
    if(m_aktBild == null)
      return;

    // Mauskoordinaten abfragen
    x = e.getX();
    y = e.getY();

    // Das Bild nur bewegen, wenn direkt darauf
    // geklickt worden ist
    if(   x >= m_bild_x1 && x <= m_bild_x2
       && y >= m_bild_y1 && y <= m_bild_y2) {

       m_Xpos = x - m_bildBreite/2;
```

```
      m_Ypos = y - m_bildHoehe/2;

      // Die neue Begrenzung berechnen und
      // das Bild neu anzeigen
      m_bild_x1 = m_Xpos;
      m_bild_y1 = m_Ypos;
      m_bild_x2 = m_bild_x1 + m_bildBreite;
      m_bild_y2 = m_bild_y1 + m_bildHoehe;
      repaint();
    }
  }
}
```

Registrieren Sie die Lauscher-Klasse im Konstruktor der Leinwand-Klasse:

```
BildLeinwand (){
  addMouseMotionListener(new MeinMausMotionAdapter());
}
```

Der oben aufgezeigte Algorithmus zum Verschieben des Bildes weist noch einige Mängel in Bezug auf die Koordinatentransformation und die Rekonstruktion des Bildes auf. Wenn Sie an professionelleren Techniken interessiert sind, schauen Sie doch unter SPRITE-ANIMATIONEN in der entsprechenden Fachliteratur nach.

Kapitel 12

1. Um ein Kombinationsfeld mit den Namen der auf einem System verfügbaren Fonts zu füllen, müssen Sie sich zuerst eine `GraphicsEnvironment`-Instanz beschaffen. (Die abstrakte Klasse `GraphicsEnvironment` definiert dafür die Methode `getLocalGraphicsEnvironment()`.) Über deren Methode `getAvailableFontFamilyNames()` können Sie sich die verfügbaren Font-Namen in ein String-Array kopieren. Danach können Sie dann in einer Schleife das String-Array durchlaufen und für jeden Font ein Listenelement einrichten:

```
String[] fontNames;
fontNames  = GraphicsEnvironment.getLocalGraphicsEnvironment().
getAvailableFontFamilyNames();
m_fonts = new JComboBox<String>();
for(int i = 0; i < fontNames.length; i++)
   m_fonts.addItem(fontNames[i]);
```

2. Um eine mit `indexOf(String)` begonnene Suche fortzusetzen, sieht man am besten einen eigenen Menübefehl vor, in dessen Ereignisbehandlung Sie die Methode `indexOf(String, int)` aufrufen, der Sie den alten Suchstring und den Index des Endes des zuletzt gefundenen Vorkommens im Suchstring übergeben (Suchstring und zuletzt gefundene Position sollten daher als Instanzvariablen abgespeichert werden).

Kapitel 13

Die Lösungen zu den Übungen dieses Kapitels finden Sie in den Listings auf der *Buch-DVD*.

Kapitel 14

1. Für diese Übung gibt es keine Lösung. Sofern Sie aber daran denken, die *.class*-Datei des Applets und das HTML-Dokument zusammen in einem Verzeichnis abzulegen, sollte alles reibungslos funktionieren, ohne dass Sie irgendwelche Anpassungen im HTML-Text des Dokuments vornehmen müssen.

2. Um das `Spot`-Applet entsprechend der Aufgabenstellung abzuwandeln, müssen wir den Code aus dem Konstruktor in die `init()`-Methode verlagern. Dies ist notwendig, weil das `m_flecken`-Array jetzt nicht mehr für eine vorgegebene Anzahl Elemente erzeugt werden soll, sondern für genau die Anzahl Elemente, die via Parameter von der HTML-Seite an das Applet übergeben wird. Da die Parameterwerte aber frühestens in der `init()`-Methode abgefragt werden können, müssen wir den betreffenden Code verlagern. Insgesamt könnte der Code der `init()`-Methode wie folgt aussehen:

```
// aus Spot_mit_Parametern.java
public void init() {
   String parameter = getParameter("Anzahl");
   int anzahl = Integer.parseInt(parameter);
   m_flecken = new Scheibe[anzahl];
   for(int i = 0; i < m_flecken.length; i++)
      m_flecken[i] = new Scheibe();

   String farbe = getParameter("Farbe").toUpperCase();
   if (farbe.equals("ROT"))
      m_farbe = new Color (255, 0, 0);
   else if (farbe.equals("BLAU"))
      m_farbe = new Color (0, 0, 255);
   else if (farbe.equals("GRUEN"))
      m_farbe = new Color (0, 255, 0);
   else if (farbe.equals("GELB"))
      m_farbe = new Color (255, 255, 0);
   else
      m_farbe = new Color (0, 0, 0);
}
```

Analyse

Zuerst liest die Methode den Parameter für die Anzahl der Flecke ein (wir haben ihm den Namen »Anzahl« gegeben), wandelt den Parameter in einen `int`-Wert um und legt dann ein Array exakt dieser Größe an.

Dann wird der Name der gewünschten Farbe eingelesen und mit verschiedenen angebotenen Farben verglichen. Gibt es eine Übereinstimmung, wird m_farbe mit dem zugehörigen Color-Objekt initialisiert, ansonsten zeichnen wir in Schwarz (new Color (0,0,0)).

Beachten Sie, dass wir den Parameter direkt nach dem Einlesen mithilfe der String-Methode toUpperCase() in Großbuchstaben umwandeln. So müssen wir nicht gegen unterschiedliche Groß-/Kleinschreibungen testen – die Autoren der Webseiten, die unser Applet einsetzen, können aber unterschiedliche Groß-/Kleinschreibungen verwenden.

In einem HTML-Dokument könnte das Applet wie folgt aufgerufen werden:

```
// aus Spot_mit_Parametern.html
<hr>
  <applet code="Spot_mit_Parametern.class" width="400"
                                           height="200">
                        <param name="Anzahl" value="2">
                        <param name="Farbe" value="Rot">
  </applet>
<hr>
<hr>
  <applet code="Spot_mit_Parametern.class" width="400"
                                           height="200">
                        <param name="Anzahl" value="8">
                        <param name="Farbe" value="Gelb">
  </applet>
<hr>
```

Kapitel 15

1. Um das Uhrzeit-Applet aus *Abschnitt 15.2* um einen dritten Thread zu erweitern, der jede Sekunden die Hintergrundfarbe ändert, definieren Sie erst einmal eine zweite innere Thread-Klasse für das Applet:

```
// aus Uhrzeit_Farbe.java
class FarbThread extends Thread {
  public void run()  {
    while(isInterrupted() == false)  {
      // Gelbtöne variieren
      m_hinterGrundFarbe = new Color(255, 255,
                               (int)(255*Math.random()));
      repaint();
      try  {
         sleep(1000);
      }
      catch(InterruptedException e) {
         return;
      }
    }
  }
}
```

Dann legen Sie m_hinterGrundFarbe als Instanzvariable der Applet-Klasse an (Datentyp Color) und sorgen innerhalb der Methode paint() dafür, dass die aktuelle Hintergrundfarbe auch berücksichtigt wird:

```
public void paint(Graphics g)  {
  // die aktuelle Uhrzeit anzeigen
  setBackground(m_hinterGrundFarbe);
  g.setFont(m_anzeigeFont);
  g.setColor(Color.blue);
  g.drawString(m_aktZeit,20,45);
}
```

Schließlich legen Sie in der Applet-Klasse noch eine Instanzvariable

```
FarbThread m_farbe;
```

an und duplizieren alle Aufrufe von Thread-Methoden in init(), start(), stop() und destroy() für den Zeit-Thread m_zeit. Die Kopien passen Sie für den Farb-Thread m_farbe an.

2. Unter Verwendung der Schnittstelle Runnable sieht das Uhrzeit-Applet folgendermaßen aus:

```
// Uhrzeit_Runnable.java
 import java.util.Date;
 import java.text.*;
 import java.applet.*;
 import java.awt.*;

 public class Uhrzeit_Runnable extends Applet
                              implements Runnable {
  String m_aktZeit;
  DateFormat m_formatierer;
  Thread m_zeit;
  Font m_anzeigeFont;

  public void init()  {
    m_anzeigeFont = new Font("Serif",Font.BOLD,22);
    m_formatierer = DateFormat.getTimeInstance();
    m_aktZeit = m_formatierer.format(new Date());

    // einen zusätzlichen Thread anlegen und starten
    m_zeit = new Thread(this);
    m_zeit.start();
  }

  public void start()  {
    if(m_zeit == null) {
      m_zeit = new Thread(this);
      m_zeit.start();
    }
  }
```

```
  public void stop() {
    if(m_zeit != null)
      m_zeit = null;
  }

  public void destroy() {
    if(m_zeit != null)
      m_zeit = null;
  }

  public void paint(Graphics g)  {
    g.setFont(m_anzeigeFont);
    g.setColor(Color.blue);
    g.drawString(m_aktZeit,20,45);
  }

  // die run()-Methode des Threads
  public void run() {
    while( m_zeit == Thread.currentThread()) {
      m_aktZeit = m_formatierer.format(new Date());
      repaint();

      try {
        m_zeit.sleep(1000);
      }
      catch(InterruptedException e) {
        return;
      }
    }
  }
}
```

Analyse

In der `init()`-Methode wird der Thread selbst erzeugt, wobei dem Konstruktor der Klasse `Thread` die Referenz auf die Applet-Klasse übergeben werden muss, da in dieser die `run()`-Methode des Threads definiert ist. Das Beenden des Threads erfolgt mittels der `currentThread()`-Methode. In der `run()`-Methode testet der Thread, ob der aktuelle aktive Thread im System er selbst ist; wenn dies nicht der Falls ist (weil in der `stop()`-Methode `m_zeit = null` gesetzt worden ist), weiß er, dass er sich beenden soll.

3. Dies ist ein Kinderspiel. Wir leiten die Applet-Klasse von `JApplet` anstatt von `Applet` ab. Nicht vergessen dürfen wir natürlich die zusätzliche `import`-Anweisung für `javax.swing.*;`.

   Etwas aufwendiger wäre die Umstellung, wenn wir in dem Applet Steuerelemente verwenden würden (vergleiche z.B. das Taschenrechner-Applet aus *Kapitel 14*).

4. Damit das Uhrzeit-Applet auf Veranlassung des aufrufenden HTML-Dokuments wahlweise die Uhrzeit oder das aktuelle Datum anzeigt, brauchen wir lediglich in der `init()`-Methode den entsprechenden Parameter vom HTML-Dokument abzufragen, auszuwerten und je nach seinem Wert das `DateFormat`-Objekt durch einen Aufruf der Methode `DateFormat.getTimeInstance()` oder `DateFormat.getDateInstance()` erzeugen. Der restliche Code des Applets kann unverändert bleiben.

```
// aus Uhrzeit_Parameter.java
public void init(){
    String Parameter;
    Parameter = getParameter("Datum/Zeit");

    if (Parameter.equals("Zeit"))
       m_formatierer = DateFormat.getTimeInstance();
    else
       m_formatierer = DateFormat.getDateInstance();

    m_anzeigeFont = new Font("Serif",Font.BOLD,22);
    m_aktZeit = m_formatierer.format(new Date());

    // eine Instanz der Thread-Klasse anlegen und starten
    m_zeit = new ZeitThread();
    m_zeit.start();
}
```

Ein möglicher Aufruf im HTML-Dokument sähe dann etwa folgendermaßen aus:

```
<html>
<head>
  <title> Uhrzeit </title>
</head>

<body>

<hr />
<applet code=" Uhrzeit_Parameter.class" width="150"
                                        height="100">
      <param name="Datum/Zeit" value="Zeit">
</applet>
<hr />
<applet code=" Uhrzeit_Parameter.class" width="150"
                                        height="100">
      <param name="Datum/Zeit" value="Datum">
</applet>
<hr />

</body>
</html>
```

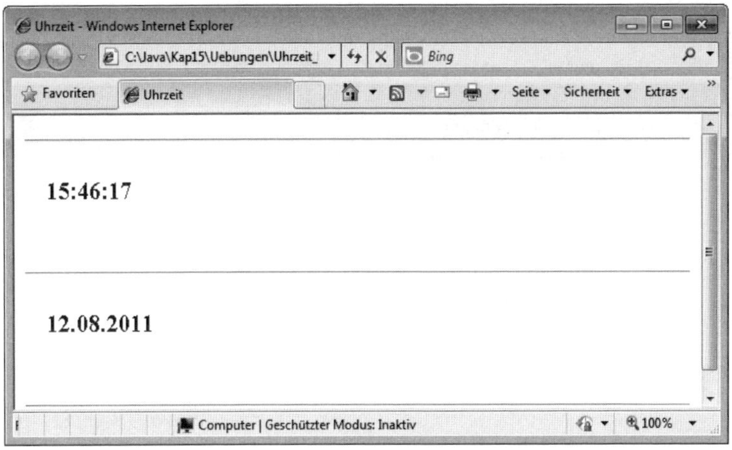

Abbildung A.3: Uhrzeit und Datum

Kapitel 16

Wenn Sie wissen, wie man mit Threads Zeichnungen animiert, dann ist die Animation mit Bildern auch nicht schwer. Nur muss man die Bilder (im GIF-, PNG- oder JPEG-Format) erst einmal haben. Die Bilder für die vorliegende Animation stammen beispielsweise aus dem JDK-Demobeispiel: *demo/applets/Animator/images/SimpleAnimation* und heißen *T1.gif* und *T2.gif*. Diese werden in dem folgenden Applet kontinuierlich vorgerückt und abwechselnd angezeigt, bis sie rechts aus dem Applet-Anzeigebereich entschwunden sind.

```
// Datei Animation.java
import java.applet.*;
import java.awt.*;
import java.net.*;

public class Animation extends Applet implements Runnable {
   Image m_bilder[] = new Image[2];
   String m_bildDateien[] = {"T1.gif", "T2.gif"};
   Image m_aktBild;
   Thread m_animator;
   int m_x, m_y;

   public void init()  {
     MediaTracker ladeKontrolle = new MediaTracker(this);

     for(int i = 0; i < 2; i++) {
       // Bilder laden und beim MediaTracker registrieren
       URL codebase = getCodeBase();
       m_bilder[i] = getImage(codebase, m_bildDateien[i]);
       ladeKontrolle.addImage(m_bilder[i],0);
```

```
        // so lange warten, bis das Bild ganz geladen ist
        try {
         ladeKontrolle.waitForID(0);
        }
        catch(InterruptedException e) {
         // Das Laden ist fehlgeschlagen
         m_bilder[i] = null;
         return;
        }
      }
      m_aktBild = m_bilder[0];
    }

       public void start() {
         m_x = 0;
         m_y = 0;

         // Thread erzeugen und starten
         m_animator = new Thread(this);
         m_animator.start();
       }

       public void paint(Graphics g)  {
         g.drawImage(m_aktBild,m_x,m_y,this);
       }

       public void run()  {
         while(m_x <= getSize().width + 10)  {
           if(m_aktBild == m_bilder[0])
              m_aktBild = m_bilder[1];
           else
              m_aktBild = m_bilder[0];

           repaint();
           m_x += 10;
           try  {
              m_animator.sleep(500);
           }
           catch(InterruptedException e)  {
              return;
           }
        }
        m_animator = null;
      }
     } // Ende
```

Abbildung A.4: Eine Image-Animation

Analyse

In der `init()`-Methode werden die Bilder geladen. Wie in diesem Kapitel beschrieben, verwenden wir zum Laden die Applet-Methode `getImage()`. Als URL für die Bilddateien übergeben wir die URL des Applets (die die Methode `getCodeBase()` zurückliefert). Es wird also vorausgesetzt, dass die Bilddateien und die *.class*-Datei des Applets zusammen in einem Verzeichnis stehen. Der eigentliche Ladevorgang wird dann mit einem `MediaTracker`-Objekt angestoßen und überwacht.

In der `start()`-Methode werden die Startkoordinaten für das erste Bild festgelegt und der Thread gestartet, der die Bilder tauscht und vorrückt.

In der `run()`-Methode prüfen wir zuerst, ob sich die Animation bereits über den rechten Applet-Rand herausbewegt hat. Wenn ja, ist der Thread beendet und wir setzen die Thread-Variable `m_animator` auf `null`.

Ist der Applet-Rand noch nicht erreicht, prüfen wir, auf welches Bild die Variable `m_aktBild` gerade verweist, und weisen der Variablen dann das jeweils andere Bild zu. Auf diese Weise wird dafür gesorgt, dass die Bilder *T1.gif* und *T2.gif* immer abwechselnd angezeigt werden. Danach wird das Neuzeichnen des Applets angestoßen und die x-Koordinate für die nächste Iteration um 10 Pixel heraufgesetzt.

Da die Animation nur einmal ausgeführt wird, wird die `run()`-Methode des Threads rasch beendet. Es besteht daher kein Bedarf, die Methoden `stop()`, und `destroy()` zu implementieren.

Kapitel 17

1. Um nur die fünf bevölkerungsreichsten Bundesländer ausgeben zu lassen, brauchen Sie nur den `SELECT`-Befehl um eine passende `WHERE`-Klausel zu erweitern:

```
datenmenge = befehl.executeQuery(
              "SELECT * FROM Bundesländer WHERE Rang < 6;");
```

2. Um die Datensätze nach den Namen der Bundesländer sortiert ausgeben zu lassen, brauchen Sie nur den `SELECT`-Befehl um eine passende `ORDER BY`-Klausel zu erweitern:

```
datenmenge = befehl.executeQuery(
            "SELECT * FROM Bundesländer ORDER BY Bundesland;");
```

Anhang B: Installation des JDK

Keine Programmerstellung ohne JDK! Nachfolgend daher ein paar Anmerkungen und Erläuterungen zur Installation des JDK und zur anschließenden Konfiguration Ihres Rechners.

Sun, Oracle und das OpenJDK

Vielleicht haben Sie im Internet oder in der einschlägigen Presse etwas darüber gelesen, dass die Sprache Java von Sun an Oracle verkauft wurde, und sind verunsichert, da es nun möglicherweise mehrere – konkurrierende? – JDK für die Programmierung mit Java gibt. Lassen Sie uns hierzu ein paar Worte sagen.

Die Programmiersprache Java ist im Grunde genommen nichts weiter als eine technische Spezifikation, die beschreibt, wie Java-Code aussehen soll. Lebendig wird diese Spezifikation erst durch eine Entwicklungsumgebung, das JDK, das dem Programmierer die Mittel an die Hand gibt, um in Java geschriebene Quelltexte in lauffähige Java-Programme umzuwandeln.

Früher oblagen Pflege und Weiterentwicklung der Sprache Java und des zugehörigen JDK ganz der Firma Sun Microsystems, in deren Auftrag die Sprache Java überhaupt erst entwickelt wurde. Doch Sun hat sich mittlerweile aus diesem Aufgabenbereich weitestgehend zurückgezogen. Bereits 2006 begann man mit der Umwandlung des JDK in ein OpenSource-Projekt, wenige Jahre später wurden dann die weiteren Rechte an Java an die Firma Oracle verkauft.

Seitdem gibt es zwei wichtige Referenzimplementierungen: das OpenJDK und das Oracle JDK. Oracle hat zugesichert, das OpenJDK weiter zu unterstützen, sodass derzeit nicht zu befürchten ist, dass die JDK-Versionen stark auseinanderdriften werden. Zudem wird das JDK für Java SE derzeit von Oracle weiter kostenfrei zum Download angeboten und darf im Rahmen der Lizenzbedingungen genutzt werden. Lediglich für diverse kommerzielle Zusatzkomponenten, die optional hinzugenommen werden können, sind Lizenzgebühren zu bezahlen.

Solange dies so bleibt, empfehlen wir die Arbeit mit dem Oracle JDK. Sofern Sie aber mit einem Betriebssystem arbeiten, auf dem eine passende Version des OpenJDK bereits vorinstalliert ist, können Sie diese natürlich ebenfalls verwenden.

B.1 Installation

Hinweis

Auf der Buch-DVD finden Sie JDK 7-Setupdateien für Linux und Windows sowohl für 32- als auch 64-Bit-Rechner. Die Setupdateien für 64-Bit-Rechner tragen im Namen die Angabe x64, während es bei den 32-Bit-Versionen i586 heißt. Setupdateien für weitere Plattformen können Sie von der Sun-Website herunterladen.

Die Installation des Java Development Kit (JDK) ist eigentlich relativ einfach. Nachdem Sie das Paket von der *Buch-DVD* kopiert oder von Oracles Webserver (*http://www.oracle.com/technetwork/java/javase/downloads/index.html*[1]) heruntergeladen haben, müssen Sie die selbst extrahierende Datei nur noch ausführen und die Fragen zur Lizenz und zur Konfiguration der Installation beantworten.

Windows

Führen Sie die EXE-Setupdatei aus (z.B. über den Dialog START/ALLE PROGRAMME/ZUBEHÖR/AUSFÜHREN oder durch Doppelklick auf die Datei im Windows Explorer, Aufruf mit [⊞]+[E]).

Wenn Sie mit einem 32-Bit-Rechner arbeiten und wie empfohlen die Installationsdateien von der Buch-DVD benutzen möchten, starten Sie die Setupdatei *jdk-7-windows-i586.exe*, besitzen Sie dagegen einen 64-Bit-Rechner, starten Sie die Setupdatei *jdk-7-windows-x64.exe*.

Das Setupprogramm führt Sie nun durch mehrere Dialoge, deren wichtigster CUSTOM SETUP heißt.

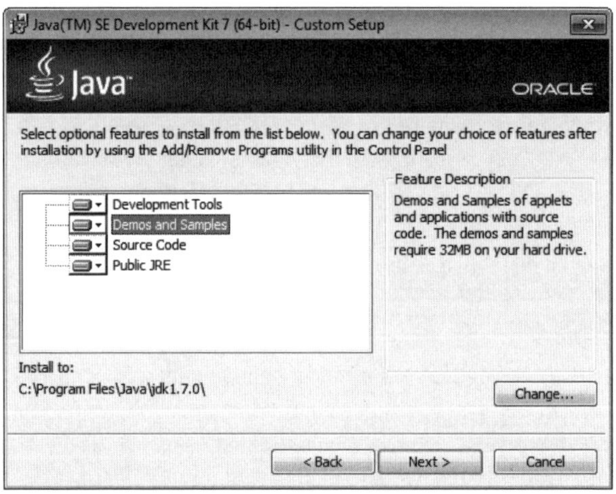

Abbildung B.1: *Auswahl der zu installierenden Komponenten*

Im Dialog CUSTOM SETUP können Sie auswählen, welche Komponenten Sie installieren möchten (siehe *Abbildung B.1*). Wir empfehlen, das JDK komplett zu installieren. Sollten Sie jedoch einen etwas älteren Rechner besitzen und mit Festplattenspeicher etwas knapp sein, deaktivieren Sie die Option PUBLIC JRE. (Als Entwickler benötigen Sie die PUBLIC JRE im Grunde nur, um die in

1 Beachten Sie, dass sich die Verzeichnisstruktur von Websites ändern kann. Falls Sie unter */technetwork/java/javase/downloads/* nichts mehr finden sollten, beginnen Sie einfach mit dem Home-Verzeichnis *www.oracle.com* und suchen Sie sich Ihren Weg zum JDK *oder versuchen Sie es mit dem alten Link java.sun.com.*

Kapitel 14 vorgestellten Applets nicht nur in den JDK-Tools, sondern auch in Ihren Browsern testen zu können.) Die Optionen Source Code und Demos können Sie bei Speichermangel ebenfalls deaktivieren. Allerdings spart dies relativ wenig Mbytes, und insbesondere die Quelldateien der Java-API sind für fortgeschrittene Java-Programmierer eine wertvolle Referenzquelle!

Zum Abschluss führt das Setupprogramm zu einer Website, wo Sie sich als Benutzer registrieren lassen können (aber nicht müssen).

Danach ist Ihre Festplatte um ca. 180 bis 350 Mbytes (je nach den gewählten Installationsoptionen) ärmer und Sie um das JDK der neuesten Version reicher.

Hinweis

Das Installationsverzeichnis können Sie, sofern Sie darauf Wert legen, über die Schaltfläche Change *ändern. Das Installationsverzeichnis für die Public JRE, sofern Sie diese mitinstallieren lassen, wird gegen Ende der Installation noch einmal extra abgefragt.*

Die Public JRE

Die Public JRE wird zum Programmieren von Java-Anwendungen *nicht* benötigt. JRE ist – wie Sie sich vielleicht noch aus *Kapitel 1.5* im Gedächtnis behalten – das Akronym für Java Runtime Environment, also »Java-Laufzeitumgebung«. Das heißt, die JRE dient der Ausführung von Java-Programmen. Für das Schreiben und Entwickeln von Java-Programmen reicht die JRE aber nicht aus, da ihr wichtige Hilfsprogramme wie z.B. der Java-Compiler *javac* fehlen.

Linux

Legen Sie ein Verzeichnis an, unter dem das JDK installiert werden soll (beispielsweise *Java*), und kopieren Sie in dieses die Datei *jdk-7-linux-i586.tar.gz* für 32-Bit-Systeme bzw. *jdk-7-linux-x64.tar.gz* für 64-Bit-Systeme. Danach öffnen Sie ein Konsolenfenster, wechseln in das angelegte Verzeichnis und lassen die Datei entpacken:

```
tar zxvf jdk-7-linux-i586.tar.gz
```

Danach läuft die Installation automatisch ab.

Deinstallation

Wenn Sie das JDK irgendwann wieder deinstallieren möchten, rufen Sie die mitgelieferte Deinstallationsroutine über die Systemsteuerung, Seite Programme/Programme und Funktionen auf.

Wenn Sie für Ihre Browser statt des neu installierten Plug-Ins lieber Ihr altes Plug-In verwenden wollen, klicken Sie in der Systemsteuerung auf das Java-Symbol und wählen dort das gewünschte Plug-In aus.

Linux-Anwender löschen einfach das Verzeichnis der JDK-Installation.

B.2 Anpassen des Systems

Nach der Installation sollten Sie Ihr System noch so konfigurieren, dass Sie mit den JDK-Tools bequem arbeiten können.

B.2.1 Erweiterung des Systempfads

Die Java-Tools (insbesondere *javac* und *java*) werden über die Konsole aufgerufen. Wenn Sie dabei nicht immer dem Programmnamen den vollständigen Pfad zur EXE-Datei des Programms voranstellen wollen:

Prompt:> *C:\...Pfad...\jdk1.7.0\bin\javac*

müssen Sie den Pfad zu den JDK-Tools in den Systempfad des Betriebssystems einfügen.

Windows

Nehmen wir an, dass Sie das JDK in das vorgeschlagene Verzeichnis *C:\Program Files\Java\jdk1.7.0* installiert haben.

1. Rufen Sie den Windows-Dialog UMGEBUNGSVARIABLEN auf.

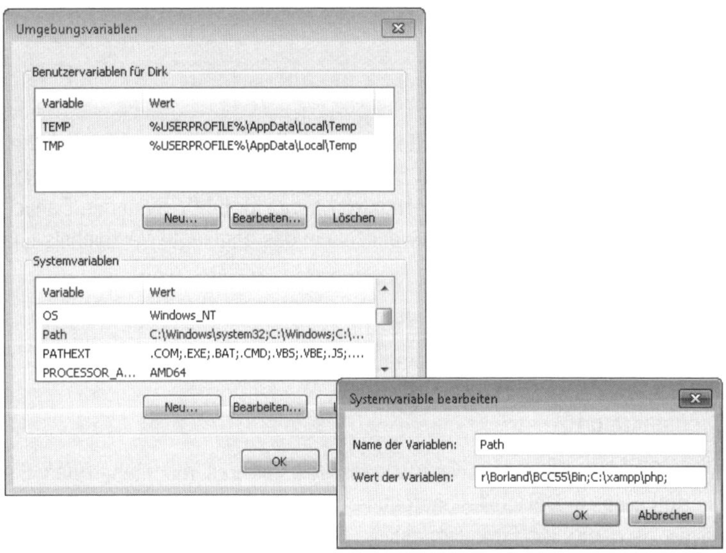

***Abbildung B.2:** Anpassung der PATH-Variablen unter Windows (zeigt das Ende des PATH-Werts, bevor der Pfad zum Java-BIN-Verzeichnis angehängt wird)*

Windows 7: Öffnen Sie das START-Menü und rufen Sie die SYSTEMSTEUERUNG auf. Wählen Sie für Anzeige die Option KLEINE SYMBOLE und doppelklicken Sie dann auf das Symbol SYSTEM. Danach klicken Sie links auf den neu eingeblendeten Link ERWEITERTE SYSTEMEINSTELLUNGEN und im aufspringenden SYSTEMEIGENSCHAFTEN-Dialog, Seite ERWEITERT, auf die Schaltfläche UMGEBUNGSVARIABLEN.

Windows Vista und XP: Rufen Sie über Start oder Start/Einstellungen die Systemsteuerung auf, schalten Sie diese gegebenenfalls in die klassische Ansicht und Sie gelangen via System, Register Erweitert (Erweiterte Systemeinstellungen unter Vista), Schaltfläche Umgebungsvariablen zum Ziel.

2. Danach können Sie die Systemvariable im unteren Listenfeld auswählen, zum Bearbeiten laden und den Pfad zu den Java-Programmen anhängen.
3. Springen Sie im Eingabefeld Wert der Variablen an das Ende des aktuellen PATH-Werts und fügen Sie das BIN-Verzeichnis der JDK-Installation hinzu. Zum Beispiel:

   Ende des alten Eintrags:

   ```
   ... C:\xampp\php;
   ```

   Ende des überarbeiteten Eintrags:

   ```
   ...C:\xampp\php;C:\Program Files\Java\jdk1.7.0\bin;
   ```

   Das Semikolon ; dient zur Trennung der einzelnen Verzeichnisangaben in der PATH-Variablen.
4. Schließen Sie alle Dialoge durch Klick auf OK.

Linux

Nehmen wir an, dass Sie das JDK in das Verzeichnis */home/ihrname/Java/jdk1.7.0* installiert haben.

Suchen Sie die Pfadangabe `path` in der zuständigen INI-Datei (je nach Konfiguration *.login*, *.profile*, *.tcshrc*, *.bashrc* o.ä.) und fügen Sie das Java-BIN-Verzeichnis, das z.B. */home/ihrname/Java/jdk1.7.0/bin* lauten könnte, in der nächsten Zeile nach der bisherigen Pfadangabe hinzu.

Für die C-Shell sieht dies beispielsweise wie folgt aus:

```
set path = (/home/ihrname/Java/jdk1.7.0/bin . $path)
```
[1]

Für die Bourne-Again-Shell (bash) könnte der Eintrag so lauten:

```
export PATH=/home/ihrname/Java/jdk1.7.0/bin:.:${PATH}
```

oder

```
PATH="/home/ihrname/Java/jdk1.7.0/bin:.:$PATH"
```
[2]

Anschließend müssen Sie sich neu anmelden, damit die Änderungen wirksam werden.

Tipp

Um Tippfehler im Verzeichnispfad zu vermeiden, können Sie so vorgehen, dass Sie das BIN-Verzeichnis der Java-Installation zuerst im Windows Explorer (Aufruf über [⊞]+[E]*) öffnen. Klicken Sie dann oben im Windows Explorer in die Adressleiste, wo jetzt der gewünschte Pfad inklusive bin angezeigt und ausgewählt sein sollte. Drücken Sie* [Strg]+[C]*, um den Pfad in die Zwischenablage zu kopieren, wechseln Sie an das Ende des Eingabefelds Wert der Variablen und fügen Sie den kopierten Verzeichnispfad mit* [Strg]+[V] *ein. Kontrollieren Sie noch einmal den Eintrag und achten Sie vor allem darauf, dass vor und nach dem Eintrag je ein Semikolon steht.*

Hinweis

Wenn Sie gar keine PATH-Angabe finden, klicken Sie auf Neu und richten Sie eine neue PATH-Variable ein.

1 Mehrere Verzeichnisangaben werden durch Leerzeichen getrennt.
2 Mehrere Verzeichnisangaben werden durch einen Doppelpunkt getrennt.

B.2.2 Installation testen

Um den neuen Pfad zu testen, müssen Sie ein neues Konsolenfenster öffnen (Windows-Anwender rufen dazu je nach Betriebssystem START/PROGRAMME/ZUBEHÖR/EINGABEAUFFORDERUNG, START/PROGRAMME/EINGABEAUFFORDERUNG oder START/PROGRAMME/MSDOS-EINGABEAUFFORDERUNG auf). Tippen Sie hinter dem Prompt *javac* ein und schicken Sie den Befehl durch Drücken der [↵]-Taste ab. Statt einer Fehlermeldung, dass der Befehl nicht gefunden wurde, sollten die Aufrufoptionen des Java-Compilers erscheinen.

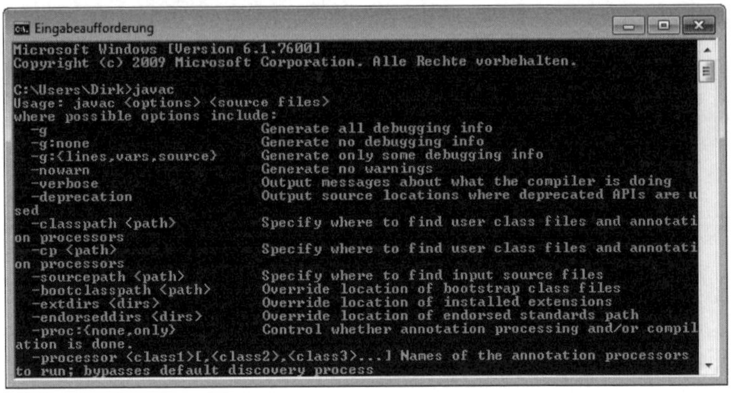

Abbildung B.3: Der Pfad wurde korrekt aktualisiert, die Java-Tools können von jedem Verzeichnis aus aufgerufen werden

Wenn Sie testen möchten, ob auch wirklich die richtige *javac*-Version verwendet wird (manchmal sind auf einem System ja mehrere JDK-Versionen installiert), schicken Sie folgenden Befehl ab:

```
javac -version
```

Als Antwort sollte die folgende Ausgabe erscheinen:

```
javac 1.7.0
```

Erscheint stattdessen eine niedrigere Versionsnummer, z.B. 1.6.24, gibt es auf Ihrem System eine Installation für den JDK 1.6.24 und in Ihrer PATH-Umgebungsvariable (siehe weiter oben) müsste das BIN-Verzeichnis dieser Installation eingetragen sein. Löschen Sie dann diesen Eintrag.

Lautet die Ausgabe

```
javac: no input files
```

bedeutet dies vermutlich, dass das OpenJDK installiert ist. Auch in diesem Fall sollten Sie den zugehörigen Eintrag aus der PATH-Umgebungsvariablen löschen.

B.2.3 Setzen des Klassenpfads

Die zweite Einstellung betrifft die CLASSPATH-Variable.

Java-Programme bestehen aus Klassen. Diese sind in Quelltextdateien (Extension *.java*) oder als Bytecode in *.class*-Dateien (Extension *.class*) definiert. Wenn Sie ein Java-Programm kompilieren oder ausführen, suchen sich die zuständigen Java-Tools (Compiler oder Interpreter) zu allen im Programm verwendeten Klassen die zugehörigen Quelltext- oder *.class*-Dateien zusammen.

Standardmäßig wird im aktuellen Arbeitsverzeichnis (also von dem aus z.B. der Interpreter aufgerufen worden ist) und in den Class-Archiven *.jar* im LIB-Verzeichnis der JDK-Installation gesucht.

Solange Sie für jedes Programm ein eigenes Verzeichnis anlegen und die Quelltextdateien des Programms zusammen in diesem Verzeichnis speichern, gestaltet sich die Programmerstellung und -ausführung recht einfach.

Probleme gibt es meist nur dann, wenn irgendein anderes Programm bei der Installation die CLASSPATH-Variable gesetzt hat. Dann suchen die JDK-Tools nämlich nicht mehr im aktuellen Verzeichnis – es sei denn, das aktuelle Verzeichnis – symbolisiert durch einen Punkt (.) – wurde explizit in der Umgebungsvariablen mit aufgeführt. Meist ist dies aber nicht der Fall, sodass Sie den Eintrag für das aktuelle Verzeichnis selbst anhängen müssen.

alter Eintrag: `SET CLASSPATH=C:\programme\einTool`
neuer Eintrag: `SET CLASSPATH=C:\programme\einTool;.`

- Windows: Bearbeiten Sie die CLASSPATH-Umgebungsvariable im Dialogfenster der Systemeigenschaften (analog zu der oben beschriebenen Einrichtung der PATH-Variablen).
- Linux: Setzen oder passen Sie die CLASSPATH-Variable in *.login*, *.profile*, *.tcshrc*, *.bashrc* o.ä. an (analog zu der oben beschriebenen Einrichtung der PATH-Variablen). Für *csh* beispielsweise:

```
setenv CLASSPATH  /bin/interbase;.
```

B.3 Die Java-Dokumentation

Zum Schluss möchten wir Sie noch auf die Java-Dokumentation hinweisen, die Sie sich ebenfalls von der *Buch-DVD* bzw. vom Oracle-Server herunterladen können (Scrollen Sie ans Ende der Webseite *http://www.oracle.com/technetwork/java/javase/downloads/index.html*).

Sie sollten auf diese Informationsquelle nicht verzichten, auch wenn sie nur in Englisch vorliegt. Speziell die Java-API-Dokumentation, die eine Referenz der Java-Klassen enthält, ist für den fortgeschrittenen Java-Programmierer

– und das sind Sie nach Lektüre dieses Buches ganz zweifelsohne – unverzichtbar.

Entpacken Sie die heruntergeladene ZIP-Datei einfach in ein geeignetes Verzeichnis (natürlich unter Beibehaltung der Pfadangaben). Die Dokumentation wird dann in ein Unterverzeichnis *docs* entpackt.

Die Startseite der Dokumentation ist die Datei *docs/index.html*.

Die Startseite der API-Dokumentation ist die Datei *docs/api/index.html*.

B.4 Wo Sie weitere Hilfe finden

Weitere Informationen finden Sie auf der Support-Site zu diesem Buch, *www.carpelibrum.de*, und auf den Download-Webseiten des Oracle-Servers.

Leider mussten wir in der Vergangenheit auch feststellen, dass die großen Browser- und Betriebssystemhersteller ihre Produktzyklen nicht nach den Überarbeitungszyklen unserer Bücher ausrichten. Sollten Sie Probleme mit neuen Betriebssystemen oder Browserversionen haben, schauen Sie bitte auf unserer Website nach.

Sollten die Hinweise im Buch und auf der Website nicht ausreichen, haben Sie keine Scheu, sich per E-Mail an uns zu wenden (*autoren@carpelibrum.de*).

Anhang C: Schlüsselwörter

Tabelle C.1: Schlüsselwörter von Java

abstract	do	implements	protected	true
assert	double	import	public	try
boolean	else	inner*	rest*	var*
break	enum	instanceof	return	void
byte	extends	int	short	volatile
byvalue*	false	interface	static	while
case	final	long	strictfp	
cast*	finally	native	super	
catch	float	new	switch	
char	for	null	synchronized	
class	future*	operator*	this	
const*	generic*	outer*	throw	
continue	goto*	package	throws	
default	if	private	transient	

Die mit * markierten Schlüsselwörter sind für zukünftige Erweiterungen reserviert oder entstammen anderen Programmiersprachen und wurden in die Liste aufgenommen, damit der Java-Compiler ihre Vorkommen leichter erkennen und als Fehler markieren kann. Die »Schlüsselwörter« `false`, `true` und `null` sind Literale und können daher ebenfalls nicht für eigene Variablennamen verwendet werden.

Anhang D: Java-Klassenübersicht

Java umfasst Dutzende von Paketen mit über 1000 Klassen und Schnittstellen! Aus dieser Fülle wird im Folgenden der Teil in Kurzform präsentiert, der in diesem Buch erwähnt wird oder für Einsteiger nützlich sein kann.

D.1 java.io

Dieses Paket enthält Klassen für die Ein- und Ausgabe.

Tabelle D.1: Klassen und Schnittstellen aus dem Paket java.io

Schnittstellen und Klassen	Beschreibung
`BufferedInputStream`	Klasse für gepufferten Eingabestream
`BufferedOutputStream`	Klasse für gepufferten Ausgabestream
`BufferedReader`	Gepuffertes Einlesen von Text aus einem Stream
`BufferedWriter`	Gepuffertes Schreiben von Text in einen Stream
`Console`	Schreiben und Lesen von Konsole (mit Unterstützung für Umlaute)
`File`	Klasse für sequentiellen Zugriff auf Dateien
`FileInputStream`	Eingabestrom aus einer Datei heraus
`FileOutputStream`	Ausgabestream in eine Datei
`FileReader`	Lesen von Text aus einer Datei
`FileWriter`	Schreiben von Text in eine Datei
`PrintWriter`	Formatierte Ausgabe von Objekten
`RandomAccessFile`	Klasse für wahlfreien Zugriff auf eine Datei
`StringReader`	Lesen von Zeichen aus String
`StringWriter`	Schreiben von Zeichen in einen StringBuffer

D.2 java.lang

Dieses Paket enthält die Kernklassen der Sprache Java.

Tabelle D.2: Klassen und Schnittstellen aus dem Paket java.lang

Schnittstellen und Klassen	Beschreibung
`Boolean`	Wrapper-Klasse für `boolean`-Werte
`Byte`	Wrapper-Klasse für `byte`-Werte
`Character`	Wrapper-Klasser für `char`-Werte
`Double`	Wrapper-Klasse für `double`-Werte
`Float`	Wrapper-Klasse für `float`-Werte
`Integer`	Wrapper-Klasse für `int`-Werte
`Long`	Wrapper-Klasse für `long`-Werte
`Math`	Klasse mit mathematischen Operationen
`Runnable`	Schnittstelle für Thread-Methoden
`Short`	Wrapper-Klasse für `short`-Werte
`String`	Klasse für Zeichenketten
`StringBuffer`	Klasse für veränderliche Zeichenketten (synchronisiert = threadsicher)
`StringBuilder`	Klasse für veränderliche Zeichenketten (unsynchronisiert = nicht threadsicher, aber dafür viel schneller als StringBuffer)
`System`	Zugang zu systemnahen Funktionen
`Thread`	Klasse für Verwaltung und Handhabung von Threads
`Throwable`	Generische Exception-Klasse

D.3 java.applet

Dieses Paket stellt die Applet-Grundlagen bereit.

Tabelle D.3: Klassen und Schnittstellen aus dem Paket java.applet

Schnittstellen und Klassen	Beschreibung
`Applet`	Die Basisklasse für Applets
`AudioClip`	Interface für Klang-Verarbeitung

D.4 java.awt

Dieses Paket enthält die Klassen zum Aufbau graphischer Oberflächen (GUI).

Tabelle D.4: Klassen und Schnittstellen aus dem Paket java.awt

Schnittstellen und Klassen	Beschreibung
BorderLayout	Layout-Manager (Windrichtungen)
Button	Schalter zum Anklicken
Canvas	Klasse für Grafikoperationen
CardLayout	Layout-Manager (Dia-Show)
Checkbox	Auswahlkästchen
CheckBoxGroup	Gruppe von Auswahlkästchen
Choice	Kombinationsfelder
Color	Verwaltung von Farben
Component	Generische Klasse für alle GUI-Komponenten
Container	Generische Klasse für Komponenten, die andere Komponenten enthalten
Dialog	Klasse für Dialogfenster
Dimension	Klasse für Abmessungen von Komponenten
FileDialog	Klasse für Dateinamenauswahl
FlowLayout	Layout-Manager (Reihe)
Font	Verwaltung von Fonts
FontMetrics	Verwaltung von Fonts
Frame	Klasse für Fenster
GradientPaint	Definiert ein Gradienten-Füllmuster
Graphics	Stellt Kontext für Grafik-Operationen bereit
GraphicsEnvironment	Stellt Gerätekontexte für Grafik-Operationen bereit
Graphics2D	Kontext für Java2D-Operationen
GridBagConstraints	Formatanweisungen für GridBagLayout-Manager
GridBagLayout	Layout-Manager (freies Layout)
GridLayout	Layout-Manager (Gitter)
Image	Klasse für Bitmap-Bilder
Label	Beschriftungen für Komponenten
List	Scrollbare Liste

Tabelle D.4: Klassen und Schnittstellen aus dem Paket java.awt (Forts.)

Schnittstellen und Klassen	Beschreibung
`MediaTracker`	Zum Überwachen von Ladevorgängen
`Menu`	Popup-Menü
`MenuBar`	Menüleiste
`MenuItem`	Einzelne Menü-Einträge
`Panel`	Eine Komponente, die andere Komponente enthält
`Point`	Klasse für Punkte (x- und y-Koordinate)
`Polygon`	Klasse für Polygone (Menge von Punkten)
`PrintJob`	Dient zum Drucken einer Komponente
`PrintJob2D`	Drucken von Java2D-Komponenten
`Rectangle`	Klasse für Rechtecke
`ScrollBar`	Klasse für Bildlaufleisten
`ScrollPane`	Komponente mit automatischer Bildlaufleisten-unterstützung
`TextArea`	Komponente mit editierbarem, mehrzeiligem Text
`TextComponent`	Oberklasse für alle Textkomponenten
`TextField`	Komponente mit editierbarem, einzeiligem Text
`Toolkit`	Verbindung zum zu Grunde liegenden Windowing System
`Window`	Top-Level-Fensterklasse

D.5 java.awt.event

Dieses Paket stellt die notwendigen Klassen für die Ereignisbehandlung bereit.

Tabelle D.5: Klassen und Schnittstellen aus dem Paket java.awt.event

Schnittstellen und Klassen	Beschreibung
`ActionEvent`	Klasse für ActionEvents
`ActionListener`	Interface für ActionEvents
`FocusAdapter`	Adapterklasse für FocusListener
`FocusEvent`	Klasse für FocusEvents
`FocusListener`	Interface für FocusEvents

Tabelle D.5: Klassen und Schnittstellen aus dem Paket java.awt.event (Forts.)

Schnittstellen und Klassen	Beschreibung
`ItemEvent`	Klasse für ItemEvents
`ItemListener`	Interface für ItemEvents
`KeyAdapter`	Adapterklasse für KeyEvents
`KeyEvent`	Klasse für KeyEvents
`KeyListener`	Interface für KeyEvents
`MouseAdapter`	Adapterklasse für MouseListener
`MouseEvent`	Klasse für MouseEvents
`MouseMotionAdapter`	Adapterklasse für MouseMotionListener
`MouseMotionListener`	Interface für MouseMotion
`TextEvent`	Klasse für TextEvents
`TextEventListener`	Interface für TextEvents
`WindowAdapter`	Adapterklasse für WindowListener
`WindowEvent`	Klasse für WindowEvents
`WindowListener`	Interface für WindowEvents

D.6 java.awt.geom

Dieses Paket enthält weitere Klassen von Java2D.

Tabelle D.6: Klassen und Schnittstellen aus dem Paket java.geom

Schnittstellen und Klassen	Beschreibung
`Arc2D.Float`	Bögen
`CubicCurve2D.Float`	kubische parametrische Kurven
`Ellipse2D.Float`	Ellipsen
`GeneralPath`	beliebige geometrische Pfade
`Line2D.Float`	Linien
`Point2D.Float`	Punkte
`Rectangle2D.Float`	Rechtecke
`RoundRectangle2D.Float`	Rechtecke mit runden Ecken

D.7 java.net

Dieses Paket stellt Klassen für die Verbindung mit anderen Rechnern über das Internet zur Verfügung.

Tabelle D.7: Klassen und Schnittstellen aus dem Paket java.net

Schnittstellen und Klassen	Beschreibung
`InetAddress`	Verwaltet Internet-Adressen von Rechnern
`URL`	Klasse für Uniform Resource Locator
`Socket`	Klasse für Rechnerkommunkation per Socket-Modell

D.8 javax.swing

Dieses Paket enthält die seit Java 1.2 hinzugekommenen Klassen zum Aufbau grafischer Oberflächen mit Swing-Komponenten.

Tabelle D.8: Klassen und Schnittstellen aus dem Paket javax.swing

Schnittstellen und Klassen	Beschreibung
`ButtonGroup`	logische Gruppierung von Auswahlelementen
`ImageIcon`	Klasse für Icons (kleine Bitmaps)
`JApplet`	Klasse für Applets
`JButton`	Schalter zum Klicken
`JComboBox`	Kombinationsfeld
`JFrame`	Klasse für Fenster
`JLabel`	Beschriftung für Komponenten
`JList`	Liste von Items
`JMenu`	Popup-Menü
`JMenuBar`	Menüleiste
`JMenuItem`	einzelner Menüeintrag
`JRadioButton`	Radiobutton
`JOptionPane`	Klasse für Erzeugen von Dialogen
`JPanel`	ein Container für andere Komponenten
`JScrollBar`	Bildlaufleisten
`JScrollPane`	Komponente mit automatischen Bildlaufleisten
`JTextArea`	Komponente mit editierbarem, mehrzeiligem Text
`JTextField`	Komponente mit editierbarer Textzeile
`UIManager`	kontrolliert den Look-And-Feel

D.9 java.util

Dieses Paket enthält nützliche Hilfsklassen, insbesondere für typische Datenstrukturen aus der Informatik.

Tabelle D.9: Klassen und Schnittstellen aus dem Paket java.util

Schnittstellen und Klassen	Beschreibung
`Arrays`	Bietet Sortier- und Suchalgorithmen
`ArrayDeque`	Klasse für eine Warteschlangen-Datenstruktur mit Zugriff auf beide Enden
`ArrayList`	Klasse, die wahlweise wie eine Listen- oder eine FIFO-Datenstruktur verwendet werden kann
`Calendar`	Basisklasse zum Konvertieren von Date-Objekten
`Collections`	Bietet Sortier- und Suchalgorithmen
`Date`	Klasse für Datum und Zeit
`DateFormat`	Dient zum Formatieren von Datumsanzeigen
`HashMap`	Klasse für eine Hashtabelle-Datenstruktur
`HashSet`	Klasse für eine Mengen-Datenstruktur
`Hashtable`	Klasse für eine Hashtabelle-Datenstruktur
`Iterator`	Dient zum Durchlaufen von Collections-Objekten
`LinkedList`	Klasse für eine Listen-Datenstruktur
`PriorityQueue`	Klasse für eine Warteschlangen-Datenstruktur mit Prioritäten
`Random`	Utilities für die Erzeugung von Zufallszahlen
`Scanner`	Zum Einlesen und Parsen von Eingabezeilen
`Stack`	Klasse für eine Keller-Datenstruktur
`StringTokenizer`	Klasse zur Zerlegung von Strings in Teilstrings (Tokens)
`TreeMap`	Klasse für eine Hashtabelle-Datenstruktur mit geordneten Schlüsseln
`TreeSet`	Klasse für eine geordnete Mengen-Datenstruktur
`Vector`	Ein Array von Objekten, das seine Größe selbstständig anpasst

Anhang E: HTML-Grundlagen

HTML (Hypertext Markup Language)-Dokumente sind einfache Textdateien, die neben dem eigentlichen Text zusätzliche Anweisungen enthalten, wie das Dokument in etwa vom Browser auf dem Bildschirm dargestellt werden soll.

Hinweis

Es handelt sich dabei nur um Empfehlungen, die von verschiedenen Browsern unterschiedlich umgesetzt werden, so dass ein und dieselbe HTML-Seite in verschiedenen Browser durchaus unterschiedlich aussehen kann.

E.1 Tags

Die erwähnten Layout- und Formatierungsanweisungen heißen *Tags* und bestehen immer aus:

- einer öffnenden Klammer <,
- einem Tag-Namen und
- einer schließenden rechten Klammer >.

In der Regel treten Tags paarweise auf, d.h., es gibt ein Starttag und ein Endtag. Das Endtag unterscheidet sich dabei nur durch einen Slash / vom Starttag – z.B. `<h1>` `</h1>`.

Hinweis

Grundsätzlich unterscheidet HTML nicht zwischen Groß- und Kleinschreibung. In Hinblick auf die zunehmende Bedeutung von XML (und die XHTML-Adaption) sollte man sich aber angewöhnen, Tags und Attribut konsequent klein zu schreiben.

E.2 Das Grundgerüst

Jedes HTML-Dokument muss das folgende Grundgerüst enthalten. Lassen Sie sich nicht verwirren, falls Sie einmal Seiten sehen, bei denen manche der Tags fehlen. Es handelt sich nicht um eine korrekte HTML-Seite und sie wird nur deshalb korrekt angezeigt, weil viele Browser von sich aus die fehlenden Tags ergänzen. Darauf sollten Sie sich aber nicht verlassen. Verwenden Sie daher das folgende Grundschema:

```
<html>
<head>
   <title> Das HTML-Grundger&uuml;st </title>
</head>

<body>
   Hier steht der eigentliche Text.
</body>
</html>
```

Die eingesetzten Tags des Grundgerüsts nennt man Markup-Tags. Sie haben folgende Bedeutung:

Tabelle E.1: Tags des Grundgerüsts

Tag	Beschreibung
`<html> ... </html>`	Zeigt an, dass das Dokument im HTML-Format vorliegt
`<head> ... </head>`	Markiert den Kopfbereich des Dokumentes, in dem der Titel definiert werden muss
`<title> ... </title>`	Gibt dem Dokument einen Namen. Er sollte kurz und aussagekräftig sein, da er bei vielen Browsern als Name für die Bookmarks verwendet wird
`<body> ... </body>`	Markiert den Bereich, wo der Text des Dokumentes steht

E.3 Layout- und Formatierungsbefehle

Um das Layout des Textes im BODY-Bereich zu beeinflussen, steht eine Vielzahl von Tags zur Verfügung, von denen wir an dieser Stelle nur die wichtigsten angeben können.

Überschriften (Headings)

Um Überschriften hervorzuheben, gibt es sechs Heading-Levels, h1 bis h6, die bewirken, dass ein größerer Font und/oder eine Fettschrift gewählt wird:

```
<h1> Dies ist der Titel </h1>
```

Abschnitte (Paragraphs)

Anders als Dokumente in einem Textverarbeitungssystem beachtet der Browser nicht, wie lange eine Zeile ist und wo ein Zeilenumbruch im Quelltext steht. Dies geschieht immer dann, wenn ein Absatz-Tag <p> angetroffen wird oder ein Umbruch-Tag <br>:

```
<p> Dies ist ein erstes Beispiel.  Eingegebene RETURNs werden
ignoriert. Ein Umbruch erfolgt vom Browser erst dann, wenn ein neuer
Paragraph angezeigt wird. </p>
<p> Hier beginnt ein neuer Abschnitt. Ein Zeilenumbruch <br>
kann auch mit dem BR-Tag erzwungen werden. </p>
```

Hervorheben von Text

Um Textpassagen vom übrigen Text hervorzuheben, gibt es mehrere Möglichkeiten: einen größeren Font, Fettdruck oder Kursivschrift, Unterstreichung usw.

Tabelle E.2: Textauszeichnungen

Tag	Beschreibung
<b> ... </b>	Fettschrift
<i> ... </i>	Kursivschrift
<small> ... </small>	kleine Schrift
<s> ... </s>	durchgestrichener Text
<u> ... </u>	unterstrichener Text
<tt> ... </tt>	Schreibmaschinenschrift

Aufzählungen (Listen)

HTML unterstützt nummerierte und nicht nummerierte Listen, die auch verschachtelt sein dürfen.

Tabelle E.3: Listen-Tags

Tag	Beschreibung
`<ul> ... </ul>`	nicht nummerierte Liste (Gliederung)
`<ol> ... </ol>`	nummerierte Liste
`<li>`	Listenelement

Beispiel:

```
<ul>
<li> Milch
<li> Eier
li> Brot
</ul>
```

Sonderzeichen

Es ist möglich, eine Reihe von Sonderzeichen in der HTML-Seite zu verwenden. Hierzu gehören insbesondere die deutschen Umlaute. Alle Sonderzeichen beginnen mit einem &, gefolgt von einer mehr oder weniger einfach zu merkenden Buchstabenfolge und einem Semikolon.

Tabelle E.4: Sonderzeichen in HTML

Sonderzeichen	Umschreibung
ä ü ö ß	ä ü ö ß
ä ü ö ß	ä ü ö ß
Ä Ü Ö	Ä Ü Ö
à â è é ê ë ô	à â è é ë ô
a b c d usw.	α β γ δ usw.

Einfügen von Bildern

Ein besonderer Reiz ist die Möglichkeit, Bilder in den Text einzufügen. Hierzu gibt es das <img>-Tag. Die meisten Browser unterstützen GIF- und JPEG-Formate. Zusätzlich können noch Hinweise auf die Bildgröße und Ausrichtung des umgebenden Texts mitgegeben werden:

```
<img src="MeinBild.gif"
     height="100" width ="100" >
```

Verweise auf andere Webseiten (Hyperlinks)

Das Besondere an den HTML-Dokumenten ist die Möglichkeit, klickbare Verweise auf andere HTML-Seiten hinzuzufügen, die sich auch auf einem ganz anderen Rechner befinden. Hierzu dient das Tag <a> ... </a> (der Anker für den Verweis) sowie das Attribut href, dem der URL des Links mitgegeben wird:

```
<p>Besuchen Sie doch mal unsere
<a href="www.carpelibrum.de/index.html">Website</a>!</p>
```

Einfügen von Applets

Zum Einfügen von Java-Applets dient das <applet>-Tag. Notwendige Attribute sind width und height, die die Breite und Höhe des Applets in Pixeln angeben.

```
<applet code="MeinApplet.class"
        width="100" height="80">
        </applet >
```

Falls das Applet in einem jar-Archiv vorliegt, muss ein zusätzliches archive-Attribut mit dem Namen des Archivs angegeben werden:

```
<applet code="MeinApplet.class"
        archive="MeinArchiv.jar"
        width="100" height="80">
        </applet >
```

Wenn das Applet nicht im gleichen Verzeichnis wie das HTML-Dokument ist, müssen Sie mit codebase den vollständigen Pfad oder eine URL angeben, z.B.

```
<applet code="MeinApplet.class"
        codebase="d:/java/applets"
        width="100" height="80">
        </applet>
```

Optional kann man noch mit dem align-Attribut die Ausrichtung des Applets im umgebenden Text steuern:

Tabelle E.5: Applet-Ausrichtung

Ausrichtung	Beschreibung
align="left"	Ausrichtung zum linken Rand hin
align="right"	Ausrichtung zum rechten Rand hin
align="top"	Ausrichtung nach dem größten Element der Zeile
align="middle"	Ausrichtung der Zeile an der Mitte des Applets
align="bottom"	Ausrichtung der Zeile am unteren Ende des Applets

Parameter werden an das Applet mit dem <param>-Tag übergeben. Es können beliebig viele Parameter angeben werden. Jeder einzelne Parameter ist durch seinen Parameternamen (name) und einen Wert (value) definiert:

```
<applet code="MeinApplet.class"
        width="50" height="50"  align="top">
        <param name="Anzahl" value="50">
        <param name="Farbe" value="rot">
        </applet>
```

Hinweis

Der HTML 5-Standard sieht eigentlich zur Einbindung von Applets das <object>-Tag oder <embed>-Tag vor. Oracle empfiehlt derzeit aber noch das <applet>-Tag zu verwenden.

E.4 Tabellen

Tabellen eignen sich zur Darstellung tabellarischer Daten sowie zur Gestaltung des Seitenaufbaus. So können Sie zum Beispiel mehrspaltigen Text erzeugen oder Grafiken scheinbar frei platzieren. Wenn Sie dabei die Gitternetzlinien der Tabelle verschwinden lassen, erzielen Sie eine optisch gelungene Präsentation.

Tabellen definieren

Die komplette Tabelle wird durch die <table>-Tags eingeschlossen.

```
<table>
...
</table>
```

Die Definition der einzelnen Zeilen und Spalten findet innerhalb dieses Bereichs statt. Dabei werden zuerst die Zeilen und innerhalb der Zeilen die einzelnen Zellen (Spalten) definiert. Zur Definition einer neuen Zeile verwenden Sie das <tr>-Tag, Zellen werden mit dem <td>-Tag definiert. (TR ist eine Abkürzung für "table row", TD steht für "table data".) Für Zellen, die als Überschrift für Spalten oder Zeilen dienen, können Sie statt dem <td>-Tag auch das <th>-Tag einsetzen. Die meisten Browser stellen den Inhalt der betreffenden Zellen dann fett dar.

Eine komplette Tabelle mit Tabellenkopf, zusätzlich zwei weiteren Datenzeilen und insgesamt zwei Spalten wird wie folgt definiert. Die Einrückung dient hier nur der Übersicht:

```
<table>
   <tr>
      <th>&Uuml;berschrift Spalte 1</th>
      <th>&Uuml;berschrift Spalte 2</th>
   </tr>
   <tr>
      <td>Zeile 1 / Spalte 1</td>
      <td>Zeile 1 / Spalte 2</td>
   </tr>
   <tr>
      <td>Zeile 2 / Spalte 1</td>
      <td>Zeile 2 / Spalte 2</td>
   </tr>
</table>
```

Tabellen formatieren

Das `<table>`-Tag verfügt über verschiedene Attribute, mit deren Hilfe die Darstellung der Tabelle beeinflusst werden kann.

Tabelle E.6: Tabellen-Attribute

Attribut	Beschreibung
`<table width="400">`	Breite der Tabelle. Die Breite kann in Pixeln (siehe links oder auch in Prozent des Browserfensters angegeben werden).
`<table height="400">`	Höhe der Tabelle. Die Höhe kann in Pixeln (siehe links oder auch in Prozent des Browserfensters angegeben werden).
`<table border="0">`	Das `border`-Attribut legt die Rahmenstärke der gesamten Tabelle fest. Wenn Sie als Wert 0 angeben, erzeugen Sie eine Tabelle ohne sichtbares Gitternetz.

Tabelle E.6: Tabellen-Attribute (Forts.)

Attribut	Beschreibung
<table frame="Void">	Das frame-Attribut bietet seit HTML 4.0 neue Möglichkeiten für die Gestaltung des äußeren Randes der Tabelle. Mit dem Wert »Void« wird der äußere Rahmen z.B. nicht angezeigt. **FRAME-Wert Bedeutung** Void Kein Rahmen Above Rand oben Below Rand unten HSides Rand oben und unten LHS Rand links RHS Rand rechts VSides Rand links und rechts Box Rand an allen Seiten Border Rand an allen Seiten
<table rules="None">	Mit rules legen Sie die Umrahmung der einzelnen Zellen fest. Der Wert »None« sorgt dafür, dass einzelne Zellen keinen sichtbaren Rand erhalten. Möchten Sie einen Rand lediglich zwischen den einzelnen Spalten (Zeilen) erzeugen, so setzen Sie den Wert »Cols« (»Rows«) ein.
<table cellspacing="5">	Abstand zwischen den Zellen der Tabelle.
<table cellpadding="5">	Abstand zwischen den Zelleninhalten und den Zellenrändern.

Für die einzelnen Zellen können Sie Breite und Höhe angeben:

```
<td width="100" height="100">
```

Beachten Sie, dass sich die meisten Browser trotz dezidierter Breiten- und Höhenangaben vorbehalten, die Zellenabmaße gegebenenfalls an den Zelleninhalt anzupassen.

Weiterhin können Sie festlegen, dass sich eine Zelle über mehrere Spalten und/oder Zeilen erstreckt. Die nachfolgend definierte Zelle umspannt zwei Spalten (ist also so breit wie zwei Zellen in anderen Zeilen der Tabelle) und drei Zeilen (ist also drei Zeilen hoch):

```
<td colspan="2" rowspan="3">
```

Anhang F: Eclipse

Grundsätzlich benötigen Sie zur Erstellung von Java-Programmen nichts weiter als das Java Development Kit (JDK) und einen Editor. Doch nicht jeder kann sich mit den Kommandozeilen-Tools des JDK anfreunden. Wem die Aufrufe von der Konsole und das ständige Wechseln zwischen Konsole und Editor lästig sind, der kann sein Glück mit einer der vielen für Java verfügbaren integrierten Entwicklungsumgebungen versuchen.

Im Folgenden werden wir Ihnen zunächst einige allgemeine Konzepte von integrierten Entwicklungsumgebungen erläutern, bevor wir uns anschließend etwas ausführlicher mit den wichtigsten Arbeitsabläufen in der Entwicklungsumgebung Eclipse befassen.

F.1 Konzepte von integrierten Entwicklungsumgebungen

Im Kern ist eine integrierte Entwicklungsumgebung, kurz IDE[1], nichts anderes als eine grafische Benutzerschnittstelle, über deren Menübefehle alle bei der Anwendungsentwicklung benötigten Programme (Editor, Compiler, Interpreter, Debugger etc.) aufgerufen werden können. Dies spart dem Entwickler die lästigen Wechsel zwischen den Fenstern verschiedener Programme.

Eine gute Entwicklungsumgebung leistet aber noch mehr:

- Sie hilft dem Entwickler, seine Programme in Form von Projekten übersichtlich und effizient zu verwalten.
- Sie stellt ihm einen grafischen GUI-Designer zum schnellen, visuellen Aufbau von grafischen Benutzeroberflächen zur Verfügung.

Es ließen sich noch einige weitere Vorzüge aufzählen (Integrierter Debugger, Syntaxhervorhebung im Editor, Teamverwaltung etc.), doch Projektverwaltung und GUI-Designer sind zweifelsohne die wichtigsten, die wir Ihnen im Folgenden kurz näher vorstellen möchten.

1 Abkürzung für »Integrated Development Environment«

F.1.1 Die Projektverwaltung

Solange man nur kleine Programme erstellt, die aus wenigen Quelldateien bestehen, kommt man meist ganz gut ohne Projektverwaltung aus. Ja, mit ein wenig Erfahrung im Umgang mit den JDK-Tools fällt die Software-Entwicklung mit *javac* und *java* manchmal sogar leichter als der Einsatz behäbiger Entwicklungsumgebungen.

Mit zunehmender Größe der Programme wächst aber auch der Verwaltungsaufwand:

- Die Quelldateien werden auf mehrere Pakete und Verzeichnisse verteilt.
- Ressourcen- und Bilddaten werden angelegt.
- Die Aufrufe von *javac* und *java* werden immer komplexer durch zusätzliche Parameter und Optionen.

Hier setzt die Projektverwaltung an. Sie verwaltet die zu einem Programm gehörenden Dateien und stellt Ihnen Befehle zum Aufnehmen weiterer Quelldateien bzw. zum Entfernen bestehender Quelldateien zur Verfügung, sie organisiert die zu dem Programm gehörenden Dateien auf der Festplatte und speichert alle Informationen, die nötig sind, um aus den Programmdateien das fertige Programm zu erstellen.

Die meisten Entwicklungsumgebungen unterscheiden zwischen verschiedenen Projekttypen – beispielsweise für Konsolenanwendungen, GUI-Anwendungen und Applets. Der Projekttyp entscheidet über die Anfangskonfiguration Ihres Projekts: Anzahl und Art der für den Anfang eingerichteten Quell- und Ressourcendateien, Aufbau des Grundgerüsts (die meisten Entwicklungsumgebungen erzeugen ein Grundgerüst, das direkt kompilier- und ausführbar ist), Einstellung der Compiler- und Interpreter-Aufrufe.

F.1.2 Der GUI-Designer

Wer sich schon einmal mit der Erstellung von GUI-Anwendungen beschäftigt hat, der weiß, dass ein Großteil der damit verbundenen Arbeit auf die Planung der Oberfläche, die Bestückung der Fenster und die Positionierung und Konfiguration der Steuerelemente entfällt. Professionelle Entwicklungsumgebungen verfügen aus diesem Grund über einen GUI-Designer, in dem die Fenster der Anwendung grafisch dargestellt und mit der Maus bearbeitet werden können.

Die meisten GUI-Designer bestehen aus drei Teilen:

- der **Designer-Ansicht** – einem grafischen Editor, in dem das zu bearbeitende Fenster (gelegentlich auch Formular genannt) so dargestellt wird, wie es zur Laufzeit aussehen wird.

- einer **Komponentenpalette** – in der Komponenten (Steuerelemente, Container-Klassen wie `JPanel`, und andere Software-Bausteine) mit der Maus ausgewählt werden können, um sie danach per Drag&Drop oder Mausklick in das Fenster einzufügen.
- einem **Eigenschaftenfenster** – mit dessen Hilfe das Fenster und die im Fenster abgelegten Komponenten konfiguriert und mit Ereignisbehandlungscode versehen werden können.

F.1.3 Ablauf der Programmerstellung

Der allgemeine Ablauf zur Erstellung einer Konsolenanwendung stellt sich in der Regel wie folgt dar:

1. Anlegen eines neuen Projekts für den Projekttyp *Konsole*.
2. Bearbeiten des Grundgerüsts.
3. Hinzufügen weiterer Quelldateien für zusätzliche Klassen.
4. Kompilieren.
5. Ausführen und testen.
6. Fehlersuche im integrierten Debugger.

Für GUI-Anwendungen (und Applets) kommt die Einrichtung der grafischen Benutzeroberfläche im GUI-Designer hinzu:

1. Anlegen eines neuen Projekts für den Projekttyp *GUI-Anwendung* (oder *Applet*).
2. Wechsel in die GUI-Design-Ansicht für das Fenster der Anwendung.
3. Bestückung des Fensters mit Komponenten aus der Komponentenpalette.
4. Konfiguration der Komponenten (über das Eigenschaftenfenster).
5. Einrichtung von Ereignisbehandlungscode für die Komponenten.
6. Hinzufügen weiterer Quelldateien für zusätzliche Fenster.
7. Bearbeiten des Grundgerüsts.
8. Hinzufügen weiterer Quelldateien für zusätzliche Nicht-GUI-Klassen.
9. Kompilieren.
10. Ausführen und testen.
11. Fehlersuche im integrierten Debugger.

F.2 Eclipse

Eclipse ist eine sprachunabhängige Open-Source-Entwicklungsumgebung, die vom Eclipse Project (*www.eclipse.org*) gepflegt und weiterentwickelt wird.

Eclipse liegt leider nur als englische Version vor, hat aber trotzdem weltweit und auch insbesondere in Deutschland viele Anhänger gefunden. Ein wichtiges Architekturmerkmal von Eclipse ist das Plug-In-Konzept, das fast grenzenlose Erweiterungsmöglichkeiten durch eine Heerschar von engagierten Open-Source Entwicklern erlaubt. Allerdings hat dies auch den Nachteil, dass die Kernumgebung Eclipse selbst fast »nackt« ist und nur eine Grundplattform bereitstellt. Spezielle Features wie beispielsweise einen GUI-Designer muss man separat als Plug-In nachinstallieren.

F.2.1 Installation

Eclipse installiert keine eigene Java-SDK-Version, sondern ist darauf angewiesen, dass eine JRE oder ein Java-SDK-Installation auf dem System vorhanden ist. (Diese werden dann in der Regel automatisch erkannt.)

Die Eclipse-Installation selbst besteht im Wesentlichen darin, die Archivdatei zu extrahieren.

Extrahieren Sie die komprimierte Eclipse-Archivdatei von der Buch-DVD in ein Verzeichnis Ihrer Wahl, wie z.B. *C:* oder *C:\Compiler*. (Die extrahierten Dateien stehen dann automatisch in einem Unterverzeichnis *C:\eclipse* bzw. *C:\Compiler\eclipse*.)

Eclipse gibt es ebenso wie das JDK sowohl als 32-Bit- wie auch als 64-Bit-Version. Achten Sie darauf, für Eclipse die gleiche Version zu installieren wie für das JDK!

Achten Sie auch darauf, dass die in der Archivdatei enthaltenen Dateien unter Berücksichtigung der Pfadangaben extrahiert werden.

Windows: Klicken Sie mit der rechten Maustaste auf die Archivdatei und wählen Sie im Kontextmenü den Befehl ALLE EXTRAHIEREN aus. Das Installationsverzeichnis, in das die Dateien extrahiert werden, können Sie anschließend in dem aufspringenden Dialogfeld eingeben.

Wenn Sie ein spezielles ZIP-Programm installiert haben, kann es sein, dass der Befehl ALLE EXTRAHIEREN nicht mehr im Kontextmenü aufgeführt wird. Wahrscheinlich enthält das Menü dann aber Einträge, die das betreffende ZIP-Programm aufrufen.

Extrahieren Sie Eclipse nicht in geschützte Verzeichnisse wie z.B. *C:\Programme*.

Linux: Kopieren Sie die Archivdatei in das übergeordnete Verzeichnis, unter dem Eclipse installiert werden soll, und entpacken Sie die Datei, z.B.:

```
tar -xzf eclipse-java-helios-SR2-linux-gtk.tar.gz
```

Danach können Sie die Archivdatei löschen.

Fertig!

F.2.2 Erster Start

1. Zum Starten von Eclipse rufen Sie einfach die Datei *eclipse.exe* aus dem Extraktionsverzeichnis (= Installationsverzeichnis) auf (z.B. durch Doppelklick im Windows Explorer).

Wenn Sie Eclipse das erste Mal starten, erscheint ein Dialogfeld, welches Sie nach dem zu verwendenden Workspace-Verzeichnis fragt. Die Vorgabe ist üblicherweise ein Verzeichnis namens *workspace*, das unter Ihrem Benutzerverzeichnis (unter Windows 7: *C:\Users\<Benutzername>*) angelegt wird.

2. Ersetzen Sie gegebenenfalls den vorgegebenen Pfad und aktivieren Sie die Option *Use this as the default ...*, um nicht bei jedem Start von Eclipse nach dem Workspace-Verzeichnis gefragt zu werden.

3. Klicken Sie auf OK.

Workspace (Arbeitsverzeichnis)

In Eclipse werden Programme, an denen Sie arbeiten, in Form von Projekten verwaltet. Dabei werden alle Dateien, die zu einem Projekt gehören (wie Quelltextdateien, Bilddateien etc.), in einem eigenen Verzeichnis abgelegt, dem sogenannten Projektverzeichnis, welches Sie angeben, wenn Sie ein neues Projekt anlegen.

Die Projekte, die Sie anlegen, werden selbst wieder in übergeordneten Arbeitsverzeichnissen, den sogenannten *workspaces*, abgelegt. Wenn Sie den Workspace wie oben beschrieben beim ersten Start von Eclipse festlegen, werden alle Projekte, die Sie später anlegen, unter diesem Workspace abgelegt.

Wenn Sie wieder beim Start von Eclipse nach dem zu verwendenden Workspace gefragt werden möchten, rufen Sie in Eclipse den Befehl WINDOW/PREFERENCES auf, wechseln Sie zur Seite GENERAL, STARTUP AND SHUTDOWN/WORKSPACES und aktivieren Sie die Option PROMPT FOR WORKSPACE ON STARTUP.

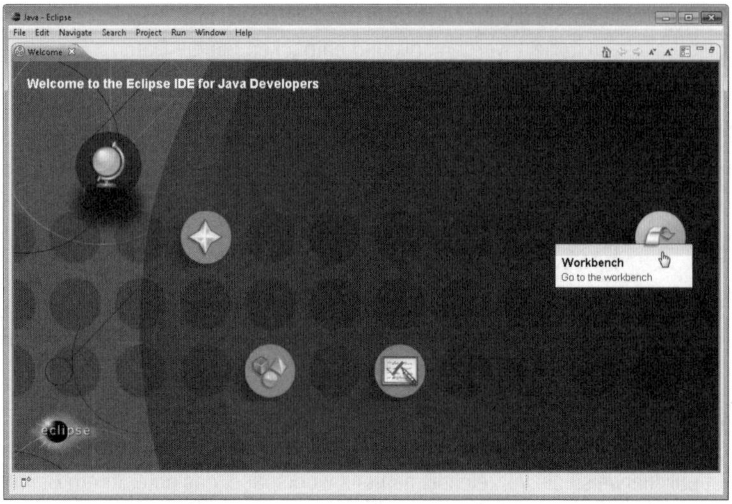

Abbildung F.1: Eclipse wurde das erste Mal gestartet.

4. Klicken Sie im Begrüßungsbildschirm auf das Symbol WORKBENCH.
5. Werfen Sie einen ersten Blick auf die Eclipse-IDE und schließen Sie danach das Programm.

F.2.3 Desktop-Verknüpfung anlegen

Da Sie in Zukunft wohl öfters mit Eclipse arbeiten werden, lohnt es sich, eine Desktop-Verknüpfung für das Programm anzulegen.

1. Starten Sie den Windows Explorer ([⊞]+[E]).
2. Wechseln Sie in das Eclipse-Verzeichnis.
3. Ziehen Sie die Datei *eclipse.exe* mit gedrückt gehaltener Maustaste auf Ihren Desktop-Hintergrund.
4. Drücken Sie die Tastenkombination [Strg]+[⇧], sodass neben dem gezogenen Dateisymbol der Hinweis *Verknüpfung erstellen* erscheint, und lassen Sie dann die Maustaste los, um die Verknüpfung anzulegen.

F.2.4 Projekte anlegen

Um ein neues Projekt für eine Java-Anwendung anzulegen, gehen Sie wie folgt vor:

1. Rufen Sie im Menü den Befehl FILE/NEW/JAVA PROJECT auf. (Eclipse verwendet in der Grundkonfiguration nur einen einzigen Java-Projekttyp.)

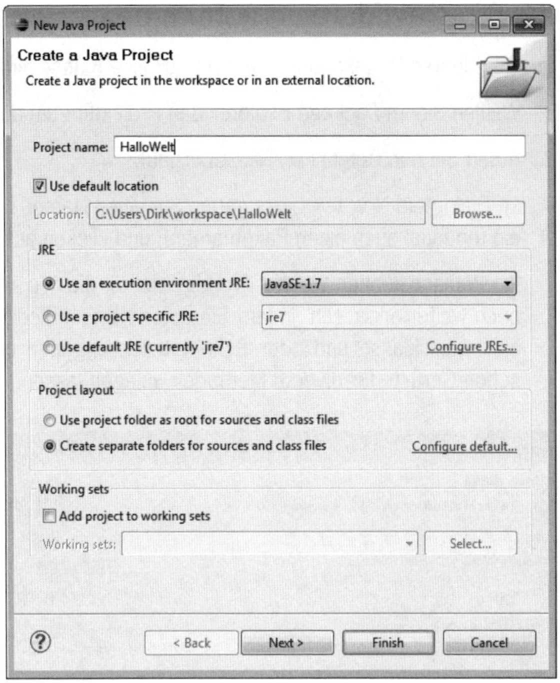

Abbildung F.2: Anlegen eines neuen Projekts HalloWelt

2. Im Dialogfeld New Java Project wird das neu anzulegende Projekt konfiguriert. Geben Sie einen Namen für das Projekt an und wählen Sie als JRE das *Java SE-1.7*-JDK aus. Klicken Sie auf Finish.

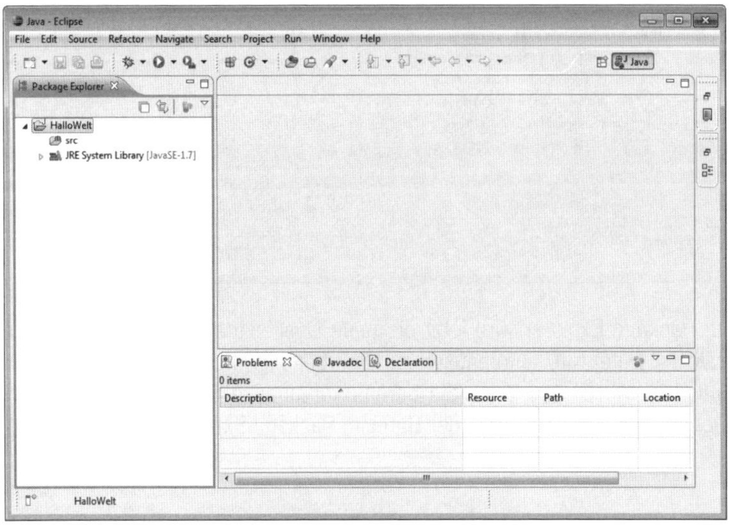

Abbildung F.3: Das neu angelegte Projekt. Im Package Explorer (Aufruf über Window/Show View) sehen Sie den Aufbau Ihres Projekts. Es gibt bereits einen Unterknoten für die Java-Bibliothek und einen Unterknoten src für die Quelldateien.

F.2.5 Quelldateien aufnehmen

Um dem leeren Projekt eine Quelldatei für eine Klasse hinzuzufügen,

1. Wählen Sie im Package Explorer den Projektknoten aus.
2. Rufen Sie den Befehl FILE/NEW/CLASS auf.

   Im Dialogfeld NEW JAVA CLASS geben Sie einen Namen für die neue Klasse ein (optional auch einen Paketnamen), und klicken auf FINISH.

   Auf Wunsch können Sie das Grundgerüst für die neu anzulegende Klasse noch weiter anpassen, indem Sie einen Klassenmodifizierer auswählen, eine Basisklasse und/oder Schnittstellen angeben und vielleicht auch schon Gerüste für diverse Methoden anlegen lassen.

Abbildung F.4: Anlegen einer neuen Quelltextdatei mit main()-Methode

Im Package Explorer wird jetzt die neue Quelltextdatei aufgeführt. Der Inhalt der Datei wird automatisch zur Bearbeitung in den integrierten Editor geladen. (Ansonsten laden Sie bereits vorhandene Quelltextdateien durch Doppelklick auf den Knoten der Datei im Package Explorer).

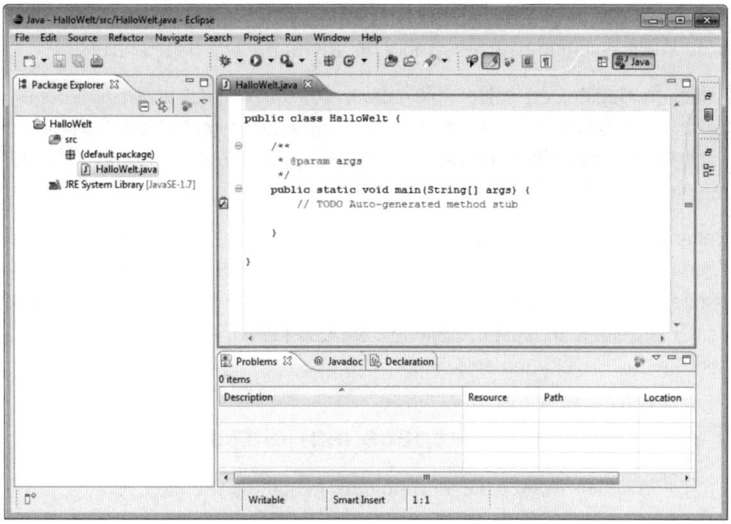

Abbildung F.5: Eclipse mit der neu angelegten Quelltextdatei

F.2.6 Kompilieren und ausführen

Eclipse ist standardmäßig so eingestellt, dass Änderungen an einem Projekt sofort kompiliert und ausgewertet werden. Dies ist bequem, kann aber auch manchmal nerven, vor allem, wenn ungewiss bleibt, ob es mit der Erstellung geklappt hat oder nicht. Lesern, die mit Eclipse noch nicht so vertraut sind, empfehlen wir daher, die Option vorerst zu deaktivieren und ihre Projekte manuell zu erstellen.

1. Öffnen Sie das PROJECT-Menü.
2. Wenn vor dem Befehl BUILD AUTOMATICALLY ein Häkchen zu sehen ist, wählen Sie den Befehl aus, um die Option zu deaktivieren und das Häkchen verschwinden zu lassen.

Um Ihr Projekt von Hand zu erstellen, gehen Sie wie folgt vor:

1. Speichern Sie das Projekt mit dem Menübefehl FILE/SAVE ALL (oder durch Klick auf die entsprechende Symbolschaltfläche).

   Dieser Schritt ist ganz wichtig, da sonst die letzten Änderungen beim Kompilieren nicht berücksichtigt werden.

2. Rufen Sie den Menübefehl PROJECT/BUILD PROJECT auf.

   Alternativ können Sie im Package Explorer von Eclipse mit der rechten Maustaste auf den Projektknoten klicken und im Kontextmenü den Befehl BUILD PROJECT aufrufen.

rot = Fehler
gelb = Warnung

Tipp

Fehler, die bei der Erstellung auftreten, werden auch im Fenster Problems (Aufruf über Menübefehl Window/Show View/Problems) aufgelistet.

! Oft bietet das QuickInfo-Fenster unter dem Fehlertext einen oder mehrere Optionen an, wie der Fehler behoben werden könnte. Diese Korrekturvorschläge führen allerdings nicht immer zum gewünschten Ziel! Klicken Sie nur dann auf eine der angebotenen Optionen, wenn Sie sicher sind, dass der Fehler damit in Ihrem Sinne behoben wird.

Gibt es Fehler im Projekt, markiert Eclipse die betroffenen Stellen im Editor (rote Wellenlinie und Lampensymbol mit rotem Kästchen in Randleiste).

Fehler in Quelltexten sollten Sie immer von oben nach unten abarbeiten, da es gut möglich ist, dass es sich bei den unteren Fehlern um Folgefehler handelt, die nach Beheben der oberen Fehler und erneuter Erstellung automatisch verschwinden.

Sehen Sie sich die fehlerhaften Stellen an. Können Sie den Fehler erkennen? Wenn nicht, fahren Sie mit der Maus über die als fehlerhaft markierte Quelltextzeile, um sich ein QuickInfo-Fenster mit näheren Erläuterungen zu dem Fehler anzeigen zu lassen. Beheben Sie den Fehler, speichern Sie und lassen Sie das Projekt neu erstellen.

F.2.7 Neuen Workspace einrichten

Um einen neuen Workspace einzurichten, gehen Sie wie folgt vor:

1. Rufen Sie den Befehl File/Switch Workspace/Other auf.
2. Wählen Sie im Dialogfeld Workspace Launcher das Verzeichnis aus, unter dem die Projekte des neuen Workspace angelegt werden sollen.
3. Klicken Sie auf Copy Settings und aktivieren Sie die beiden Kontrollkästchen Workbench Layout und Working Sets.
4. Klicken Sie auf OK.

Eclipse verschwindet und startet sich automatisch neu.

5. Klicken Sie im neu geöffneten Eclipse-Fenster auf den Go to the Workbench-Button.

F.2.8 Bestehendes Projekt in Workspace aufnehmen

Um ein Projekt auf der Festplatte in den aktuellen Workspace aufzunehmen, gehen Sie wie folgt vor:

1. Rufen Sie im Menü File den Befehl Import auf.
2. Wählen Sie im Dialogfeld Import den Eintrag General/Existing Projects into Workspace aus und klicken Sie auf Next.
3. Klicken Sie auf der zweiten Seite des Dialogfelds Import auf die Schaltfläche Browse und wählen Sie das Projektverzeichnis des Projekts aus. (Sie können auch ein übergeordnetes Verzeichnis auswählen und anschließend das oder die zu importierenden Projekte.)

   Im Bereich Projects des Dialogfelds sollten daraufhin die in dem Verzeichnis vorhandenen Projekte angezeigt werden.

4. Wählen Sie falls nötig den Eintrag für das Projekt aus.

   Befindet sich das Verzeichnis des Projekts sowieso schon im Verzeichnis des aktuellen Workspace (wie es z.B. der Fall ist bei Projekten, die in diesem Workspace ursprünglich angelegt, dann aber aus dem Workspace entfernt wurden), sollten Sie noch darauf achten, dass die Option Copy projects in workspace deaktiviert ist.

5. Klicken Sie auf Finish.

F.2.9 Projekte deaktivieren

Solange Sie den Workspace nicht wechseln, werden alle neu angelegten Projekte in den aktuellen Workspace eingetragen – und werden z.B. bei Aufruf des Befehls Project/Build All alle kompiliert und erstellt.

Um ältere Projekte vorübergehend zu inaktivieren (und z.B. von der Projekterstellung mit Build All auszuschließen), schließen Sie zuerst im Editor alle Dateien. Klicken Sie dann im Package Explorer mit der rechten Maustaste auf den Projektknoten und wählen Sie im Kontextmenü den Befehl Close Project. Der Projektknoten wird daraufhin zugeklappt und das Symbol zeigt eine geschlossene Aktenmappe.

Hinweis

Geschlossene Projekte können Sie analog über den Befehl Open Project wieder aktivieren.

F.2.10 Projekte löschen

1. Klicken Sie im Fenster des Package Explorers mit der rechten Maustaste auf den Projektknoten und wählen Sie im aufspringenden Kontextmenü den Befehl Delete aus.

   Es erscheint das Dialogfeld Delete Resources.

2. Bestätigen Sie das Löschen des Projekts.

   Wenn Sie das Projekt nur aus dem aktuellen Workspace entfernen, die Dateien auf der Festplatte aber behalten möchten, klicken Sie auf OK. (Sie können das Projekt dann später wieder in einen Workspace aufnehmen.)

   Wenn Sie das Projekt mit allen Dateien auch von der Festplatte löschen möchten, aktivieren Sie zuerst die Option Delete project contents on disk und klicken Sie dann auf OK.

F.2.11 Visual Designer

Wenn Sie für die visuelle Erstellung von Swing-Oberflächen die spezielle Unterstützung eines visuellen Designers genießen möchten, müssen Sie ein passendes Plug-In installieren, beispielsweise

- Visual Swing for Eclipse (*http://code.google.com/p/visualswing4eclipse/*) oder
- Visual Editor (siehe *http://wiki.eclipse.org/VE/Update*)

Anhang G: Literatur und Adressen

Zu Java gibt es schon eine fast schon unübersehbare Flut an Literatur und Informationsquellen.

G.1 Bücher

Früher haben wir Ihnen an dieser Stelle verschiedene Werke zu Java vorgestellt und empfohlen. Mittlerweile haben wir aber längst den Überblick über die einschlägige Literatur verloren. Natürlich könnten wir das eine oder andere uns bekannte Buch hervorheben, doch täten wir damit den vielen anderen guten bis sehr guten Büchern – die ja nichts dafür können, dass wir noch nicht in sie hineingeschaut haben – unrecht.

Aus diesem Grunde stellen wir hier nur kurz das Buch vor, das wir am allerbesten kennen: unser Java-Kompendium (mit dem ausdrücklichen Vermerk, dass das Kompendium beileibe nicht das einzige gute Java-Buch für Fortgeschrittene ist). Ansonsten beschränken wir uns auf einige allgemeine Hinweise, wie Sie das für Sie richtige Buch finden.

Das Java-Kompendium

»Java 7 Kompendium« von Louis, Müller, Markt+Technik-Verlag, ISBN: 978-3-8272-4353-9.

Das Java-Kompendium ist ein umfangreiches Standardwerk, das sowohl als Lehrbuch wie auch als Nachschlagewerk dienen kann. Anders als vergleichbare Standardwerke, die eher den Referenzcharakter betonen, haben wir mehr Wert auf den Lehrbuchcharakter gelegt und das Buch stärker an den Bedürfnissen von fortgeschrittenen Java-Einsteigern (namentlich Leser unseres »Jetzt lerne ich Java«-Titels) ausgerichtet.

Mit dem Java-Kompendium können Sie

- das in diesem Buch Gelernte konsolidieren und vertiefen,
- sich beliebig weit in die objektorientierte Programmierung einarbeiten,
- lernen, professionelle GUI-Oberflächen zu schreiben (etwa eines eigenen Editors, eines Millionenquiz-Spiels und eines Programms zur Erstellung von Kunstgrafiken),

- viele fortgeschrittene Techniken und Programmiergebiete erkunden (von der Datenbank-Programmierung bis zum Schreiben von Webservices),
- mehr über die Arbeitsweise der – nicht immer leicht zu bedienenden – Java-Tools – erfahren.

Und nebenbei erwerben Sie ein ausführliches Nachschlagewerk mit ausführlichem Index, das Ihnen über Jahre hinaus ein hilfreicher Begleiter sein wird.

Tipps zur Buchauswahl

Obwohl wir davon überzeugt sind, mit dem Java-Kompendium ein wirklich gutes Buch zur Fortbildung unserer »Jetzt lerne ich«-Leser geschaffen zu haben, wissen wir natürlich auch, dass das Kompendium bei Weitem nicht das einzige, empfehlenswerte Fortgeschrittenenwerk ist und dass auch das beste Buch nichts nutzt, wenn Stil und Wissensstand nicht zum Leser passen. Darum möchten wir Ihnen hier einige allgemeine Tipps geben, wie Sie (hoffentlich) das zu Ihnen passende Buch finden.

Grundsätzlich gibt es auf dem Buchmarkt vier Kategorien von Java-Büchern:

- Einsteigerbücher

  Diese Kategorie sollte für Sie eigentlich nicht mehr interessant sein, es sei denn, Sie haben das Gefühl, mit diesem Buch überhaupt nicht zurechtgekommen zu sein. Dies hieße dann allerdings auch, dass unsere eigenen Ansprüche an das Buch nicht erfüllt wurden. Wenn Sie möchten, setzen Sie sich doch mit uns in Verbindung, und vielleicht finden wir dann gemeinsam heraus, woran es hapert.

- Standardwerke mit Lehrbuchcharakter

  Mit Büchern dieser Kategorie, zu denen neben dem Java-Kompendium beispielsweise auch die »Core Java«-Bücher gehören, sollten Sie eigentlich fast immer richtig liegen.

- Standardwerke mit Referenzcharakter

  Wenn Sie sich in der Programmierung sicher fühlen und ausführlichere Erläuterungen, Hintergrunderklärungen und Diskurse nur unnötig Ihre Nerven strapazieren, suchen Sie sich ein Referenzwerk, das Ihnen zu jedem nachgeschlagenen Thema knapp und bündig die wichtigsten Informationen und Techniken liefert. Die bekanntesten Vertreter dieser Kategorie sind »Das Handbuch der Java-Programmierung« und »Java ist eine Insel«.

- Spezialliteratur zu ausgesuchten Themen. Alle Standardwerke haben den Nachteil, dass auf spezielle Themen nur oberflächlich oder gar nicht eingegangen werden kann. Wer sich also für Aspekte wie Grafik und Animation, paralleles Verarbeiten, Datenbank- oder Spieleprogrammierung interessiert, wird nicht umhin kommen, sich Spezialbücher zum jeweiligen Thema kaufen zu müssen oder auf Quellen im Internet zurückzugreifen.

Ansonsten gilt: Vertrauen Sie Empfehlungen aus Ihrem Bekanntenkreis mehr als Empfehlungen im Internet, über deren Herkunft und Intention Sie nichts wissen. Und nutzen Sie die Vorzüge des deutschen Buchhandels.

Die Buchpreisbindung, die dafür sorgt, dass Bücher in Deutschland, Österreich und der Schweiz (auch bei Online-Händlern) überall unter demselben Preis angeboten werden, wurde keineswegs ins Leben gerufen, um Bücher künstlich teuer zu halten. Sie ist vielmehr die Grundlage für ein einzigartiges Netz von Buchläden, in denen Sie nahezu jedes verfügbare Buch anschauen oder kurzfristig zur Ansicht bestellen können. Nutzen Sie die Vorteile dieses Systems (das Sie letztlich ja auch bezahlen) und schauen Sie sich die Bücher an, bevor Sie gutes Geld ausgeben.

G.2 Zeitschriften

Die folgenden Zeitschriften konzentrieren sich vollständig auf Java oder enthalten zumindest gelegentlich Artikel zur Java-Programmierung:

- »Java Spektrum«, SIGS Verlag, *http://www.sigs-datacom.de/fachzeitschriften/javaspektrum.html*. Erscheint alle 2 Monate. In Deutsch.
- »Java Magazin«, Software&Support-Verlag. Sehr gute deutschsprachige Monatszeitschrift zur Software-Erstellung in Java; *http://it-republik.de/jaxenter/java-magazin-ausgaben*.
- »Der Entwickler«, Software&Support-Verlag; Zeitschrift rund um Softwareentwicklung. *http://entwickler-magazin.de/*. Erscheint alle zwei Monate.

G.3 Ressourcen im Internet

Java ist die Programmiersprache des Internets und daher ist es nicht weiter überraschend, dass viele Sites mit Java-Informationen existieren, z.B.:

Tabelle F.1: Internet-Adressen zum Thema Java

Adresse	Beschreibung
www.oracle.com/technetwork/java	Die Java-Homepage von Oracle
www.oracle.com/technetwork/java/javase/downloads	Hier finden Sie das aktuelle JDK 1.7, weitere Tools und viel Dokumentationsmaterial.
http://www.developer.com/java/	Viele Informationen, Ressourcen und weiterführende Links
http://java.net	Aktuelle Informationen und Nachrichten rund um Java
http://www.java-forum.org/de/	Deutschsprachiges Forum mit Tipps zu diversen Programmierthemen. Man kann auch eigene Fragen stellen.

Markt+Technik-Server

http://www.mut.de

Die Autoren

Wenn Sie uns mitteilen wollen, wie Ihnen das Buch gefallen hat, Anregungen oder Kritik äußern wollen oder eine Frage zum Buch haben, erreichen Sie uns unter:

autoren@carpelibrum.de

leserfragen@gmx.de

Haben Sie aber bitte Verständnis dafür, dass wir nicht alle E-Mails beantworten können – wir versprechen aber, uns zu bemühen.

Anhang H: Die DVD zum Buch

Auf der *Buch-DVD* finden Sie

/Beispiele
: Die Java-Beispiele und zu den umfangreicheren Übungen die Lösungen.

/Software
: Kostenlose Versionen des JDK und der Entwicklungsumgebung Eclipse inklusive der Original-Java-Dokumentation. Zur Installation des JDK siehe den *Anhang B* des Buches. Zur Installation von Eclipse siehe Anhang F.

Ausführung der Beispiele

Kopieren Sie die Beispiele auf Ihre Festplatte und heben Sie den Schreibschutz für die *.java*-Dateien auf. Kompilieren Sie die einzelnen Programme wie in den *Kapiteln 1.6 und 2* beschrieben.

> **!** Linux-Anwender müssen die Quelldateien, die Umlaute enthalten, eventuell vor dem Kompilieren in UTF-8-Format umwandeln. Laden Sie die Quelldatei dazu in einen passenden Editor (z.B. KWrite) und speichern Sie die Datei dann unter gleichem Namen im UTF-8-Format. Wenn Sie keinen Editor finden, mit dem Sie das Format ändern können, tippen Sie die Umlaute einfach erneut ein.

Stichwortverzeichnis

H

I

C++
Programmieren mit einfachen Beispielen
leicht - klar - sofort
DIRK LOUIS
Markt+Technik
PEARSON
ALWAYS LEARNING